科技创新新愿景新未来

——2019 浦江创新论坛

中国科学技术发展战略研究院　编

科学技术文献出版社
SCIENTIFIC AND TECHNICAL DOCUMENTATION PRESS
·北京·

图书在版编目（CIP）数据

科技创新新愿景新未来：2019浦江创新论坛 / 中国科学技术发展战略研究院编. —北京：科学技术文献出版社，2019.12

ISBN 978-7-5189-6379-9

Ⅰ.①科…　Ⅱ.①中…　Ⅲ.①中国经济—经济体制改革—学术会议—文集　Ⅳ.① F121-53

中国版本图书馆 CIP 数据核字（2020）第 003905 号

科技创新新愿景新未来——2019浦江创新论坛

策划编辑：李　蕊　　责任编辑：李　鑫　　责任校对：张永霞　　责任出版：张志平

出 版 者　科学技术文献出版社
地　　址　北京市复兴路15号　邮编 100038
编 务 部　（010）58882938，58882087（传真）
发 行 部　（010）58882868，58882870（传真）
邮 购 部　（010）58882873
官方网址　www.stdp.com.cn
发 行 者　科学技术文献出版社发行　全国各地新华书店经销
印 刷 者　北京时尚印佳彩色印刷有限公司
版　　次　2019 年 12 月第 1 版　2019 年 12 月第 1 次印刷
开　　本　787×1092　1/16
字　　数　457千
印　　张　23.25
书　　号　ISBN 978-7-5189-6379-9
定　　价　78.00元

《浦江创新论坛创新研究丛书》

编委会

浦江创新论坛简介

创设于 2008 年的浦江创新论坛是由中华人民共和国科学技术部和上海市人民政府共同主办的高层次、开放式、国际化科技创新论坛，论坛主席为科技部前部长徐冠华院士。论坛始终围绕“创新”主题，紧扣时代脉搏，携手全球创新力量，聚焦创新驱动发展战略，关注创新体系建设，洞悉产业变革风云，以全球视野谋划和推动创新。

论坛已成功举办 12 届，共吸引了来自海内外政界、学界、企业界近千位高层知名人士作精彩演讲，逾万名代表参会，数百家境内外主流媒体广泛报道，并针对全球创新领域中的各类热点问题展开深度交流探讨，形成了一批对经济发展和创新活动具有重要价值的深刻见解，产生了重要的社会影响力。

论坛自 2012 年创设主宾国（省）机制以来，有效促进了国际科技创新合作，其科技外交平台作用日益凸显。近年来，论坛在国内外的影响力更是迈上了一个新台阶。2014 年，习近平总书记和主宾国俄罗斯总统普京为论坛发来贺信；2015 年，李克强总理和主宾国以色列总理内塔尼亚胡向论坛致贺信。

在刚刚过去的 2019 年论坛上，主宾国新加坡副总理兼财政部长王瑞杰亲自率团赴会。应邀发言嘉宾来自于 23 个国家和地区，共计近 150 人，为论坛创办以来国别数最多的一次。其中，科学家和学者约占 46%，企业家约占 39%，政府官员约占 15%，外籍嘉宾约占 1/3；参会规模约 4000 人次。论坛期间还举办了一系列科技交流活动，促成了一批合作意向，凝聚了许多共识，取得了显著成效。这场万众瞩目的“思想盛宴”已成为国际科技交流与创新合作的一张闪亮名片。

前　言

当今世界迎来了百年未有之大变局，国际上单边主义和贸易保护主义抬头，全球治理面临新的挑战。2019年，在中华人民共和国成立70周年之际，站在实现“两个一百年”奋斗目标的历史交汇点，中国正深入学习贯彻习近平新时代中国特色社会主义思想，全面贯彻落实党的十九大和十九届二中、三中、四中全会精神，加大改革开放力度，为全球科技经济社会发展注入新的活力。上海正加快建设具有全球影响力的科技创新中心，成为中国融入全球创新合作的重要力量。

经过十多年的探索与实践，浦江创新论坛已成为观察全球科技创新发展态势和上海科创中心建设进展的重要窗口。2019年浦江创新论坛以“科技创新新愿景新未来”为主题，共设1场开幕式暨全体大会，4场特别论坛，11场围绕政策、区域、金融、创业者、产业、未来科学、文化、“一带一路”科技合作等不同主题的专题论坛。与会代表展开了广泛而深入的研讨交流，共商全面创新、共谋协同部署，助力创新事业行稳致远。

衷心希望2019年浦江创新论坛成果集能进一步将论坛先进理念和智慧火花传播出去，为全社会更好地把握科技创新发展大势和时代使命，加快实施创新驱动发展战略，推动更广泛科技创新国际合作，实现我国创新型国家建设和全球共同繁荣宏伟目标再添新贡献！

Contents 目录

第1章

开幕式暨全体大会

2019年5月25日，由科技部和上海市政府共同主办的2019浦江创新论坛在上海东郊宾馆隆重开幕。本届论坛以“科技创新新愿景新未来”为主题。中共中央政治局委员、上海市委书记李强出席开幕式暨全体大会并讲话，全国人大常委会副委员长陈竺作大会报告，本届论坛主宾国新加坡代表团团长、新加坡副总理兼财政部部长王瑞杰作主旨演讲。科技部部长王志刚作主旨演讲，并与上海市委副书记、市长应勇共同启动上海国家新一代人工智能创新发展试验区。开幕式暨全体大会由浦江创新论坛主席、中国科学院院士徐冠华主持。全体大会由科技部副部长李萌主持。

1 致辞和主旨演讲

浦江创新论坛主席、中国科学院院士徐冠华的致辞

徐冠华　浦江创新论坛主席、中国科学院院士

浦江创新论坛创办于2008年，是科技部和上海市政府共同打造的国际创新交流平台，12年来论坛源于上海、立足中国、面向世界，围绕国内外创新领域中的各类热点问题相约四海嘉宾汇聚八方智慧，为中国创新驱动发展、提升自主创新能力、推进上海建设具有全球影响力的科技创新中心提供智力资源，也为世界各国开展创新合作、实现创新梦想搭建了友谊平台。立足于新时代新阶段，浦江创新论坛将努力打造成为科技创新领域的重要信号释放地、重要话题引领地、重要论述策源地，推动中国和世界科技创新事业

新发展。

当前世界正面临着百年未有之大变局，全球科技创新已进入空前密集的活跃时期，科学技术新发现、新发明呈现爆炸式增长，科技创新既改变着人类的历史，也正在塑造着世界的未来。未来10～15年是世界经济新旧动能转换和全球科技革命产业变革的关键时期，基于这一时代的大背景，本届论坛以“科技创新新愿景新未来”为主题，期待和各方朋友一起共同为未来中国和世界科技创新勾勒出动人的图景。

中共中央政治局委员、中央上海市委书记李强的致辞

李强　中共中央政治局委员、中央上海市委书记

> 上海要坚定不移走中国特色自主创新道路，全方位、多层次、宽领域加强国际科技创新合作，努力成为全球学术新思想、科学新发现、技术新发明、产业新方向重要策源地。

历史总是在特殊的日子给人以继续前进的力量，2014年5月，习近平总书记对上海做出“加快向具有全球影响力的科技创新中心进军”的重要指示。5年后的今天，全球的政界、学界、企业界、重量级嘉宾云集在上海，共同探讨科技创新新愿景新未来，这是一件十分有意义的大事。科学技术是第一生产力，自古以来科技创新就以一种不可抗拒的力量推动着人类社会的发展，当今世界正面临着百年未有之大变局，全球科技创新进入一个空前密集的活跃期，新一轮科技革命和产业变革正处在面临突破的前夜。科学技术以前所未有的力量驱动着经济、社会的发展，抢抓新机遇、创造新契机、迎接新发展已经成为各国人民的共同追求和心声。

综观全球科技创新发展的态势，有3个特点越来越凸显：第一，跨界融合。随着信息技术、信息革命的蓬勃兴起，学科之间、科学与技术之间、不同技术之间、自然科学与人文社会科学之间日益呈现出交叉融合的态势。第二，协同联合。世界已经成为你中有我、我中有你的地球村，科技创新正加速突破地域、组织、技术的界限，重要突破越来越离不开组织化、系统化、国际化的大兵团协作作战。第三，包容聚合。凡是创新成果倍出的地方，必有生命力旺盛、根植力强大的生态要素，创新要素越密集、互动越频繁就越容易实现创新的裂变，以开放推动引领创新已经成为当今世界的大势所趋。我们只有在历史前进的逻辑中前进，在时代发展的潮流中发展，积极融入全球创新网络，携手共建人类科学共同体，才能推动人类文明迈向新的更高的台阶。

上海是中国最大的经济中心城市，开放、创新、包容是我们这座城市最鲜明的品质、

品格，建设科技创新中心 5 年来，上海始终牢牢把握科技进步大方向、产业革命大趋势、集聚人才大举措，聚四海之气借八方之力，系统谋划整体布局加速推进，涌现了一批标志性的原创成果，建设了一批世界级的科学设施，引进了一批国际化的重大项目。一个多样性、协同性、包容性的创新生态正在我们上海加速形成，上海以科技创新推动高质量发展的态势日益凸显。一是创新要素密度高。上海拥有 20 多个国家工程技术研究中心，40 多家国家重点实验室，60 多所高等院校，集聚了包括 170 多名中国两院院士在内的顶尖人才和近 500 万各类人才，在量子科学、生命科学等领域已经取得了显著成果。二是区域协同活力足。上海地处中国经济发展最活跃、开放程度最高、创新能力最强的长三角地区。在这里拥有两个国家科学中心、两个自由贸易试验区及横跨三省一市的 G60 科创走廊。区域内创新要素自由流动，城市间功能定位互补叠加，协同创新潜能巨大。三是开放创新领域广。上海地处中国改革开放最前沿，位于“一带一路”交汇处，是世界进入中国的重要门户，拥有外资企业 65 000 多家，跨国公司地区总部 690 多家，外资研发中心 440 多家，跨区域跨行业的科技合作基础很厚实，已经成为全球科学家最向往的城市之一。

去年 11 月习近平总书记考察上海时，强调上海要在增强创新策源能力上下功夫，要使创新成为上海高质量发展的强大动能。面向未来，上海将全方位多层次宽领域地加强国际科技新合作，努力使上海成为全球学术新思想、科学新发现、技术新发明、产业新方向的重要策源地，为推进全球科技创新做出更大的贡献。

第一，上海将以更加开放的平台，携手各国科技精英共同探讨世界科技前沿。最大限度地用好全球的创新资源，最大限度地开放大科学设施，特别是聚焦物质结构、宇宙演化等基础领域，信息生物等关键技术，脑科学与类脑研究、深海科学等前沿方向，积极发起和参与国家大科学计划，深入融入全球科技创新网络，努力实现引领性、原创性的重大突破。

第二，上海将以更加开放的市场，欢迎各国企业分享中国的发展机遇，分享上海的发展机遇，共同推动重点产业的突破。当前上海正在聚焦集成电路、人工智能、生物医药等关键领域，抓住上海证券交易所设立科创板并试点注册制这样一个重大的机遇，加快培育充满生机的创新企业集群和战略领先的现代产业集群，打造上海的蓝天梦、中国芯、创新药、智能造、未来车，我们欢迎企业和创业者来上海投资兴业，共享发展机遇。

第三，上海将以更加开放的举措，优化创新治理体系，让科学精神和创新实践在这里激荡出更加动人的旋律。充分借鉴国际科技创新治理经验，在保护知识产权、维护市场公平等方面更加积极地作为，着力营造国际一流的营商环境，着力培育敢为天下先的创新文化，让一切创新创造活力在上海充分涌流。共同迎接新一轮的科技革命和产业变革的曙光，共同开创人类更加美好的未来。

科技部部长、党组书记王志刚的致辞

王志刚　科技部部长、党组书记

科技创新活动本身由于各学科、各领域的深度交叉融合，比以往更加需要加强科学共同体和科研人员之间的交流合作。中国愿意与各国携手推进事关人类福祉的科学研究和技术创新，用科技的力量、创新的智慧打造一个更加开放、包容、协作的美好世界，为建设人类命运共同体提供源源不断的科技创新的新贡献。

上海是我国科技创新的中心，上海的创新活力强、活动实、成效好，当前正迈向具有全球影响力的国际创新中心，上海科技的贡献也不仅为上海，同时为全国、全球贡献了中国的科技智慧和力量。中国国家主席习近平强调，当今世界正处于百年未有之大变局。历史和现实都告诉我们要把握好历史大变局的趋势和机遇，找准发展领域、发展重点、发展路径、发展方法，向科技要答案。历来是重要而关键的选择，甚至是不二选择。今年论坛的主题确定为“科技创新新愿景新未来”，主要考虑在历史大变局当中科技创新发生了非常深刻的变化，我们邀请国内外专家学者共聚一堂，共同探讨全球科技创新的发展大势，共同谋划创新驱动发展之路，意义十分重大。

当前全球新一轮科技革命和产业变革正在加速演进，技术前沿领域孕育着重大突破，基础研究、应用基础研究和技术创新相互带动作用不断增强，创新模式向网络化、生态化转变，人工智能、量子计算与通信、脑科学、基因编辑等新技术加速突破，颠覆性创新持续涌现，正在重塑全球创新版图和国际产业分工格局，对人类社会未来发展将产生重大而深远的影响。回顾近现代以来的世界发展历史，现代化进程总是与科技创新发展紧密耦合，现代化的水平越高耦合度也就越来越紧密。立足今天面向未来，科技创新在经济社会发展全局中的地位和作用将会越来越重要，中国高度重视科技创新，既是顺应全球化发展大势的必然选择，也是中国向高质量发展阶段迈进的内在要求。中国把创新作为引领发展的第一动力，实施创新驱动发展战略，提出科技创新三步走的战略目标。中国的科技实力和创新能力也显著提升，同时我们也清醒地认识到中国科技创新与世界先进水平相比仍有明显差距。一部科技发展史也是世界各国科技人员的交流合作史，在科技全球化日益深化的进程当中我们将始终坚持开放合作的理念，我们愿意与世界各国分享中国科技创新的经验和成果，愿意与世界各国就科技发展交流互鉴，共同为解决全球性问题增加人类社会的知识积累做出贡献。

借此机会，我就未来中国科技创新应当着力的几个重点方向谈谈个人感受。一是增强科技创新的体系能力。一个国家的科技创新能力是建构在完备、高效的创新体系之上的，创新体系的结构和功能决定了创新能力和创新效率，创新体系的建设是基础性、系统性、长期性的。未来的中国科技创新在多点突破的同时也将进行系统化布局和体系化建设，提升高校、科研院所、企业等各类创新主体的活力，完善产学研用协同创新机制，优化创新发展的法律政策和制度体系，建设完备的科技基础设施，努力提高创新体系的整体效能。

二是高度重视颠覆性技术的突破。颠覆性技术是科技革命和产业变革的率先突破口，历次科技革命都以颠覆性技术创新的出现和成熟为标志，颠覆性技术既有可能使传统产业产生归零效应，也可能重塑传统产业的结构和价值链。同时，颠覆性技术具有很强的不确定性，基础前沿技术的突破有时难以预测，转化为具有市场竞争力的产品也面临无法预料的障碍，一旦判断失误，前期投入将成为无法收回的沉默资本，也将面临丧失发展机遇的巨大机会成本。面临未来，中国将在人工智能、量子信息、神经芯片、合成生物学、脑科学、基因编辑等国内外普遍形成共识的颠覆性技术领域超前部署，建立符合颠覆性技术自身规律的项目形成机制、组织方式和评价机制，在重大技术方向选择中建立非共识决策机制、常态化预见机制和技术路线竞争机制，让奇思妙想转化为能够具有应用价值的技术和产品。

三是加强从零到一的基础研究。基础研究是科技创新的原动力，没有厚实的基础研究做地基，不可能盖出科技创新的摩天大楼。基础研究获得的新知识、新发现是人类文明增加知识积累的重要方式，是科学无国界交流合作的重要内容，这一点从全球国际合作论文迅速增长态势就可见一斑。未来中国的科技创新要更加注重原创导向，把从零到一的基础研究摆在更加重要的位置，面向世界科技发展前沿强化重大科学问题研究，建立学科交叉融合机制和成果应用贯通机制。稳定支持优秀青年科学家潜心开展长周期原创性研究，调动创新企业参与基础研究的积极性和主动性，建设一批重大科技创新平台，努力探索更多的科技创新无人区。

四是为实现以人民为中心的发展提供更多的科技支撑。中国的发展是以人民为中心的发展，让更多人民群众能够共享科技创新的成果，提高生活质量和水平，是中国政府推动科技创新的重要目标。当前中国正在努力打赢脱贫攻坚战，科技扶贫是其中一项重要内容和举措，我们通过研究开发先进适用低成本的技术和产品，解决贫困人口生产、生活之所需，用科学知识和科学方法的普及提高贫困人口的文化素质，用科技之力助推精准脱贫。13 亿人口的生命健康问题是中国未来发展的巨大挑战，科技创新是根本的解决之道。重大疾病的新药研制、传染病防治、现代化医疗手段，都是未来中国科技创新的重要任务。中国积极探索以科技创新为核心的可持续发展模式，认真落实联合国 2030 可持续发展议程，科技创新在助力打赢污染防治攻坚战中也扮演着重要角色。面向未来，我们将构建和完善市场导向的绿色技术创新体系，为大气、水、土壤、污染防治和生态修复提供有效的技术解决方案，同时我们还将对人工智能等新技术影响社会就业的问题进行深入研判，利用新技术催生更多的新的就业岗位，提供更多的就业机会，改善社会就业结构，大力推动科技型创新创业，增强全社会的创新活力。

五是培育更多区域创新的增长极。在实施创新驱动发展战略过程当中，必须充分发挥中央和地方两个层面的积极性，当前地方推动科技创新的热情很高，也具备了相当的基础和条件，有些地方甚至具备了跨越式发展能力，正在打造各具特色的创新高地。我们正在加快推进北京、上海科技创新中心建设，在雄安新区、长三角区域一体化、粤港澳大湾区等国家重大区域发展战略实施中充分发挥科技创新的先导作用，我们已经建设了20个国家自主创新示范区和166个国家高新区，以集群式创新和高端产业的集聚效应形成新的区域发展的增长极。同时我们要围绕解决中国区域发展不平衡不充分的问题，努力促进创新要素在东西部地区的合理流动。越是不发达的地区越是要走创新驱动发展之路。

六是激发人的关键作用。科技创新本质上是人的创造性活动，人才资源已经成为国家发展的重要战略资源，当前中国科技人才队伍的规模已经很大，但是结构、质量仍需优化，高水平人才特别是科技领军人才仍然缺乏。我们要始终坚持人才优先发展的理念，优化科技人才布局，统筹配置人才、项目、激励资源，培养锻炼人才特别是青年人才。同时，鼓励科研人员自由探索未知的科学世界，为他们创造良好的科研环境。我们要进一步提高人才队伍的国际化水平，为国外人才来华工作创造良好条件，为科技人员的国际交流合作提供更多的机会和便利。我们重视人才的发展，不仅要为科研人员提供好的科研硬条件，还将营造好学术的软环境，大力加强科研诚信建设，推进科技界学风、作风转变，坚持激励与约束并存，建立学术和科研创新的生态。

七是发展负责任的科技。科技创新在为人类带来更多福祉的同时也带来一系列新的挑战，如何确保新技术应用的合规性，使技术发展遵从社会伦理道德和规范，都将对各国现行法律和规范带来影响甚至于挑战。面向未来我们需要构建负责任的科技治理框架，把科研伦理建设、科技对社会的影响纳入新兴技术研发布局当中，把技术属性和社会属性统筹考虑，科研工作者要守住学术规范的底线，坚决不做违背科研伦理和公共利益的事情，在仰望浩瀚科学星空的同时坚守人类崇高的道德法则。

八是强化创新能力开放合作。促进科技进步是人类的共同需求，而满足这一重大需求需要世界各国政府和广大科学家、工程师、企业家携手合作共同努力，这是科技进步的规律，也是建设好人类命运共同体的迫切要求。中国始终秉持开放合作的理念，愿意与世界各国科学家们在基础研究、全球性问题等多个领域开展科技交流合作，共同增加人类社会的公共知识和集体智慧。

面向未来，中国将更加积极主动地融入全球创新网络，进一步拓展国际科技交流合作的深度和广度，加大国际科技计划对外开放程度，建设一批科技创新国际合作平台，深入实施“一带一路”科技创新行动计划，组织发起国际大科学计划和大科学工程，与国际上更多的新朋友、老朋友编织更加紧密的科技创新的朋友圈。

科技的渗透性、扩散性、颠覆性特征将会对今日之世界、今日之中国产生越来越深刻而广泛的影响，农业社会的农业、工业社会的农业、信息社会的农业和未来智能社会的农业，既有基本生产方式的相通之处，更因为科技进步而呈现出迥然不同的生态和业态，其他产业的发展规律乃至人们的生产生活和交往方式也是如此。科技创新活动本身由于各学科、各领域的深度交叉融合，比以往更加需要加强科学共同体和科研人员之间的交流合作。中国愿意与各国携手推进事关人类福祉的科学研究和技术创新，与科技的力量、创新的智慧打造一个更加开放、包容、协作的美好世界，为建设人类命运共同体提供源源不断的科技创新的新贡献。

新加坡副总理兼财政部部长王瑞杰的致辞

王瑞杰　新加坡副总理兼财政部部长

开放合作对于促进科技创新至关重要。新加坡高度重视科技创新，推出了一系列政策举措，并积极推动与各国各地区的创新合作。新加坡同中国在科技领域有着广泛的合作，取得了显著成效。作为本届论坛主宾国，愿进一步加强双方科技创新互学互鉴，深化拓展合作交流，助力上海科创中心建设，携手创造更美好的明天。

新加坡十分荣幸成为今年论坛的主宾国。这是浦江创新论坛首先由亚洲国家担任主宾国，一方面显示出亚洲快速地经济发展；另一方面也显示了新加坡在科技创新方面的进展。中国过去这些年在科技和创新方面有着快速的发展，实际上直到第一次工业革命之前，中国一直以来都走在科技的前沿，中国在历史上的四大发明——造纸术、印刷术、火药、指南针闻名遐迩。当今中国十分关注科技，习近平主席在党的十九大报告当中强调了创新的重要性，这是推动中国成为现代经济体当中的主要推动力。实际上，多年前中国就有很多公司已经走在了科技使用的前沿，改变了人们生活、工作和沟通的方式，包括中国的BAT，即百度、阿里巴巴和腾讯。百度是亚洲顶尖的搜索引擎之一；阿里巴巴则是世界上顶尖的电商零售商；腾讯则是一家互联网企业，有着世界上最大的社交网络之一，将世界上几十亿人联系到了一起。两天前，中国时速600公里的高铁也下线了。亚洲希望参与到第四次工业革命当中，中国和亚洲的快速发展意味着这一区域并不只是一个被动的接受者，各种科技的融合正在推动物理、生物和数字的世界结合。徐冠华先生和李强先生都提到了现在所进行的重大改变。

科技和创新为我们带来很多新的可能性，无论是交通还是卫生、安全、可持续发展，但是新的科技也会带来新的挑战，比如地缘政治方面的紧张局势，可能是因为经济链和价值链颠覆所带来的。社会架构也会带来影响，有的工作由机器代替。不平等现象加剧，人们减少互动，数字领域安全也受到了挑战。现在安全、诚信、数据隐私受到各种各样的挑战，我们的信任也受到很多影响。因为现在虚假信息的传播速度非常快，数字匿名信都影响到了我们在沟通时对彼此的信任。伦理和治理也需要我们新的诠释，现在的人工智能和区块链带来了新的问责和负责方面的问题，刚才王部长就提到了这一点，在科技方面的伦理道德问题。如果我们希望能够抓住科技为我们带来的机会，这些挑战都需要我们共同合作来解决。

接下来我和各位分享三点，这是现在新加坡所采取的步骤，能更好地发掘科技潜能。第一步要采取整体的措施来促进科技和创新。第一个推动力就是要进行一体综合包容性的工作，现在我们将创新和企业发展联系到了一起。新加坡坚信科技创新对于我们未来至关重要，在 1991 年新加坡推出了第一个五年国家技术计划，目前已是第六个五年计划。现在新加坡政府将相当于 GDP 的 1% 投入于研发当中，也撬动了民营部门的支出，相当于 GDP 的 2%，能够推动发展、创新、研究，现在初创企业在创新方面也是不可忽视的力量。我们现在的研发强度与中国及其他经合组织国家类似。新加坡投资于多个领域，首先投资于研究型大学，比如新加坡国立大学及南洋理工大学，这些大学的领导人今天都在现场，希望他们能够推动我们的基础研究。同时，我们会推动学术性医疗中心进行卫生和生物医药领域的临床活动。我们也希望能够和外国伙伴合作，包括上海交通大学，共同推进研发创新。这种一体综合的努力意味着我们的治理架构要能够支持科研诚信及知识产权保护。我们也希望能够解决在使用新科技方面的关键问题，比如在今年 1 月达沃斯论坛上我们就推出了人工智能治理框架模型。在打造框架之外，我们这个努力也意味着要投资于人民，如果想要创新真正蓬勃发展，意味着人民要有技能。新加坡注重 STEAM（科学、技术、工程、艺术、数学）教育，现在加入了艺术，培养孩子们创新的精神。现在有一些和科学、数学相关的课程在高中就有，比如电脑的学习，未来几年所有小学将会学习实践项目，将他们所学习的基础科学概念用于实践来解决真实生活当中的挑战。除了学校之外，我们也希望能够让人们活到老学到老，我们推出了未来技能作为国家活动，希望新加坡人能够学习新兴技术。如果要人民更好地扩大他们的眼界，我们也希望他们能够去海外学习，我们推动了全球创新联盟，将新加坡人和世界各地连接到一起，我们欢迎上海加入到我们的创新联盟当中。昨天新加坡和上海就签署了备忘录，刚才听到李强书记的发言我十分有信心，上海将会是我们创新联盟努力当中非常重要的一位成员。

同时，我们也在共同努力帮助我们的企业转型，并且帮助安置工人，我们通过了产业转型路线图。新加坡有一个三方框架，政府、产业和工人走到一起，这是很重要的工作。比如工会会帮助工人学习新的技能，从而帮助雇主使用新的科技。我们不能让我们的工人掉队，持续性地创新是一个长期努力的过程，需要资源和努力，我们必须做好准备，要有耐心，要持续努力。这就是我们的第一步，要采取整体一体化的努力，持续性的努力，不仅是投资于科研当中，同时也要注重我们的企业，注重科技使用，投资于人民当中。毕业以后也要活到老学到老，工作的时候也要有这样的精神，同时我们的三方框架确保让新加坡人一直可以工作学习新的技能。

第二步要解决最核心的问题，努力是十分重要的。谈到我们是如何更好地推动科技研发和创新的，我们认为创新并不是有最多专利数量或者最复杂的设备，不能为了改变而改变。我们的目标是能够让人们过上更好的生活，更为健康、长寿，更好地和朋友们互联互通，更有生产力，能够过上更好的生活。因为资源有限，我们必须要关注对于人和社会最重要的几点。新加坡是一个小的岛国，我们的水资源有限，我们在海水处理工厂和水资源、可再生科技方面进行了大量的投资，现在能够满足国家 2/3 的用水需求。但是我们并不止如此，通过持续投资研发创新型科技，减少水处理过程中消耗的能源。我们正在更好地完善整个水资源循环，同时也推动了新加坡一大批水资源公司的发展。这些公司研发出新的科技和解决方案，不仅用于新加坡，还解决了区域和全球市场的挑战。我们希望通过我们的活动和世界各地的专家来沟通我们的经验，互学互鉴。

我想和各位分享一个关于废物处理的故事。新加坡作为一个花园城市国家有很多的废物和废料，通过焚烧，在我们一个离岸的岛进行填埋，这个岛在 2017 年 11 月的时候被一个杂志称为垃圾资源，我们现在正在努力改善这个问题，在岛上种植了很多树，看起来像花园一样。我们现在努力希望能够实现零垃圾、零废料。水资源和废物处理都显示了创新很重要，我们创新的力量集中于解决社会当中最迫切的问题。

第三步是努力走向协作和合作。我用环境可持续性和健康来解释合作和协作的力量。中国和新加坡在许多倡议方面都有合作，包括中新生态城、新加坡国立大学和上海交通大学合作的项目，以及福建、厦门友谊综合医院及中国自然科学基金会和新加坡国立研究基金的合作。合作项目从新兴传染病到环境科技、合成生物学都有所触及。世界各国都面临着很多共同的挑战，我们可以共同合作来解决这些问题。我先给各位举两个例子，这是中国和新加坡合作的例子。

第一个例子就是粮食和食物，现在存在全球粮食安全挑战，到 2050 年世界要为 90 亿人提供食物和粮食。从今天开始到未来，我们对于粮食的需求将会增加 60%，现在粮食产量因为气候变化原因可能到 2050 年会下降 25%。这对于中国来说是非常严重的问题，有着世界上 20% 的人口，但只有世界可耕地的 10%。新加坡所有粮食几乎都是进口的，因为我们可耕地数量比中国还要少。今年我们设立了一个目标——30%，生产满足新加坡 30% 的营养需求。要实现这一目标我们需要去创新研发高产量的城市作物，要能够抵抗气候变化，解决土地和水资源有限的挑战。现在年轻的新加坡人已经开始努力研发，比如有一家公司，是新加坡首个立体农场，同样的土地面积，它的蔬菜产量是传统方式的 5 ～ 10 倍。另外一个公司现在正在建造新加坡最大的室内蔬菜农场，可以进行全年生产。我知道这家公司在中国一个省也有试点，产量更多，因为中国有很多非常努力的农民。我希望能够和这些创新者共同合作，可以解决这些问题，他们在努力地为我们带来更多的粮食。

第二个例子是关于癌症的。现在癌症发病率在全球不断上升，新的癌症病例一半都发生于亚洲，中国占一半。亚洲常见的癌症类型和西方人群当中常见的癌症类型不同，我们现在有迫切需求来研发治疗方式，对于亚洲人有效的治疗方式，因为亚洲人和西方人的基因组成和生活方式是不一样的。这方面新加坡大量投资于其中，也培育了很多生物科技公司，现在有一些新的成就。一家公司现在正在进行世界首个3T癌症细胞治疗试验，用以治疗鼻咽癌，鼻咽癌在亚洲是很常见的病症，李克强总理在去年访问新加坡的时候还访问了这家公司，十分热情地欢迎他们到中国顶尖的医院进行临床实验。我们有很多协作的可能和机会，因为中国大量投资于卫生和健康方面，通过中国、新加坡和其他国家的合作我们可以共同研发科技打击癌症，帮助改善新加坡人民及全球人民的生活。

我们也希望能够和中国探索更多的合作机会，可以通过多个双边平台合作，包括新加坡上海全面合作委员会，李强书记昨天和我还谈过，包括双边合作联合委员会，我和韩正副总理一起担任联席主席。我们有多个机会可以和世界各地的创新者、科学家一起合作，今天很多人也莅临现场。世界现在的发展非常快速，我们必须共同来利用科技和创新改善人民的生活，保护我们的母亲地球。我们可以使用我们的想象，可以探索新的边界，如果想要创新真正地蓬勃发展，我们必须要接受多元化合作，抱着开放的心态。我们需要更紧密地合作，无论在学术界、产业界还是政府间，无论在不同国家和区域都需要促进我们的合作，这也是为什么今天我们来到了浦江创新论坛，本次论坛组织得非常好，能够让世界20多个国家的人民走到一起，他们来自各行各业，可以互学互鉴。习主席在2014年提出上海到2020年成为中国领先的科创中心，我们感到十分荣幸能够陪上海一起走向这一目标。就好像德国、英国和之前的主宾国一样，新加坡希望能够做出贡献，推动科技和创新的发展，希望我们能够抓住本次论坛的机会互学互鉴，打造新的合作伙伴关系，协同增效，为我们和未来一代带来更美好的明天。

河北省副省长徐建培的致辞

徐建培　河北省副省长

京津冀协同发展，雄安新区规划建设，北京2022年冬奥会筹办，这些具有全局和长远意义的国家战略和国家大事，给河北加快发展带来了千载难逢的机遇，增添了强大的创新势能。

本次论坛汇聚了众多海内外的嘉宾共商创新大计，共同展望创新引领发展的美好未来，具有十分重要的意义。河北是华夏文明的发祥地之一，自古以来就有创新的基因，古代有祖冲之推算圆周率，近现代有中国第一条标准轨道铁路、第一台蒸汽机车，当代有中国天眼的核心部件、飞驰神州的复兴号。创新创造的文化在河北一以贯之、绵延不断。进入新时代，处在新的方位，河北面临着难得的机遇，肩负着新的使命。创新发展恰逢其时、正当其时。

一是重大战略机遇赋予了河北创新发展的强大势能，习近平总书记对河北知之深、爱之切，谋划推动京津冀协同发展，规划建设雄安新区，筹办北京2022年冬奥会。这些具有全局和长远意义的国家战略和国家大事，给河北加快发展带来了千载难逢的机遇，增添了强大的创新势能。河北省委省政府认真贯彻习近平总书记对河北的重要指示精神和中央的决策部署，把创新发展提到了未来的高度，对新时代加快建设创新型河北做出全面安排。当前，全省上下对推动科技创新的认识空前统一，加快创新发展的信心和决心也更加坚定。

二是产业转型升级开辟了河北创新发展的广阔空间。习近平总书记对河北加快转方式、调结构寄予厚望，并且提出明确要求。强调河北是去产能的主战场，要坚决去、主动调、加快转。在改革创新、开放合作当中加快实现新旧动能的转换，这为河北贯彻落实新发展理念、加快经济转型升级指明了方向。我们按照习近平总书记的要求以壮士断腕的决心、前所未有的力度瓦解过剩产能，推进转型升级。这个过程当中我们坚持破与立统一，减法与加法并重，着力保持经济运行在合理区间，为实施创新驱动发展战略、实现新旧动能转化拓展了空间。科技创新正在占据越来越重要的主导地位，扮演着越来越重要的角色。

三是积极探索实践营造了河北创新发展的良好环境，近年来我们围绕经济社会发展需求，瞄准科技创新前沿，聚焦制约创新的难点堵点，研究出台了《河北省科技创新三年行动计划（2018—2020）》《加快推进科技创新的若干措施》《关于深化科技改革创新推动高质量发展的意见》等文件。在政策层面打好组合拳，增强系统性、整体性和协同性，大力培育创新主体，提高创新能力，着力调动企业、高校、科研院所的积极性，激发科技人员的创新创造活力。全省抓创新、谋创新的氛围日益浓厚，为下一步的创新发展奠定了坚实的基础。河北改造地方科研技术条件、优化科技创新环境、促进科技成果转化及落实国家科技改革与发展重大政策这一方面成效显著，连续两年受到国务院的通报表扬。

当今世界正处于百年未有之大变局，新一轮科技革命和产业变革方兴未艾，正在深刻影响着经济社会发展和人们的生产生活，我们只有抓住机遇、创新求变才能紧跟时代潮流，只有顺势而为、创新发展才会始终不断向前。站在新的历史起点上，河北将坚持以习近平新时代中国特色社会主义思想为指导，坚定不移地走创新驱动发展之路，坚持科技创新、制度创新双轮驱动，着力构建以科技创新为核心，多主体协同、多要素联动、多领域互动的综合创新生态体系，努力把河北建设成为创新蓝海、创业沃土、创客空间。

一是加强京津冀协同创新，打造科技创新、科技成果转化的承载地。京津冀如同一朵花上的花瓣，京津冀的花瓣各放异彩就要靠协同创新结纽带、促发展。对河北而言，就是把京津的研发优势和我们的承接优势整合起来，对接京津当中加快发展自己。围绕科技成果孵化转化中心这一功能定位，以河北津南国家科技成果转移转化示范区等建设为重点，在科技成果应用示范重大项目落地、科技金融服务等方面提升承载配套和体系支撑能力，着力构建京津研发、河北转化、河北制造这样一个协同创新的模式。

二是高起点、高标准建设雄安新区，打造创新驱动发展引领区。规划建设雄安新区是千年大计、国家大事，《河北雄安新区规划纲要》明确指出雄安新区要建设成为创新驱动发展引领区，高起点规划、高标准建设这座未来之城，重点在高焦点、在新关键点是一流，我们将搭建国际一流的科技创新平台，按照国家创新基地总体部署积极布局建设国家重点实验室工程、工程研究中心等一批国家级科技创新平台。以新机制、新模式努力建设世界一流的雄安大学，统筹产学研用一体化创新中心资源，构建高水平、开放式、国际化高等教育聚集区，全面提高创新支撑能力。建设高效率、高标准的创新服务体系，率先开展相关改革试点，创新国际科技合作模式，着力打造全球创新高地。

三是进一步优化创新布局，打造支撑未来的新优势。坚持面向发展重大需求，突出主攻方向，加强创新供给，以创新振兴传统产业，发展新兴产业，培育未来产业。我们将大力实施关键核心技术重点研发计划，聚焦发展需要，立足自身优势，着眼创新突破，加快转化一批国际先进技术，集中攻关一批国内空白技术，着力开发一批关键共性技术，超前布局一批前沿重大技术。我们将深入实施高新技术企业和创新型中小企业双倍增工程，继续实施创新机构的倍增计划，让创新主体多起来、活起来、强起来。

四是着眼于互利共赢，打造开放创新的合作平台。我们将坚定不移地走中国特色自主创新道路，以全球视野来谋划和推动科技创新，增强国内外创新要素聚集能力，更大范围、更高层次、更有效率地配置创新资源。我们将积极推动与“一带一路”国际科技交流招商和合作，深化科技合作研究开发，联合建设实验室、孵化器、科技园区等国际科技合作平台，同时我们热情欢迎来自世界各地的科技工作者参与河北科技创新战略规划、创新政策咨询等。支持外籍科学家参与河北重大平台建设，共同开辟新时代创新合作的新局面。

河北将以本次论坛为契机，在科技部的指导和支持下，学习借鉴上海科技创新的好经验好做法，加强与兄弟省市的合作交流，强化科技引领、创新支撑、改革保障，培育经济社会发展新动能，为创新型国家建设做出河北贡献。我们愿同包括主宾国新加坡在内的全球创新机构、高端人才加强科技合作，分享重大机遇，推动科技创新，共同描绘新愿景，共同创造新未来。

2　大会演讲

建设上海国家新一代人工智能创新发展试验区

李萌　科技部副部长

大家知道当前人工智能正在引领新一轮的科技革命和产业变革，将成为推动百年未有之大变局的重要力量，中国高度重视新一代人工智能的发展，习近平总书记就人工智能的发展与规制做过系列指示，并且习近平总书记亲自主持中央政治局集体学习关于人工智能的专题讲座。2017 年国家发布了《新一代人工智能发展规划》，同时国家成立新一代人工智能规划推进办公室，办公室设在科技部。两年来，规划实施进展顺利，取得了积极的成效，重大项目开始启动，学科建设和人才培养加快推进，开放共享的平台陆续布局。我们在各个领域的国际合作也得到了积极地拓展。为了进一步促进人工智能在经济社会发展中的应用，科技部正在推进新一代人工智能创新发展试验区的建设，重点加强人工智能的技术示范、政策试验和社会实验，探索人工智能健康发展的有效路径。上海作为超大型城市具备促进人工智能技术与产业发展所需要的科教资源、应用场景、海量数据、基础设施等良好的条件，同时在体制改革和对外开放具有先行先试的独特优势。近日，科技部复函上海市，支持建设上海国家新一代人工智能创新发展试验区，希望通过上海试验区的建设聚集高端创新资源，强化创新能力建设，推动人工智能治理，完善创新创业生态，示范带动全国人工智能的创新发展。在法律法规、伦理规范、安全监管等方面主动探索。在上海试验区的建设进程中我们真诚欢迎全球科学家、企业家深化交流、加强合作，更高标准、更高水平地推动新一代人工智能的健康发展，共同为增进人类福祉做出贡献。

中国为国际科学技术发展不断做出新的贡献

陈竺　全国人大常委会副委员长、中国科学院院士

不管国际风云如何变幻，我们加大国际合作的决心不变，为国际社会提供更多科技公共产品的努力不减。科技创新必须依靠持续不断的制度创新来释放生产力，尊重知识、尊重人才，特别是尊重青年人是基础，弘扬科学精神、奋斗精神是核心，“两弹一星”精神、青蒿素精神，铸牢科技诚信、伦理道德和法律法规，这是保障。建立新时代市场经济条件下集中力量办大事的举国体制是关键。

科学技术是推进人类文明进步的第一原动力。当前，世界各国高度重视科技发展，研发投入稳步增加，中国的研发投入已经稳居全球第二。据世界知识产权组织数据表明，专利申请方面前五位的国家分别是美、日、中、德、韩。重点领域科学技术的学术交叉、组织力提升和国际合作呈现非常活跃的态势。我们看到在物质科学领域里面激动人心的一些事件，黑洞探知，首张黑洞照片的获得，引力波的发现，都是这三个主要科技特征的表现，而中国科技界做出了举世瞩目的贡献。我特别想提到的是可控核聚变，当年徐冠华部长力排众议推动了中国的加入。现在中国的人造小太阳这个项目将为人类带来永久的能源，居于世界领先位置。国家大科学装置——全超导托卡马克核聚变实验装置东方超环(EAST)前年已经实现了101秒接近2分钟的高约束等离子体运行这样一个世界纪录，去年又实现了1亿摄氏度的高温运行。这个温度是太阳内核温度的6倍。另外一个值得一提的是嫦娥四号今年1月3日在月球背面的登陆，月球背面是人类探月工程半个多世纪以来从来未涉及的禁区，中国科学家的巧妙设计，为全球科技界所共享，而且为深空探测探索宇宙起源、排除低频电磁波的干扰创造了前所未有的平台。中国第一次以我们自己提供的平台搭载了其他国家的科学测试仪器，包括德国、瑞典、荷兰、沙特。

科技发展另外一个重要的特征是和人民福祉紧密结合，在生命健康领域尤其突出。随着基因组和系统生物学的不断深入，基因编辑技术应运而生。RNA干扰技术也获得了突破性进展，尤其在临床和基础研究的结合方面，微生态在疾病防治途径当中已经获得了非常明确的前景。癌症治疗方面，近年来最大的突破，一个是靶向治疗，一个是免疫治疗，以前的放化疗缺点是杀伤恶性细胞的同时也杀伤正常细胞，另外很难清除肿瘤的干细胞。而免疫治疗和靶向治疗为彻底战胜癌症特别是清除干细胞提供了前所未有的可能性。脑科学和类脑研究是跨学科研究的典范，美国、欧盟及亚洲的韩国、日本、新加坡都启动了脑计划。中国的脑计划包括脑功能的认知，对脑的保护，神经精神疾患的预防和治疗及类脑技术方面算法上的突破。世界上没有哪一种物质运动比高级灵长类的学习、思维、记忆、决策能力更为复杂。10^{12} 细胞的神经元，这种网络计算能力一定能够

为我们的计算科学带来新希望。刚才非常高兴看到科技部和上海市签署了人工智能合作协议，人工智能、云计算、大数据一个非常显著的特征就是基础科技和社会变革之间的相互交融，还有政府和企业，也就是 PPP 的模式。现在领衔这些领域进步的不仅是政府的研究部门，往往企业走在更前面，比如 5G，以高速度、泛在网、低功耗、低延迟、万物互联和更加强大的网络安全为人类社会展现了一幅我们今天难以想象的未来图景。如果 4G 改变了我们的生活，5G 可能彻底改变我们的社会甚至改变人的自身。在量子通信方面，当前也是呈现 PPP 结合的态势，我们看到像 IBM 这样的企业在量子计算当中现在是引领潮流，而在中国，中国科学院和多个企业的合作也已经使我们在这个领域有很好的起步。

刚才王瑞杰副总理特别谈到了可持续发展科学，这个概念我认为是一个非常重要的概念，这和习近平总书记提出的人类命运共同体的理念是一致的。我们的科技不仅是为了国家的竞争力，更重要的是为了子孙后代，为了人类的未来。这些大尺度、长时程的环境科学方面的研究，包括生态保护、生物多样性等。若干年前我在卫生部工作的时候新加坡前卫生部长许部长让我喝了一口废水，经过处理以后能够人工饮用的，我们大家都喝了，很难想象劣质水经过科技的处理以后直接能够饮用。科技的发展趋势值得我们高度重视，同时刚才各位领导都谈到了前沿技术对国际社会的安全和治理提出的挑战。任何技术都是双刃剑，比如像生物技术，它的门槛比较低，这个领域里面如果我们不重视科学的诚信，不重视伦理道德的建设，有可能就会被别有用心的人所利用。互联网、大数据、人工智能，我们希望它们能够造福人类的福祉，为我们的医学、交通、智慧城市建设带来更多的机遇，而不希望成为网络互相攻击的载体。人工智能的确会引发一系列的政治、经济、法律、伦理的危机，给国家安全和社会治理带来困惑。比如大规模数据的泄漏等，已经造成了社会的危机，我们在分析趋势的时候也要趋利避害。

接下来我谈谈中国科技创新体系的发展，就像各国政府都高度重视科技的中长期发展一样，中国政府非常有前瞻性地部署了我们国家从新中国成立以来科技的不断进步，1956 年中国的温饱还没有解决的时候，当时中央就提出了“向科学进军”12 年科学规划，有了“两弹一星”，中国要有自主防务能力。英国哲学家罗素在将近 100 年前，充满着对中国人民的悲悯提出：“中国的文明一定能够再度辉煌。”“两弹一星”奠定了我国的大国地位，奠定了改革开放基本的国家尊严和国家地位。《国家中长期科学和技术发展规划纲要（2006—2020 年）》提出的建设创新型国家的目标，经过政府、社会尤其是科技界包括我们企业的共同努力，有望基本实现。其中，最重要的一个目标就是科技对经济的贡献率要达到 60%，去年王志刚部长告诉我们已经达到了 58.5%，我们有信心实现这样一个目标，R&D 投入还需要增大，还需要大家共同努力。政府给企业减税降费 2 万亿元，如果这里面的 10% 能够用于研究，政府财政再加一把力，1.5% 的目标是一定能够实现的。

近年来，我国提出要从创建创新型国家进入创新型国家前列，继而习近平总书记发出伟大号召——到2050年建设世界科技强国。千里之行始于足下，科技创新2030——重大项目、国家实验室、中国制造2025这些既定的目标我们必须快速推进。经过若干年努力，我们现在全球第二的投入已经得到应有回报。我们的论文，2016年是世界第二，可能现在已经超过美国了，世界第一。专利数2016年已经达到了世界第三,三方专利合作是世界第四。

作为医学科技工作者我非常自豪，原来国家没有投太多钱的领域，比如中药现代化诞生了本土的第一位诺贝尔奖，就是青蒿素抗虐药物的发现。还有为数不多的国家科技奖当中现在有两位外科医生吴孟超、王忠诚，一位药学家屠呦呦，还有上海瑞金医院血液学团队的代表人物王先生。我们国家计算能力的进步是惊人的，2013—2017年中国在超算领域一直是占据世界鳌头，现在全球前500台计算机当中中国有227台。在百亿亿次计算机当中，“天河三号”又创造了纪录。大数据产业步入了快车道，人工智能的研发也就是PPP的作用得到重大提升，无人驾驶、城市大脑、医疗影像、智能语言、智能视觉等，这些都是由企业来领军的。政府一定会以更优惠的政策鼓励引导大家把减税降费的资源至少要一部分用到创新引领上。量子通信方面，我们实现了指导超车，潘建伟同志的团队，2016年发射了全球首颗量子试验卫星，去年作为全球第一个保密通信线路的京沪干线也已经投入了实战，这个领域我们一定要支持自己科学家的自主创新。

生命科学最有挑战性的大概就是脑科学了，再了不起的人工智能首先还是从人脑里面产生的智慧。近年来,科学院的一些机构在大脑图谱的绘制方面已经取得了重要的突破,脑疾病早期诊断和干预也有了重大进展，上海药物所和绿谷集团最近研发的一个通过调节肠道菌群达到缓解老年智障这样一个药物，在部分患者中取得了明显的改善症状的作用。这样的事情大家都要来支持，一个结构完全新的药物，它的开发不可能一开始就是十全十美的，很多药物的开发都是经历了这样一个过程。吴承恩先生写《西游记》的时候具有爱因斯坦所称赞的想象力，爱因斯坦曾经说过想象力比知识更重要。孙悟空拔一根毛就能够实现孙猴子的克隆，原来认为灵长类动物不可能被克隆的魔咒被上海科学家打破了，这是非常有价值的一件事情。它对我们研究灵长类脑功能，为我们未来的类脑计算、保护人脑树起了一座丰碑。

生命科学的意义在于转化，最后必须落地到人类的健康，这就是21世纪初开始的所谓转化医学概念的兴起。但是在一个约14亿人口的大国，我们的转化医学不能只考虑临床医学，必须还要考虑预防医学，预防为主是我们从新中国成立之初就确定的卫生方针。另外，我们的转化医学不仅在实验室和临床或者公共卫生的流行病学和现场干预进行双向研究,更重要的是它的成果应该造福全民。一个好的药物如果不能进入国家的医保目录,不能由公共财政承担让它进入国家的免疫规划，比如宫颈癌疫苗，这个转化医学是不完全的。现在我们正在向这个方向努力，可以向徐部长特别报告的事情，非典的时候您领导全国非典指挥部科技攻关组一起做了很多事情。经过多年努力，我们国家最高生物安全等级实验室P4实验室已经在武汉建成，这是我们国家第一个生命科学领域里面的大科学工程，负压调控，里面就像宇宙飞船的宇航舱，工作人员穿着宇航服一样的装备工作，因为他要对付的是没有任何药物、疫苗的劣性病原体，注入埃博拉病毒。正是由于非典以来我们国家大力投入和科技界的努力，使得我们具备这样的能力，2014 年西非三国遭到历史上最严重的埃博拉疫情袭击的时候，中国派出了规模最大的医疗队和公共卫生研究团队，首批是 302 医院的医务人员和国家 CDC（中国疾病预防控制中心）的专家，本人当时在决策会上唯一说我们要派人而且要早派人的专家，我为他们捏一把汗，开始一个星期有的专家还发烧了，天天和我联系，我也是很紧张。万一有人得病群众问责，政府会说是某某专家出的馊主意，最后 2000 多名医务人员在那里工作了 2 年多，在利比里亚建立了医院，在几内亚没有撤退反而加强。中国在帮助西非国家控制埃博拉疫情当中发挥了独特的作用，而且我们很快就研发出了疫苗。

健康科技的落地，要从产出来衡量。我非常高兴地向大家显示我们主要的卫生指标这些年来发生了很大的变化，婴幼儿死亡率农村原来是很高的，达 60‰，城市比较低。但是近年来，农村的婴幼儿死亡率急剧下降，城市也有下降，现在可以说我们在婴儿死亡率方面的城乡区别已经消除。婴产妇死亡率这个指标，城乡差距也就是卫生的公平性得到极大提升。当然平均预期寿命从医改初期 2010 年的 74.8 岁升到了 2018 年的 77 岁，8 年时间里升高 2.2 岁，这在一个 2 亿人口以上的国家是没有过的。我知道王副总理说新加坡人均期望寿命是世界上最高的国家之一，的确新加坡达到了将近 84 岁，但是在这里我要向大家报告的是如果把我们上海拿出来单挑，我们有得一拼。上海人均期望寿命在 2017 年已经达到了 83.37 岁，我估计今年应该能够接近 84 岁。毕竟上海的人口是新加坡的 2 倍还要多一些。孕产妇死亡率都是居于全球最高水平的城市之一，和东京、斯德哥尔摩在同一个水平上。

隐藏在这些数字背后的是我们医务人员的付出，是我们医学科技界的心血。1965 年上海就实现了人类历史上合成生物学第一次重大突破，人工合成牛胰岛素。屠呦呦老师在 1972 年发现了青蒿素，但是青蒿素真正成药向非洲这些国家出口有上海药物所、上海有机所的重大贡献，上海药物所在原来青蒿素的基础上进行了改造，比如蒿甲醚，这些改造过的药疗效提高了 20 ～ 30 倍，毒性下降，真正能够成药，水溶性问题也解决了。我们团队在王先生的领导下，在抗击人类癌症的历史上也算是做出了一些贡献，去年也得到了瑞典皇家科学院 100 万美元的新的系列大奖。我和法国的同事有幸前年写了一篇综述，揭示了协同靶向治疗攻克白血病的细胞和分子作用的原理，最近组织了全国几十家单位开展的多中心临床实验已经有超过 1000 多例 APL，我向大家报告一个结论，低中危患者占了全部患者的 3/4，不用化疗，就用两个药——维 A 酸、砒酸升剂，这两个药的合用，不用任何化疗就可以使得治愈率达到 97%，5 年不复发，最长的病例已经观察到十几年。高危患者，刚才两个药再加上适度化疗，治愈率也达到 90%。这个被认为是革命性的重大突破。去年得奖以后我们有幸再去提名今年的得奖者，今年得奖者当中有一位就是《我不是药神》里面那个药——格列卫的创造者，可以知道我们的研究工作大概在什么水平上。

如果刚才是靶向治疗的故事，现在讲一个免疫治疗的故事。刚才提到了新加坡在T细胞治疗癌症方面的一些进展，我要给大家介绍的是CAR-T，T细胞装了一个导弹，瞄准性很强。这次我们攻击的疾病不是白血病，而是多发性骨髓瘤。随着老龄化的到来，这个疾病发生率越来越高，上个月刚刚在《美国科学院院报》上发表了共同研发及进行临床实验的一个CAR-T，标准的靶点是骨髓瘤细胞表面成熟抗原。与美国的大企业几个团队的结果相比，我们的完全缓解率最高，达70%，而且到现在最长的患者观察期已经达到3～4年，我们有信心地说这些晚期骨髓瘤现在有半数有可能取得治愈的希望。大家看到生存曲线，横坐标是时间，纵坐标是生存概率，当生存曲线出现平坦的时候表示这个患者不再发生主要的疾病事件，就是一个长期的高质量的生存，将近一半的患者能够得到长期的高质量生存。生物标志如何用来检测残余病变？这个病有一个最典型的生物标志就是血浆的单克隆免疫球蛋白，它的IgM和IgA全部没有了，单克隆的标志。经过治疗以后，原来IGG现在是多克隆了，像图片一样的东西，这就是多克隆的标志，正常的B细胞出来了。中国的科技界即使在比较困难的条件下我们照样能够做出国际一流的成果，而且现在产学研联盟已经显示了它的重要意义。这个工作主要是国家转化医学中心在展开，我们这个团队比较低调，但是也希望上海市和科技部共同建设的国家转化医学中心能够得到各位领导的关照。

防控科技风险，这是一道逾不过去的坎，但是我们还是要坚持多边合作的原则，既要宽松又要监管到位，科学诚信体系建设、行业自律、行业准则这是非常重要的。很可惜的是作为一个科学家我们不愿意在这里介入任何的政治，但是政治有的时候就是要干预科技，当前国际科技共同体遇到的重大风险是科技能力在个别国家被利益集团利用，沦为其维护霸权和打压新解决体国家崛起的手段。因此，我以中国科学界的一员发出这样的呼应：科学没有国界，科学是和平的语言。中国的科技界要向华为学习，华为的研究体量相当于整个科学院，8万研究人员包括700名数学家、800名物理学家、120名化学家、6万多名高级工程师，研发投入一年达到200亿美元，就是1300亿元人民币，整个就是中国科学院的体量。它在国家碰到困难的时候挺起了中国人的脊梁，受到断供的时候任正非先生仍然表达了开放合作的气度。

我们不忘习近平总书记的教导，在科技发展当中要高度重视基础研究，基础研究是所有技术问题的总机关，现在我们国家基础投入在科技部自然基金委各方面的努力下增量是明显的，但是占科技投入总的比值与OECD国家比只有人家的1/4～1/3，只占5.7%。一般发达国家都在15%～25%。现在需要多元投入，需要政府投入，更需要企业投入，像华为200亿美元的投入当中相当一部分其实是基础研究的投入，没有基础研究哪来自己的芯片系统、操作系统。现在国家科技部门正在研究编制2021—2035年国家中长期科技发展规划，这是中国的长处和优点，在各个科技专项之间加强顶层设计，科技部门还是要发挥主导性作用，但是责任可以压给各个有关部门，也包括像上海这样的地方。上海的特点是国之重器在这里特别做得出来。我们要更加完善分类评价体系，工作的引证率、国际同行认可度、造福民众的获得感，这些是基础研究到应用研究都必须要强调的，再也不能把论文作为主要的评价体系了。但是作为一个机构、大团体来说，论文特别是高水平论文还是有必要作为一个衡量指标的。

尽管有些人不希望中国科技界做更大的贡献，但是我们下定决心要为全球科技创新共同体提供更多的公共产品。现在的科技已经不是16世纪的科技了，哥白尼的个人兴趣，弄一个望远镜就能够搞一个日心说。近代的科技已经是学科交叉的科技了，而到了21世纪各个国家在鼓励科学家做所谓的自下而上研究的时候，更加强调李强书记一开始说的学科交叉、组织化程度和国际合作。面临的能源危机、人口超载、环境破坏、气候变化、粮食安全等挑战，我们必须携起手来，因为没有任何一个国家能够独善其身，“一带一路”倡议2013年提出以来，在科技行动计划方面也取得了一系列成果，特别是以东盟各国推进创新科技园区合作，这也是双向的。中国人民和中国的工业界不会忘记新加坡为我们做出的贡献。我也经常去苏州，知道新加坡也和重庆、天津在合作，我希望中新合作能够成为国际合作的标杆。而且国际合作有的时候也能促进国内合作，今天会上我非常高兴看到河北的徐省长在这里和上海又要建立更紧密的合作，将来长三角、京津冀、大湾区等几个区块之间也要加强合作。我们要构建开放融合的国际学术共同体，中国也欢迎国际科技机构将来把总部或者至少把亚太地区的分部建到中国来，尤其建到上海。热带国家的也可以考虑去海南做一点事情。

全球产业链的一体化不是谁能够轻易打破的，围绕产业链形成的创新链也不是谁都能够打破的，国际学术界在这个时候要挺身而出，中国的科学界也要挺身而出，中国的医学界也要挺身而出。我们要做到不出国门在上海或在其他的医学高地也要能够提供国际一流的既有高度的疗效又能够有深切的人文关怀的个体化、个性化的治疗，不出国就在这里，我们也能够提供，这是我们的自信心。上海的医学界应该有这样的自信心。国际大科学计划现在科技部各方面都在促进，科学家要积极投入，特别是中国的优势，有政府的政策鼓励、资金投入，尤其是我们有年轻一代可贵的资源，人才资源。原来人们担心“80后”“90后”会怎么样，事实证明我们的“80后”“90后”都是好样的，嫦娥四号指挥室里面坐着的很多都是“80后”，看起来就是中青年。在上海的同步辐射光源和贵州的大科学工程，都能够成为国际科学界的舞台，甚至于将来中国的太空舱里面能不能有一些金砖国家的科学家同时搭载上去。如果能够做到这样我们就是一个国际空间站了，为人类命运共同体做出贡献了。

最后的结论就是国际科学技术发展正在酝酿新的革命，中国贡献日益突出，我们要增强自信心，但是我们又要谦卑，要耐得住寂寞。板凳坐得十年冷，文章不写一句空。从科技大国迈入强国行列，只有依靠自主创新创造，舍得投入，发展更加自主完整同时也更加科学的理论研究体系和战略性、通用性、基础技术供给体系，我们要加强各个领域的转化研究。同时，不管国际风云如何变幻，我们加大国际合作的决心不变，为国际社会提供更多科技公共产品的努力不减。科技创新必须依靠持续不断的制度创新来释放生产力，尊重知识、尊重人才，特别是尊重青年人是基础，弘扬科学精神、奋斗精神是核心，“两弹一星”精神、青蒿素精神，铸牢科技诚信、伦理道德和法律法规，这是保障。建立新时代市场经济条件下集中力量办大事的举国体制是关键。

最后，作为一个上海成长起来的科技工作者，热切希望上海能发挥独特优势，在国际合作的大氛围当中培育智慧城市、国之重器基地、惠民科技基地，打造具有全球影响力的科技创新中心，并在这个进程当中不断取得新成就。

让未来科学发展得更好

菲利普·坎贝尔（Philip Campbell）爵士　施普林格·自然集团总编辑

科学给了我们很多的礼物，给了我们洞察和发现，科学及其影响必须要引导，包括它在社会上的认知也需要引导，而不是一件顺其自然的事情。

非常荣幸来到本次论坛，我在过去20多年多次拜访过上海和新加坡。现在科技群体包括整个社会所面临的挑战需要利用科技来解决一些问题，我给各位举一些例子，更多地和各位讲讲科学为我们带来的馈赠，我们应该如何有度地应用科学。接下来我说说对于我本人非常值得强调的一点，我本人是施普林格·自然集团的总编辑，在新加坡和上海都有我们的分部，我之前也担任了《自然》杂志的主编职位，大概有23年了。我想说一下科学至关重要的方面，有的特点可能对于我们未来有很大的影响，有的对于我们人类现在的生活有着很大的影响，我主要以《自然》杂志举例。今年是《自然》杂志创刊150周年，我借此机会也向各位推荐一下我们的《自然》杂志。

首先讲讲天地的礼物。这个词可能听起来和科技、社会的未来似乎关联不大，但是其实它们对于我们的社会来说是息息相关的，尤其就文化来说。这是加拿大很美的地理照片，它的地理结构非常有意思。最近，《自然》杂志发布了一篇文章，发现了最早的一种菌类，10亿年前的真菌，这个可以帮助我们理解地球上生命的演进。其中，有一些真菌的演变方式反映了生物是如何从海里逐渐走到陆地上的。其实真菌在动物植物演进方面扮演着重要的角色，这就是地球给我们的馈赠。这是中国的例子，1.63亿年前的恐龙，它的翼就好像是蝙蝠翅膀一样，为我们确定了这种飞行方式是由恐龙第一个拥有的，向我们揭示了动物的演变。之前有很多讨论，关于恐龙和鸟类的联系，中国为我们提供了非常好的例子。中国有很多古生物化石，可以帮助我们提供佐证，这是之前的动物，就好像是能飞的小麻雀一样。

下面讲讲天空的馈赠。我说一个谜题，晚上突然间会爆发的无线电信号，它的来源是银河系之外的，可能是几十亿光年以外的，好像是几毫秒出现的。意味着从宇宙的角度来衡量这个来源是非常小的，之前猜测只有几千米，来源是很远的，而且能量强大。我们对于宇宙当中的很多物理学是有很多研究的，但是我们对于无线电的研究不够多。这个发现是从一个理论来看的。这是爱因斯坦100年前的理论所推演出来的，和我们之前看的正好相反。当时的理论准确预测到了我们会观察到一些现象，第一个就是引力波，这是2015年观测到的。各位看到的信号可能就是一秒当中的几分之一。这是两个黑洞融合塌陷的现象。两个黑洞具体塌陷情况是怎么的不是很清楚，但是最起码可以认定这个引力波是来自这个情况的，就是因为有爱因斯坦，所以我们才能准确地诠释这个情况。另外一个就是黑洞，拍的是黑洞周围的光圈，这个光圈就是因为黑洞大量地吸入扭曲的边缘所反射出的光源，在《自然》杂志当中我们发了一个图表来解释光圈是如何形成的。有物质被吸入当中，本身宇宙的时间和空间被扭曲，光在之前就已经扭曲了。这是非常好的科技，就好像引力波一样。这是之前用天文望远镜看到的。这是经过10年的努力来自地球各地的天文望远镜汇聚到一起形成的成果。需要几十年的时间，需要很大的耐心。

这是刚才提到的对于我们文化的极大影响，会激励很多年轻人，但是我现在发现很多年轻人他们为什么想要学习科学，是因为想要将世界变得更加美好。我发现这个趋势在很多国家都存在。科学探索和创造性工程能够帮助我们带来更多的理论，创造新的材料，有无限的可能。这种拓扑电子材料的电子特性非常特别，因为这些材料他们运营的对称性是非常特别的，在超晶格运行当中具有独有的特征。物质在表层的超导性是非常好的，有的文章研究了现有的拓扑材料的目录，看了所有材料的结构，用理论来分析这些材料基于这个假定之上会有什么样的特点。

接下来讲一个不同的话题，人类基因学。人类基因学让我们了解了基因图谱。我们用基因组来创造新的基因组，不仅是新的基因组，还可以创造出新的有机物。比如这里创造了一个基因组，创造了大肠杆菌的菌群，用大肠杆菌原有的基因组部分敲出以后再重新做的基因编辑，没有完全改变大肠杆菌的功能，把当中的基因冗余去除掉，在DNA本身和蛋白之间敲除。这个大肠杆菌是在我们肠胃当中的，未来我们可以想象也许我们可以造出新的菌群，它们具有不同特性，放在肠胃环境当中，做的事情比现在的菌群还要多，对有些人来说这是非常令人兴奋的。因为我们会发现在我们人体当中其实很多东西都是由人体肠胃菌群影响的，这是一个非常大的研究领域，再次证明我们合成生物的无限可能。

大家看到有一些人会瘫痪或者脑子当中有一个植入物就可以控制你的机械手臂，这个可能比那个更精细，我们用机器学习、神经网络，用正常人的大脑数据来做一个深度学习的算法，做一个植入物进去，会把你的思维转变成你的语言能力。因为人最高级的沟通方式是打字，这是一个非常慢的沟通方式，如果我们有这种植入芯片，可以让那些瘫痪的人或者中风的人有一种全新的和人沟通的方式。当然我们不知道这些技术最后会往哪里发展。不仅是生物学、生理学包括健康学也有很大的福祉。我们这个论坛会讲很多机器学习的东西。这个例子是机器打败人，大家知道 AlphaGo 的故事，机器的崛起本身就是非常有意思的科学，机器学习可帮助量子物理、高能物理、地震物理、有机化学，机器学习在帮助科学家获得命令，便于更好地运用它的模式和数据，重新来解释和诠释。对我来说 AI 和机器学习为什么有意思呢？因为它可以帮助我们搜索已经发行的文献。我讲的文献不仅指《自然》《细胞》这类科学杂志，还包括向公众开放的文献和社交媒体上的信息，你找到的东西机器都可以读，它可以看过去的文献，这些东西都在，但是我们很难做索引。有机器可以更深入地看这些历史文献，寻找过去的节点和联系，机器学习和 AI 会很好地做文献的数据挖掘，找出人和自然世界当中的因果关系，会对我们的学术和社会有巨大的影响。

最近，施普林格出了一本书，这本书就是机器写的。机器挖掘了与锂电池有关的文献，把它变成了一本书，当中涉及了锂电池不同的方面。这本书很无聊，一点意思都没有。但是含有很多信息，里面的干货很多，机器是可以帮人写书的。机器可以做数据挖掘，找到文献当中人没有看到的因果关系。但是人在这个过程当中是不可缺失的，就好像在任何科学学科当中，还有所谓静态的消息，是科学家知道的。比如你知道整个社区，知道有些东西是文献没有办法覆盖的，人仍然是非常重要的。我们应放眼未来。2016 年《自然》杂志发表的一篇题为《什么来促进技术的发展》的文章，让我们看到了未来的人是怎么样的，现在研究者觉得未来的人应该关注什么。一个是计算能力，还有大数据发展、传播速度、语音设备、生物科学、3D 打印、机器人。大家在不同场合上都听到过这些课题，这些技术的推动引擎将会帮助研究者真的可以用比以前更快的速度取得进展。当然还有一些技术的推动，比如社会的目标，最好的一种表达就是联合国可持续发展目标。当中有 17 个目标，涉及了可持续发展不同的方面及我们要如何保护我们的星球。比如蓝色海洋和大海，我们想想食品的可持续性，从海洋的角度来说我们看看现在在做一些什么样的研究。我们会发现可持续性这个问题其实是超越学科的，大自然非常重要，我们要了解生态学、海洋及气候变化对海洋的影响，但是人的因素同样重要。

对于未来的科学我有两个希望。第一，我非常希望科学不应该和现在一样，我们现在说到科学要发展，但是与此同时我们也要讲到伦理，讲到了最高层的监管和激励。另外，我们也要看一下在大学、实验室当中在发生着什么，那些研究的领导人可能需要比现在更多的培训，不仅仅是中国，而是每个国家。这些科研带头人的培训，比如如何确保研究的伦理性，确保数据发表之前要检查，这些都需要问责，政府必须要让大家和他们的大学出资人问责。我知道这一点在中国已经实施了，但是我觉得还要做得更多。两天之前我去了清华大学，讲到了清华大学在这个方面做的一些工作。《自然》杂志在去年 5 月出版了一篇文章《如何建设一个健康的实验室》，包括我们做的一些调研，在研究室当中的一些问题。第二，我希望学术研究的社会影响应该让更多人在网上能够看到。我们知道科学会带来创新，有的时候是非常明显的，从学界到行业界的路径很清楚，但是有的时候不清楚，特别是涉及政策的时候。我希望业界和政府的政策制定者一定要在研究当中强调实验室和研究者的重要性，比如机器学习可以帮助我们。这样对于研究者来说会有更多的激励机制促进基础研究。有些政府是很积极在做的。最后我举一些非常好的研究可能会对社会带来很大的影响。一个就是可穿戴设备。它当然会带来一些伦理学的问题，但是这些伦理问题还没有解决，是出版公司、政府和研究者都必须要考虑的，让这种可穿戴设备的伦理问题得到解决。另外，还有一篇文章，世界各地城市都在考虑气候变化，我们如何从文献当中学习做一些切实的东西。我们看了不同城市做的4000份实例研究，有不同的方法，哪个城市是不是能够解决一些问题。这些政策文献的可获得性及实际做的干预工作，不仅作为科学文献，而且政府记下来把它进行了数据挖掘。几个星期前《自然》杂志上有一个地图，世界上自由流动的江河，它的流域是受到影响的，河道会改变，而且在世界各地都出现了这个问题。让我们想到未来生态系统的健康性，我们一定要了解宏观图片，现在的大数据、机器学习其实就可以出现这样一份地图告诉我们哪些自然流动的流域已经受到影响。

中国做得非常好，环保不仅需要伟大的科学家，而且需要很好的政策制定，也需要很多的谈判。一方面是发展的利益，一方面是环保的利益，这是需要谈判和涡旋的。这是非常复杂的问题，但是我觉得中国可以做得非常系统，我希望看到不仅在土地方面有红线，而且在未来中国有海洋方面的红线。总结一下，今天我讲的重点，首先科学给了我们很多的礼物，给了我们洞察和发现，然后科学和它的影响必须是要引导的，包括它在社会上的认知也是需要引导的，而不是一件理所当然的事情。最后，祝《自然》杂志150岁生日快乐。

企业拥抱创新、打造智能生态系统的实践

罗臻毓　新加坡凯德集团总裁兼中国区首席执行官

> 企业将开放和创新融合在一起，通过高质量的产品和服务满足社区和人民的需求，通过创新来满足不断变革的需求，通过技术、数字化、投资和便捷的方式满足消费者的需求。

我和大家讲一讲我们的创新变革，特别是凯德集团制定的创新与变革。凯德集团把

开放和创新融合在一起，这其实也是我们论坛的主题，我们在中国商界看到了很多创新和合作，包括中国和新加坡，新加坡是这次的主宾国，我们有很多的合作。今天我和大家讲一讲我们的创新和数字应用如何应对非常快的消费者的变化及房地产界的变化。

凯德置地 1994 年第一次进入中国，当时我们是非常少见的能够进入中国市场的外国的开发商，从此以后我们在中国房地产市场是一个非常大的开发商，我们有办公室、购物中心、家居、服务公寓、多功能楼宇，我们现在在中国已经有 15 年了。房地产行业首先涉及非常传统的物理建筑，但是在这个背后我们要用很多技术和创新。但是房地产业的需求是一直存在的，这种需求包括消费者的需求，他们有居住的需求、工作的需求和娱乐的需求。我们也知道现在进入了数字变革时代，改变了城市当中的生活方式。我们希望凯德置地能够成为一个全球知名的开发商，我们通过高质量的产品和服务满足社区和人民的需求，我们通过创新来满足不断变革的需求。通过技术、数字化、投资和便捷的方式满足我们消费者的需求。数字一直是我们核心战略的一部分，也促进了我们的增长和变革。从 2015 年开始，凯德置地就开始了数字转型这样一个过程，以客户为中心，文化转型也同步进行。我们现在也进行办公租赁，这些都是我们的客户，而且我们的关注点放在了最终客户身上，那些进入我们商场当中的人及在我们办公楼宇当中工作的那些人。我们的房地产业务有所演变，我们不仅只是做产品，而是要成为一个全面的业务解决方案供应商，在未来我们有可能要变成移动业务模式，也就是说我们要实现实时的连接，我们要将我们的企业进行跨界转变，我们也在不断地发展，我们在研究当中建立了便捷的团队，而且也成为我们业务战略当中的核心部分。

凯德集团在设计布局及技术方面拥抱创新，要打造一个智能的生态系统。凯德置地在中国的业务当中打造了一个中国数字生态系统，采用了新的业务模式，并且在转型过程当中实现合力。在我们中国的办事处我们有智慧办公应用，我们通过脸部识别技术作为我们的用户界面，给我们的员工及商用租户带来了便利。我们在中国有 10 万人使用了面部识别楼宇系统的服务。而且我们通过物联网进行了更好的物业管理，更加智能，能够进行预测，并且能够进行实时管理。我们在中国有 10 栋楼宇安装了智能楼宇管理系统，并且我们将在不久的将来全方位地进行部署。我们有 43 个正在运营的商场遍布中国各地。这个方面我们融入了数字化浪潮，采纳了最新的技术和产品，包括 Wi-Fi 服务、停车系统，通过智能化实现无缝客户体验。我们为购物者通过我们的数字化平台提供全方位的服务，我们的客户忠诚度计划可以将我们的消费者和各个商户实现更加密切地联系。此外，我们的租户也可以充分利用我们提供的人工智能服务更好地和消费者连接，并且我们也能提供非常智能的线上线下连接服务。CAPITASTAR（凯德星）计划不仅有新的功能，比如通过银联、支付宝来进行会员奖励兑换等，而且在办公楼宇当中也实现了多个功能的应用。CAPITASTAR 平台有电子商务分支，占到零售增长的 20%。还有运营方面的智能化使用，我们推出了集中式腾车管理解决方案，融合了停车场付费等功能，并且优化了人力资源管理，让员工可以从事更加具有价值的工作。并且通过智能化提高了管理效率，简化了流程。我们通过云端应用在整个企业进行使用，让客户通过这样的平台可以更好地实现定制化，实现为客户的服务。数据是至关重要的，我们开发了物业平台，并且也实现了云端技术，实现了 10 TB 的数据交互，覆盖多达 130 个客户标签。

数字创新也在我们共享空间当中广泛应用，最近我们在这个方面看到了迅猛地进展，很多公司希望他们的公共空间、工作空间更加灵活，他们能够有更好的社区氛围、更大的灵活性，并且能够有助于培养创新的思维，吸引并且留住人才。为了满足不断变化的工作空间的需求，我们推出了未来办公室的倡议，以提供灵活空间解决方案。这一战略旨在形成创新文化，促进人才吸引和保留，并且能够优化成本效益，造福我们的办公物业租户。我们也是充分利用了传统和灵活的办公空间整合趋势，提供了一系列办公及会议和工作空间，配备了定制家具和最新的办公套房，提供各种容量。在中国我们在上海开设了 CQ 办公空间，有一系列高科技服务，比如脸部识别，当你使用一些设备的时候，比如健身房、浴室、咖啡厅都可以使用面部识别这样的最新管理工具，我们认为共享空间的业务并不是完全独立的东西，但是能够在我们新的办公楼宇当中占据一席之地的。这是我们在凯德大厦 24 层的总部，我们在这里推出了专属商业俱乐部，这是一个会员专用的商业俱乐部，为商业领袖提供复杂和豪华的环境。可以让我们的租户有这样需求的时候可以升级他们的空间。此外，凯德大厦现在有功能的转化，可以白天成为视听讲堂，晚上成为娱乐空间（如电影院）。在这样的空间当中可以举办会议，晚上可以举办娱乐活动，我们能够满足公司租户的各种需求。

我们再看一下未来的商业模式，我们可以通过对于空间的打造帮助我们的伙伴实现这一点。在中国，创新浪潮汹涌，我们通过零售作为服务来推广，不仅仅只是一个租赁空间的服务，我们提供各种数码能力，实现未来增长，产生商业价值。在北京首批 500 平方米的空间在面积效应上增加了 44%，会员转化率 100%，网上销售收入增长了 15%，突破了传统实体商场的经营模式。这个空间不仅创造了充满活力的商业氛围，融合了国际品牌，还吸引了互联网流行的品牌和蓬勃发展的本土新品牌。我们这个 Next-Ten 的模式显示了公司转型方面的成就，让我们未来更好地实现 3.0 转型，并为中国零售业带来新的体验。

走向国际建立伙伴关系，转型可以说是新常态，凯德置地已经建立了完整的数字生态系统并承诺成为数字化行业的领导者。新的数字化时代提供了更加好的方式进行互动、协同并且达成新的伙伴关系，有很多让人振奋的机会不断地增长我们未来的经济，改变我们的生活。凯德置地在中国和新加坡建立双边关系方面发挥了积极作用，我们将继续专注于我们的业务，为它注入活力，抓住机遇，建立强有力的伙伴关系，为中国社会建设更美好的生活，并且为集团及其相关方面创造可持续价值。为了实现这一宗旨，我们非常希望和相关伙伴一起开发技术，建立强有力的伙伴关系，并且在一些新的项目当中都能够密切合作，提供数字化的解决方案，将人们联系在一起，造福人群，并且能够跨越不同的疆界。

第 2 章

主宾国论坛研究与创新伙伴关系——中国与新加坡视角

1 论坛综述

2019 年 5 月 25 日，2019 年浦江创新论坛主宾国论坛召开，新加坡受邀成为本届论坛的主宾国。中新两国就“研究与创新伙伴关系——中国与新加坡视角”展开演讲与讨论。2019 年是中华人民共和国成立 70 周年，也是新加坡开埠 200 年，2020 年两国将迎来建交 30 周年，双边关系面临新的发展契机。中新两国持续深化政治互信和利益融合，在世界彼此核心利益和重大关切问题上相互尊重、在共同发展的道路上相互支持，双方立足中新合作推动地区和沿线国家的共同发展，中新自贸协定升级的积极效应得到了显现，各个领域的合作稳步推进，新加坡连续 6 年成为中国第一大新增外资来源国，中新两国共同打造陆海新通道，推进金融第三方市场、科技创新、智慧城市等领域的合作。

中新两国早在 1992 年就签署了《中新政府间科技合作协定》，并成立中新科技合作联委会，在科技创新领域开始了广泛而富有成效的合作，共同支持的联合研究项目涉及材料、生物医药、智慧城市等多个领域，取得了一定的成果。本届论坛将探索并交流如何进一步加深中新两国在科技创新领域的合作，在新的国际环境与时代背景下助力建设两国间在科技创新领域互信共赢的伙伴关系。

本次主宾国论坛由上海市科学技术委员会副主任傅国庆主持，科技部国际合作司司长叶冬柏和新加坡国立研究基金会总裁刘德成（Low Teck Seng）出席并致辞。参会的中方嘉宾主要包括上海交通大学教授，新加坡 CREATE 计划 E2S2 项目负责人彭颖红，远景能源副总裁赵卫军，上海科技大学免疫化学研究所执行所长、中国科学院曼谷创新合作中心主任、教授姜标，中国科学院上海药物研究所所长、研究员李佳，复旦大学公共卫生学院副院长、教授阚海东，安翰医疗执行总裁、创始人、博士肖国华。

参会的新方代表主要包括新加坡南洋理工大学助理副校长（战略与合作）、南大能源研究所执行主任、教授 Subodh Mhaisalkar，新加坡国立大学常务副校长（创新与企业）、教授梅彦昌（Freddy Boey），新加坡国立大学苏瑞福公共卫生学院与新加坡国立大学环境研究院前院长、教授王俊南（Ong Choon Nam），锐佳科技集团首席执行官黄印成（Christoper NG），新加坡科技研究局实验药物开发中心首席执行官、博士 Damian O' Connell，路胜基因创始人兼首席执行官兼医药总监、医生陈民汉（Tan Min-Han）。

2　致辞

新加坡国立研究基金会总裁刘德成的致辞

刘德成　新加坡国立研究基金会总裁

> 新加坡的核心战略就是要在科研领域进一步地合作，新加坡非常关注与中国科研机构的紧密合作，对未来充满乐观。中新两国都面临着资源有限、人口老龄化、城市变化的问题，要确保把科学用到好的地方，很多问题不可能是新加坡一己之力可以解决的，所以一定要合作。

创新企业对于新加坡来说是非常重要的发展支柱，也是重要的发展基础。从 1991 年开始，新加坡原来是一个小渔村，付出了很多努力才有今天的经济发展程度。新加坡是一个知识导向型经济，如果没有技术发展如通信技术、数字技术的革新，是无法实现这些成就的。包括中国和新加坡在内的很多国家都必须要依托科技创新才能进一步地发展，习近平主席也说要科技兴国，新加坡从 1991 年开始打造五年计划，每 5 年要有 90 亿美金的科技发展支出，这是非常重要的。研发创新在新加坡非常稳步地发展，这些成就也得益于相关部委的支持。虽然新加坡没有科技部，但是副总理负责科技发展事务。他的支持使得新加坡有了非常强大的发展，新加坡的研究创新创业是渗透于各个方面的。新加坡的科研机构、私营企业都在积极参与研究创新创业，希望将各种各样的医学研发进行商业化和投产。很多的合作伙伴，如上海交通大学，与它们一系列的合作能够帮助新加坡进一步地发展创新创业。这使得新加坡在创新创业方面有着领袖地位，同时也能够帮助其经济进一步地发展。这也是新加坡的战略手段，能够保证科学进一步地扶持行业发展，并且更好地向未来迈进。新加坡依托多项合作和互动，可以超越自身来解决一系列的科技难题。

新加坡的核心战略就是要在科研领域进一步地合作，以便解决如今所面临的非常困难的问题，包括新加坡和其他国家面临的气候变化、气候稳定性、医学、传染病等问题，必须要保证应用科学能够合理地发展，同时需要和合作伙伴加强合作，所以合作是非常重要的。在解决一系列非常复杂的问题当中，特别是解决一些跨境、跨区域、跨学科的研究当中合作是非常重要的，必须要通过一系列的合作进一步发挥各自的互补性优势，这也是为什么新加坡非常关注与中国科研机构的紧密合作。这些合作也是今天想要探讨的重要主题。不单单会有可持续未来的主题，同时也有医疗健康的主题。

新加坡是一个小国家，是一个弹丸之地，只有700多平方公里国土。但是有550万人口，所以有很多的限制，包括能源限制、水资源限制，特别是必须要有足够的技术保证水安全。但是这些问题并不是孤立的，是互相关联的，如要海水淡化必须需要能源。与此同时如果有足够的能源，就需要有足够的场地，而国土有限会带来一些新的限制，因此，这些问题都是互相牵连的。与此同时也迫使新加坡要进一步地与各个机构进行合作，这也倒逼新加坡必须要利用各种各样的技术造福于民、造福于各行各业，这样才能真正保证国家的能源安全、水资源安全。如果要找到一个目前折衷的方案，必须要明确自己的处境才能更好地进入未来。说到电网的问题，新加坡有电网 2.0 的项目，很多车都是电动车，因此必须要更多地利用好电能，这也需要非常稳定的供能基础。为此而翻新一个 100 多年历史的电网，这个电网 2.0 计划是现在全国范围内非常重要的战略，对于新加坡的长期发展也是非常重要的。这是一个跨区域、跨学科的项目，不单单只是涉及科研、大学机构的代表，同时还有产业界的代表共同合作。这样才能进一步保证新加坡在能源市场上有足够的权威地位，从而进一步推动合作。

新加坡在这个方面非常积极地寻求海外合作伙伴的支持，在中国也积极寻找合作伙伴，非常希望能够找到中国的大学进一步合作。将所有科研成果都能够真正应用到实践当中，并不一直是一帆风顺的。新加坡和美国麻省理工大学或者斯坦福大学的很多公司均有合作，但不会把技术直接拿过来，而是希望能够利用更多的合作伙伴关系，把公司做成联合体，把研发人员做成联合体，两个联合体放在一块进行产学研合作。如果不用合作伙伴关系就无法做到真正地转化，因为政府大量投入资金，其目的是一定要转化成实际应用。

这种转化其实是一个很大的挑战，不仅新加坡有其他国家也都有。希望利用现有的一些系统和资质，与合作伙伴一起实现目标。例如，从 2001 年起开始投资医疗和生物医药，一开始比较关注基础科学，但是生物科学方面的投资有更广的范围，还可涉及生物科学和物理科学的结合等方面。新加坡在医疗科学方面面临的挑战还是很大的，希望在制药科学方面对医疗公共服务提供帮助。再如老龄化问题，中国也有这个问题，但是新加坡是一个小国，所面临的问题会加剧，新加坡人口老龄化速率是世界上最快的，对医疗需求很大。关键是能不能把最好的医疗服务给人民，满足他们的期待值，同时成本也是政府可以分担的。有一些关键问题对医疗体系的压力比较大。又如说有一些癌症，新加坡发病率很高。早上新加坡副总理说到鼻咽癌，除此之外结肠癌等癌症发病率也比较高。还有传染病，也是非常关注的领域。还有心血管疾病，这个和代谢病紧密相连，这些慢性病是医疗体系极大的负担。基础层面免疫学、基因组学、分组生物学这些都要研究，关键是怎么用这些研究解决国家面临的主要问题。当然基础研究非常广泛，新加坡是一个小国家，无法研究这么多分门别类的基础科学，希望通过合作伙伴关系来覆盖。事实上好的合作伙伴关系对新加坡来说是双赢的。

回顾过去发展的历史，一开始关注药物制药产业，关注小分子，但是现在可以开发大分子药制剂。把这些能力整合到一起，形成药物开发中心。希望今天会有非常有意思的讨论，因为中国也有这些方面令人兴奋的发展。新加坡还有一些新的倡议，从小分子到大分子到细胞制剂，刚刚宣布了和 MIT（麻省理工学院）在细胞生产方面的合作，希望上海交大也能做这方面的合作研究。这样能够有一个更加有效的通路，由此带来更好的转化。

新加坡的合作伙伴整个生态系统有不同的层面，包括政府、机构、组织，通过联络人可以建立网络，例如，说早上的王部长和各位新加坡的同事也提到，人与人之间的联系与合作对于成功的合作伙伴关系是非常关键的，希望这种伙伴关系可以帮助新加坡解决面临的挑战，即医疗和可持续发展。这需要非常大的努力，因为解决困难的时间越来越紧迫。再如气候变化对于环境的要求，希望能够尽绵薄之力，和全球其他国家一起应对气候变化的问题。希望和其他国家一起合作，以某种方式来减少气候变化带来的影响。合作的机会很多，可以共同利用颠覆性技术找到解决方案，必须用聪明的方法努力去做，让科学家、机构一起来合作。新加坡和中国有很多的合作，在这两个领域是共赢的，事实上第一个合作就是与中国国家自然科学基金委（NSFC）关于环境科学和传染病的，新加坡有一个服务平台，不仅可以做现有的研究领域，而且可以拓展到新的研究领域。

下面简单介绍下和上海交大的合作项目（B2S2），在新加坡国立研究院的倡议下，新加坡和世界上顶级大学进行合作，形成真正的研发中心，和伯克利、麻省理工、剑桥、希伯来、慕尼黑技术大学及上海交大合作，上海交大是世界上最好的大学之一，新加坡国立大学和上海交大一起进行合作，就可持续性能源方面共同研究，希望找到解决方案，特别是对大城市的解决方案。新加坡和上海是两个大城市，新加坡是一个城市岛国，有不同的特点，但是互补。新加坡的解决方案在两个地方都可以适用，希望在自己国家证明有效以后，可以把类似解决方案运用到其他国家或者地区。这样的合作持续了 5 年，现在已经进入第二阶段，是非常乐观的，因为希望可以看到很好的结果，并看一看这个平台是不是可以拓展到其他的领域。新加坡国立研究院建立了有效的合作机制，并把现有的合作拓展开来，让不同人参与进来。例如，一些小会议会孕育一些新的合作项目，与此同时又希望每一个项目当中有人员交流，确保科学家在机构之间可以互访互换，这对整个合作伙伴关系都是非常重要的。新加坡的副总理和部长讲到的倡议，现在还有新的合作领域，当然对未来充满乐观。因为都面临着资源有限、人口老龄化、城市变化的问题，要确保把科学用到好的地方，很多问题不可能是新加坡一己之力可以解决的，所以一定要合作。

希望这个论坛有机会分享的同时再探讨更多得能够做什么，期待着长久而卓有成效的合作，特别是和上海之间的合作。

科技部国际合作司司长叶冬柏的致辞

叶冬柏　科技部国际合作司司长

中国与新加坡与时俱进的全方位合作伙伴关系发展进入了新的阶段。中国将积极加强各级政策沟通，实现发展战略的对接；将继续打造创新合作平台，在已有的合作基础上继续深入谋求共同发展环境；将大力拓展科技人文交流渠道，助力科技人才培养。

浦江创新论坛自2012年设立主宾国机制以来，主宾国论坛成为中国科技创新界和各国交流科技创新议题的有效平台，对增进彼此创新理念、体制和做法的了解、凝聚共识发挥了积极的作用。新加坡是世界知名的创新型国家，1992年中新两国就签署了《中新政府间科技合作协定》，并成立中新科技合作联委会。在科技创新领域开展了广泛而富有成效的合作。2018年11月李克强总理访问新加坡，与新加坡总理李显龙先生聚焦“一带一路”合作和创新发展，谋划双边关系新蓝图，标志着中国与新加坡与时俱进的全方位合作伙伴关系发展进入了新的阶段。在此背景下本届主宾国论坛的举办恰逢其时，必将促进中新两国深化科技创新领域的合作关系。

女士们先生们，创新是引领发展的第一动力，也是当今世界的潮流，中国和新加坡都高度重视创新，对如何推动和支持创新都有着自己独到的理解，也都非常希望能够深入交流了解对方的做法和经验，进一步加强创新合作，实现共赢发展。中国正在加紧实施创新驱动发展战略，大力推进创新能力开放合作，努力依靠创新打造国家发展的新引擎，依靠创新塑造经济转型升级的新动力。中国政府高度重视科技创新，党的十八大以来中国提出了创新驱动发展战略，把创新摆在国家发展全局的核心位置，将创新作为引领发展的第一动力。党的十九大提出加快建设创新型国家，强调创新是建设现代化经济体系的战略支撑。在政府的高度重视和全社会的共同努力下，近年来中国的科技发展取得了显著成绩，科技创新的实力和国际影响力都显著增强，正处于从量的积累向质的飞跃、点的突破向系统能力提升的重要时期，一些重要领域方向跻身世界先进行列。今天早上王志刚部长比较系统地介绍了目前中国科技发展的一些状况及未来中国科技发展的一些思路。

进入 21 世纪以来中国研发经费投入从 2000 年的 896 亿元人民币增长到 2018 年的 1.97 万亿元人民币，约合 2900 亿美金，同比上年增长 11.6%，占 GDP 比例也从当年的 0.89% 上升到 2.18%。期间中国研发经费投入占世界整个研发经费的比重从 1.7% 上升到 16%，自 2013 年起中国成为世界第二大研发经费的投入国。在产出方面，中国的 SCI 论文数及被引用数都位居世界第二，专利申请量位居世界第一。中国科技的发展有力地支撑了中国经济社会的发展，正如今天上午开幕式上各位领导谈到的那样，在发展自身经济、科技的同时中国的创新是开放的创新，中国正在大力加强创新合作开放。在中国的开放中科技的开放一直都是走在前列的，目前与中国建立科技合作关系的国家达到 160 多个，签署了政府间科技合作协议的有 114 个，参加国际组织和多边机制的超过了 200 个，中国成为全球多元化创新版图中日益重要的一极。同时也广泛参与世界大科学工程与大科学计划，如说有“人造太阳”之称的国际热核聚变试验队、阿尔法磁普仪计划、横跨三人轴的天义观测设备平方公里望远镜等。最近中国还在积极牵头实施国际大科学计划和大科学工程，为世界科技进步承担更多的国际责任。在上个月举行的第二届“一带一路”国际高峰论坛上，中国国家主席习近平宣布将继续实施共建“一带一路”科技创新行动计划，和各方一道推进人文交流、共建联合实验室、科技园区合作、技术转移四大举措，本届“一带一路”国际合作高峰论坛上还增设了创新之路分论坛，通过和各国与会代表务实高效的交流，共谋将“一带一路”建设成创新之路的发展方向，对实现路径形成了重要共识。

女士们先生们，中国与新加坡建交近 30 年，两国多年来保持着经贸往来、科技发展、人才交流的良好合作关系，两国在联合研发、合作交流培训、成果转化应用和产业化开发合作等领域进行了卓有成效的科技创新合作，取得了一系列的成果。中国感谢新加坡为中国改革开放做出的贡献，也祝愿新加坡继续发展繁荣。双方不仅在中新联合研究计划框架下共同支持了 60 多个联合研究项目，涉及材料、微电子、信息通信、生物医药、智慧城市等多个领域，在中新 4 个副总理级的合作机制当中科技也发挥了非常重要的作用。在新形势下中新两国加强科技创新领域合作是两国破解发展难题、实现繁荣共赢的金钥匙，两国在科技创新领域互补性强、合作空间大，具有巨大的发展潜力。在此我愿就进一步深化中新科技创新合作提出如下建议。

中国将积极加强各级政策沟通，实现发展战略的对接。中国愿推动本国创新驱动发展战略与新加坡国家科技计划的对接，寻找双方共同感兴趣的合作领域，利用各种渠道和合作平台建设平等、开放、合作、共享的创新合作体制，以科技创新合作为重要支撑，深化中新与时俱进的全方位合作伙伴关系。中国将继续打造创新合作平台，谋求共同发展环境，愿与新方共同选定优先领域，在已有的合作基础上继续深入开展联合研发、人员交流培养、成果转化应用和产业化开发合作，切实推动两国的科技创新合作与发展，积极打造连接产学研全面合作的桥梁，为经济产业发展贡献科技的力量。中国将大力拓展科技人文交流，助力科技人才培养，愿进一步扩大交流渠道，欢迎更多中国与新加坡科技人员开展交流访问与联合研究工作，通过构建多层次科技人文交流体系，深化彼此传统友谊，推动科技创新合作发展。

最后，祝愿今天的主宾国论坛取得圆满成功，谢谢大家。

3 圆桌论坛

（1）共建可持续未来

Subodh Mhaisalkar：我们两国面临很多共同的挑战，这些挑战也是上海要面对的。今天我们要讨论的主题是“如何通过相互学习来实现可持续创新”。

首先看看全球面临的重大挑战，其中之一就是来自人口，人口带来的挑战不仅仅在粮食，也包括能源、土地、环境。另外一个是组织，21 世纪中期将超过 70% 人口会生活在城市当中，城市化是一个挑战，也是一个机遇。城市会占到全球碳排放的 80%，如果能够找到正确的应对方法，将会是可持续发展的重要方面。此外，面临的挑战还有气候变化，这是一个综合的问题。去碳化是全球共同面临的挑战。早些时候各个城市之间有差异，但是也有一些共同之处，上海土地面积要比新加坡大 10 倍。从人口上来看，上海约有 2400 万人口，大约每平方公里有 4200 人。新加坡大约 580 万人口，每平方公里有 7000 多人。从碳排放来看虽然大家总量不一样，但是人均碳排放差不多。新加坡 60% 的碳排放是来自工业部门，其中石化产业是碳排放最大的一部分。在上海公立部门碳排放大约占到经济的 50%，建筑大约是 12%，交通也是一个很重要的经济部门。我们面临的挑战是相似的，最终我们所需要的是可宜居的城市，带给人们舒适的生活。我们都不希望交通堵塞，希望有便捷的出行方案，水资源、循环经济都是城市发展当中的重点问题。

远景能源这样的企业提供的方案，有新的能源组成，但需要依赖数据分析，通过数据实现最优化，尽最大可能改善人员的管理，包括水、循环经济、基础设施建设、智能建筑等，都是要通过数字化方案实现。这也是工业 4.0 带来的最大机遇。接下来请我的同事黄印成先生和我们分享一下他的一些看法。

黄印成：大家下午好，我们公司是锐佳科技，于 1992 年成立，从 2002 年起在中国投资，有两家工厂。我们的目标是成为世界一流的卫生品牌，希望推行的是可持续、生态友好的生活，尽可能地减少水和能源的消耗。我们的一些智能技术包括三大领域：第一，在水资源节省方面做了很大的努力，从 1992 年开始新加坡就面临缺水的问题，在新加坡每一滴水都非常珍贵，因为我们没有自然资源可言。所以我们努力尽可能地推行节水技术。直到今天通过 28 年努力已经在这个领域做了很多工作，也取得了一些成就。

第二，在过去两年我们非常重视的领域就是数字化，希望所有的公共卫生设施包括公共厕所、公共洗手间都可以实现数字化。有了智能技术之后我们可以系统地监控洗手间水的使用、能源的使用和服务的状况等，通过无线界面等等一系列软件，智能的手段，监测整个洗手间的使用情况，通过手机和电脑都可以实现，大大提升效率。

第三，我们有一个清洁舒适技术产品。在卫生抗菌方面做了改进，先给大家讲一下我们的节水技术产品。第一个产品是装在马桶里面的节水技术，用在家庭中，这个项目是与新加坡水务局共同做的，这个设备可以装在小便池当中，可以实现节水。通过这个特殊的试剂可以实现 60% 的水资源节省。第二个技术就是一个传感水龙头，在公共区域使用的，尽可能节水。为了实现这个目标并且让用户觉得很舒服，我们用空气做了一些改进。在水中注入空气，每一滴水都加入了空气，就有泡沫的感觉，使用的时候很舒服，同时又节省了水。这个产品现在已经在市场上推出了，实现了 65% 的节水。

和大家分享的下一类技术是水的再循环。第一个产品是水柜，装在洗手盆上的，当用户洗手的时候水会流到洗手盆当中，通过再循环放到水箱里，水可以用来冲洗。这个技术可以实现 13% 的节水目标。接下来这个产品是我们正在开发的新产品，完全是通过一个聚合物用在公共厕所当中，聚合物的冲水阀门，可以用海水冲刷马桶，同时又不会腐蚀管道及设备。这个技术希望在香港获得政府许可来使用，可以用海水来实现冲马桶，大大节省淡水资源。

接下来和大家分享的一个技术是在健康和生产领域。这些水箱当中有一些测量器，例如，可以测量尿量，与此同时还有一个小盒子可以搜集粪便的样品进行粪检，可以有个人 ID，通过这样的个人档案库就可以把这些相关的个人数据建档发给医生，这也是我们过去两年所做的工作，我们在积极发展这样的技术。这个技术可以进一步减少一半医院的人工投入。

最后一个技术是中央肥皂供应器，对于公共厕所来说如果洗手液要经常重新去装灌，效率非常低下，我们就有了统一的中央肥皂液罐子，这些东西通过肥皂分流器可以分到不同的洗手液罐子当中。

彭颖红：大家下午好，我想讲一些处理垃圾的可持续方式。在过去 7 年当中我们和新加坡国立大学有着非常积极的合作，合作项目是 E2S2，两个 E 就是能源和环境，两个 S 就是可持续性。可持续性是一个很重要的理念，这是一个二级理念，不能割裂地去看它，必须要考虑到不同因素之间的互相影响、互相制约。如果想要有可持续发展问题的解决方案，在体系当中就必须要建模，有一个整体感。在我们研究工作当中使用了两种方法来分析可持续性，一个是对于垃圾的可持续性，另一个是关于相关水质监测的可持续性。

首先给大家介绍一下变废为宝的可持续性项目，我们的合作同事会对水质进行相应的项目介绍。

我们使用的是动态的系统分析和城市系统分析，通过这两种系统可以了解非常复杂的机制，知道这两个机制之间如何互相影响，如果理解这样一种影响机制，就可以找到可用的技术来改善环境，更好地控制水的质量和垃圾的管理。给大家举一些例子，我们用动态体系来分析分布式垃圾处理机制。第一张图是垃圾的集中处理和分布处理的模型，最后通过模型分析发现分布垃圾处理其实对于上海来说是更好的垃圾处理方式。模型分析有不同的位置变化、时间推移等，随着垃圾量的增加可以看到各种各样不同的结果，我们觉得一个城市应该是被视作一个机体，城市的健康依托于新陈代谢的能力。我们打造了不一样的模式来分析这座城市新陈代谢的过程，包括线性的新陈代谢模式和循环的新陈代谢模式。我们知道哪些创新技术可以用于垃圾回收、垃圾循环利用，减少垃圾量。例如，在这个项目当中发明了一些气化和垃圾处理方式，能够把垃圾变成能源、资源。与此同时我们也把上海和新加坡进行了对比，也对比了他们物质的流通过程，看一下他们从输入到输出有什么样的区别，新陈代谢机制有什么样的区别。现在我们对于食品、植物的废物垃圾进行了分析，其他垃圾分析可能后续再进行。

王俊南：大家下午好，非常荣幸有这个机会能够和新加坡专家一起参与水质治理和食品治理的项目。新加坡在20年以前希望能够节约每一滴水，就像刚刚提到的，我们缺水，水对于我们来说非常珍贵，我们是一个缺水型国家。而现在我们是一个水资源安全的国家，在水资源方面我们过去20年已经做出了很多努力，正如发言人今天早上说的，我们已经从缺水国家变成了水资源安全的国家，这也得益于现在所做的项目。

首先就是要尽可能减少对环境的污染，进一步想要开源节流找更多的新生水的可能性。我们对水的处理标准是非常高的，技术含量很高，以至于可变成可饮用水。现在研发新生水，确实能够非常好地供应饮用水需求，在过去15年当中都是这样的。我们还有一个新的水评估网络，叫“新天鹅项目”，名字来源于俗语“癞蛤蟆想吃天鹅肉”。我们设计了一个机器人，像天鹅的形状，可以实时提供不同水质资源相关的数据，通过大数据搜集可以对河流、水体有很好的监测，需要监控水质，这点至关重要。现在只能通过人为控制“天鹅”机器人。希望尽可能减少对环境的污染，如果你来新加坡可以看到漂在河上的“天鹅”在搜集数据。这些“天鹅”还有天线，可以集合15～16个不同的机器元件更好地保证水资源质量。

我们特别强调和上海交大的合作。如关于有毒海藻的问题，根据联合国数据显示60%的水体其实是受到有毒海藻污染的，这是一种非常有毒的物质。中国确实碰到了很严峻的挑战，因为太湖、巢湖、南湖都碰到了这样的问题。要解决这种问题，我们决定一起合作，一起来研究这样一个项目，打造一个创造发明，但是在对方国家进行测试，在新加坡研发的项目会在上海进行试点，在上海研发的项目会在新加坡进行试点。这样就可以保证我们的技术确实是有好处的。这些项目也得到了国际奖项的认证。

最后一个话题，就像今天早上副总理提到的，新加坡已经开启了食品新篇章，相较于水资源，新加坡超过 90% 的食品、粮食是进口的，一旦有战争的问题，就必须要考虑到保证自己的粮食安全。于是我们有一个“2030 计划”，到 2030 年 30% 的食品、粮食应该由新加坡自己生产。我们必须要有长远眼光才能真正解决粮食可持续性的问题，但是新加坡没有突破，怎么办？我们就开始关注垂直空间。一方面要保证食品供应量，同时也要保证食品的营养价值，我们现在关注营养价值高、产量高的农作物。这需要公共卫生、生物医学、营销等各个部门集思广益、群策群力才能解决这个问题，希望在 2030 年能够实现目标，保证粮食供应。

总而言之，我个人的观点是新加坡是一个小国，我们相对比较割裂，不合作是没有办法实现这一系列目标的，希望能够有更多的合作进行科技创新突破，谢谢！

赵卫军：大家在讨论可持续城市的发展，今天我们面临的严峻现象使得我们讨论的所有话题都离不开“可持续”这个字眼，城市化进程是过去从来没有碰到过的，现在对城市的要求也是过去从来没有过的。我们希望城市与自然的和谐，这些都是非常大的挑战。今天讨论议题是“使用可持续的环境技术来创造未来的可持续性”，如何实现这样富有挑战的目标，核心还是要用新的技术。今天的技术发展提供了很多廉价、可以快速应用的技术来实现这些目标。

“远景”是一家聚焦于能源变革的公司，11 年前成立的时候更多地聚焦在可持续、可再生能源发展上。我们一开始聚焦于风能，技术的发展使得风电的每度电成本已经从过去昂贵的大概每度电 1 元人民币到今天平均下来，如在江苏省大概也就 0.35 元，大大低于江苏省火电的上网电价。河南省可以做到每度电 0.21 元，内蒙古做到接近于 0.15 元，这就是技术的进步，风电、太阳能这种资源已经不再是昂贵的能源，完全具备了能源的更替、完全具备了商业属性。

能源是一个城市发展的基础，“远景能源”聚焦从基础能源管理上逐步地做技术创新。我们非常赞赏新加坡在城市发展、国家发展上的创新理念，也非常有幸去年能够参与新加坡政府科技局主导的一个物联网项目，这个属于新加坡智慧国度的项目，其实就是新加坡城市物联网，叫作国家物联网项目，我们有幸中标为新加坡政府搭建城市的物联网系统。未来新加坡大概 100 多个政府部门都要集中在物联网平台上做信息采集和共享。去年 4 月李显龙总理访问“远景”的时候说，他希望未来要打造一个基于物联网的平台，打通信息孤岛，实现数据的采集与决策的共享，满足人与环境的需求。新加坡政府在大力推进这个计划，要求未来所有的物联网平台集中在一个平台上，更好地实现信息的打通。“远景”正是从可再生能源的基础技术研发，降低可再生能源的成本，到现在物联网平台的技术研发，支撑城市的数据采集、信息共享、决策优化，我们就在这个方面做力所能及的事情。

接下来分享一下我们所做的一些事情。我们企业的使命就是为人类可持续未来解决挑战，首先是能源变革，如何替代化石能源，这是我们面临的最大挑战。这个方面我们持续地聚焦在风能和太阳能，目前来看它们是最接近商用的能源。其次是“远景”提供了相应的系统，这个系统现在已经承载了以能源为主的120个G瓦平台，这个平台已经运行了7年，收集了大量的数据，从发电侧到电网侧到用户侧，产生了越来越优化的决策。最后，我们还在做智慧城市的事情，所有这些都是基于统一的物联网平台。物联网平台是帮助实现复杂管理要求的基础工具，也是实现城市数字化基础设施搭建的平台。

说到可持续发展，我们致力于消除城市污染。城市的汽车尾气污染接近于40%污染源，现在来看纯电动汽车已经蓬勃发展。中国不缺电，缺石油，为了解决中国的能源危机，“远景”去年收购了尼桑的动力电池公司。我们一直在寻找如何在基础技术上实现一些创新，以达到可持续发展的目的。我们已经在发电侧通过技术创新使得度电成本超过了化石成本。用户侧最大的挑战还是纯电动汽车太贵了，电池太贵了。如何使电动汽车的电池成本快速下降，如何使电池的管理做到智能、安全，这是非常重要的不可逾越、不可绕过的关键技术，我们去年向这个领域进军了，现在是全球第五大动力电池提供商，我们会在这方面做更多的创新。这就是我分享的如何在发电侧和用户侧支持可持续发展。谢谢。

姜标：很高兴参加浦江创新论坛主宾国论坛，我来自中国科学院曼谷创新合作中心，这是中国科学院为响应习主席“一带一路”倡议及科技支撑“一带一路”计划的一部分，在曼谷设立了一个创新合作中心来负责帮助科学院最新的技术转移到东盟一带，包括新加坡、曼谷等等东盟十国，让大家更多地享受到中国科学院最新技术的转移转化。我们现在已经与100多家企业，在智慧城市、环境、现代农业、数字经济等方面就推进双边的科技合作和技术转移展开合作。包括像物联网技术、雾霾技术全部都落地到曼谷，创新合作中心作为一个中间的桥梁来推动中国科学院技术和中国高校的技术能够落实到当地去，在科技交流和人文交流上起到一定的作用。

新加坡是一个创新型国家，国土不大，但是知识很多，我们和新加坡的合作活动是在知识产权的技术转移转化上。包括拜访新加坡基金会、南洋理工。尤其像南洋理工这样的大学已经成为世界一流大学了，他们产生的技术和知识特别多。去年我们又相继和新加坡知识产权局、新加坡知识产权学院和南洋理工共同合作，讨论如何推动先进、尖端技术转移转化到中国包括东盟一带。中国已经有立法推动这样的事情，比如技术成果转移转化法，但是在东盟一带基本上是零。今年泰国也会通过立法的方式推动整个技术成果的转移转化，使得科技人员的技术不只是停留在文章上。中国的文章在全世界排名第二，但是技术转移转化率非常低，怎样可持续地支持这样的高速发展的社会，尤其作为发展中国家，对“一带一路”国家都是非常有意义的。去年中国科学院成立了“一带一路”国际组织联盟，共同推进整个技术的交流，今年也会推出“一带一路”科技组织联盟青年创新奖、科技成果转移转化奖，推进知识往经济转移。这是我们很重要的任务。另外，今年也和上海市绿色技术银行合作，他们很多技术都是属于绿色环保的，能够为整个社会在企业高效管理上起到重要作用。今年我们和上海市绿色技术银行推动绿色技术怎么落户到"一带一路"国家,怎样支持节能减排等绿色技术推广到"一带一路"国家。南洋理工大学的研究人员花了8年时间画了一张智慧城市海陆空的图，怎么样构筑未来的智慧城市，怎么样把新加坡这样一个小岛从地上到空中，形成智慧城市。我估计新加坡政府会利用他们这张图纸来指导智慧城市的建设。南洋理工大学还对老龄化问题做了很多研究，为老年人康养做了很多工作，我们也在借鉴它的技术，看能否引入上海社区，为社会可持续发展做一定的贡献。

刚才刘德成先生谈到传染病，实际上我们两年前就提出希望能够建立"一带一路"疾控中心，我们可以引荐中国的疾控中心和新加坡一起做这个事情。我去过澳大利亚传染病研究中心，他们那里基本上要关门了，因为他们没有大的传染病，都控制住了，他们提出来到中国或者东南亚建设这样的传染病中心。传染病在南半球和非洲这一带是非常多的，我们想推动这方面的合作。我们中心起中介和桥梁的作用，是比较综合性的，不仅仅在能源环境、智慧城市、物联网技术方面，只要我们涉及的，都可以帮助各个国家引进中国的技术，我们和科技部比如外专司也建立了很好的联系。我们和新加坡的通商中国每年都有年会，相互之间有更多的合作，这样使更多新加坡公司和中国高校、科学院、企业共同推进社会的可持续发展，同时创造更多的财富。谢谢。

Subodh Mhaisalkar：谢谢，下面进入互动，E2S2的两位合作伙伴，你讲到去中心化进行垃圾的管理，能不能讲讲你们怎么做的？从实验室到实际应用是怎样一个转化的过程？

彭颖红：新加坡国立大学有工程教授做垃圾的处理，在上海交通大学有一些教授做系统建模，中央化和去中心化优势劣势分别是什么，做一个模拟。双方进行合作，看一下什么样的新垃圾处理方法可以在大城市中使用，到底是中心化还是去中心化的垃圾处理方式对上海或者新加坡比较合适。

王俊南：说到垃圾处理是很具有挑战性的，特别是对于大城市来说。新加坡国土面积很小，垃圾处理特别是生活垃圾一般通过燃烧，上海现在也渐渐通过燃烧处理垃圾，这是比较有共性的。另外，上海有2300万人，新加坡只有550万人，源头处理的时候就不一样。比如有几千部卡车在上海收垃圾，就会影响到城市交通，也影响碳足迹。这个情况下可以做一个研究，是选择比较小规模的去中心化的垃圾处理中心还是统一的城市处理中心？通过合作可以找到未来大城市处理垃圾的解决方法。我们需要的不仅是一个结论，而且还需要看是不是可以运用到其他城市，这也是为什么要在新加坡和中国之间开展合作的原因。

Subodh Mhaisalkar：能不能说一下您所碰到过的最佳实践，公私合营的最佳实践，政府、产业界、院校是如何开展合作的？

赵卫军：我们发现在新加坡做得更加容易一些，因为新加坡政府大概在20年前就一直致力于研究智慧城市的概念，我们和新加坡各个政府部门交流这个技术平台的时候是非常容易达成一致意见的，而且他们已经意识到信息孤岛带来的挑战。当我们提出了平台的数据、能力以后，发现在新加坡做物联网平台非常容易推广。

上海作为中国的一线城市也已经很早就提出了智慧城市的概念，据我所知在浦东和其他的区也已经做了大量的尝试。但是我感觉现在还有很多孤岛没有打通，不是基于一个平台，而是不同部门有自己的信息平台，信息共享对于未来的复杂决策还是一个挑战。我们寄希望于在新加坡的这次项目能够积累出非常好的经验，和中国的一线城市共享。新加坡大概每两年要举办一次“全球市长论坛”，这是一个非常好的舞台，未来在这种论坛上分享物联网项目经验，不管是成功还是失败的经验，对于整个全球城市治理都是非常有帮助的。

另外，上海在综合能源管理上已经做得比新加坡更超前一点了，新加坡能源设计非常好，但是上海这座城市的发展特别快，也面临能源挑战和峰谷巨大差异。2017年杨雄市长考察我们公司的时候很明确地提出，上海有800万千瓦的峰谷差，怎么把这个差值减少，就是对上海整个能源安全的巨大贡献。上海在这个方面有更突出的痛点，在这个方面应该做更多工作。

Subodh Mhaisalkar：最后我想说的是，随着中国的发展，中国过去20年在能源领域、可持续领域的进展让世界各国都大受启发，中国在很多方面都是很好的榜样，新加坡在水管理和垃圾废物处理方面也有很好的经验。未来发展的领域是能源、水、土地，还有数字化等方面，上海和新加坡可以在这些领域找到一些合作点。

傅国庆：非常感谢几位嘉宾关于城市可持续发展及环境能源方面话题的交流，他们在交流过程当中也提出了一些新的建议，包括如何加强新加坡和上海及中国其他城市之间的合作，跨学科之间的交流、融合，特别是跨地区的合作也是非常重要的，而且也必将有助于共同应对城市发展所带来的一系列环境挑战。

（2）“健康2050”

世界正在迅速地发展，同时也正在逐渐地老化，老龄化趋势很明显。根据联合国数据，到2050年全球60岁以上老年人数量预计将增加1倍以上，从2017年的9.6亿人增加到2050年的20亿人。新加坡和中国正站在这一高峰的前面，随着年龄的增长，疾病的发生率也越来越高，医疗成本也越来越高，我们需要新的模式。

梅彦昌：大家好，好消息是中新两国人民寿命越来越长，坏消息就是活得长意味着成本要增加，不单单是金钱的成本。首先由演讲嘉宾谈一谈2050健康愿景和观点，接下来我会给他们提一些问题，之后可能会有一些自由的互动环节。

陈民汉：因为我是一名癌症专家，我的工作也都和这个有关，我希望以“患者关怀”

这样一个主题作为核心，无论在改变诊断的本质或者在设计药物、研发药物，抑或是获取更好的监测信息方面，我们都是以患者为本的。目前，每3个人当中多多少少会有一个人得过癌症，很多人很担心，比如，有人说我51岁了，有家族癌症史，作为医生能给我做什么样的筛查。这确实是医生最重要的宗旨，也是技术的根本目的。现在有两个医生的回答：一个医生会说我可以有效地帮助你。第二个医生说我可能可以帮到你，但是不那么确信。可能是以信息为标准衡量，以量化信息作为依托的回答，但是作为患者来说你会更喜欢哪一个医生的回答呢？确实医疗数据是非常复杂的，很难传递，患者也很难理解，不单单是患者，即使是医生自己的同行也很难知道一系列数据或者干预手段的缺陷、用途等到底是什么样的。实际上，医疗数据经常会混淆一些常识，这不是一件让人很惊讶的事情。全球60%以上的人口居住在亚洲，差不多有50%的人会有罹患癌症的风险，尤其东南亚是重灾区。用一个比喻描述这样的情景，就是盲人摸象，7个瞎子在那里摸象，他们可能只能管中窥豹，只能针对一部分问题，而不能纵观全局，不能彻底地解决整体的问题。至于说到未来的技术发展方向，我想做一个比喻，也就是7个盲人摸象的比喻。每一个部分都是针对特定问题，他们确实可以揭露一些真相，如基因测序、活检、临床智能、放射学成像、病理学成像（包括实时生命体征测试），还有医学文献的挖掘。现在终于有了一个转折点，不单单是可以使用这些技术，还可以真正降低成本，从而进一步推动技术的发展，进一步改变医学干预和医学介入。现在数据分析面临挑战，比如成本非常高、分散，而且需要大量人力的介入，其实数据应用是非常重要的。

阚海东：我是一个做公共卫生研究的研究者，我将阐述健康的另外一个很重要的方面，就是所谓的生活环境。从环境角度如何实现健康中国2030、2050的目标？自2012年开始中国的环境问题引起了公众非常高的关注，从大气污染来说，中国的中东部地区、印度北部地区是世界上污染最严重的两个地方。我们生活的环境到底对健康有多重要呢？最重要的前20位危险因素有哪些？中国的研究发现室外空气污染是排名第四的健康危险因素，室内空气污染排名第五，也就是说生活环境对于中国人的健康构成了非常大的挑战。中国每年死亡800万～900万人，其中超过100万人的死亡和空气污染有关系，这对健康中国2030目标的实现构成了很大的挑战。

另外，气候变化也是非常大的挑战，地球变得越来越热，由于变热而造成的臭氧污染给地球带来了很大的负担。中国每年有超过10%的居民死亡与温度过高或者过低有关，气候变化不仅仅加剧了平均温度的升高，更加剧了温度的波动。怎么办？政府做了很大努力改善环境。2013年开始中国政府颁布大气“国十条”政策，在这条政策影响下中国空气质量从2013—2017年，北京地区改善了40%，上海地区改善了30%，这么短时间内实现空气质量改善的速率全世界独一无二。中国政府在污染治理方面为发展中国家树立了很好的典范，这是国家层面能做的事。个人能做什么呢？减少每个人二氧化碳的排放、减少生活相关的污染物的排放、从个人角度缓解环境污染对健康的影响。绿水青山就是金山银山，国家、社会、公众、个人层面一起努力，创造一个更加美好的环境。

Damian O Connell：我本人在制药领域这个行业工作了20年，我看到在制药领域取得的进展是很了不起的。当我是一个医学生的时候，儿童白血病基本上是治不好的，当时被认为是几乎活不下去的。但是现在生物学、制药方面的进展已经改变了这些疾病的愈后，我们在人类历史上疾病治疗方面迎来了“文艺复兴”。现在对于疾病和疾病生物学机制有更深入的了解，有更好的靶向疗法，使得精准医疗有更好的发展，这点非常关键。这是机会，也带来了挑战，因为传统的治疗方法还是治表征，随着人们生命越来越长，退行性疾病和癌症的发病率越来越高，现在使用的治疗范式从医疗角度来说可能和过去的“脚痛医脚”的方法不一样了，从症状、表征为准的治疗到再生性的治疗，甚至是预防性的治疗和手段，这是一个非常重要的范式变化，和过去传统的针对症状的治疗不一样。当然药物的发展和开发也离不开数据爆炸，必须要充分利用数据。比如AI人工智能、数据挖掘等变得非常核心甚至是非常关键的。与此同时，药物开发的过程就好像是电动车替代汽油车，制药也发生了很大的变化，甚至传统药物在开发的时候一些领域或者学科已经没有相关性了，现在必须要更好地利用生物标记、数据等，这些新的领域、学科是非常重要的，能够确保我们了解疾病，更重要的是在开发药物的时候为正确的人在正确的时间定制药物，这一点和传统所有人用一个药的方法不一样。我们看到一个患者的时候要了解每个患者在不同地区都是不一样的，比如亚洲有亚洲的风土病，这些西方药没有办法治疗的。西药被带到亚洲来觉得可以治好，但是不一样，风土病要用本地的药物和疗法。我们要根据人、地区进行治疗，这是新的范式。

肖国华：当今社会每个人都活得越来越长，这是好消息，但是还有一个坏消息，政府面临的医疗支出变得越来越高，这是很大问题。我们作为一个科技型公司，从开发产品的角度来说刚才两个观点有点悖论，但我个人认为，技术进步应该能把这两个问题都解决。

第一个问题，让人活得越来越长。刚才说的是1/3的人都会死于癌症，癌症很可怕，尤其是当被发现的时候已经进展到晚期了，通常死亡率很高，以消化领域的胃癌为例，胃癌是全世界第五大死亡率最高的癌症，但是在东亚地区是第二大，在中国绝大多数胃癌发现的时候都已经是晚期了，死亡率非常高。如果能够早期发现，5年生存率可以达到80%以上，有了5年生存率，可能再活10～20年都没有问题，自然活得越来越长。从费用的角度来说也是如此，大多数医疗支出往往都是用在治疗绝症患者，以胃癌为例，如果是一个晚期的胃癌患者花费的医疗费用可能要几十万人民币，但如果是早期的癌症患者或者癌前病变，可能只要几千元最多几万元就可以治好，从医疗费用上来说也是一种节省。

我们是一个做影像的公司，现在可以从人体里提供各种各样的信息，可以提供酸碱值、体内压力信息、温度信息，以及所有信息发生在什么地方，形成很多数据，这些数据怎么做分析，自然又牵涉到人工智能。为什么要有人工智能呢？其实在绝大多数国家医生是一个稀缺资源，以中国为例，中国有十几亿人口，消化科医生只有两三万人，每天看患者都看不过来，更不用说让他介入医疗保健这个领域，让这些医生及早发现疾病，到体检的地方介入，医生治疗都不够用，怎么做这件事。还是回到技术手段，人工智能是可以解决这个问题的。还有比如我们在尝试做的产品很大一部分用在体检，无法保证每一个体检机构都有一个专业医生守在那，尤其是三四线城市的体检机构，是没有的。我们建立一个云上的系统采集所有数据，比如目前影像都是在体检机构采集的，我们把诊断和治疗在空间上分开，一线体检机构采集影像，但是通过云把它送到医疗机构，让这些专业医生在他的碎片时间完成诊断，不管是从资源还是从投入的角度来说也都可以做到很大的节省。我们希望能够通过科技手段让大家活得更长，同时让医疗费用节省下来。

李佳：我们是做药的，所有想活得更长，解决疾病的问题最终还是要靠新药研发，历史上新药研发经历了 3 个阶段。第 1 个阶段，从疾病的表型到药物。第 2 个阶段，从靶标到药物。第 3 个阶段，从疾病的分子分型到药物，这也是某种个性化药物的概念，但是这个概念在很早就出现了，实际上并没有足够的技术手段来解决如何从分子分型到药物的过程。现在处于生命科学不断进展的时代，生物组学的研究、大数据、人工智能为解决什么是疾病的分子分型打下了很好的基础，分子分型再到药物，现在至少在肿瘤领域已经被广为接受，很多癌症不再用哪里发病作为标准，现在针对不同的肿瘤产生了治疗不同肿瘤的药物，甚至某一个药物可以在肺癌、肠癌、白血病里面都发挥很关键的作用，从这个角度来说整个药物研发已经展开了新的一页，这也是为什么这么多大制药公司 2000 年以后的 10 年新药研发还在不断走下坡路，但是最近新药研发开始重新回暖，每年产生的新药数量逐步增多，去年一共 50 多个新药被批准。这是一个非常大的变革，我们认为这个变革甚至可以算是整个新药研发历史上的第 3 次革命。这是一个充满机会的时代，特别是中国已经在用这个概念研发肿瘤药物，中国科学院内部有一个先导专项，也在鼓励做一些个性化药物前瞻性研究的布局。疾病分子分型到药物，这个概念已经在先导专项当中得到了很大体现。不仅肿瘤药物，包括糖尿病等药物里面也在分析每一个药物为什么有效无效，为什么有人有毒副反应有人没有等问题。个性化药物选择患者之前，肿瘤药物整体有效率不超过 10%，现在选择患者以后有效率至少在 40% ～ 50%。即使抗糖尿病药物总有效率也只有 50%，他汀类药物在 30% ～ 50%。这是一个非常大的领域，临床医疗把物理学、化学等方方面面的所有能力整合进来，最终才能在个性化药物方面取得一些进展。最近有一个很好的药物就是 GV710，刚刚完成了三期临床的发布，它对认知功能的改善非常有效，在老年痴呆领域 16 ～ 17 年没有新药，1000 多个药物尝试失败，现在产生了新的曙光，这个药物即将在中国上市，现在已经决定在美国开展临床研究。我们也希望把个性化药物整合到药物的研发过程当中，希望看清楚到底什么样的患者在药物治疗中有效，有效的原因是什么；什么样的患者无效，无效的原因又是什么。我们希望今天带给大家一个信息是：个性化药物是未来药物研发的最终决定因素，希望大家一起努力能把药物研发推向一个更好的时代。

梅彦昌：现在不但发现更多新的药物，而且很多科学家发现同一个药物给药方式不一样，它的效率不同，换言之老药新的给药方式也会有更高的药效，这个领域新加坡和中国也可以有很多合作。

下面问每位一个具体问题，第一个问题问陈民汉医生，你觉得 2025 这个项目当中什么是有用的什么是没有用的？

陈民汉：这是一个非常有意思的问题，我基于刚才发言人说的回答一下。第一，数据管理。第二，药物开发。我们已经意识到这方面会有新的革命，特别是对肺癌患者。2025 年世界会变成什么样呢？首先新的大量数据做出来，但是只会有一些人有充分的洞察能力来使用数据，从而带来更低成本的医疗治疗。中国、新加坡在医疗方面有巨大的需求，并且积累了大量数据。比如，对于最早期的筛查数据的处理。我们这个公司是做液态活检的，适合很多亚洲人的癌种，如风土癌、常见癌，但是其他癌种不应答。

说到新药开发，随着新的靶标越来越多地出现，越来越多的组织会得到分析，越来越多的患者会得到分析，而且会考虑到他们种族的特性。一个很好的例子就是治疗肺癌的第一种药——吉非替尼，从 2005 年开始在亚洲使用，但是 2015 年才进入美国的肺癌治疗指南，由此带来了一系列创新，西方治疗有效的比例只有 10%，但是逐步用于肝癌、胃癌等，10 余年前我们看到的仅仅是现有药物的转型，未来 5 年左右的时间，会通过一些调整研发适应亚洲的癌症治疗药物。

梅彦昌：祝贺中国在这方面取得的成就，中国是一个很大的国家，未来到 2050 年环境虽然已经有了很大的改善，但是环境和健康之间的关系会怎么样，我们要考虑如何更好地控制并且让它变得更好。

阚海东：中国从党的十八大以来非常强调生态文明这个理念，环境治理包括空气、水及土壤方面都取得了巨大的进步。环境科学领域有一个非常知名的曲线，中国从环境污染和经济发展的角度来说已经进入一个逆势拐点，我个人相信未来我们的下一代一定可以看到比现在更加蓝的天、更加绿的水。中国是生态环境部管环境，卫生健康委管健康，如何把健康融于一切的政策理念是中国下一步特别要注意的事儿，如何把环保部门的治理决策与健康这个理念融合在一起，在环境标准治理、环境政策制定方面更加考虑健康，是未来中国政府在部门统筹方面特别需要加以注意的。

梅彦昌：接下来有请 Damian，刚才我们说了新药开发的问题，能不能说一说整体上它未来会有怎样的发展？

Damian O Connell ：讨论未来之前先看一下过去，刚才几位嘉宾提到以前只是治疗疾病的诊断，假设有一个普世的治疗方法，对所有患者都是这样治疗，而现在越来越进入了精准医疗的时代。再说基因，过去认为疾病受到先天、后天的影响，是很多综合因素导致了疾病的发生。现在可以把先天和后天的信息更好地综合起来，这对于未来新药开发是非常关键的，必须要从整体上对数据有把控。现在我们对药剂学的认识还是很粗浅的，其中表现之一就是把人的情况完全用动物来代替，但是人和动物不一样，健康的人和不健康的人也是不一样的，了解患者的需求才是最根本的。现在看到的这些数据，患者实际需求和我们想象中的需求很不一样，随着对疾病的了解加深，我们需要更多地研究患者，不仅了解他们的症状，也要及时追踪了解他们在接受治疗过程中的反应，包括不良反应等，这些都很重要，这就是个性化医学，不仅仅是精准医疗，精准医疗可能是针对某一个目标，但是个性化医疗考察的是患者的综合需求。一旦能够实现个性化，这对于整个医疗的受益将是巨大的。

真正重要的是患者，这才是整个临床治疗应该关注的方向。现在有很多定义、术语，其实我们看到的只是冰山一角，特别是癌症研究方面。我们不要以为癌症学可以代替其他的学科，它只是一个可以说明问题的例证，在其他学科我们同样可以开发出一些更加智能的药物。

梅彦昌：谢谢，接下来肖国华博士，他年轻时候在硅谷是一位工程师，然后创业，他很好地体验了硅谷的效应，现在他回到了中国。他是回答这个问题的合适人选：如果要积极地创新，一定需要很多的初创企业，比较一下硅谷和今天的中国，您所看到的今天的中国面临的障碍是哪些?

肖国华：创业公司的创始人往往最自信的是“我有很好的技术”。所以第一个问题是不要高估你的技术，到一个市场来卖的不是技术，而是产品，要把这个技术变成商品才能赚到钱。我们往往高估自己的技术。第二,一个公司要成功至少有两个不可缺少的因素：一个是产品，也可以说它和技术是相关的；另一个就是市场，每个市场都不一样。比如医疗市场,我在美国关注的是根据市场上有什么需求设计一个方案,最终从技术变成产品。要了解谁来支付这个产品，医疗市场里要有人支付，在美国一定是两种支付方式，医疗补助服务中心（CMS）和商业保险，只要有这两种保险可以买单，这个公司基本上就能做成了。

到了中国又碰到一个问题，中国现在初级医疗已经普及了，但是因为人口众多，美国差不多 18% 的 GDP 用在医保上，中国却只有 5%，平摊到 13 亿人上，平均每个人的支出是很低的。我们从国外带回来的是一个很先进的技术，做出来的产品可能比较贵，而医疗支出平摊到每个人身上又只有一点钱,怎么找切入点？技术、市场面临的都是关卡。不能把高技术当成一个高门槛的产品。另外，一定要对市场有很深的了解，到底我卖这个东西谁来付钱。好在中国有一件事甚至很多美国公司都意识到，中国老百姓愿意自费掏钱去做治疗，不管是什么样的产品，为了健康中国的老百姓是愿意自己花钱的，不是完全靠政府。这个情况也要抓好，如果产品不能覆盖所谓医保支付的，那怎么让老百姓愿意自掏腰包也用你的产品呢。这两个问题对于我们这样的公司来说是一件事情的两面性，是一把“双刃剑”，但是我们把它用好了，对于公司来说成功的把握也会更大一些。

梅彦昌：今天涉及的研究都是跨学科的，不仅仅是医学，还有材料科学、大数据等交叉学科研究，请问展望未来，您觉得研究、研发当中能够为2050健康计划起到最大作用的是哪一块？

李佳：人工智能（AI）技术。最近上海药物所在牵头做一个国家“十三五”新药创制的研究项目。把AI技术当成了最核心的技术，如果大数据没有AI技术可能不能发挥它最重要的作用。这么多生物学技术及临床数据整合以后，是很难处理的。很简单地认为AI可以做很多事情，这是最令人兴奋同时也最令人可怕的地方。前两天有朋友和我讨论国外做电脑辅助设计与制图（CADD）的部门有很多都已经撤销了，但实际上大家不知道AI部门在大幅度增强。原来存在早期研发及后面深入研发，但现在药物研发已经变成一个整体，不是分成不同的阶段。即使是产品上市以后到底对什么样的患者更好，对什么样的患者没有效果，要有记录和存储，未来对于临床医生的要求也会变得很高，这是一个没有终点的研究。

梅彦昌：各位听众有没有问题？

听众：AI很重要，但是AI需要基于大数据才能更加精准，医药或者医疗领域本身是高科技领域、保密性比较强的领域，很多数据都是分散的，怎么实现这些数据整合在一起？

李佳：AI是依赖于很多数据才能自我学习，并且给你线索及最终完成的阶段。但实际上，从浩瀚如烟的文献里面，所有的数据都在那里，只是没有用机器学习、人工智能的方式重新梳理一遍。例如，医药研究，在这个过程当中你可以看几篇文章？你看的文章往往是这个领域里的，看的都是表皮生长因子受体（EGFR）的数据，实际上AI最大优势或者计算机的最大优势是永远不会忘记，所有的数据彼此之间可以形成很好地积累，并在不断地积累。可以把以前的数据很好地吸收，把原来的数据做AI挖掘。最终AI技术应该会突破这些瓶颈，会让这些技术变得更加厉害。从药物所来说我们最近在考虑做一件事，如果有钱的话把所有的数据结合在一起，希望能用AI技术学习，看看能不能从中有收获。

梅彦昌：最后我想假设，比如说有7个人看大象，看的是7个不同的角度。老龄化就是这样的过程，我们看疾病的过程就是一个个来看，今天医学家可能会综合起来看老年，事实上衰老本身是不是一种疾病呢？有些人说完全是死于衰老，衰老是不是一种疾病，有没有一种药物是用来治疗衰老的。在美国就有这么一群科学家，他们想让大家赞同这个观点，衰老就是一种疾病。使用药物治疗衰老的就是用于糖尿病的一种药物，治疗糖尿病的药物现在也用来治疗老年病了，这是一个新的跨学科的创新。老龄化是一个问题，但是我们都希望能够活得长久。我们也不知道未来会发生什么样的事情。

第 3 章

产业论坛

产业论坛 1　科技服务业——全球技术转移大会：跨国技术交易模式研讨

1　论坛综述

众所周知，身处科技全球化的浪潮下，我们每天都能够感受到科技创新给我们日常生活带来的点点滴滴的改变。技术转移行业需要国际化的视野与行动力才能服务于科技创新与产业的变革。今天我们非常高兴邀请到来自美国、中国、澳大利亚、以色列、荷兰、丹麦等多个国家的行业精英，共同探讨跨国技术交易模式这一主题。稍后即将产生的思想碰撞与火花，相信一定会让今天所有到场的来宾不虚此行。

出席本次论坛的领导和嘉宾有：来自中方的科技部成果转化与区域创新司副司长杨咸武，科技部成果转化与区域创新司、成果转化与知识产权处处长沈文金（音），上海市科学技术委员会总工程师陆敏、安徽省科技厅副厅长罗平等。外方行业专家和知名学者，他们是海法大学技术转移中心负责人 Elka Nir、加州大学欧文分校安特普利纳中心执行董事 David Ochi、雷鸟国际管理学院教授 Mansour Javidan 等、丹麦奥尔堡市商业与创新局局长 Tonny Thorup 等。

2 致辞

科技部成果转化与区域创新司副司长杨咸武的致辞

杨咸武 科技部成果转化与区域创新司副司长

中国政府高度重视科技成果转移转化工作，党的十九大提出要建立以企业为主体、市场为导向、产学研深入融合的技术创新体系，加强对中小企业创新的支持，促进科技成果转化。2015年以来，国家出台了一系列政策，全国人大修订了《促进科技成果转化法》，国务院发布了《实施科技成果转化法的若干规定》，印发了《国家技术转移体系建设方案》，国务院办公厅印发《促进科技成果转移转化行动方案》等。同时，各地方和各部门也在此基础上出台了一些配套的政策和措施。这些政策和法规基本形成了从中央到地方促进、鼓励、支持科技成果转化的良好政策导向。

高等学校、科研机构、科技人员，乃至全社会成果转化的积极性显著提高。2018年全国技术合同交易额已经达到1.78万亿元，比上年增长32%，同时也涌现出了像山东理工大学教授团队这样一大批成果转移转化的典型案例，他们的成果是聚氨酯化学发放剂，专利技术转让以后以5.2亿元的价格许可给企业实施。

技术交易始终是浦江创新论坛的热点话题。长三角地区又是全国技术交易的重要需求方，也是重要的成果供给方，技术市场历来十分活跃，为全国在这方面探索积累了宝贵的经验。2018年11月，习近平总书记宣布长三角一体化发展上升为国家战略，长三角一体化进程迈入了快车道。这也为科技创新，包括科技成果转化提供了更大的空间，创造了更好的机遇。我主要讲以下几点。

第一，更好地推动科技成果转化。首先要加强思想动员，以更多的方式引导更多的人来参与关心并支持我们的科技成果转移转化工作。其次将更多的人、财、物纳入市场中。目前在成果转化过程中可能会遇到一些人抱怨，比如国资管理部门、审计部门，对科技成果转化工作还有不理解的地方。再次进一步加强相关思想认识，科技成果只有实现了转移转化，实现了产业化才能实现最大价值。最后要根据我们推动科技成果转移转化的实践，进一步完善，找到问题的症结，出台更多的政策，使得科技成果转移转化更加顺畅，效率更高。

第二，建立健全专业化的技术转移转化服务体系，加强专业化的人才队伍建设。要特别注重市场一时还看不到价值部分的成果转移转化。如何通过二次开发，使市场认识到其重要的价值，从而实现更好的转移转化。

第三，推动建立更加开放的技术和要素市场体系建设。为各类主体参与科技成果转移转化提供更加高效的信息交流、交换平台，通过多方参与、多方受益、线上线下等措施，使得供需双方各方面都能够更好地进行成果信息的互通。

第四，加强科技金融工作。目前在市场上有很多风险投资基金来参与科技成果转移转化工作，就是要进一步让更多的市场资源能为科技成果转移转化提供全方位的资金服务。特别是要对那些转化早期的成果加强资金的投入。

第五，这次论坛的一个重要议题，就是要加强国际化技术成果转移转化的工作。要通过国内外的交流，相互借鉴各国在创新成果方面的经验。进一步扩大"一带一路"框架下科技成果转移转化工作，包括推动建立联合的实验室、科技园区、科技企业孵化器；建立共同遵守的国际技术交易的准则、规矩，加强知识产权的保护等。

上海市科学技术委员会总工程师陆敏的致辞

陆敏 上海市科学技术委员会总工程师

第一，以强化原始创新为目标，着力提升创新的策源力。2014—2018 年，全国每年都评选十大科学进展，在这 5 年当中，上海从未缺席，共有 11 项被评为年度有影响力的科学进展，2018 年两项排名居前 2 位。

第二，用足用好科技创新平台载体。2018 年上海全社会研发投入超过 1300 亿元，占 GDP 的 4%，各类孵化器超过 500 家，总的面积达到了 320 万平方米。服务的企业和团队超过了 2.7 万家，国家技术转移东部中心和上海闵行国家科技成果转移转化示范区都在加快推进建设。

第三，围绕产业链布局创新链，加快培育新的经济增长点。目前，上海已精准筛选了一批具有高新技术特征的高成长性的科技企业。2018 年全市共有高技术企业 9204 家，完成工业总产值超过 13 000 亿元，占全市 GDP 的 37%。在生物医药、集成电路、人工智能、高端装备、新能源等上海优势产业领域，市科委还会持续发力，进一步制定一些相关的计划来推进相关的工作。

第四，围绕科技创新中心的建设，积极引进国外的人才和智力。近年来，围绕 5 个中心的建设，上海市也相继出台了人才 20 条、30 条等政策措施。外国人才在沪的工作和生活环境有了很大的改善。目前在沪工作的外国人已经超过了 20 万人，达到 21.5 万人。55 名外国专家先后荣获中国政府友谊奖，从 2017 年 4 月实施外国人来华工作许可证制度起，实施至今，上海已经发放了 12 万多份的外国人工作证。其中，外国高级人才专家超过了 2 万名。

第五，出台科改 25 条及其配套的政策，为科研人员放权赋能。在体制机制上核心要做到放，我的科研我做主，推进科技体制改革的地方配套改革中。上海已经先后发布了超过 70 个配套政策，涉及 170 余项政策，在人才活力、成果转化、优化科研管理、文化建设和融入全球创新6个方面，做出了大胆地改革和创新。

第六，开放式创新，在更大范围内集聚配置创新资源和要素。作为我国对外开放的高地，上海是外资研发集聚度最高的城市，占全国总量的1/4。在推进“一带一路”沿线国家的技术转移过程中，上海开展了中俄战略合作，启动普陀中以创新园的筹建工作。在更大的范围、更高的层面开展国际合作。伴随着长三角区域一体化的战略上升为国家战略，长三角地区协同科技创新正在步入快车道。最新数据显示，申报本年度上海技术发明奖、上海科技进步奖等奖项的，约有30%都含有长三角区域合作要素。从G60科创走廊到长三角一体化示范区的建设，再到世界人工智能大会顶尖论坛，上海正在全力以赴打造集聚全球创新资源的强磁场。

上海市闵行区副区长吴斌的致辞

吴斌　上海市闵行区副区长

第一，养。就是吸收全球先进的成果，构建国际化技术转移的平台。闵行区是上海连接长三角的桥头堡，是长三角的咽喉所在。闵行是上海联系亚太，面向世界的门户，闵行积极对接国内外的技术转移机构和国际的知名高校科技成果，构建国际化的技术转移平台。

①引进来，多梯度的转移，市区联动推进上海国际技术交易市场的建设。闵行区举办了伦敦科技周中国行的活动，浦江论坛全球技术转移大会，加拿大滑铁卢大学、上海技术转移中心等一批国际知名的技术转移机构也在闵行区落地。与英国牛津大学等国际高校合作，积极开展线上线下科技成果对接，积极承接国际先进技术和成果在示范区的转移转化。与华东师范大学、以色列的海法大学共建转化科学与技术联合研究院，着力打造基因编辑与细胞治疗技术服务平台。

②走出去，海外布局。通过国际技术交易市场与法国、加拿大、荷兰、英国、美国等建立了国际技术转移渠道，将闵行企业的技术需求向海内外发布，征集解决方案，组织了闵行8家创新企业到法国参加了第四届欧洲顶级科技创业峰会。对接欧洲大企业和科技创新的资源，寻求合作的机会。

③利用好在沪的国际资源。目前闵行区有外资的研发机构已经达到了43家，积极地推进外资研发中心，建设产业孵化平台。目前强生公司在闵行建设了强生的创新中心，英孚设施聚焦人工智能领域建设孵化器，美登利建设医疗加速器，促进了国内外科技成果集聚和转化。

第二，大。就是与大院、大校联动，建立成果转化新机制。闵行与高校院所合作，围绕闵行主导产业的发展，建设成果转化平台和机制。推动创新源头的成果溢出，与交通大学共建了医疗机器人研究院、人工智能研究院成果转化平台。成立了上海人工智能有限公司等市场化的平台，与西工大、哈工大共建了创新协同的研究院与中心。通过集聚高校、市场、政府的资源，搭建了成果转化、供需通道，促进了创新链与产业链的融合。闵行通过举办创新挑战赛，已经挖掘并发布了99家企业，126条技术创新需求，与上海交大、华东师大、上海大学、上师大、电机学院等高校举办了5场技术供需对接会，40多家企业与技术供给方签订了意向合作协议。

第三，军。就是军民融合，通过军民融合，推动技术双向转移转化，闵行区目前代表上海创建国家军民融合创新示范区。制定创建了3年行动计划，发布了军民融合产业的扶持政策，成立了军民融合产业投资基金，形成了一体多翼、一基地的军民融合产业载体空间的布局。建立了上海市军民融合产业基地和产业联盟，已经在闵行注册。推进建设了前瞻创新研究院，主动发掘培育前瞻性、颠覆性的技术，组织军民两用关键技术的联合攻关。支持航天八院建设上海航天军民融合创新创业中心，通过平台资源的打造，产业集聚，推进船舶动力配建建设，生产及军民融合产业化的项目，形成区域军民融化产业的崛起。全区产业发展的能级不断提升，2018年实现规模以上工业总产值3314亿元，其中战略性新兴产业占规模以上工业总产值的36.5%。

当前，闵行区正根据闵行制造业、服务业均衡发展的特征，打造南上海高新制造带和大虹桥国际商贸带。全区先进制造业的重点是发展高端装备、人工智能、生物医药和新一代新兴技术。现代服务业重点是国际商贸、现代金融、文化创意、科技服务四大产业，主要是着力形成4+4的产业格局。为支持科技成果的落地，今年还出台了最新的科技创新创业和成果转化的政策，对建设成果转化平台、成果完成人创业、技术转移、机构落户、实施成果转化项目、科技成果交易都给出了更大的政策支持，其中单项扶持力度最高的就达到1000万元。

3　主题演讲1

荷兰Brightlands科学园区如何培育初创企业

J. MCobben hagen　Brightlands科技产业园首席执行官

重点讲述荷兰如何建造一个科学园区，如何建设一个科学与技术之间的生态体系，以及在Brightlands品牌之下，介绍了荷兰南部的技术转移经验。

Brightlands是荷兰一个开放式的创新社区。在全球一共联系了4个校园。我们的大学是欧洲最为国际化的大学，我校约有一半的学生，都是外籍学生。在创校校史 50 年以下的大学里，我校在世界上排名第 6 位。

事实上，Brightlands 是一种科学商业生态体系，基于四大专长领域，把整个区域性平台结合起来。包括健康食品、可持续发展、化学发展解决方案的校区，同时还有专注于大数据及健康领域里的校区等。这些不同的校区之间，可能也有一些重复和重叠的地方，很少有大学能够像我们这样在其他领域里有系统性的全面的合成。Brightlands 使用了一种独特的三螺旋形的矩阵发展战略来关注市场需求，进行科技创新。

首先，力求在健康领域能解决现实问题。例如，一个教授可以用自主创新的方式通过研究奶牛来开展进一步的创新性技术的研发，从而能够制作出更高质量的汉堡包。

其次，对于基础研究和应用研究的良好结合，非常注重吸引来自世界各地一流的科学家加盟研究工作。我们有 40% 以上的教职员工来自有国际背景的专家。同时，还有大量高端的科研机构和科研设施，这些设施都可以更好地创建一个创新生态系统，使我们更好地面对各种创新挑战。

最后，具体到 Brightlands 的科学园区。园区的利益相关方帮助我们开展创建，在 10 年时间里总共创建了 40 家公司，因此，可以创造 1100 个就业机会，5 年之后，学校实际上产生的就业机会还会增长 18%。

要认识到，该螺旋所提供的战略主要基于以下几个方面的理念或成功的要素。

第一，人才。包括企业家精神和知识，以及把企业家知识进行转化的机构和机制及人们利益之间的相互协调。

第二，宽松的培育企业家精神的环境和制度。园区作为技术转移的一项机制，需要了解和掌握每所大学所蕴含的独特的生存之道。所以必须敏捷、灵活地应对来自不同大学科研团队的各种要求，不断强化他们独立的企业家精神，因此这也需要给予他们较多的自主权和自主性。

第三，做好企业孵化的同时，加强各相关方的合作。作为一个科学园区，作为一个技术转移机构，每年都会扶持 10 家公司，但同时园区也是这些企业的主要股东，通过帮助他们成长，并加强合作，从而更好地帮助他们走向国际化。

第四，园区与这些孵化企业有着利益一致性。作为股东，一是帮助他们建立子公司，作为股东当然我们也投钱进去；二是园区的科学家和技术人员们也参与这些公司的成长，大家都从中获得利益。过去 10 多年以来，园区公司的平均年度投资回报大约在 45%。

第五，打造良好的创新企业发展的生态系统。政府是一个需要校企两个方面共同打造的非常健康的生态系统。因为这样的合作才能够产生多方面的效应。公民也会受益，经济发展也会受益，因为会带动更多的就业。同时还有关键的一点在于，为什么工业科学园区会让孵化公司到别国去发展，而不是让他们在自己园区里发展？因为为了让他们做得更大更好，就必须让他们走出去。

关于荷兰创新方法及其合作机会的讨论

Taake Manning 荷兰驻中国大使馆科技参赞

> 对于荷兰政府而言，需要着力做好的就是如何将更多的社会力量纳入创新研发体系中，从而解决社会所面临的一些挑战。比如登月项目，这样以便进一步促进创新，能够惠及全体社会。

主要讲解荷兰在开展创新过程中官、产、学、研之间的要素配置，生态系统的建设问题。同时较为翔实地论述了荷兰政府为了某项技术目标的实现，又是如何整合各方资源的，对其主要思路和战略进行了阐述。在国际合作方面，为了打造符合自身发展，并实现知识的创造和分享，指出了荷兰的做法和方向。

近年来，荷兰在全国层面有一些政策方面的修改，这给我们的合作带来了很大的积极作用。对于这些政策，限于时间限制，我简要地给出概括介绍。

荷兰在科技创新领域，共分为九大领域，其中一些领域的行业竞争力都非常靠前，在全球舞台上也独具创新力和竞争力。与此同时，我们还有大量的行业领袖。九大领域既有公营的，也有私营的，因为这样可以更好地促进产业发展。

总体上看，荷兰的合营企业领域目前占据着主导地位，不论在业界还是学界，对大量中长期项目做了很大投入。比如监管方面的政策，确实刺激了这个领域的发展，而且此类的研究还会进一步保持下去，这也自然成为荷兰未来在创新政策研究方面的一个重要基础。而对于政府而言，需要着力做好的就是如何将更多的社会力量纳入创新研发体系中，从而解决社会所面临的一些挑战。比如登月项目，这样以便进一步的促进创新，只有这样，才更有助于创新，能够惠及全体社会。此外，还有一些使命所驱动的政策，这一切都要花费时间，不可能一蹴而就，还有很多国际政策和合作都需要花费大量的时间来系统构建。由于需要各方要素的整体驱动，因此，这就意味着我们的创新政策不再是自下而上的，而必然是推进更多自上而下的由政府驱动的项目。比如农业、环境、健康、安全，社会需要新的技术才能达到这些目标。因此，我在这里也罗列了一些促进目标达成的战略和路径。比如有一个欧洲研究的团队，目前已经拿出了一个这样的框架，需要让整个国家的政策和整个欧盟的一些计划相吻合。政府需要投入巨量的资源，不仅是资金，还有大量的国际科技创新的合作、各方的监管等。

荷兰目前的现状，主要是政府描述了一个宏大的使命。因此，接下来我们需要把这些使命具体化，制作成路线图，并进一步制定具体的规划。这要求所有生态系统中的每个成员都能够通力合作，大小公司、政府、社会成员等。

在国际合作方面，由于荷兰是一个小国，人口只占世界人口的2%，因此，我们的很多研究都只能依靠国际合作的方式进行，因此，许多设备和实验室的建造都不在荷兰本土。不仅需要在每一个行业领域都自己来负责打造自己的战略，更需要促进各领域、各国在知识的生产和最佳做法上的共享和合作。

4 圆桌论坛

本轮圆桌论坛，由胡润集团董事长胡润先生主持，并有幸请到国家技术转移东部中心新总裁谢吉华、香港理工大学企业发展院院长黄亮、浙江科技大市场总经理谢英俊、安徽省科技研究开发中心总工程师李金根、上海云孵信息科技有限公司首席执行员唐晓琳和宇墨企业管理咨询（上海）有限公司创始人兼总裁徐荣。

本轮圆桌论坛的主题是，围绕“技术经理人如何利用自身优势处理全球技术流动”展开沟通与讨论。

胡润：由于我们论坛的时间比较有限，只有半个小时，因此，我们把每个人的讲述时间控制在 2 ～ 3 分钟。我们先从东部中心的总裁谢吉华先生开始。

谢吉华：我们需要关心三件大事，一是基于科创板；二是自贸区的扩张，更加开放和国际化；三是长三角一体化，它的需求在哪里。

第一是基于技术需求的人才，任何一个人才需要的都是机会。今天的中国已经是世界第一大市场，而第一大市场带来最好的是特技的应用环境、应用场景、应用机会，这是非常重要的。

第二是渠道。我们今天跟荷兰、欧洲的专家和合作伙伴，包括全球其他各个地方的合作伙伴建立合作渠道，这个渠道的建立是希望能够为人才提供更好的机会。

第三是机制。就是让更多的人愿意投身于技术转移，比如宇墨的徐先生、唐总等。他们这样的一批优秀人士愿意从事这样一项工作。坦白讲，在之前这个工作是小众的。所以，怎样吸引更多专业人才投身于科技成果转移转化，推动科技创新是值得我们研究的。

黄亮：我的专业就是做技术转移，在香港工作，也代表国际大学经理人协会分管澳大利亚跟亚太区的拓展。我们其实就像摆渡人，但是到了彼岸，不同人有不同的想法，高校有高校的想法，政府有政府的想法，企业要求赚钱，投资回报要发展。在这种程度上，我们怎么把摆渡人的情怀、操守变专业呢？如果城市发展的质量能上去，那么趁世界现在还没有专业的标准，中国还是可以做点这方面的贡献的。希望在座各位将来能够变成摆渡专业人。

胡润：我们也看独角兽榜，如果你来分析这些独角兽的总部会很有趣，在深圳注册的独角兽远比我想象得要少很多。独角兽注册数量第 1 名是北京，80 多个；第 2 名上海是 50 个，第 3 名是杭州。到底长三角有什么技术转移的优势？对比珠三角和其他地区，我们又面临怎样的挑战？

谢英俊：长三角一体化的关键是什么？像商品市场、资本市场，长三角发展已经比较充分了，而土地市场、人才市场，还有技术市场，刚刚起步，这里有很多的事情要做。

首先，一是交易规则要一体化；二是人才培养的标准要共同来制定，高校的资源要共享；三是科技部主导的科技成果评价标准在长三角要统一。

其次，我们要构建新型的平台体系，这个主要是实现资源的共享。因为统一的平台往往会理解为一个单一的平台，这不符合长三角一体化的风格。需要想办法把它串成一个项链，这样就能发挥更大的作用。

最后，技术经理人的培育。通过民非研究院可以解决这样的问题；同时可以简化跨校的合作，经理人手上有研究院，团队都可以很方便地建立起来。此外，还可以促进第三方的柔性用才，浙江各地纷纷出台柔性用才的政策，不求所有，但求所用。

李金根：事实上，针对中国而言，政策制定的有关技术转移和科技服务方面的政策，对技术转移已经产生了重大影响。技术转移的发展大概经历了4个历程：第一，技术转移开始萌芽；第二，技术转移模式的初创；第三，技术转移法制化；第四，技术转移体系的完善。

在法律法规方面，我国的《合同法》《科学技术进步法》《专利法》《促进科技成果转化法》《关于促进科技成果转化的若干规定》《关于技术市场发展的若干意见》等，包括各个省市、地方制定的条例，都在不断完善政策法规体系。在财税方面，技术转移的增值税抵扣，技术转让所得税的减免政策，以及财政政策方面，我们财政部和科技部发布的《促进科技成果转化法》中的第13、第18、第15条，都对科技成果的处置和收益做了明确的规定，而且还在不断完善。特别是对科研人员奖励方面，在《促进科技成果转化法》第45条中，财政部、国家税务总局都有明确的规定，不是按照其他更高的税收去计算。

胡润：听到了很多的政策改变正在推进。接下来先从唐晓琳女士开始，请您谈谈科研技术的转移价值，以及未来的服务模式。

唐晓琳：具体来讲，一是需求挖掘即跟产业需求来源的体系，包括企业资源丰富的区域，我们直接设立项目中心，派驻专业的团队在当地成立分公司、子公司，深耕到需求中去。另一个是技术跟项目资源来源的体系。同时也跟高校院所建立项目合作的联系，如果有实质性的项目，在技术上也跟院所联系。

这两个体系还有一套方法，就是针对企业端和针对技术端都有独立的两套方法。第一个是技术的筛选评估跟对接运作的六步法。第二个是企业的挖掘需求评估跟对接的六步法。如果从对接的成效来讲是比较明显的。至于刚提到的第三方的服务机构，最主要的方向在于打造专业化的能力，这个最关键。

胡润：接下来是宇墨企业管理咨询（上海）有限公司创始人兼总裁徐荣，跟大家自我介绍下，之后请您谈下到底有哪些国际优势可以吸引更多的资本进入这个行业呢？

徐荣：我是来自宇墨咨询的徐荣。对于如何才能加速全球技术的流动，我们认为主要有3个要素：第一，做好中国的窗口效应。就是让更多的人通过信息来形成窗口。第二，圈子效应。圈子效应是人，技术转移本身是B2B，所以人与人之间，在技术转移过程中非常重要，要形成这样的圈子。第三，要有工具。虽然我们有很多的互联网，包括社交的工具，越来越多的海外技术人用微信，通过微信在中国进行传播。专业化的工具加速圈子里人的沟通、加速窗口效应的提升，这样的工具才是真正对技术转移本身有价值的。

5 主题演讲2

如何加速创新技术商业化

Elka Nir 以色列海法大学技术转移中心

以色列政府正在大力投资20亿元或者40亿元用于创新合作项目。这仅仅是其中一些政府资金支持的项目，要知道这些来自政府的资金的融资规模最高能翻9倍，而我们团队可以使它的收益扩大10倍。

首先，给大家几分钟的时间了解一下以色列的环境。以色列被称作初创企业的国度，目前有8000个活跃的初创企业。过去5年以色列有着非常活跃的初创企业环境，但对种子公司的投资并不多，这对大学来说也是一个挑战。如果投资而没有产出，大家就会失去信心。好在我们有57个研发中心，同时还有很多的加速器、创新中心及19个孵化器。这19个孵化器都得到了政府的大力支持，每个公司在加入孵化器后，都可以得到50%的来自政府的资金，还有50%的来自孵化器的资金。

海法大学是以色列东北部规模最大的大学，我们有7000个硕士生，8000个本科生，还有1400个博士，总体来说有12 000人左右的规模。有人文、社会科学、社会福利、法律、自然科学、管理科学等学科。

Carmel是一个大学的机构，我校的愿景和使命就是能够加速大学科研成果的商业化，并且实现其最大的商业价值。通过全球合作实现商业化，希望能够通过Carmel快速和创新的路径，能够与合作伙伴一起共同开拓发展业务。我本人是Carmel的CEO，由于同大学进行技术许可和合作步伐缓慢，因此，希望能够更好地保护我们的知识产权，更重要的一点，要满足我们研发者的学科需求。演进衍化设计研究院主要做农业的解决方案；自然科学院系有非常强大的人脑科学研发团队，不仅从生物的角度做研发，还有着不同的疗法，包括艺术疗法、音乐疗法、物流疗法等。甚至在水下视觉、声学领域里都有着很多强大的技术支撑。这是我们进行商业化的技术领域。

谈谈基金，它有其独特的特性，我们希望该基金能够助力企业的创新行为。迈克投资了 50 万英镑用于那些遴选出来的具有前景的项目。我们团队也提供孵化服务，包括融资、业务发展法务咨询，这些公司只需专注于他的项目发展即可。

我们很多项目的优势如下：首先资金能够支持学校里面最好的项目和公司，同时还有一流的研发者支持现有的公司。且有非常出色的咨询顾问团，同时投资者也能够直接跟进进行共同投资。

以我个人的经验来看，如果你想要加速创新理念在市场上的商业化，尤其在中国与合作伙伴进行商业化，那么就需要与不同生态体系中的合作伙伴进行合作。然后希望能够与跨国公司进行合作，不管是需方还是供方。政府也大力支持我们的基金，同时还需要配套的加速器与孵化器。

善用市场化定价机制促进成果转化

郭书贵 中国技术交易所总裁

> 没有成果转化就没有“嫦娥”上天、“蛟龙”入海，但同时要开展成果转化所涉及的方方面面利益太多，推动起来太难。

成果转化这么多年，成果本身就存在阻碍其转化的问题。我想说明两个问题，第一个问题是成果转化的确很重要，因为没有成果转化，就没有我们的“嫦娥”上天，也没有我们的“蛟龙”入海，更没有我们的高铁能够变成亮丽的中国名片。第二个问题是它确实太难了，因为按照咱们国家的体制，做一件事能做几十年依然在强调、在推动，就说明它不容易，因为咱们国家做“两弹一星”也没用 40 年，而我们成果转化却做了 40 多年。

一说到成果转化，很多同行跟我交流，如市场化导向不足。很多科研成果从立项开始就不是瞄准转化来的，还有融资问题、知识产权保护问题、法律方面的问题，以及税收等方面的问题。很多人都在关心评估定价的问题，很多人认为定不了价，没法成交，最后转化失败。仿佛评估定价变成了不可逾越的障碍。

科技成果转化定价的问题非常重要，成果转化法讲到转化的 6 种方式。其中转让、许可、作价入股都涉及定价问题。很多的主体，包括投资人、科研院所、老师、科技成果持有人，都非常关心，能不能找到一个好的评估方法，给科技成果一个准确的定价。

在实际操作中也有很多方法。比如比较通用的会计事务所按照一定的方法来给成果进行评估，给出一个评估报告。按照国家的要求，财政部选择了若干家机构，授予资质可以进行评估定价。出评估报告也有相应的规范，《专利资产的评估办法》，资产评估协会也专门出台了《专利资产评估的指导意见》，专利在内的其他无形资产，也有完善和固定的流程，这也是比较常用的模式。

讲一个案例。早在2010年，交易所就在全国率先推出了专利拍卖的方式，比如在中科院计算所就曾经先行先试过一些小股东，拿着一批专利到中技所进行拍卖，有些专利拍了5000块钱卖出去，而我们却承担了很大压力，把一个专利5000块钱卖出去是不是造成了国有资产的流失，是不是对不起高科技产品？全国政协副主席韩启德说有人愿意出钱买，说明还不错，事实上我们的很多专利不见得都值钱。

我一直强调，对于成果很难找到很科学的定价方法，因为真正的价值是通过市场进行定价的。而中技所自成立以来，一直开展对市场化定价的探索。早在10年前就向全国推出了首场拍卖和公开交易。不要让贫穷限制了想象，不要让评估限制了自己对科技成果转化的美好未来。评估已经不是一个必经的程序，现在发生了很大变化，不只是法律上的变化。

任何一种严谨的评估方法都只能是一种参考，不能迷信。要用公开的交易方式确保规范和免责。如果我是院所、是高校而你是国有资产，那就需要从规范、免责的角度去评估，因为国有资产在全世界辩解起来很难。其成果转化通过市场化的方式主要有3种定价方式，成果转化法出台以后，国务院明确规定只要通过拍卖、挂牌交易，或者协议成交进行公示的都免责。

美国理工类高校发展与科技政策制定的相互推动作用

David Ochi 美国加州大学欧文分校安特普利纳中心执行董事

> 就技术转移的广泛概念来看，作为一所大学，现在学校所做的工作，从创新的角度来讲都很失败。

我主要跟大家稍微谈一谈大学创新，希望能够就这一题目跟大家看一看美国，以及我自己本人是如何来看大学领域里的创新行为的。

我们地处加州，目前在美国公立大学里排名第一。昨天也听到有关中国梦的版本，有关梦想不是只有美国才有。我校有着很强劲的研究团队，也是世界上最大的公立大学体系中的成员之一，学校做了上亿投资的研究项目，有3个诺贝尔奖获得者，创新的价值对于区域来讲，将近500万美金。

从 PPT 中可以看到，在科学和工程领域里，从创新的角度就需要来看，有多少效益是由大学的校企所创造的。这些公司获得了的专利数额大概可以达到 200 亿美金，如果比较世界上任何一个创新集群，我校的创新性都是值得骄傲的。

接下来谈谈我的个人观点，首先就技术转移的广泛概念来看，作为一所大学，现在学校所做的工作，从创新的角度都很失败。这里有一张来自美国数据的展示，通过成果转化，美国大约创造了 30 万个就业机会，如果创新和大学研发结合起来，数值应该更多一些。

其次是研发本身，并不见得是经济发展好的形态。85% 的大学技术转移项目都是亏钱的，大多数的许可，其实都是来自于少部分的大学，而他们也只能得到很少一部分钱，事实上有 40% 的许可技术，其实根本不产生任何经济效益。数据告诉我们，有这么多的许可，事实上有 40% 的钱都打了水漂了，只有少数能给我们带来巨大的收入。

再次从经济发展的角度来，在过去 23 年里，62 亿元新药开发投资，每投 2 块钱，产出大约有一块钱。从 PPT 的图上看，有时候人们说我可以把它翻 10 倍，但从工作的角度讲，有时候你可以把投入结合起来看，这些数据并不怎么漂亮和吸引人。亚马逊的投入非常高，他去年投入了巨资用于研究，大概是 226 亿元的投入。美国的联邦政府在研发中间的投入是 1430 亿元，不包括私有企业。整个联邦政府的投入，所有的机构都在极力寻求基金支持，联邦机构的投入和他们需求的资金其实是基本对等的。

看起来每年花到投资上的资金很小，所以在实际生活中，说起真正创新，并没有真正地发生在大学，技术转移更多的是围绕着那些小型的研发者，把他们的技术转化到技术行业中去。所以下一步如何把私营领域的创新转化纳入我们所建立的生态领域是关键。

最后是我们的合作模式。要让风投加入进来，风投如果能够参与，那所有的事情都好办了，因为在座所有人都可以基于他所收到的资金和赞助来评估。而资金就是可以让你能够参与竞赛的敲门砖，所以资金最重要。如果你问美国的企业家，风投实际上和整个情况都能联系起来，有的时候有种子基金，有时候又获得了 A 轮、B 轮、C 轮，然后就可以上市，要么成功要么失败。

那为什么风投不奏效呢？为了创新，有人会说你要做研究，或者教书。大学一般来说是重研究而教学为次的，那大学怎么样去做技术转移呢？怎么样才能够使用新的模式呢？也许可以采用新的创新方式来评估怎样才能更好地开展技术转移，其实技术转移是由学术界的人发明出来的，而事实上创新不仅发生在学校，而可能涉及技术转移的整个生命周期。

那为什么这些财团也是非常值得肯定的？假设这是一个生态系统，生态系统就是大家建立联系，超越联系打造好自己的领域，然后集聚客户群。

中国企业如何在海外谋求发展

Tonny Thorup　丹麦奥尔堡市商业与创新局局长

高质量的人才是关键，是促进整个社会前进的关键要素。

我来自奥尔堡。奥尔堡位于欧洲的北部，是一个很小的城市，但它却有 9000 多家公司，而且每年都新增 1000 多家新公司。举一个不恰当的例子，我们和中国来比，就好像是老鼠和大象进行比较。但是，有的时候小老鼠可以从大象那里学到东西，有的时候大象也可以从小老鼠那里学到东西。我们也希望中国和丹麦奥尔堡互相学习，这是非常重要的一点。

我们有欧洲最棒的工程大学，我们从欧洲委员会获得全球最幸福的国家这样一个奖项，我们只是笑了一笑。但是幸福应该是创新的一个重要元素，因为它必须基于人们互相信任的社会，这样人们才愿意做创新。所以我想，信任是非常重要的，这是一个很重要的平台，在丹麦我们有很多的中小企业，而中国也有很多大的公司。

去年奥尔堡与中国国家技术转移东部中心签署了一个合同，来促进中国与北欧国家，包括丹麦、瑞典、挪威、冰岛之间的技术转移。同时，我们也非常荣幸能够被中国国家技术转移东部中心定位为其在全球的第九大创新中心，这对我们而言，是对我们的技术、创新能力以技术能力的一种认可。同时，说起商业发展投资及研发，其实是打开了一道新的门户。上海和奥尔堡正在变得日益紧密，实际上今天我要给大家讲一些非常具体的例子，来跟大家分享我们是怎么做的，帮助来自中国的中小企业能够进入丹麦，以及欧洲市场。

我们与中国国家技术转移东部中心的合作成果之一，就是帮助奥威公司在奥尔堡建立了一个分支企业。奥威是世界上做超级电容器的著名领先企业，超级电容器其实就是一种超级电容电池,可以用于轮渡、火车、汽车等。奥尔堡也与丹麦的国家能源局进行合作，包括与奥尔堡大学进行合作，做最新的技术研究，提供最新的解决方案。我们的科学园也是丹麦最有创新力的科学园，奥威在奥尔堡建立子公司的时候，我们就有机会把他们介绍给潜在的客户，如全球的一家工程企业，还有一家摆渡公司，我们在那里建立了技术中心和客户服务中心。

奥尔堡基于世界一流的研发能力和一流的大学水平，以及我们的专业水平，能够更好地满足公司的需求。王明是奥威的一位海外市场负责人，在最近一次研讨会上向高层管理人员介绍了我们的服务。我们的模式在丹麦也非常独特，奥威的技术在大学、国际的机场得以很好地应用，这就像一个活活的实验室，通过进行一些未来技术的探索，并且向世界进行展示。因此，奥威这个生动的例子，向大家展示了它的实力。同样，在欧洲大家也需要向潜在客户展示像奥威公司一样的技术实力。来自于欧洲乃至世界各地的人都可以到这里看他们的技术，我们能够打造这样的合作伙伴关系，与奥威在奥尔堡的一个子公司打造紧密的服务有很大关系。

在奥尔堡，我们能够提供一种单一的进入点，并且能够帮助人们获得他们所需要的人力资源，从而进入不同的行业领域。刚才展示了很多项目，我想说项目并不是丹麦的优势，我们的优势是人力资源。作为中国北欧创新中心，奥尔堡就是一个人才济济之地，来自本地机构，或者是本地机构来自大学或研究机构的人员，仅仅在48个小时里面便能完全到位。所以，这是一个公司合作的绝佳案例，或者范例。我们强调的是人才的质量，如果没有人才，就很难推进业务的发展，事实上人才会促进整个社会的前进。

国际化视野下全球技术转移的关键

Mansour Javidan　雷鸟全球管理学院教授

> 一家企业不论是高管还是业务人员，都需要有全球化的格局和视野，要有足够的与不同文化背景的人打交道的能力。全球化的思维方式是未来一家企业能否成为国际化公司的关键。

今天我想谈谈全球化思维的概念。昨天和今天，很多杰出的专家和演讲人都谈到了不同的方面，也就是技术转移的不同方面。我们听到了政府政策及生态体系及合资企业的建立，合作关系的打造，大学技术转移。现在在接近会议结束的时候，我想要跟大家谈的是一个不同的视角，一个不同的话题。

今天我会关注两个话题，一个是此次会议的主题“全球技术转移峰会”，我讨论的第一个话题就是全球化的概念，全球化意味着什么。第二个话题是技术转移中高质量的人才问题。

我听到了很多关于宏观性视角的观点，包括大学、政府、研究机构，现在我可以把技术转移从人际关系的角度进行解读。先看一下人际关系在全球互动的背景之下是如何发生的。今天我想要谈的是全球化思维这一概念，我会对它做解释和阐释。我会解释全球化思维如何来帮助个体，帮助个人，不管他们是政府政策制定者，大学的管理人员，还是公司的管理人员，全球化思维都能帮到他们，帮他们做得更好，来更好地打造关系，与那些世界各地的人进行合作，这就是我演讲的主题，个人层面及全球化层面。

我读了一些中国公司高管在一些公共场合的发言和讲演，如联想的CEO，他在讲演时说了这样一句话，你要成为最具有创新的人，你必须要利用最好的人才，而这一人才可能来自任何一个地方。任何一个地方，这意味着，人可以在世界的任何一个地方受教育，来自任何一个可能的地方，任何的文化背景。对于联想 CEO 来讲，公司最大的挑战就是创造一个文化和氛围，这样的氛围之下，有着不同背景的多元化人才能够携手合作。我也在关注中国的媒体，包括主要的报纸。这里有两份来自中国媒体的话，对于中国的境外投资最具挑战的就是文化和整合，我有幸能够和一些中国企业进行合作，管理文化差异对他们是很大的挑战。中方的管理层，以及非中方的合作方的管理层，他们的文化差距弥合是一个很大的挑战。这也是媒体所说到的要点。

《中国商业评论》也做了一个很有趣的研究和报告：公司和国家文化的差异已经成为中国公司在全球排名前三的挑战。这两天的演讲者都讲到投资、知识、技术，来自世界各地的技术引入的时候，我们现在看到的大趋势是，技术和投资已经从中国流向其他的地方。这里又把管理好文化差异的问题提上了议事日程。

对于技术转移的全球因素，如公司，你在处理不同文化背景的人际关系的时候，会发现人们处理事情的方式不一样。当然这里有政治和监管体系的差异，如政府，还有监管者，还有全世界的商业都有很大的差异。美国的政府和企业间的关系，就与沙特的政府和企业间的关系不同。同样，中国的政府和企业间的关系也独具特色。我们也听到这两天很多人讲到中国政府在投资，在支持并打造一个很好的生态环境，可是在其他国家就未必如此了。当你在和世界各地的人相处时，你必须处理有关时间和地理的距离问题，如时差的问题。你需要知道如何去处理各种不同的背景、文化、价值等问题。

鉴于大家都有这种与不同文化背景的人共事的需求，要想成功需要什么呢？那就是一个全球的思维。我曾经和世界各地的十几个公司的人一同培训、共处，这就需要具备在一个多元化的社会背景下去解决自身问题的能力。对于全球视野、全球心态的定义，能够有这些素质你就更容易去影响别人，影响有着不同文化背景的人。

我跟大家分享我们花了好几年时间做的调查的结果，现在大家看到的就是全球视野和全球心态。这里有三个方面，第一是认知方面，我们叫作知识的资本，如怎样去做业务，怎样在全球做研究，而且要了解别国的文化和历史，另外还有认知方面的复杂度，这是认知方面。第二是情感方面，我把它叫作心理资本，心理资本意味着你有多少好奇心，你有多少热情，对于从世界各地来的人你有多大的好奇心和热情，以及你有多愿意去学习新东西，因为和你共事的人很可能他们的行事方式是你不熟悉的。第三是社会资本，也就是你处理问题的方式。这就是你能够通过别人的眼睛来看世界，设身处地了解他们所传递的信息，他们为什么要这样去表达，或者说处事。最后是你是否愿意成为一个倾听者，你愿不愿意把不同的想法聚合起来，不同的人肯定有不同的解决问题的方式，甚至定义问题的方式也不同，所以作为一个很好的倾听者，你要愿意了解别人如何看待问题，但你不一定必须同意他们的看法。

如何在中以技术交易的缺口间搭建桥梁并实现两国技术交易往来

Yehuda Yarmut　南洋理工大学以色列—新加坡技术转移中心高级顾问

如何更好地弥合中以之间的技术转化差距，首先要创造一个独特、清晰的愿景，通过创造战略性的实践，进而创造一个学习型的组织；通过灵活的架构，提升快速学习的本领，从而真正地为权益相关方打造价值。同时，在取得商务成功和进行技术交易之间寻求一个平衡和合力。

首先我要讲跟中国有关的一些背景。第一个叫作现实，我们有很多的迷思，或者不实的传言，说中国人不喜欢冒险，不会创新，后来我发现这不是真实的。

接下来我提一下“中国制造2025”战略。我把“中国制造2025”战略看成是以色列与中国进行合作的契机，包括先进信息技术、自动化机床设施、机器人等。我们很难提供我们支持的海洋技术领域的技术，毕竟以色列是很小的国家，在交通领域贡献的东西也比较少，但在其他的领域我们还可以做出些贡献。

在中国的外资企业做研发的挑战是什么？更多的中国人更愿意在中国公司，中资企业工作。从我个人的经验来看，很多到中国来的外国公司，都关心他们的知识产权，希望中国能够加强对他们知识产权的保护。我们看到很多的跨国企业在中国做研发，关心的就是知识产权的保护。同时，创新交易成本现在也带来潜在的风险和影响，中国公司的产品推入市场的速度非常之快，欧洲、美国公司很大程度在工程设计上做了太多的工作。

那么，以色列如何来更好地与中国企业家进行合作？首先，来看看以色列的创新突破。铁穹防御系统、樱桃番茄杂交、低式罐浇灌、防火墙的建设、飞行领域的无人机等，这些是在国防领域里的一些创新。再看看新药研发的历史，可以看到阿霉素是在乳腺癌治疗方面的著名一线药物，还有Exelon是针对阿尔茨海默病的，Azilect是针对帕金森病的，Copaxon是针对癌症的，凯德药业主要是做抗癌药物的。

再谈中国参与以色列的创新，很多著名的中国企业都参与到以色列的研发工作中，从阿里巴巴、百度，再到政府，再到一些其他的项目。阿里巴巴在以色列大学建立了研发中心。中国直接投资的以色列公司每季度都在递增，在过去5～12年，中国大概投资了15亿美元在以色列的公司，用于创新业务发展。非常有趣的一点，在这里给大家展示一下，以色列40%的风险投资来自中国。

接下来谈谈以色列的创业精神，这也是一个非常有趣的话题。以色列的企业家希望能够打造下一代的创业奇迹，他们从不害怕失败，有着广阔的视野，具有无惧的精神，非常关注研发，充满好奇心。我们是一个小国家，但是我们有广阔的全球性视野。按照研发统计机构的数据显示，我们的创业者平均为31～40岁，75%的创业者之前并没有过在其他公司工作的经验。在以色列你会看到有一些退休的教授，他们不再教学了，但是还会去做相关的尝试。

现在再稍微谈谈按照我个人体验所看到的以色列创新基金合作的指导性建议。这是我们看到的最新信息，我们希望有着一些资金来支持两国之间的项目。

对于成功的技术合作，我个人的战略性建议就是，需要有一个多国的视角，创造一个可持续性的、具有竞争性的优势。而不管是在国内市场，还是在全球市场，我鼓励所有的人都能够到中国来进行相关的合作。如何与以色列进行合作？对于中国人我建议建立创造性合作伙伴关系，需要稳定的人帮助他们寻找以色列本地的研发合作伙伴。以色列现有较多的研究中心，可以通过并购的方式来打造和建立，同时建立本地的合作伙伴关系。最后一点，寻找颠覆性的创新机会，但不能够违法。

数字世界知识转移过程中需要注意的一些机制

Philip Kemp 澳大利亚孵化创新协会（BIIA）副主席

人与人之间需要沟通，这不仅是技术的问题，而是人们如何使用技术的问题，以及我们使用技术的场景是什么。

从企业孵化器的角度讲，技术的转化应该跳出大学，因为技术转化是商业而不是学术。同时，知识的转移需要以一种更加人文化的方式，一种人和人之间相互学习的方式来进行。因为技术转移需要人与人的沟通，它是生意，而不仅是工具交换那么简单。

我的角度是从企业孵化器的角度来讲。我和企业家一起共事，所以我不是从流程、从系统来讲，我是要帮助企业家做企业、做生意，我们说做企业要关注人，因为是人在做业务。技术的转化应该跳出大学，我们说大学有研究，还有教学，还有技术转移，对我来说技术转化就是商业。

知识的转移是关于体验的，从一个人的体验转到另外一个人的体验。技术转移，实际上是关于知识的转移。其中一点，我们其实并不是在转移技术，技术转移实际上是人活动的一个背景、一个环境的转换。这里就要关注人的行为，以及我们怎样一起来应对其中的问题，这是我今天主要要讲的一个视角。

1910 年就有了汽车，就有了电动汽车！我们那时候就有技术，但是行之不远。现在是 100 多年之后了，我们现在电动汽车才在路上跑起来，可是在 100 多年前就有的技术，为什么那个时候没有大行其道呢？主要是有石油公司，还有一些应对的敌对技术，他们希望当时的电动汽车不要太流行，因为石油公司有他们的利益所在。

有关背景的知识是什么时候用这个技术，以及如何使用这个技术。在做技术转移、转化的时候，各个公司必须去培训另外一个公司的员工，这样他们才能够学会，人们如何去学习是重要的。还有一些是对于知识的了解，这也是在系统中的，另外还有社会知识，怎么样和别人共处，知识不仅仅是一个东西，它实际上有5个不同的方面，所有这一切应该在公司间做技术交易的时候都要了解。

很多情况下大家都只关注技术本身，而不是技术运用的背景。这些都是老的研究，大家都知道。人是如何学习的呢？比如，可以通过身体语言、声音来学习，可以通过观察别人来学习，用的都是人的方式来学习，还有通过阅读来学习，如发邮件，人们在向别人学习的时候，也就知道了电子设备是如何辅助这一过程的。

做学问的人很熟悉这种模式，我们从源头到接收人，就是这样一个过程吗？我觉得做学问的人也比较喜欢用这样的模式进行学习。但对年轻人来说，学的方式不一样，我们把他们叫作数字原住民。这些小孩子们，他们是互联网创造以后才出生的，这会影响到我们学习的方式。在做技术转移的时候，它其实与技术无关，更多的是与人有关，只有改变我们的教学方式，才能够应对那些以不同方式学习的人。这是一个教育的过程，不单纯是技术的转移，我们谈教育，谈的是如何影响人的学习。大多数以色列的创新人在31～40岁，最近的毕业生进行创新及技术转移的时候，与年龄更大的人很不一样。我们在做技术转移，或者知识转移的时候，要考虑到这一点。

面对面的沟通，是要了解对方的文化，知道文化的差异，来进行沟通合作，共同推动一些变化。因此，我们并不希望在这样的沟通中有更多的争执和冲突，而是有着建设性的沟通和交流。知识的转移必须要以一种更加人文化的方式，一种人和人之间相互学习的方式来进行。同时使知识产权以一种更加人本主义的方式进行转移，而不仅仅是一种冷冰冰的技术转移，或者说许可合约的签署等。

人们生活在数字世界里，同时要进行面对面的沟通，那如何使用数字技术帮助人们实现面对面的沟通呢？这里的要点就是，在孵化器里面，如何利用这些技术来帮助大学进行技术转移和知识转移？业务孵化所提供的服务，必须要与你所工作的那个单位业务本身直接相关。因此，你必须要满足企业家的实际需求，关注业务增长和发展，这是知识转移的要点，要以一种合作协调的方式来做知识管理和转移。

知识转移和管理是一个系统性工程，因此，必须要以系统性的思路来做。如果你有足够的钱，就可以打造一个知识管理团队，主要关注知识转移中间的文化事宜、语言问题、年龄差异问题，可以创建一个专门的团队来管理知识转移过程。同时也要考虑不同个体的学习方式，尤其是不同年龄段的个体学习方式，那些年轻的工作者你要吸引他，必须要非常具有说服力和煽动力，否则他们就缺乏动力和动机，因此你必须要与时俱进。

对于管理孵化器的人，我给你们以下建议，包括那些被孵化企业，包括我们的技术公司，我要跟大家分享一些技术工具，它们可以帮助大家克服所面临的挑战。加州公司有3件事情非常有名：足球、啤酒、咖啡，我们有很多沟通通过咖啡的方式进行，这就能够帮助我们解决问题。

产业论坛2 2019科技创新新愿景、新未来 工业互联网助推制造业高质量发展——工业互联网创新发展论坛

1 论坛综述

当前，发展工业互联网成为促进实体经济振兴、实现全局性优化的重要一环。国家高度重视工业互联网发展，习近平总书记强调，要深入实施工业互联网创新发展战略，加强工业互联网等新型基础设施建设。在今年的“两会”上，工业互联网也首次被纳入《政府工作报告》，更加明确了工业互联网在我国制造业中的地位。近年来，在产学研用各方的共同推动下，我国工业互联网逐步落地，取得了阶段性成效，为进一步发展打下了良好基础。

今天，特邀工业互联网领域专家和杰出从业者围绕传统制造业模式转型、生产组织方式和产业形态升级等问题展开探讨交流。莅临本次论坛的领导和嘉宾是：上海市科学技术委员会副主任干频；上海市临港地区开发建设管理委员会党组书记、常务副主任陈杰；中国科学院院士何积丰；美国辛辛那提大学特聘教授、美国NSF智能维护系统中心/工业人工智能中心创始主任Jay Lee先生；北京邮电大学网络与交换技术国家重点实验室主任张平；埃森哲商业研究院董事总经理、工业X.0全球研究主管Raghav Narsalay；青岛海尔股份有限公司CTO谢海琴；北京东方国信科技股份有限公司、工业互联网研究院副院长赵红卫；上汽大通汽车有限公司CIO吴钢；正泰集团技术研究院副院长李乃湖；上海市信息服务业行业协会秘书长陆雷。

2 致辞

上海市科学技术委员会副主任干频的致辞

干频　上海市科学技术委员会副主任

尊敬的陈书记、何院士，各位来宾、各位专家，大家下午好！很高兴来到临港创新发展论坛，与在座专家学者畅想工业互联网技术的变革和未来的趋势，我代表上海市科委对出席本次会议的嘉宾表示欢迎。当前，工业互联网发展处于重大的战略窗口期，我

国也高度重视发展工业互联网。中央经济工作会议把推动制造业高质量发展列入 7 项重大工作之首，也成为“两会”工作报告的热词。2017 年，深化互联网 + 新型制造业，2018 年，互联网 + 医疗健康加速推动工业互联网落地和全方位突破，工业互联网逐步由理念走向落地。从上海来看，上海的工业互联网技术在产业发展方面处于全球领先地位，上海在政策环境、功能系统、生态合作等方面都做了提前谋划。

2016 年以来，上海先后打造了全球首个工业互联网创新中心，筹建工业互联网功能性平台，形成产业联盟，正式发布上海工业互联网产业发展工程实施方案，吹响争创全球工业互联网示范城市的号角。2018 年 12 月，工业互联网标识解析国家顶级节点（上海）正式上线，为我国工业互联网领域掌握话语权奠定了基础。

昨天在浦江论坛开幕式上，国家新一代人工智能创新发展试验区在上海也正式起动。国家对上海的主要任务是：一是基础研究；二是赋能应用场景，应用场景里面我们提出了重点的五大领域；三是卫生健康、出行、社区治理、金融；四是赋能上海的制造业，我想工业互联网和人工智能有很多地方是相互协同的。所以，我相信上海示范区也将推出一些案例在行业里面推广。

2019 年对工业互联网赋能传统制造业、加速高端制造业升级是关键的一年，企业积极性比较高，政府在前期也调研了一些企业，有很多企业做得非常不错，在多样化探索当中取得了实质性的进展。同时，工业互联网也面临诸多挑战，在标准化、复杂系统的管理、信息基础设施建设等方面，工业互联网核心技术和高端产品的对外依存度还比较高，完善的创新体系建设还相对滞后。但工业互联网本身是在探索中逐渐完善和改进的，今天的论坛就是集聚行业内的翘楚，探索新型业态、探索工业互联网创新应用模式，并深化产学研用协同发展。工业互联网的良好开局来之不易，我们上海一定要抢抓各个领域融合创新的机遇，也希望社会各界进一步强强联合，加快技术研发和产业推广的步伐，推动工业互联网繁荣发展。上海科委作为政府技术创新的主管部门，也将大力推动这个技术在上海的应用和发展。最后，预祝本次论坛取得圆满成功！

上海市临港地区开发建设管理委员会党组书记陈杰的致辞

陈杰　上海市临港地区开发建设管理委员会党组书记、常务副主任

尊敬的何院士、干主任，各位专家、各位来宾，女士们、先生们，大家下午好！

今天临港嘉宾云集，很高兴临港开发区能迎来各位在此共同参与工业互联网创新发展论坛，共同把脉工业互联网产业发展趋势，共同探讨工业互联网模式创新和应用的落地。

作为上海科创中心的主题承载区，临港地区积极发展先进制造业，大力运用人工智

能和工业互联网来赋能传统的制造业，推动产业的转型升级。近年来，临港已经在原有的高端制造产业的基础上，聚焦关键领域核心技术研发和自主创新，落地布局了工业互联网的创新中心、智能制造创新中心等一批关键的功能性平台，并且承担了标识解析国家顶级节点东部中心的建设。临港以数据共享为核心，以平台建设、应用示范为试点，不断加强工业互联网基础设施建设，加强软硬件的产业化，实现工业互联网产业生态体系。

同时，临港地区也积极整合现有的工业互联网相关产业、技术、人力资源，出台了一系列的专项政策，吸引智能制造的企业落地生根。通过工业互联网的产业联盟，让一批知名企业和单位来推进国家级工业互联网综合实验床的建设，工业领域的大数据平台应用，以及一些相关的重点项目的落地，来打造工业互联网知识解决方案的高地。今天，在临港举办以工业互联网助推制造业高质量发展的论坛，旨在搭建高端技术转化交流平台，聚焦个性化定制、智能化生产、网络化协同、服务化延伸等新兴业态和产业模式，推进工业互联网的创新，加快推进中国制造。我们临港也希望各位专家和行业翘楚通过本次论坛进一步聚焦问题、共促发展，未来临港将充分发挥自己的优势，建成对上海科创中心的主题承载区，特别是完成习近平总书记交代我们的3项任务，与在座各位一起，共同为新时代工业互联网的大发展做出我们应有的贡献。最后，预祝本次论坛取得圆满成功，谢谢大家!

3 主题演讲

从软件的角度看工业互联网与工业APP

何积丰 中国科学院院士

一是如何定义工业互联网，二是工业APP在其中发挥了怎样的作用，三是分析工业APP需要的生态有哪些，四是未来发展的展望与前景。

工业互联网从物联网的角度看，是企业里面的物理系统和虚拟系统如何实现与人结合，而“物”是指企业生产线上的东西。物联网笼统地讲是“物—物”相连，现在是讲工业系统怎么相连的可能性，从国家发展和国际发展上看，两者都还有强烈需求。国际上说两种产业链，一种是纵向，一种是面向个性化需求的横向，两者都是工业互联网提高其本身产业的品质和提高服务的质量，这是一个导向。

从国内来说，有3个方面的需求：一是国家现在强调经济转型，工业互联网对我国经济有很大的支撑作用；二是探索数字经济时代，工业服务有哪些新的生态，是否有新的增长点；三是和国内自主可控的安全系统制造的需求有关，一个工业大国要走向工业强国，安全是重要问题，要搞清楚工业互联网有哪些问题是直接关系到国家自主可控要求的。

当前，国内遇到了什么问题。从搞技术的角度看，至少有3个方面和通常讲的互联网有差别：一是工业大数据处理比较复杂，翻译起来比较困难，我们搞IT的人读不懂工业大数据；二是公共网络的信任是大问题，如果在工业互联网中采用高新技术治理，网络信息安全变成公共系统是不是就安全了，工业控制器占工业互联网非常小的节点，小节点都不安全，那么工业控制器是不是安全；三是工业互联网的软件设计比较复杂，设计过程不是依赖IT人才，而是依靠企业人才，开发周期相对比较长，质量难以保证，而且维护成本比较高。

工业互联网的价值是把先进制造业+互联网，主要是希望信息技术和制造业深度融合，我是来自信息技术行业的，而该行业对制造业是没有话语权的。当然，还是希望两者可以成为互联网+信息制造业的基础，对工业发展产生新的影响。但对于全方位、深层次革命性的影响，是不是可以做到，还只是一个期望。

工业互联网可以从以下几个不同的角度看，对社会带来一些推动。第一是从工业革命本身来说，它是工业体系向数字化、网络化、智能化的转型，经济社会转型与生产力革命是一个战略层面的角度，两化融合会走到智能化的地步。第二是从基础设施角度，还是希望构建一个可以支撑数据信息发展与实体经济转型的新型基础设施，可以像建高速公路一样，有自己的公路。第三是对企业而言，这意味着我们有机会构建新的平台、新的经济模式和新的业态。对于IT人，自然希望把IT封装业务直接转化到企业管理流程中，拼在一起才能形成一个较为完整的链条。第四是从发展思路上来说，目前还是按照过去传统的想法，基础理论主要还是以研究机构和高校作为主要攻坚力量，而人机物深度融合目前还没有清晰的路线图。第五是在可建模分析和认证方面，工业设计界要降低成本，提高质量，仿真虚拟技术需要大幅推广，而目前国内缺乏专业的工具。第六是工业软件及有学习测评的分析，业内希望数据技术、安全技术和工业APP 3个方面都有所突破，从而真正把基础标准和示范的应用和支撑平台的开发都完善起来，这是正确的发展路径。

对于工业APP，重点还是企业。企业有很多技术，也有很多实践经验，但首先要标准化，其次是做成轻量化的模块挂在网上。因为如果没有标准化，将来模块用起来比较困难。服务行业的链条又非常长，这造成不同企业在运用APP时，既可以用在研发上面，也可以用在生产上面，还可以用在库存、安全部门、运维控制等各个方面。同时，对于后端的客户、网络交易、供应链服务、再制造等应用环节，也都会用到不同的工业APP。因此，不同企业、不同环节用到的工业APP事实上是不同的，因为每个环节都有其特殊需要的工业软件，这和手机上的APP其实是一个逻辑，不同方面应用的APP是不同的。

工业APP目前有两种发展模式：一种是把工业互联网平台和传统工业软件结合起来，

利用已有的工业大数据，调用大数据和机器算法，服务感知能力，逐步替代人工积累的经验，自动发现知识，进而实现自动诊断预测和优化水平，利用现有的平台发展起来；另一种是构建一种架构，即微服务加工。这种工业 APP 可以采用微服务的技术，通过工业互联网平台来实现网络化调用，换句话说，它并不是一家一户自己专用，而是大家共享。

未来的趋势，一是在软件方面，需要更加容易的开发和松耦合，不能和专业硬件联结在一起，因为这样非常难以推广；二是必须易于开发，希望利用企业的人才来开发，而不是靠 IT 的人才来开发。未来工业技术知识和实践要逐步 IT 化，变成软件，而不是一套既有的经验。

发展趋势是要做云化改造迁移，将每个企业现有的 APP 搬到工业云共享，希望用工具推广来降低成本。软件很贵，个人认为主要问题是工具上的突破还不够。个人还是希望做基于工业互联网的平台，因为这和通常的平台还是有所差别的。未来要把平台和 APP 同时推进。

以 2018 年国家新型工业化产业联盟做的这个 PPT 为例，它有以下几个特征：一是完整性，每个工业 APP 都可以独立工作，不用像手机 APP 一样买整套；二是技术载体，把特定工业问题的流程、逻辑、数据、经验算法都能结合起来；三是小轻灵、可组合、可复用，不能不兼容；四是达到结构化和形式化，希望用图形化方式表示关系，可视化的输入和输出，而这和 IT 用的语言非常不一样，因为需要轻代码化，做到平台化移植。

此外，未来的目标是把工业 APP 做成推动工业互联网的重要手段。这样，工业互联网加上工业 APP，通过转型的方法就可达到“四化”，即数字网络化、智能化、体系化及支撑数据分析、智能决策的资源整合化，这才是真正在构建工业互联网生态。

工业互联网对社会和对人的作用，在未来的要求将更高。创造是人类特有的特征，通过工业互联网，把现有的工业特征转化成工业 APP，工人的工作从过去比较复杂的直接控制机器，逐步变成通过工业 APP 来控制机器，和机器打交道中间多了一个助手。其目的就是希望未来工业 APP 可以有自主性，可以做更多事。更长远的是将过去以体力劳动为主的劳动模式，逐步转变为知识创造工作，从而实现个体劳动价值的目标，这样未来体力和智力劳动的差距将逐步缩小。

工业 APP 国内外比较。工业 APP 在国外的发展现状是基本上每个纵向块里面都有一些积累，而且国外的各个工业软件公司都在关心工业 APP 到底能做些什么。国内有优势也有短板。优势在于，工业 APP 的市场空间比较巨大、需求大，很多企业都有需求。我国 APP 的基础也比较雄厚，尤其是制造业部门比较健全，知识经验和工艺有比较完整的数据链。短板在于，一是 APP 的数量很少，截至目前还不超过 1 万个，工业和信息化部提出要达到 30 万个，这个差距较大；二是质量不高，很少做开源社区，目前是每家企业自己做开发但没有共享，更没有做成平台化，技术能力不成熟。商业模式不清晰也是我们的一大短板。APP 发展有 3 个途径：一是给自己用的，称为个体自我模式，班组自己搞一些小软件，解决流程操作和数据分析，这是最小的颗粒；二是企业自我模式，班组的东西形成生产线和其他的班组连在一起，我国很多企业走到了第二步，但部门之间不愿意数据共享，东西给你之后怕不安全；三是未来要走到商业共有模式阶段，即工业APP给大家用，要放在平台上共享，这是对工业APP未来发展的期望。

下面举几个好的案例。第一个是一家北京公司，为高铁做了基站系统，主要做预警，这个是比较成功的产品。第二个是做航空发动机的一家公司，设计的过程和流程都进行软件化处理。这两个产业都是比较复杂的，而预测服务、质量检测等行业领域还都是国外公司居多。国内现在有技术能和国外一起竞争，就一定要把工业APP做好。工业开发路线图，这一领域开发商和业界所采用的软件不是很一样，因为很多需求都来自企业界，未来是不是可以进一步IT化还需要讨论；而对于具体的方案设计，还要靠企业自己完成，进而做技术选择。

现在做高技术往往讲高技术基础，但很少讲为高技术而付出了多少代价，用户是不是用得起。当前国内智能电表发展很快，但对于一般家庭而言，并不需要配备太高级的智能电表。一个普通的智能电表动辄就1600多元，每小时向数据中心汇报一次数据。而如果用其他技术，电表成本则会大大降低，所以考虑发展基建的成本还是很重要的。

而对于开发和封装，要变成智能微颗粒，其实并不是单单一个软件那么简单，需要同时和其他软件拼接在一起，才有测试验证和应用改进的可能。而现在我们提出4个技术可以相互参照，是做建模还是做封装，是集成还是数据管理？

工业APP生态发展到目前的阶段，可以看到所需要做的基本平台除了建模之外，母板库、技术资源库和测试环境依然较少，如果每个企业都去做将非常困难。个人认为，在临港地区是不是可以提供一些公共的资源库，来给企业共享，这样大家的发展必然快很多。

在工业APP生态体系里面，还存在以下几个问题值得注意：一是APP产业链。APP的开发应以流通应用为主线，未来开发的方向是自己用还是共享的问题没有落实，这里面有没有更广阔的市场空间。个人认为，流通和应用应该是未来该领域发展的重点。二是联盟。联盟要汇聚金、产、学、研、用，金融行业要参与，要引进社会资本，政府是负担不了这么大的需求的。

当前，国家提出市场要构建标准、质量、安全三大体系。标准怎么管，质量怎么管，安全又怎么管？流通有以下几个模式：一是直接交易模式，这个口子开通比较难；二是构建一种代位开发模式（也就是外包），把一些工作经验总结起来，请其他软件公司帮着做，双方的结合点可能多一点；三是使用付费模式，如A公司做出了一个好用的软件，B公司也想用但买不起，则可以租用，成本节约很大。最后是内容授权收费模式，别的企业并不需要买专利，即强调只在中国使用某商品或服务的权利。

对于如何培育创新的生态体系，个人认为至少有两点：一点是从技术上有支撑工业

APP 发展的基础能力，基础工作必须要做。标准体系、开发环境、工具、知识库都属于基础层面。另一点是要关心生态，优化工业 APP 的发展环境。一是发挥联盟的纽带作用；二是探讨工业 APP 交易配套制度；三是我国要构建开源的开发者社区，要开源和成果共享；四是学校和院企的人才培养合作渠道模式要更灵活，人才培养渠道更加多元，也并不一定要以证书或学位的形式来考核。每年举办的工业 APP 开发者大赛，都可以创造机会让更多年轻人加入进来。

我相信，如果从工业知识的收集、梳理，以及管理和应用方面入手，把企业和社会的工作重点结合起来，未来工业 APP 必将极大的推动我国经济的快速发展。

工业人工智能与企业转型应用案例

Jay Lee 美国辛辛那提大学特聘教授、美国 NSF 智能维护系统中心 / 工业人工智能中心创始主任

现在很多企业都把平台当成阳台用，有什么东西都放平台上。

今天我讲工业互联网，基本是按照历史的观点来考察企业转型的。一是像互联网公司所说，再加一个应用，就可以变成互联网 +，如互联网 + 金融，互联网 + 零售。二是如公司用人脸辨识看顾客拿了多少次物品、多少次不买，根据顾客所选择的零部件，就基本可以推测出该顾客对产品的偏好，这叫工业互联网与智能转型模式带动制造后端，这个就叫新制造。而另一种是工业 + 互联网，如汽车、钢铁、风电，它本来是做产品的，而在当前的发展上出现了问题，加上互联网，在远程都可以看到。比如，质量 + 互联网，把生产线连在一起，整个质量的问题就很容易找到，这样工程师也就可以较为轻松地解决生产线上存在的各种问题。

当前重点在于为什么非要做互联网。首先，人是事情的核心，但是人和物是自然的连接，只有人和物要互动，才能产生效果，才有价值，重点就在于，物并不能告诉人们要做什么，所以就必须要有人来系统管理这个物本身。所以才有 APP 管理出行、灯远程经过控制等。既可以做远程管理，也可以用 AR、VR，但当物加上传感通知到人后，这个观念就不一定成立了。例如，汽车可以直接通知人在哪里，但如果有一个系统管理它，这个系统就是我们讲的工业互联网，它是管理系统，而不是一个高大上的东西，它要做的一定是解决顾客最大的痛点的东西。今天讲到 DT、AT、PT、OT，这几个“T”现在谈得最多是 PT。这个是梦想和幻想，做平台的公司首先要自己成功，然后才能解决企业的问题。

现在很多企业都把平台当成阳台用，有什么东西都放平台上，平台基本上有 6 个“S”，

分享存储、分享网络、分享计算机，这个是基本的，但最重要的还是分享资源；而分享服务和分享生态，则可以带动其他很多做生态的东西，如机器有问题，传感器公司，维修公司都可以在这里获得答案。

当前，不论做工业大数据还是工业人工智能，ABC 都是基础，即人工智能（Artificial Intelligence）、大数据（Big Data）、云计算（Cloud Computing）。因为终端解决问题的目标一定要高，这样才可以帮助顾客找到他不了解的问题。重要的是用户和价值驱动，这才是最重要的目的。

在 2017 年信通院举办的会议上，我建议他们办一个工业互联网竞赛，美国 2008 年就已经开始做工业互联网竞赛了，如考察如何检测风电会不会出现结冰。当时有 1600 个团队参赛，最后选了 12 个团队，其中 6 个团队做皮带损伤，6 个团队做风电结冰。其中还有富士康 3 个团队，很奇怪一个做手机的怎么搞这个东西。后来才知道，因为他们做大数据很强，不搞风电也可以预测得出来，于是我也就更加注意了解富士康，也协助他们做工业互联网。

华为用云平台也进行了一次竞赛。一个团队做物流，另一个团队做刀具。比赛内容就是测苹果手机刀具怎么断裂，怎么损耗，是不是可以预测出来。可惜参赛的都是高校，国内没有企业参赛。中国企业界独当一面搞工业互联网真的很难，一是没有时间，二是没有环境，数据给你，连分析时间都没有。有工具的没有顾客的数据，而有顾客数据的又往往缺少工具。

举中国船舶的例子。中国船舶要做互联网。当时韩国做过，他们主要做船的监控，以及泵和轴承。其实船最大的问题就是耗油性，当时根据船舶位置每天角度的变化，再根据船的阻力就可以找到关系。现在这个团队已经发展起来，且已经民营化了。我国在做，每年可以省掉 6% 的油费。

第一家智能船公司是 2017 年 12 月 6 日正式成立的，该公司不卖船，而是卖船的管理和服务。有几个人听过宽度学习？他是我们经验犯错总结出来的。很多东西都在运转，还有很多风电在运转，但是有必要监控每个风电吗？

讲一个工业互联网的案例，去年我们协助富士康申请了灯塔工厂，全国共有 17 个。由于富士康有 17 万台机床，18 000 条线，而如果要做这个事，数据量是足够大，但还需要人群来把数据做大，所以工业云从边缘上将其智能化。

最后我有一个问题，就是做人工智能的找不到人，也留不住人。我们也建立了一个产业学院，专门培养人工智能（AI）方面的专业人才，当时帮富士康做的时候，只有 30 多人搞 AI，而现在有 1000 多人。

5G 助力工业互联网

张平　北京邮电大学网络与交换技术国家重点实验室主任

美国人军备竞赛的程度，与国民经济关系太大了。人毕竟有一个天花板，最大的消费还是在工业上。

我基本上算是个通信人，就通信专业本身而言，它其实比较窄，基本上没有到 IT 的层面，我个人认为，以后的通信要和 IT 结合起来，进入大数据和智能的时代。现在 5G 都快变成世界中心了，我和大家探讨一下，5G 可以做什么，或者未来希望它能够做什么。从 2G 做到 5G，以后要做到 6G，每十年一代。我主要谈谈互联网及怎么构建，站在通信的角度来讲讲我们是怎么理解工业互联网的。

移动通信经过这么多年的变化，一是有基本理论，就是基于电磁波。从人与人的通信，变成人和物的通信，或者物和物的通信，这对通信来讲有很多值得期待的。总而言之，万物互联之后，会带来很多大数据。二是通信怎么和人工智能（AI）联系起来。AI 和通信本身就有一个结合，另外和通信加起来，人工智能 + 通信会产生什么都是前沿问题。例如，互联网生物的特征识别，汽车自动驾驶等方面都是探讨的焦点。所以从互联网的发展，是从第一代的科研到第二代的万物互联，再到未来与实体经济深度融合的历程。当国内有了 5G 技术之后，可能会和工业互联网、能源互联网和车联网加起来 3 个场景，这就是实体经济未来的网络，可拓展性、能耗等方面的问题就会有比较好的解决办法。但是，目前业内主要还是将其变成对生产的服务，希望 5G 可以利用产业互联网来引领我们经济发展的新业态。事实上，该项技术在当中到底可以发挥什么作用，通信界也在探索。

总而言之，可以看到智能化的发展和我们行业存在关联，越到终端消费者，两者的接触就越广，接触的行业也越多，如营销、电子商务，马云的阿里巴巴、淘宝网本身是网络营销。原材料现在也在开展远程的运营维护，我们现在远程运营维护，将来大量的人工网络优化就可以直接通过人工智能做了，还有装备行业、消费行业、制造业等未来都有可能协同一起来做，还有研发也可以通过众包来完成。所以就互联网本身的重要性而言，从 GDP 的角度讲，最大的消费其实还是在工业上。

从用户角度来讲，应用就是需求。例如，安全垂直行业，用户需要在任何地点、任何时间与接触的人在技术上都要实现云端管理。既有公共的云，也有专门的云，可以用多种形式进行管理。美国在发展 6G 了，但我个人不认可，发几个卫星就 6G 了？技术必须要通过科研工作者真正做出来，这可不是简单的事。此外，移动终端和各种终端功能都需要匹配和研发的配套跟进。

中国如果能够构建出这样一个架构，那我们的安全垂直行业就可以变为现实。对社会需要的信息、消费，还有工业消费、产业消费等来说都是如此。所以，彼此交叉的地方也可能存在有信息的互通。这个信息的互通很可能是很重要的信息单元，可能是语义上的问题。但整体上，这么大的垂直行业我们要构建很多的生物群，业内叫产业生态圈的构建。实际上是一个个种群的构建，各个产业都有壁垒的，大家需要的是共赢的过程，而每个行业的需求又不一样，所以有领导种群。况且，每个领导种群都可能变成一个运营商的规模，而由于规模太大，里面就会有共生的各种小群，从而构成一个个产业集群。当然，这里面的供应链关系还会在发展过程中发生一些变化。

与此同时，产业的边界也被固化了，参与者也多样化、结构多极化了，把规模经济变成了一个范围经济。过去讲是一个产品包打天下，现在因为需求太多了，所以对杀手级的应用需要杀手级的平台，在这个平台里最重要的是基础平台的构建。在过去，可能搞定一个简单的平台就可以产生经济效益，但未来要搞定多少个，这和范围经济的收益都是有关系的。所以需要把整个生态要都做起来。我现在开始慢慢理解美国人军备竞赛的深度和规模了，因为它和国民经济的关系太大了。

“端”很智能，边缘也可以有一些智能。在“云”方面希望稍微简单一些，可以减少一些管理域等。这个国内现在可以做到，就是把底层的东西屏蔽掉。通信的架构是公众网在最上面，中间是 IT 网络，底层还有网关和 OT 网络。5G 其实就是这其中的一个，它和我们所在的工业环境完全可以结合起来。所以我们和电力部门做了一个，同时电力部门还在做全国的泛在电力网。而我们操作的网关用自己的边缘智能计算接入端来做，后面差异性的智能再连在一起做，再把它屏蔽掉。这样我们可以把差异性屏蔽掉，然后在业务上做应用就可以了，这样相对简单一些。

后面就是智能制造，在郑州附近我们做了一个这样的案例，我们针对工业互联网的需求，把工业制造 +5G + 互联网 +AI 相结合，将应用层面和细分部分都构造出来；而在技术层面是工业互联网与人工智能的融合，架构是面向普适化的基础体系。首要的是傻瓜式的操作，然后再统一标准。信息的交流角度应该尽量统一化，还有就是融合智能。学术界的科研能力和产业界的工程技术能力，结合云计算、边缘计算、大数据、图像识别、行为识别，虚拟增强现实技术实现融合。边缘则是把大量的物联网接到本地云，而本地云如果可以处理，就都作本地云处理，处理不了就全国运营，这样构成一个完整的载体去做。

我们的架构有 3 块，其中有几个关键技术领域，国内做了很多视频的采集和安装部署及算法，还有对基于采集视频人员识别和基于工业的识别。但人为的经常被误操作，时间长了更不可能规范去做，特别是对比较机械式的行业，更需要把人从比较枯燥的岗位上替换下来或让其规范起来。此外，对于生产环境中的异常情况也需要深入地分析和识别。例如，对工业环境中的环境、工业设备和人为形式的建模，迭代工业的行为数据库，行为识别技术，机遇识别的解决方法。对于工厂，需要开展一些3D的仿真和虚拟实现。目前这些领域国内都在做了，但是对于5G来说就是要求要可靠，及时提高带宽的接入，有服务质量保证的网络切片技术。当然，目前也进行了一些相关操作，工业互联网实际在建立3个架构，其中一个就是助力智能制造2025。至于如何数字化，其实工业的过程非常复杂，数字化的工业只靠一个通信的企业解决所有的问题是不可能的。因为数据是多方面的，要与产业界的人士打成一片，才可知道他的真实需求。

从通信的角度看，工业互联网其实比较复杂，因为不是说发50个卫星就可做6G了，而是要从广度、信息速率、通信空间等全面的提升来说。当然6G肯定是通信空间增加的过程，但这是必要条件，不是充分条件，因为还需要人、机、物的通信。而国内的通信，如内脑，并行的处理方面都比我们人类要先进得多，下一步就是如何利用了。还有诸如精密仪器制造，国内发展的时间都非常短。而自动驾驶、协同保障及智能电网的控制等也都面临同样的问题。国内目前可以做到的就是5G这个层面。下一步自然还是希望进一步做6G，靠数据说话，靠逻辑说话，而且要同时满足3种场景，或者至少2种。因为我们有这么多全息的通信要完成，主观的通信在6G里面就可能起很大的作用。未来一定要用数据说话，同时把我们实体的网络进一步地结合起来。

制造业战略规划与工业互联网落地方案

Raghav Narsalay 埃森哲商业研究院董事总经理、工业X.0全球研究主管

> 如果想通过数字技术创造价值，那么企业必须要能够将创新规模化。

今天我和大家分享埃森哲对技术演进的观点，分享我们团队在德国汉诺威大展上发布的一个研究成果，其中展示了360多家中国企业，有60%的企业执行层和我们反映中国的数据，这些数据非常有趣，可以看到中国企业拿技术做什么，中国的企业家可以和全世界分享什么样的经验。这些经验是全球都非常需要了解的，它让我们踏上学习的旅程。

技术自身有着非常有趣的发展路径，即技术的大规模使用。以前技术的成熟非常缓慢，但是现在技术的成熟速度非常快。例如，我现在不可能一次只使用一个技术，或一次只使用一个大数据，现在我们可以多种技术综合使用，为企业带来更多的增值。2017年，埃森哲就推出了一个非常有趣的研究，其展示的结果是，如果将多种技术结合，那么不仅可以提高企业效率，而且可以极大改善客户的体验，从而增加企业的营业额。

因此可以看到，不仅是技术本身，技术综合使用能力也在发生着巨大变化，因此，这轮数字化革命和以前的革命有很大不同。不能就一种技术替代另外一种技术，而应该将各种技术整合，在同一时间将多种技术组合起来进行分析，再应用到工作场景当中，

最后加上人工智能，而这一系列的组合才会使社会进入数字化时代。

前面的演讲嘉宾说到，当我们说到5G或6G，那些数字不管是关于3.0还是4.0，单从某一个点上讲，它们都变得不重要，因为技术的发展已经超越了数字的发展，到那时技术已经完全可以规模化。所以，不管叫5.0还是6.0都无所谓，在埃森哲我把他们叫作工业X.0，意味着在那个时代每个公司、每个政府都可以非常成熟地使用数字化的技术。可以把这些数字归类为数据的自由使用程度，此时也就可称为工业X.0版的工业革命。当我们说到数字给整个工业带来的革新时，其实谈得最多的还是技术带来的效率的提升，而效率的提升也是前面演讲当中多次提到的关键词。其实，由这些技术不仅可以实现更高的效率，同时还可以带来独一无二的超级个性化的体验。

当谈到工业X.0的时候，要更加关注底线。当前，很多董事会讨论的是企业3%的成本，但是能不能更大程度地节省成本？但公司的CEO或者高级的政府官员，他们所思考的往往是客户该如何使用这些技术，从而增加公司的营收。而公司的营收是使工业X.0和过去相比不同的地方，因为要产生这么多增值的东西。如果希望企业使用这么多的数据创造新的产品和服务，从而形成新的商业模式，那么这个环节当中非常重要的一点，就是要有一个机构来加以实现。技术本身不可能建立一个聪明的商业模式，因为这需要非常强大的组织架构来提供强有力的支撑，进而才能更好地创造商业模式和服务，从而实现价值。因此，如果想通过数字技术创造价值，那么企业就必须能够将创新规模化。

如果企业想创造价值，包括刚才讲的富士康的未来工厂，其实所有的核心都是将数字创新规模化，数字创新规模化将成为组织要应对的最大挑战。我们从采访的各大公司CEO那里获悉，他们在为很多东西进行规模化，将数字创新规模化核心就是把小小的APP放在规模化当中去使用，通过APP的使用来改变数据的使用方式；通过APP的使用真正释放技术的颠覆性作用和价值。

再看我们对中国企业调研的发现，这是中国和全世界分享的经验：我们认为，中国的企业现在和其他国家的企业家相比，其数字化密度更大，而为什么他们有更大的数字化密度呢？对于我们所调研的公司而言，数字的回报和全国平均水平相比要低一点，这是非常重要的发现。刚开始我认为中国的投资回报率会很高，但是实际上低于全球的平均水平，这对企业的回报利润还是有很大影响的。通过研究的五大功能领域，可以看到大部分的功能领域所使用的技术，都可以掌握一些数据价值。其实不管是大型还是小型中国企业，他们都希望压榨出数据的最大价值。那为什么这些5G的讨论，对中国的企业如此重要，因为这些人可以重新发挥数据的价值和作用。

我们做大数据的分析，实现了一定的生产力和效率，其创造的利润也必须要能用来推进新产品的研发、新商业模式和新服务的发明创造。可以看到，这些冠军正是由于选择了正确的合作伙伴，从而完美地构建起自己的产品价值链。

总之，我主要的观点是：过去、现在和未来都会用到很多的技术，但关键是技术本身并不具有变革的力量，具有变革力量的依然是掌握技术的人，即我们该如何使用这些新的技术来为社会更好地服务。

海尔“人单合一”理念在工业互联网领域中的创新探索

谢海琴　青岛海尔股份有限公司 CTO

一个组织有很好的目标，大家就能聚集在一起共同创造价值，如果没有这个价值，或者这个价值逐渐减少，又没有很好的方法解决的话，这个团队就会解散。

海尔“人单合一”模式最早提出是在 2005 年，这个模式的提出主要有 3 个背景。第一是互联网时代的特征，从 20 世纪 90 年代末到 2000 年，中国已进入互联网时代。如果大环境不具备的话，人单合一能有什么样的效果也是问号。第二是硅谷的悖论，硅谷从 0 到 1 的创新没有非常好的土壤，但从 1 到 N 的挑战很大，再长成巨型企业的时候，这个困难就不是大家可以预见到的。为什么硅谷出现了很多从 0 到 1 的企业，即使无法出现前端研发，后端也会出现很多巨大的好的企业呢？这个问题也是留给所有企业的命题。每个企业都希望自己企业常青，但是挑战是非常巨大的。海尔有 30 多年的发展历史，但我们每天都在想，如何还有更好的活力，如何突破，创造更多的用户价值，让自己发展起来。第三是关于中国的机遇。中国式的创新，其实就体现在这里，包括最近的华为事件，产品创新上中国应该有很强的自信，当然也还有很大的差距，但是这也是我们的机遇。刚才提到海尔一直探索这件事，对于人单合一，海尔有自己的解释。首先人就是员工，但是这个员工我们现在是延伸的，也是开放的，既不限于企业内部，也不限于一个被动的执行者，而是一个有自主话语权、保持企业活力的关键因素。

刚才的专家观点提到，技术不是最重要的，最重要的是如何让技术产生更高的社会价值，这个在海尔称为用户价值。人单合一就是指员工的价值和创造的用户价值能够更加完美地整合起来。海尔有一句话，一个组织有很好的目标，大家才能聚集在一起共同创造价值，如果没有这个价值，或者这个价值逐渐减少，又没有很好的方法解决的话，这个团队就会解散。企业原来认为自己是中心，生产完产品销售到市场，但是在人单合一模式下，我们真的是把客户放在中心，如果没有创造用户价值的解决方案，团队就立刻会被解散。

人单合一模式其实聚焦两类人。第一是员工，是不是每个人都有创新创业的精神，海尔平台要有创业的精神。第二是用户，给什么样的客户提供好的服务，可以和哪些团队（外部也好，内部也好）形成链群帮助他，这两个是人单合一最关注的两个部分，只有这两个部分都关联好了，驱动好了也创新好了，这个模式才成立。

最开始是品牌阶段，给用户提供最需要的高质量产品。海尔员工当时为了实现用户的需求，要做的除了引进设备和技术外，更多的是如何改变观念，把用户放在心中，而不是生产完的产品可能还带有一些瑕疵。大家比较耳熟能详的案例是张瑞敏带头砸67台冰箱的事情。海尔当时要做的，是一定要给用户提供高质量的产品，让他对我们的服务非常满意，这个是革新。

最后一个阶段是关于网络化战略。从2012年到现在，我们用户最需要的是交互体验，包括诚信的商业生态。而为了实现这一用户的需求，整个海尔希望每个人都有CEO意识，我们从制造产品的平台，逐步变成制造创客的平台，从而形成了自主彰显自我的价值突破。

海尔在创造新的增值之后进行了分享。定位是提供平台诉求，不是说仅仅围绕家电领域，我们提出希望围绕八大方面开展更多活动，海尔自己也有总结“1+7+N”，“1”就是一个主平台，提供核心的基本能力。“7”是海尔自己有的七大结点，交互、智能制造、物流、营销服务等，这些能力都是海尔30多年的管理经验和智能制造的基础。至于如何转化，主要是通过微服务的方式转化成工业的APP。同时，海尔还会吸引其他的合作伙伴和我们创建更多创新性的解决方案。“N”就是现在从一个行业，如家电内部慢慢拓展到其他领域。通过模式创新、技术创新和生态创新，还有很多子平台已经在创建。同时，中国操作系统（COS）在全球的影响力也越来越大，包括制定标准方面，在这3项国际标准上，也首次由中国企业来主导指定，这3个标准目前已经由海尔来主导。

第一是信息架构的能力需要积累。我们提到最基本的边缘层是从IAAS，到PAAS，再到SAAS层，为什么是这样一个架构，因为除了基础能力和基础的算力之外，海尔更有价值的地方其实是差异化，是行业内的积累，以及因为行业内的积累而获得的其他资源，从而实现和其他领域，如服装机械、模具行业等一些资源的融合，从而创造更大价值和更大的战略协同，这比仅仅一个信息系统的赋能要大许多。从这个角度讲，我们觉得中国操作系统（COS）不仅仅是一个技术平台，还可从优化上面做更多的工作。目的就是为了在更多场景、不同行业做到快速编排和重构；而从开源的角度，数字化也能做得更为丰富。回到工业互联网的本质，我们可以把设备和人的行为做到一个分析中，这才是真正的基础，这也是从COS平台架构方面所能做的分享。其实未来我们总体的发展要紧扣5项能力，整个平台架构围绕5项能力不断优化和迭代。在工业设备的连接上，我们希望可以适配更多的协议，实现泛在的物联合能力。

第二是知识沉淀能力，不管数据模型还是应用模型优化，李教授都分享了很多很好的用法，各个方面都值得我们参考和学习。海尔走过的弯路和感悟就是通过不断地沉淀知识，通过和其他行业客户合作，从而实现跨行业的知识学习，从而沉淀到这个平台上。

第三就是大数据的能力，行业不同数据也不一样，海量的数据需要我们做很多处理。

第四就是关于安全保障。通信是基础，平台是核心，安全是保障。这3个方面的安全保障是不能缺少的。

第五是生态聚合能力，这个平台是开放的，不是只用海尔自己的能力，而是聚合更多的开发者和能力共建这个平台。

标识解析技术应用与实践

赵红卫　北京东方国信科技股份有限公司、工业互联网研究院副院长

工业互联网的发展路径是聚能的能力平台、共享开放的平台、解决问题的应用平台。

东方国信是一家民营企业，22 年来始终坚持以大数据技术为核心，一开始做 BI，做数据，后来延伸到大数据。从通信领域进入工业、公安、农业等十几个行业，但是依然没有脱离大数据 + 行业，公司先后承接了 2000 多个大数据平台，每天处理的数据量可以达到淘宝“双 11”当天的处理量。公司的数据处理能力在国内第一，世界第三。处理源就是各种企业，这样的处理能力是我们 22 年锻炼积累出来的。

东方国信在北京作为整个北京工业互联网建设的牵头方，多年来一直在探索工业互联网发展的路径是什么，我们总结了 3 个平台方向：聚能的能力平台、共享开放的平台和解决问题的应用平台。

对解决问题的平台及工业互联网平台，一定要立足于为工业企业解决问题，相关的设备和信息网络的全面互联，真正打通数据的融合，解决数据孤岛的问题。标识解析是核心技术，这是资源的关键连接点，也是实现智能化生产、个性定制和产品全生命周期的关键部分。上海是国家顶级节点之一，临港也是；下边是二级点，更多的是通过标识解析二级节点和企业节点来对接，才可以更好地发挥标识解析的作用。

上汽大通的 C2B 模式数字化转型之路

吴钢　上汽大通汽车有限公司 CIO

转型是很痛苦的。最关键的创新其实都是被逼出来的，这是外部对企业的要求。

对于上汽来说，目前它在中国汽车界发展排名还是比较靠前的，除了是世界 500 强，品牌上的排名也比较靠前。上汽在这样大的环境下，推出了“新四化”的战略：电动化、

共享化、智能网联化和国际化，这个战略也是上汽在去年下半年到现在，汽车市场面临非常严峻挑战的大背景下制定的。

而对上汽大通来说，它是上汽里面非常年轻的企业，从成立到现在不超过 10 年，最大特点是我们的产品序列非常宽，从宽体轻客到 MPV，再到房车，包括大型 SUV，大通都是上汽里面比较有特色的企业。目前，我们已经有 4 个生产基地生产不同的产品。

那为什么要做 C2B？要做 C2B 就要打造一些体系，包括营销制造和用户运营，都是数字化的方式。其基础是底层工业互联网平台，传统汽车企业都有营销制造环节，但区别在于，我们是通过数字化的手段来把对用户提供的服务应用到各个环节，每个环节又都可以通过云和基于互联网企业实现直连。

在营销阶段大通有数字化平台，可以让用户在平台上下单，进行自主选择。大家平时买车的最大诟病就是用户只能选择旗舰版或尊享版，且每个版里面的配置都是固定的。而如果选择不同版的配置，目前看还做不到。因此，如果我们把选择权交给用户，就可以使选择更简单。大通的研发目前也在做很多数字化转型，就是要把闭门造车的模式变成开放的模式，希望引入更多的社会资源，让大家一起在这样一个共有的平台上帮企业做设计。

从汽车研发开始，我们让业界就对这个产品有更多的了解和更多的兴趣。例如，制造供应链，传统的做法是我们接受经销商的订单，传导给一级供应商、二级供应商和三级供应商，而大通是希望变成并行的过程，平台共享。供应链上的每个成员都可以第一时间知道市场的情况，而底层就是大通的工业互联网平台。

作为 C2B 的价值，大通的核心业务是两个方面：一是从人的角度，就是客户出发；二是车的数字化，即整个传统 OTD 的循环。整个过程我们都是通过刚才讲的，打造一个全面的、让用户可以下单的自由选配的平台，进而真正实现整个生产、交易和使用环节的透明。用户所接受的所有订单和配置的信息，也都会传导给企业后端的生产系统和供应链系统。而这些生产系统和供应链系统，则需要进一步把数据横向打通，这样生产制造和销售状态就可以非常透明地反馈给用户。这些大家可能觉得京东、淘宝目前都已经做到。但从另一个角度上看，对于整车企业而言，要把这么长的价值链信息反馈回来是非常不容易的。所以，最终的目的还是要给用户更多好的、正面积极的互动体验。

对于大通的整个平台而言，里面当然是基于比较广泛的云架构，从我们最合乎底层的云，到中间的中台及前台，这里需要强调大通目前非常重视中台的建设。中台里面又有两块，业务中台和数据中台。中台的目标主要是让前端更轻、更灵活，响应更快。其中大量的业务和逻辑需要通过微服务的架构沉淀在中台，同时通过有数据的中台来分析和挖掘大数据，当然中台也可以做有关人工智能的内容。在这个自主自选平台上，用户可以通过产品配置、偏好识别进行选择，然后经销商会收到这些信息，在线下为我们的客户提供相应的交车服务。整个过程都是通过数字平台无缝连接。C2B 的道路还是希望有更多的同行者，有机会一起分享，把这个模式推向汽车行业和其他更多的行业。

工业互联网解决方案与实践

李乃湖　正泰集团技术研究院副院长

对提供能源解决方案的供应商来说，如何提供更加节能、更加低碳和更加环保的方案，来应对未来分布式能源可再生和可共享的挑战，是个重大问题。正泰集团制定了“一云、两网”的发展战略。

正泰集团是专注于制造从低压到中压到高压电器的企业，是从做开关起步的。我们认为工业互联网技术为企业如何提升产品质量提供了契机，可以对企业生产方式进行变革，也可以对商业模式和运营进行一些变革。正泰集团不仅是一家制造企业，它还为能源行业提供不同的解决方案，如太阳能电站。能源面临同样重大的变革，资源不断紧张，环境遭受污染，对提供能源解决方案的供应商来说，如何提供更加节能、更加低碳和更加环保的方案，来应对未来分布式能源可再生和可共享的挑战，是一个重大问题。正泰集团制定了“一云、两网”的发展战略。

第一是打造工业互联网云平台，在制造领域内部推广企业智能制造解决方案，这需要企业推进工业自动化解决方案。第二是网，这需要推动分布式能源解决方案。围绕这个战略，首先，企业在过去两三年开展了基础研发工作。我们构建了自己的工业互联网平台解决方案，与一般的行业不同，我们要考虑对底层感知设备与平台的连接问题，同时还要考虑传统工业自动化的解决方案需要的一系列供应设备到底该如何进入电网，所以我们在该领域投入了大量的人力、物力和财力。其次，是共性的东西，如大数据、存储分析能力和数据的智慧分析能力，而目前的设备产业覆盖比较宽，如何对设备进行管理和安全方面的认证，如何做好监控和运营都是国内企业目前需要做的主要功课。

除此之外，可视化平台不仅要考虑移动端，还要考虑针对不同的应用场景如何快速构建生产过程。数据报表、流程相关问题，这些都是我们在研发平台当中需要考虑到的。因此，我们的平台又可进一步分成3个子平台，计算子平台、业务子平台和可视化子平台。重点是推广工业互联网和能源物联网的应用，依托产品滚动开发，选择一两个典型的应用，如在工业互联网领域，选择典型的应用来对工业互联网进行迭代式的开发。有了这样的基础，就要回答在这样的平台下，如何运用工业互联网领域，特别是在智能制造方面，实现内部的互联互通。

总体上，过去两年当中正泰集团在工业互联网方面做了初步的尝试，我们在建设过程当中和很多高校和研究单位都开展过合作，但在人工智能应用方面企业自己的力量还是十分有限，安全方面也需要更多合作伙伴的支持。

4 圆桌论坛

圆桌论坛由上海市信息服务业行业协会秘书长陆雷先生主持，邀请到上海市临港地区开发建设管理委员会产业发展首席规划师顾长石，以及来自正泰集团技术研究院副院长李乃湖、上海三零卫士信息安全有限公司副总工程师仵大奎、鼎捷软件股份有限公司工业APP事业部副总经理曹永诚、积梦智能科技有限公司CEO谢孟军，围绕工业互联网领域的实践和相关体会，让他们与我们一起分享。

陆雷：欢迎大家来到滴水湖，今天论坛主要关注信息、数字、数据。目前有一个观点，即当政府开始引领信息化的时候，企业才开始做标准化的工作。而当政府开始要求做数字化转型的时候，企业才开始做信息化的工作。而当政府再要求大家在人工智能工业互联网和大数据的应用方面进行努力的时候，企业才开始真正做自己的数字化转型。好像企业总是慢了半拍，这个情况是不是真实的？

谢孟军：我最早从苹果出来。他们的智能化比较好，我回来走了长三角300～400家企业，发现中国的制造业还处在比较原始的层面。别说工业互联网，连信息化也没有完成，这些企业确实是慢一拍。慢的原因是因为政府在出政策做引导，但是企业首先是要解决生存问题。

陆雷：鼎捷软件我十几年前就知道，我说它是做ERP的企业，它有没有做工业互联网APP的基因？

曹永诚：我来自技术操作部门，在工厂做智能制造做了25年，原来鼎捷软件就是在做ERP，所以和鼎捷软件的DNA不太一样。说了很多年整合，最重要的是双方的专业和文化习惯不一样，这是做整合的最大问题所在。先不要谈信息化和工业APP，我们的问题主要是需要把数据采集起来，当前很多企业都做不到，特别是对广大中小微企业而言更是如此。

把数据采集完之后还要做什么？有一些人会做大数据分析，做各式各样的应用，提升品质，提高效率。但是工业互联网是完全不一样的领域，打破了公司的疆界，所谓的工厂和设备端，工厂和供应商，工厂和客户之间不再只有买卖的关系，而是从买卖的关系走到协作的关系，数据也不是只有公司拥有，而运作这个的资深的管理人员，其知识的储备必须要突破工厂的边界，变成所谓的公共的一些知识、智慧，才有办法实现工业互联网。

仵大奎：为什么做企业的每次都会慢半拍，我个人感觉是看问题的角度不同。业界有一个矛盾，搞信息化的人认为信息化促进工业化，搞工业化的人认为工业化促进信息化。是公说公有理，婆说婆有理。我有一个非常深的感触，做工业的对信息化有一种天然的不信任，首先，要解决他的信任问题才会进一步让他对接你的标准和新技术。其次，是工业互联网的安全问题。它其实是一个体系问题，但最根本的问题就如何院士所说，要解决内生安全，宏观层面就必须从体系方面入手。工业互联网安全包括几个方面，如设备控制、网络数据层的应用等。对于不同行业的企业，对于不同企业存在的不同阶段，工业互联网安全体系侧重点应该是不一样的。政府在推进工业互联网安全方面，是一刀切的思维方式。这个思路本身就有问题，工业是特性差异非常大的行业，每个行业里面个体的差异更大，所以工业互联网安全必须有一个侧重点，有一个先后顺序。而事实上，必须从设备安全、网络安全去做。

陆雷：有体系但是要按照逻辑推进。那么美国在工业互联网方面的努力和正泰集团等民营企业在做的工作的差距和不同是什么。

李乃湖：GE 提出的工业互联网概念很好，解决方案也很好，但是如何快速得到回报？GE 花了 10 亿美元打造这个平台，很快建立了独立的数字化部门，希望数字化部门可以给公司带来更多的盈利，但是实际情况不像 CEO 和管理层想象的那样。正泰集团也是一样，在上海的环境下要多少钱，2 亿元以上。但是有了这样的平台之后，投资回报周期多长呢？

在公司内部我们没有工业互联网的平台，这并不是说我们现在的解决方案不能在市场里面进行推广，打造工业互联网平台之后带来的新的东西并不比现在多多少，但是我们传统的解决方案，无论是针对石化行业还是城市基础设施的，都有几套传统工业互联网监控，从 CS 架构的体系到 BS 架构的体系，但每个体系都要增加大数据分析功能，增加人工智能分析功能。因为这是大趋势，如果没有这样的平台，大家就都要向这个方向发展，我们要说服管理层，因为打造这个平台不是 2 ～ 3 年马上就能得到回报，而是通过这个平台打造形成企业的协同效应。

陆雷：前面嘉宾谈到了很多行业当中的痛点和困难，那我们又可以为企业创造些什么？

顾长石：企业为什么比政府慢，因为政府是政策导向，通过政策引导包括资金上的扶持来帮助企业发展。工业互联网是一个方面，和互联网相关的领域的企业也在落户临港，而且很快会和企业对接，为企业提供解决方案，助推企业发展。我们的题目是“工业互联网助推制造业高质量发展”，但不管是工业互联网、人工智能还是智能制造，怎么和实体经济深度融合，帮助我们企业转型发展，这才是重点。当然这也需要企业有自主需求。

顾长石：2017 年 3 月，临港发布了科创中心主题承载区的 3 年行动方案，有一个“2+3+4”的产业体系布局。“2”就是两大先导产业，人工智能和机器人。“3”就是三大支柱产业：船舶海洋工程、新能源和智能网联汽车，高端制造装备。“4”就是四大新兴产业：第一是软件信息服务业，包括工业互联网大数据等；第二是集成电路材料和装备；第三是航空航天；第四就是节能环保。这个就是再制造的一个领域，凡是符合我们“2+3+4”产业导向的企业都可以来申报我们的这些专项。

陆雷：为什么我们的企业在政府的呼吁下会慢半拍，因为自己投入资金有风险，临港这地方为什么好？是因为在资金方面有特殊的政策，我们这些资金能不能多给一些甲方企业，让甲方企业集聚在临港，让甲方敢于试错，形成新的标杆性的企业，像正泰集团一样做出自己的标杆体系，然后再把经验和大家共享，让整个行业和产业变革从高地开始。

谢孟军：因为整个国家基础是制造业，工业互联网大有所为，希望更多的人加入进来。

曹永诚：我的看法是如果不继续前进就会像温水煮青蛙一样等死，工业互联网的发展就像弯道超车，它能更快一步达到真正的智能制造。

仵大奎：我们认为工业互联网现在还是要以底层为重点。展望未来希望一张蓝图挥到底。

李乃湖：制造业要追求高质量发展，除了拥抱工业互联网，只有拥抱工业互联网，未来我认为只有拥抱工业互联网才能做到高质量制造。

产业论坛3　应用技术研发与产业化——模式与路径

1　论坛综述

未来10～15年，将是世界新科技革命和产业变革的重要机遇期，创新为经济赋能，推动高质量发展，已成为全球共识，而其中应用技术的研发和产业化，是促进科技成果从实验室走向企业的关键环节。

本次分论坛由上海科学院、上海产业技术研究院联合承办，上海科学院副院长曹阿民担任论坛主持人。上海市政协副主席李逸平和上海科学院院长秦文波出席并致辞。论坛邀请了来自国内外应用技术研发及产业化相关机构代表及政、产、学、研、用、金等各方面专家共同参与。

2　嘉宾演讲实录

科技创新的路径探索

李逸平　浦江创新论坛理事、上海市政协副主席

关键核心技术是买不来的，必须依靠自力更生、自主创新。但是这不等同于闭关锁国、闭门造车。而是以全球的视野、开放的心态，在更高的起点、水平上推进自主创新。无论是基础研究还是技术创新研究和成果转化，都需要全面加强国际合作，在进一步扩大开放当中，不断提升科技创新的能力和水平。

由上海科学院、上海产业技术研究院组织的“2019浦江创新论坛”汇集国内外应用技术研发与产业化相关机构代表、知名管理者、科学家、投资人等各方嘉宾和朋友们一起为上海的发展建言献策，非常有意义。

科技创新有两个重要动力。一个是科学家不断探索追求真理的好奇心驱动；另外一个源于人类经济社会更高质量发展的需要。其中科技成果的转化，即从研发到广泛应用是承前启后的关键环节。本次论坛以“应用技术研发与产业化：模式与路径”为主题，正是致力于共同探讨、解决科技成果转化当中的一些核心关键问题。

论坛的组织方上海科学院、上海产业技术研究院都是从事应用技术创新和支撑服务的重要科研及管理机构。近年来，其不断地努力探索整合资源，积极打造技术研发、成

果转化支撑和服务平台。未来，上海科学院不仅将与长三角兄弟省市、科研机构、产业园区共同成立“长三角产业技术创新战略合作联盟”，也要与中科院上海分院建立科技成果转化协同创新平台。这些创新平台的建设，必将为上海落实《长江三角洲区域一体化发展规划纲要》，进一步推动落实习近平总书记所说的“将支持长江三角洲区域一体化发展并上升为国家战略”，提供了有力的支撑。同时，也为加快建设具有全球影响力的科技创新中心做出新的贡献。

党中央、国务院一直高度重视科技创新，特别是在当前复杂多变的国际环境下，科技创新水平对国家发展的影响力和推动力必将更加显著。习近平总书记指出：“新一轮科技革命带来的是更加激烈的科技竞争，如果科技创新搞不上去，发展动力就不可能实现转换，我们在全球经济竞争中就会处于下风。”

——倘若没有科技创新支撑，国家竞争力、综合国力就无从谈起，这是一个显而易见的道理。上海作为国内科技重镇之一，创新资源集聚、基础扎实、条件优越。2014年5月，习近平总书记对上海做出了“建设具有全球影响力的科技创新中心”的重要指示。5年来，科技创新中心的建设取得了一系列的阶段性重要成果。

——中共中央政治局委员、上海市委书记李强在“上海科学技术奖励大会”上提出：“上海要瞄准全球学术新思想、科学新发现、技术新发明、产业新方向的重要策源地的目标”。按照这一要求，科技成果的研发、成果转化、产业化等方面，具有进一步深化创新的空间。

——与此同时，上海也面临着包括体制机制在内的一系列问题需要解决，需要全社会思考、合力探索突破。第一，如何在开放的环境下，更高水平地推进自主创新？关键核心技术是买不来的，必须依靠自力更生、自主创新。但是这不等同于闭关锁国、闭门造车。而是以全球的视野、开放的心态，在更高的起点、水平上推进自主创新。无论是基础研究，还是技术创新研究和成果转化，都需要全面加强国际合作，在进一步扩大开放当中，不断提升科技创新的能力和水平。面对现在新的形势和挑战，我们应该做何选择？第二，如何进一步发挥企业技术创新的主体作用？包括技术创新、成果转化在内的产、学、研活动。这属于经济行为的范畴，企业应当成为应用性的科研和科技创新的主体，当然不排斥别的机构和高校。企业技术创新主体作用是否能够得到充分的发挥，关键是能否调动和整合包括境内外各类创新资源要素在内的全社会的能力？特别是与市场需求紧密相关的领域。

只有强化企业主导的作用才能坚持技术创新的市场导向，迅速实现科技成果的产业化应用，真正提高产品的市场竞争能力。面对现状和目前的困难，我们有怎样更好的模式和体制机制创新呢?

在进一步深化科技创新推动优势科技创新资源有效转化为现实生产力的过程当中，需要全社会形成进一步的共识，明确创新模式路径。衷心希望在座企业家、专家学者和投资者能够多想实招、多谋良策，一如既往对上海和国家创新发展提出你们的真知灼见。

加强合作，推进科技成果转化

秦文波　上海科学院院长

技术研发和技术成果转化是系统工程，需要体制和机制科技创新双轮驱动，更需要积极实践和探索，不断破除技术与产业化转化道路上的障碍。

“浦江创新论坛”是科技部和上海市政府共同合作的高规格创新论坛，目的是以全球视野谋划和推动创新，至今已成功举办了 11 届。本次论坛以“应用技术研发与产业化：模式与路径”为主题，探讨如何共同推动产业化，服务经济社会的高质量发展。

众所周知，科学技术的发展，最终是要转化为生产力，推动人类社会的进步。习近平总书记在中国科学院的第十九次大会上讲道“加快科研成果从样品到产品再到商品的转化，把科技成果充分应用到现代化事业中去”。但是技术研发和技术成果转化是系统工程，需要体制和机制科技创新双轮驱动，更需要积极实践和探索，不断破除技术与产业化转化道路上的障碍。在实践和探索过程中，上海科学院走过了 40 多年的风风雨雨，积累了大量的科技资源，结交了大量的朋友，以打造没有“围墙”的创新院为目标，愿意为有志于技术成果转化、实现产业化的各方团队和机构提供服务。因此，提出以下 3 条建议。

第一，加强需求导向。社会应用是我们科技成果转化的沃土。正如恩格斯所说“社会有需要，这种需要会比十所大学更能把科技推向前进”，要建立以产业需求为导向的科技研发和项目布局机制，服务于产业的发展。第二，加强创新团队之间的合作创新。第三，加强地方政府的合作。技术成果可以直接转化为生产力，而这种推动力离不开地方政府的支持。通过与政府建立定期交流对话的机制，能够将成果尽快落地、尽快转化为生产力。

强强合作，创新驱动研究，克服重大挑战

Sebastian M. Schmidt　德国于利希研究中心董事、副主任

我们需要形成协同效应、相互补充，让各国学者可以交换意见，分享最佳实践。我今天能够有幸跟大家分享关于联合会的创新和技术转移，包括于利希研究中心的做法及中国和德国的合作，这些是产生突破性成果的前提。想要创新就需要建立基础设施，进行人员交流，然后朝着共同的目标努力。除了合作项目，大家要有共同的战略和共同的愿景，如 5 年之后的目标是什么。

德国于利希研究中心的资助中有 50% 来自纳税人，有 10% 来自政府。尽管基金实

力雄厚，但是我们也是责任重大，拿到了一大笔政府资金，面临什么样的挑战呢？有能源、能源消耗、电能等方面，与此同时还面临生物科学、医学及技术方面的挑战。其实这些挑战都是相互联系的，不能孤立地去看待。例如，新的技术中出现了一些信息化，就会影响到能源、生物科学和医学，所以我们需要有一个整合的措施。作为一个研究中心，我们需要提供工业化的解决方案。这些解决方案有些来自材料、材料设计、物质等，将来这些都会有非常大的改变。

昨天有人说现在材料发生了很大的改变，这对整合性的框架有些什么样的影响呢？从创新来说，需要考虑整个产业链，包括这些知识。并不是只有理论。理论是让我们知道材料背后有什么样的原理，我们不仅通过试错才能找到正确的材料。接下来再去做模型，因为要用高性能的电脑、数据分析及一些其他的技术做仿真。然后再进行实验，最后我们再决定是否能够推行。

当然，在应用之前，一定要经过整个流程，然后再回到理论这一部分，有的时候不满意就重新再走一遍，所以我们要有个整体流程。现在生命科学变得越来越跨学科，这就需要系统性的解决方案，也需要有很好的愿景。例如生物、物理单个学科已经无法满足了，现在需要有一个跨学科的概念，如仿真科学、生物物理等学科。因此，需要鼓励新一代的年轻人形成跨学科的理念。

与此同时，基础设施对于促进整个流程的发展也是至关重要的。于利希研究中心是1956年建立的一个实验室。现在已经成为一个跨学科的研究中心，90%的股权属于联邦共和国，在5900个雇员中，有867个来访的学者。

我来自于利希，于利希是个只有2万人的小城市，它不像哥本哈根、柏林、上海这样的大城市。之所以有人喜欢来到这里，是因为喜欢我们的创新，想要推动科学的发展。我认为前面提及的基础设施是非常重要的，我们需要为工程师、科学家提供良好的环境。但是更重要的，就是要把这些不同的方法联系起来。这里曾经有一些基础设施，所有的科学家只有一种过时的方法，现在要更新一些设备以推进材料科学的创新。例如，可以利用电子、原子等方面的创新，或者可以为他们提供医学成像、模拟、NM2上面使用的高性能的计算机。

于利希研究中心为科学家提供了非常好的研究环境，如最高分辨率的显微镜、达到60个单位计算能力的性能非常高的超级计算机。在生物医药、医学领域等，我们通过与西门子合作，拥有世界上非常领先的设备，可以进一步促进技术的革新。于利希研究中心与中国、欧洲都有合作，而现在面临的挑战是全球化，那我们也必须要提供全球化的解决方案。于利希非常推崇全球合作，和北美、亚洲、欧洲及非洲大陆等加强合作。当然，与中国的合作是我们的重心之一，我们的联合会在中国建立了办公室。

今天现场的嘉宾中，很多人是在帮助我们推进与中国的合作，以保持合作的可持续性，而不仅是把不同国家科学家聚集在一起促成好的项目。例如，德国亥姆霍兹联合会共有

18 个国家实验室，涉及不同的领域，有些物理实验室可能是关于原子物理、物理医学等。我们大概有 39 000 个员工，预算是 40 亿欧元。这个项目组织的时候怎么做呢？因为它是个很庞大的联合，每个项目、每个领域都不一样。

我们将 18 个项目的资源进行整合，包括现在要做的可再生能源，这就是大项目的好处。现在中国也在建设国家实验室，我们的经验可以借鉴。我们最终的衡量标准是创新及突破性进展的数量。我们发表了很多的文章，改变了人们日常的点点滴滴。

跟大家分享一些 KPI（关键绩效指标）数据。我们每年在商业领域有超过 2000 个合作项目，每年收入达到 1.5 亿欧元，每年约有 400 多个专利申请和 13 000 个产权。我们产出的重要成果在逐年增加，这对我们其实也是一个挑战，德国现在学术研究与产业化之间的差距仍然令我们头疼，因为产业化需要吸引投资，这就是商界和学界之间的差距，所以我们正在努力减少这个差距。

现在我跟大家讲一些关于创新和技术转化方面的成果。

第一，GMR（聚磁阻效应）是 1980 年研发的，2017 年于利希的学者写了一篇文章并因此得到了一个物理学的大奖，随后花费 10 年时间才把这个产品推向市场。此后 10 ～ 12 年中，每个电脑都会去用 GMR 的产品，其背后有近 10 亿美元的收入，我们当时把产品以 2000 万的价格销售给 IBM，这对于 IBM 是很好的产品。从这个例子可以看到我们将学术研究变成了收入。而且可以看到从想法运营到产品推广，花费 10 年时间，我个人认为这个过程并不慢，整个过程一直在慢慢地推进。但是我还是想加速这个过程。

第二，抗癌药。其由德国癌症中心一位教授研制，在 5 年之前因为这个赢得了另外一个科学大奖。还有类似于机器人等各种各样的创新。

2005 年以来，我们已经有了来自亥姆霍兹联合会 200 项重要成果，如机器人、传感器、制药、光子学激光、清洁能源技术等，创新和技术转化是我们推广的重要方向之一，这对我们研究中心来说非常重要，有些实验室建立了特别技术转移办公室。在于利希研究中心，有 30 多个雇员专门负责技术转移。科学家不喜欢负责技术转移的人员到他们的办公室去实地查看有哪些技术可以转移，这需要我们想出比较好的沟通方式，帮助这些科学家跟业界进行合作，最终把基础科学和应用科学连接起来。

我们在亥姆霍兹有不同的创新项目，如在研究日和工业代表举行工作坊，向他们展示我们的科学成果，有些商业领导人可能会很感兴趣从而选择合作。有初创企业日，这是一个为期两天的创业活动，和很多协会共同协作。有亥姆霍兹创新基金，给有创意有想法的人提供资金援助。有创新实验室，这是在探索与工业合作过程中的实验基地。还有验证基金，即已经有了原型但仍然需要继续做出验证，通过给他们提供基金，帮助他们完成实验和验证的过程。此外还有医学领域的概念验证计划，验证基金是专门针对重大项目的亥姆霍兹企业。

我们希望把刚才提到的工具分布在每个阶段当中。其实科学家和研究者一般都处于第一阶段，再往后推进就是差距所在的地方。现在我们要告诉研究者，我们可以提供更长久、更有效的支持。举个例子，Sense Up 项目是 2015 年开始建立的，在生命科学领域发表了很多文章。后来大家意识到跟产业界进行合作有广阔的推广前景，然后就进入验证阶段、争取验证基金、开始创造原型，最后培养了非常卓越的人才，并且赢得了很多的资金，这是一个很好的项目。

第三，介绍一下与中国合作的情况。我们现在与清华大学合作建设了合肥高磁场实验室，这是与高校非常好的合作案例。曾经有一个中国同事收到了中国方面的“千人计划”，说要回国到这个项目工作。后来，我们建立了联合合作中心，他就继续留在了于利希研究中心工作，一半属于西安高校，一半属于于利希中心，所以我觉得这是很好的项目。这种跨国协议非常好，可以使大家更加灵活。在地球、大气和科学方面，我们和北京的合作伙伴具有非常好的关系。我们利用飞机携带传感器测量了大气当中的污染情况，这是非常成功的项目。在光伏领域，我们也有密切的合作，我们的研讨会举办得非常成功，既包括技术研究，也包括应用型研究。

于利希研究中心有 100 多位交换的研究人员，非常高兴里面也有来自中国的研究人员，包括来到中国的德国博士后，我认为他们发表了很多不错的文章。我们需要形成协同效应、相互补充，让各国学者可以交换意见，分享最佳实践。我今天能够有幸跟大家分享关于联合会的创新和技术转移，包括于利希研究中心的做法及中国和德国的合作，这些是产生突破性成果的前提。想要创新就需要建立基础设施，进行人员交流，然后大家要朝着共同的目标努力。除了合作项目，大家要有共同的战略和共同的愿景。

中澳创新合作

卫钢 澳大利亚皇家化学会院士、昆士兰大学客座教授

中澳合作的目的是什么呢？是为两个国家的人民创造财富，最终的目的是为社会服务，这就是科技创新合作，科技创新合作是没有边界的。作为一个在澳大利亚的华裔科学家，我认为科技创新合作双方的前景是非常美好的。

创新的宗旨是为社会服务。我来自澳大利亚联邦 CSIRO，CSIRO 是应用型的研究所，也是世界十大研究机构。约有 5500 名工作人员，分布在澳大利亚的 54 个地方。经过种种整合，整合成三十几个所，现在整合成八大行政单位，包括制造业、矿物资源、数据等，我主要负责两个分院，就制造业和矿物资源与中国进行合作。CSIRO 是应用型的研究所，也是全世界十大研究机构。

我们有14个领域排名位于全球前百分之一。17个领域排名位于全球前千分之一。我们1953年发明了太阳能热水器，1957年发明了飞机黑匣子技术，1961年发明了医院超声波诊断器，1992年我们发明了Wi-Fi。在医学上，我们知道禽流感的时候很着急，然后我们把分子结构找出来，再然后找出与人匹配的药物，这个药现在是治疗禽流感最好的药，我们又发明了Relenza技术。

CSIRO具有世界上最先进的高分子材料，澳大利亚使用的是数字钞票，在澳大利亚用纸币不用点钞机。然后我们跟中国进行了合作，做了一个纪念币。香港地区也被授权使用我们的数字纸币技术。我们现在50%的研究都是与其他国家合作，其中与中国展开产业化合作。过去10年当中，中国和澳大利亚的合作由原来的第13位上升到2018年的第2位，仅次于美国。我们的合作伙伴包括波音、中车、上海市科委，这些都是我们的长期合作伙伴。目前，澳大利亚与中国的科技合作持乐观态度，中国科学院、教育部是我们的长期合作对象，同时与地方科委也建立长期合作伙伴关系，如广东科委等。

我们的合作方式包括产业合作、科研项目合作、人员合作。我们的合作是开放性的，任何对双方有利的合作方式、商业模式、科研模式都可以探讨。与中国在矿物资源方面的合作在双赢的基础上，任何合作方式都可以谈，这就是“开放”的。

我们与中国科学院、北京大学合作研究了一个病毒解决办法。然后利用瓦斯进行发电，华能集团用了该项技术之后做到了二氧化碳零排放，原来的理念是把二氧化碳吸收之后打到地下去。但是他们开发了一个系统，把二氧化碳收集后进行净化再转卖给可乐公司。后来与威视股份共同开发了集装箱检查系统，其中的扫描仪都是自动报警的。我们拥有世界上第一台集装箱扫描仪，使得检查集装箱从3个小时缩短到现在的3～5分钟。

在我们的战略合作伙伴中，中国科学院是国家层面上的战略合作伙伴。上海市科委则是我们在地方上的战略合作伙伴。2007年，澳大利亚首席科学家和总裁访问了上海，受到上海市科委的接待。从此以后我们与上海的合作源源不断，与上海科学院下属的上海纳米促进中心具有纳米领域的技术合作，在纳米领域我们前后共召开了9次中澳会议，这个基础一直在延续，直到第六年与中国高校签了4个合约，到现在同济大学、华南理工大学的签约还在继续。

科技的合作受到双方领导的重视，中国前任主席胡锦涛访问澳大利亚的时候，我们也积极参与。2011年中国政协副主席、科技部部长万钢访问了澳大利亚，在节能汽车、轻量化、轮毂电量化等领域我们抓住了与中国全面合作的契机。与同济大学、中国汽车工程研究院成立了中澳新能源汽车创新联盟。在轻量化、电器化、新能源等领域合作设立了铁路研究中心，并与中车集团建立了联系与合作。与中车集团的合作中，我们在能量转换系统和轻量化等方面开展了一些大的活动，最近实现了轻量化尾机的自动盘减少了70%的重量。同时也做了激光冷喷及激光修补，这些都是与中车集团具体的合作典范，合作签约总额达1000万澳币。我们通过贵阳中冶集团和沈阳中冶集团与中国铝业进行合作，我们的搅拌技术也是全世界较先进的，这些产业合作规模均在亿元以上。在轻量化和节能环保方面，我们通过与中冶集团北京设计总院合作，实现了高炉渣冶炼，做到了热量回收的同时没有二氧化碳的排放，这完全是一个革命性的炼钢技术，现在在中国正在与几个工厂实验合作。我们现在用铝合金板生产了第一辆镁合金板的保时捷跑车，通过先进技术将镁合金板轧到 8 毫米。在我的家乡贵州，有一个中国的大项目“FAST”，被称之为“天眼”，我们也参与了其中的建设工作。

我们认为跟中国的合作有很大的契机，这些契机怎样去探索呢？很多的合作不仅在中国国家层面上，还在以上海市科委为样本的地方层面上。一步一步实现科研合作、产业化合作，它是一个过程，这一个过程需要十几年，它需要有时间的沉淀。这是一个机会，同时也是一个挑战。中澳合作的目的是什么呢？是为两国人民创造财富，最终的目的是为社会服务，这就是科技创新合作，科技创新合作是没有边界的。作为一个在澳大利亚的华裔科学家，我认为双方科技创新合作的前景是非常美好的。

中国科学院区域创新与成果转化模式探索

王建宇　中国科学院上海分院院长

合作创新过程当中我们要形成城市群协作创新的机制和政策。利用擅长机制促进科技协同和创新。长三角地区集聚了中国非常大的科技力量，但是之前的交流比较少。要把基础设施进行共建、共享、共用，把基础设施集中起来，形成科技资源开发共享，创新要素自由流通的新格局。同时，我们也希望通过与长三角的合作，能够形成人才共享机制，在区域内统一人才评价标准和聘用机制。

今天主要介绍一下中科院在技术转化方面的探索和思考。现在国家在“实施创新驱动、建设创新型国家”战略，中科院作为国家战略科技力量，也提出了新的建院方针，即“三个面向、四个率先”。

为了顺应创新型国家的建设，我们近期把战略方针进行了修改。“四个率先”是率先实现科学技术跨越发展、率先建成人才创业高地、率先建成国家高水平智库、率先建成国家高质量科研机构。同时我们也做了“三个面向”：第一，面向世界科技前沿；第二，面向国家重大需求；第三，面向国家科技主战场。我们有 12 个分院再加上合肥物质研究院，105 家研究所，3 所大学，分别为中国科技大学、中国科学院大学和上海科技大学。现在有 130 多个国家级实验室，270 多个台站，其中中科院院士 291 人，正式职工 71 000 人，研究生 6 万多人。

习近平总书记在党的十九大报告里提到了中科院的重大创新成果，包括天眼悟空探测暗物质，还有天宫、慧眼及量子、海翼，我们已经从跟踪、并行走到了领先。包括物理研究、克隆技术研究，对宇宙探索等在内的其他研究也有明显的进步。在面向国家重大需求，突破国家重大专项核心技术方面，这几年，激光技术、卫星技术、卫星对立观测等也有重大成果，包括国家的北斗导航、气象卫星，这里的核心技术都出自我们中国科学院，其中10拍瓦超强超短激光就是在浦东制作的。当然，我们还有一些技术面向国民经济主战场，包括煤的转化、石墨烯研制等。

另外，介绍一下我们中国科学院区域创新的思想。根据中国科学院的改革和近期目标，将其分为四大类。第一个是创新研究院，主要面向国家重大的需求，创新研究院跟今天第一位嘉宾介绍的于利希研究中心一样，是高技术研究与应用一体的机构，这一块在中国科学院共组建了20多个研究院；第二个是卓越创新中心，即以基础研究为主，实现在某一个技术研究方向达到国际水平。第三个是特色研究所，依托优势学科，为地方及国家特别的问题提供特别解决方案，我们现在有十几个研究所提供特色研究。第四个是大科学研究中心，主要是把我们所依托的国家重大科技基础设施集中在一起，给科学员工提供优质的平台。

中国科学院上海区域机构的比例是比较高的，占中科院全院机构的22%。上海区域研究所占全院机构的10%左右。从历年统计数据来看，上海分院大概占整个科学院资源的10%。但是成果产出大概是全院的20%。中科院上海分院不单是上海的研究机构，还有浙江、福建两个省的研究机构也在这里。在上海，中科院机构在徐汇区、嘉定区、浦东张江和虹口都有研究所。现在上海分院重要的任务就是积极参与区域创新体系建设，发挥国家科技主力军作用。中科院现在实际上有4个国家战略中心，分别为北京科创中心，上海科创中心，北京、上海、合肥综合性国家科学中心，以及粤港澳大湾区的科学中心，这是中国科学院现在积聚力量和地方合作的热点。上海分院最近几年最大的进步，就是和上海市政府、上海科研机构、上海企业合作，建设上海科学中心，包括今天签署的合作框架，也是属于上海科创中心的一部分工作。

下面举几个例子，介绍一下中国科学院上海分院在科创中心做的工作。

第一，聚焦上海科创，筹建国家实验室。上海分院筹备了张江实验室，同时筹备了张江药物实验室、量子信息国家实验室，研究的内容包括大科学工程、药物研究、量子信息研究。张江实验室是最核心的部分，其特点就是将上海分院主要的科研力量、核心力量，都集聚在张江这一块。原来中国科学院和上海合作，在张江布置了很多大项目的工程，包括光源、强激光等。张江实验室现在主要是以信息技术和生命科学技术为基础，交叉以后研制“内脑工程”，争取第一批国家实验室的建设。上海光源方面建设了软X射线自由激光装置，最大的是硬X射线自由电子激光装置，目测要投资100亿元，是国家建设最大的高技术科学装置。我们在这里不单做高端的科研，而且希望把技术转向系统、转向一线。结合上海科创中心的建设，同时建设了几个转化平台。

嘉定建设的微技术研究院主要是通过中国科学院的核心力量，由国际上的留学生共建的平台。他们的口号就是“研究超越摩尔的集成电路”，同时我们在上海高等研究院还建立了低碳技术创新功能型平台，主要研究城市和碳循环问题，提高人类的生活质量。围绕上海科创中心建设，中科院还承担了上海市很多重大专项，包括硬X射线自由电子激光的基础研究，为科研大工程先做初步的研究。我们也结合上海微技术工业研究院研发微光子技术，与复旦、深科院等大学合作研究脑与内脑智能转化的技术，上海市也给予了重大项目的支持。在量子通信、量子计算、量子测量方面配合国家启动的重大专项进行前期的研究，这些重大科技计划全部得到上海市的大力支持，每一个计划大概投入5～10亿元，这个规模在以前是不可想象的。所以，现在中科院在张江集聚了大量的科研设施。如量子信息实验室，以及马上要建设的上海市量子科学研究中心。张江实验室下属人脑神经研究中心，这些都是上海市的新型科研机构。在这些科研机构里，我们会给予科研人员更多的自由度，在使用经费、人员招聘会方面更加开放，使张江这一块热土变成科学的高地。另外，在嘉定还形成了产业集聚区，有6家研究所转化成了很多与地方产业研究有关的中心。

第二，在浙江的科研机构。中科院在浙江一共建了2个研究所、4个研究院转化平台、4个科教融合平台。通过人才引进，为浙江引进了16名“千人计划”和4名“万人计划”。我们在“十二五”期间转化了1000多个项目，实现收入1545亿元，新增利润265亿元。

第三，中科院转化的成果和案例。长期以来，中科院“面向国民经济主战场”做了很多努力，包括从2014年开始我们启动了所谓的“STS”，即科技服务网络计划，聚焦于如何实现在全国为企业进行科技服务。整个科学院在2018年为企业服务转化4000多亿元，实现收入500多亿元。中科院自己投资的有4000多亿元，产出也在200亿元左右，产业转化在科学院机构里是非常重要的力量和非常重要的收入来源。围绕上海分院，我举两个典型的例子，一个是中科院上海药物研究所。2015年，中科院上海药物研究所作为财政部、科技部、国家知识产权局的中央级事业单位，从整体上进行了改革。2015年至今，中科院上海药物研究所完成技术服务合同1400余项，合同金额6.8亿元。2018年，抗老年痴呆药物GV-971已经上市，至今已经销售了200多个亿。从2015年至今，中科院上海药物研究所技术转化收入已经超过30亿元，其中有50%奖励给发明人。

另一个例子就是宁波材料研究所。这是上海科学院共建的研究所，是一个协同创新的平台，是从基础研究，到产品转化、技术转移为核心的研究所。宁波材料研究所2004年建立以来，主要目的就是和地方经济相结合，与以学科为带头的老研究所不同，宁波材料研究所主要聚焦于技术转移。十几年以来，宁波材料研究所已经累计转化金额超过10个亿，近5年通过转化成果给社会带来了200多亿元的销售回报，他们现在有2家控股公司，17家参股公司，专利学科分发了17家，培育了8家创业企业，吸引了4000多万元天使投资。材料所1.8亿元的股权中，科学家个人占1.1亿元。

中科院平台型建设也有两个例子，一个是中科院海西创新研究院，因得到了福建省人民政府的支持，其从基础研究所变成了集基础研究、应用研究、产业研究为一体的“航空母舰”。他们和地方联合成立了“中科院运城中心”，号称科研、产业、教育三位一体。海西创新研究院在福建省科研转化项目有735项，为地方创造收入4.25亿元。另一个是中科院和浙江省嘉兴共建的转化平台，其前身是嘉兴的转化中心，前几年从转化中心升级为浙江中科院应用技术研究院，应用技术研究院法人是地方法人，即中科院在为地方解决科学技术研究问题。应用技术研究院建立以来，已经研发900多个项目，转化产值800多亿元，规划产业项目175项。应用技术研究院和清华长三角研究院，是嘉兴科技高地。

我也举两个关于知识产权驱动模式的例子，中科院有机所在高性能聚乙烯油领域与外界以专利的方式合作。有机所15件专利无形资产评估5000万元，其中研究所收益为50%公司收益股份加第一次融资后支付2000万元研发经费，这对研究发展和后续开发都是非常好的基准。中科院硅酸盐所在做5G材料时对新型电池做了长期研究和开发。如对新型钠镍电池做了新型材料储藏，以技术和专利转让的方式进行转化，北京首科三新孵化基金以2.4亿元基金投资，获得5500万元转让费及该公司10%股份。但需要有核心人员到技术中心里去，并保留若干年科学院的编制。

现在国家五大区域发展战略包括一带一路、京津冀协同发展、长江经济带、粤港澳大湾区、长三角一体化，我们应该与国家发展战略紧密结合起来。从长三角来看，这里是经济最活跃的地方，经济总量占全国的23.6%。很早的时候江苏自己就有了中科院南京分院，合肥有合肥研究院，但这不妨碍我们通过与长三角的合作，把这些区域的科技力量整合起来。所以我们有以下几点建议。

第一，合作创新过程当中我们要形成城市群协作创新的机制和政策。前段时间李强书记牵头举办了“长三角研讨会”，提出加强长三角区域政府引导作用，利用擅长机制促进科技协同和创新。长三角地区集聚了中国非常大的科技力量，各个地方政府对重大科学装置都非常感兴趣，要把基础设施进行共建、共享、共用，把基础设施集中起来，形成科技资源开发共享，创新要素自由流通的新格局。同时，我们也希望通过与长三角的合作，能够形成人才共享机制，在区域内统一人才评价标准和聘用机制。

第二，就是能够完成产业技术转化的协同创新，在长三角打破高校、科研院所、企业的壁垒，共建新型研发机构，共同建立一致的科学成果转化。在金融方面，共同设立长三角一体化的科技发展基金。下一步中科院将与上海科学院等地方机构深度合作，联合培育新型产业，改造提升传统产业，合力打造区域协同的创新生态，共同服务创新供给侧效能的提高，支撑区域产业转型、升级和社会发展服务，也能够完成中国科学院“三大目标”之一，面向国民经济主战场，为国家经济发展做出贡献。

丹麦新能源的创新

Preben Birr-Pedersen　丹麦国家能源集群首席执行官

能源集群着重与产业结合，不仅是天然气与石油之间的结合，还有能源和废水、废物处理的结合，以及能源和交通运输产业的结合。能源集群也着重于能源交汇处，如把不同领域的专家汇集在一起，未来能源体系很重要的技术是能源储存技术。

我今天要谈的是“丹麦新能源创新”。我们如何利用这个机构促进能源方面的创新。我们现在获得了欧盟优秀集群的荣誉，而且丹麦政府也在支持10个领域的集群，能源就是其中一个。能源集群是一个非常典型的集群，它包括4个方面的工作和组织，如能源集群把政府公共部门、学界、产业、工业、公民联系在一起，其成员组织遍布丹麦各地。大学、企业和城市，这些都是能源集群的成员机构。能源集群致力于促进新能源方面的项目，与社会各方面、各领域、各行为方都有互动和合作，我们致力于促进以研究为基础的技术，把它们应用到企业和产业当中。

集群的总部在奥尔堡大学附近，奥尔堡大学是北欧地区最好的大学之一，能源集群和奥尔堡大学有非常紧密的合作，很多研究者和管理人员都来自于奥尔堡大学，这也使我们能够很好地利用大学人才做支撑。现有的数据也显示，处在这个网络当中的企业，创新力增加了3倍，同时能效也提高了4%。在这种模式下，学界和企业、商界的联系是非常有效的。和单打独斗的企业相比，能源集群企业的能效比他们高出了4%，而且参与到了国际合作当中。集群也帮助这些企业和成员在国外寻找合作伙伴。现在我们集群面临的挑战，就是如何在能源系统方面实现百分之百依靠可再生能源。在丹麦，50%的发电来自可再生能源。怎样使其余的50%从可再生能源中获取是非常困难的。学界、社会、商界的合作是非常重要的，而且要引进全球前沿的技术和领先企业。在能源领域我们所做的工作覆盖整个产业，如从生产、运输到高效使用，我们还在太阳能、风能、地区供暖、绿色气体及提供高能效解决方案等方面进行深入的工作，这样就能够创造数据智能型的一体化能源体系。

能源集群着重与产业结合，不仅是天然气与石油之间的结合，还有能源和废水、废物处理的结合，以及能源和交通运输产业的结合。能源集群也着重于能源交汇处，如把不同领域的专家汇集在一起，未来能源体系很重要的技术是能源储存技术。能源集群现在面临着模式的转变，过去能源体系是基于化石燃料和天然气发电厂，如果要实现未来百分之百依靠可再生能源，比如风能和太阳能，那么能源消费就必须是灵活的。但是在过去，能源的消费和需求是不灵活的，所以我们要对这个系统进行转变。我们要从不同的能源来源当中获取电力，例如使用风能进行发电，把风能转化为氢能等。在奥尔堡大学有这样一个项目，在2019年夏天已经正式启动。能源集群也着眼于整个价值链。首先是太阳能和风能的供给会上下变动。其次是氢能，氢能可以和二氧化碳结合，这些二氧化碳来自水泥厂、生物智能，二氧化碳和氢气可以合成为甲醇，甲醇可以用于运输，我们也关注氢热能，把能源转化为飞机可以使用的燃料。其中能源储存这个环节对于整个系统管理是非常关键的。如电力的储存、热能储存、化学能储存，这些存储技术都非常重要。

我们认为转向百分之百使用可再生能源的过程中面临的挑战非常巨大。没有一劳永逸的方法，没有适合于所有领域的方法。丹麦政府建立委员会为能源转型提供建议，这些建议针对如何促进创造清洁能源的未来，如何向清洁能源进行转化。而且他们会提供数据获取渠道，同时提供大规模的改善测试与示范框架。例如，我们有一个信息技术和能源之间合作方面的集群。我们的合作是在欧盟的合作伙伴框架之下所进行的，这个框架致力于促进它的成员之间的合作。而且我们重点不只是开发新能源技术，更重要的是要在大城市中进行大规模的应用、示范。我们在丹麦进行了两个类似的项目，奥尔堡就是这方面的先驱。我们这个组织也致力于建立大规模的示范项目，在奥尔堡市内大部分的区域实施类似的项目。我们的工作和整个欧盟宏大的目标是一致的，欧盟现在有一个被称为“地平线 2020”的计划，欧盟现在进行了 750 亿欧元的投资，投资于大规模的示范项目。其中大部分资金都投向了能源、智能能源储存、新能源发电提高能效 3 个领域。这些资金重点放在了最佳实践地平线 2020 智能城市灯塔项目，奥尔堡就是这个项目的灯塔城市。从 2021 年开始，欧盟会实施一个新的项目，而新一期项目创新预算达到了 100 亿欧元，我们也在建立一个大的集合体来促进这方面的创新。

奥尔堡大学拥有世界领先的研究者，但其实奥尔堡是一个小城市。因为城市规模比较小，所以我们可以在整个城市进行新项目的实验和示范。这里的人口约有十几万，但是也有零售区、商业区，还有机场、国际中心等。所以，有了这样的布局，奥尔堡的经验是可以被复制和推广的，能源集群也希望能和中国进行密切的合作。

科技创新，赋能港航高质量发展

方怀瑾　上海国际港务（集团）股份有限公司副总裁

在资源和基础条件强约束的情况下，如何实现港口持续发展呢？上海港提出了“四大港口”战略，智慧港口、绿色港口、科技港口、效率港口。从 2008 年开始持续发力，过程当中有坎坷和艰辛。很多时候就必须要下定决心做一个艰难的决策才能实现今天这样的发展。

大家对上港集团有印象，是因为上港集团足球俱乐部 2018 年是中超的冠军。但是对上海港，我相信不是每个人都对它有具体的了解。像我这样年纪的人会有印象，原来有一个关于海港的唱词“成吨的钢铁轻轻一抓就起来”，描述的是20世纪初期，上海港从原来人力肩扛，向机械化转型的过程。但是今天上海港不是成吨的钢铁轻轻一抓就起来，你会发现整个洋山排着高大的桥吊，今天的上海港不再是以人力、机械力来操作管理运行的港口了。

随着洋山四期的投入运营，上海港进入智能化、自动化的时代，就港口地位而言，上海港一直是中国沿海港口，乃至是中国和世界连接的重要口岸。早在1500多年前的隋唐时期，今天青浦白鹤镇的青龙村就是重要的港口，青浦镇曾经是世界的重要连接口。但是由于19世纪闭关锁国，上海的发展几乎是停滞的。到19世纪40年代，上海开埠，五口通商。但当时重要的通商口岸不是在上海，而是在广州。广州的十三行从明代之后，就是中国唯一一个和世界连接的港口。但是仅仅经过170多年的发展，上海港不仅成为中国最大的港口，同时也是世界最大的集装箱港口。

21世纪初，上海港集装箱吞吐量只有443万箱，排名远远落后于新加坡、中国香港。但是到了2017年，上海港成为世界第一个突破4000万箱的港口。实际上从2010年开始，上海港就成为世界最大的集装箱吞吐港口，2011年成为首个突破了3000万箱的港口，2017年突破了4000万箱，到2018年上海港集装箱吞吐量达到了4201万箱，差不多是2000年的10倍。

上海港一共有137个生产性泊位，有6675台大型设备。实现了从人力、机械化、到智能化的发展过程。上海港2018年总吞吐量是5.61亿吨，比同年美国东西两个海岸线九大港口的吞吐量之和还要多，虽然上海港是最大的集装箱港口，但并不是世界最大的岸线场地深水港泊位。上海港的集装箱岸线数加上洋山市区不到16千米，但是这16千米岸线集装箱最高吞吐量做到了每天48万箱。每天上海港接待的国际大型集装箱船舶大概有120多艘，假设每艘船长200米，那么接待全长是24千米，所以现实要求上海港必须高效运作，上海港的运作水平是世界平均水平的一倍。每一台桥吊能够做到装卸集装箱23万箱，这也是世界远远领先的。在资源和基础条件强约束的情况下，如何实现港口持续发展？上海港提出了“四大港口”战略，智慧港口、绿色港口、科技港口、效率港口。从2008年开始持续发力，过程当中有坎坷和艰辛。很多时候就必须要下定决心做一个艰难的决策才能实现今天这样的发展。

接下来介绍几个我们在这4个方面实现的突破和获得的成果。

第一，洋山四期自动化码头。洋山四期自动化码头是目前为止全球在建和运营的最大单体智能化码头，岸线长2350米，共有7个泊位，采用自动化方案可以做到630万箱甚至更高。洋山四期现在每天有16台自动远程操控的桥吊，目前它一天的运营能力已经是15 000箱。按照设计目标，现在洋山四期已经是所有自动化码头中，持续可靠运行效率最高的一个码头。洋山四期实现的技术突破在目前自动化码头领域是领先的。这些自动化码头是怎么样建成的呢？洋山四期自动化码头核心是两大部分。一个是控制系统，也就是洋山四期作为自动化码头的“大脑”软件；另一个就是自动化全套港口设备。

控制系统是上港集团下属的海泊软件开发公司，在传统码头 Tops 上实现的自动化自动码头控制，也可以叫 iTops，这是上港集团和复旦大学、上海交通大学、华东师范大学、上海科学院等科研院所及设备供应商振华重工共同研究突破的。我们借鉴了国内先进企业、先进供应商的经验，系统是完全自主开发的。所有洋山四期自动化设备包括远程操控的桥吊、自动化轨道吊，以及完成平面运输的 AGV 自动倒映小车都是自主制造的。洋山四期是企业与企业，企业与科研院所共同合作形成的当今自动化码头领域最先进的成套解决方案，而且这套解决方案的核心技术完全自主掌控。洋山四期 2018 年实现吞吐量 200 万箱，2019 年要翻一翻。洋山四期也引起了业内外，包括全社会的高度关注。2018 年习近平总书记和李克强总理分别连线过洋山四期，习近平总书记激励我们要有勇创世界一流的智气和勇气，把洋山深水港建设好、发展好、管理好，要勇创更多的世界第一。这对上港集团来说是企业持续发展的必由之路，也是每个港口人的责任。

第二，在推进新建自动化码头的同时，上海港也在加快传统码头智能化、自动化改造。三大系统及原来传统设备系统都在进行全面的自动化、智能化改造。传统码头工程技术团队和管理人员投入了大量精力，除了自动码头智能化之外，智能化改造还面向所有港口运营关系的船务公司、货主和口岸管理单位。因此，上海港建立了一系列运用现代网络技术和人工智能技术推进的设备技术中心，实现了集装箱设备交接单电子化，建立了长江支线和干线船公司的导航平台。在绿色港口发展方面上海港也有很多成功的案例，尤其是和申能集团联合组成公司后，围绕绿色港口、清洁能源联合发力，取得了丰硕的成果。

从整个上港集团的发展目标来看，我们希望能够成为全球卓越的码头运营商和港口物流服务商，要实现这样的愿景，我们还需在这两个方面努力。一是强化高端航运的服务功能，二是优化完善港口的功能布局和调整港口货运的技术结构。

致新至远，共思同行

葛群　新思科技中国董事长兼全球副总裁

中国的系统广泛运用于工业、民生和农业，这为中国成为科技强国提供了非常好的平台。这么大的市场基础，如何去做更多的创新呢？以新思科技为例，在过去 25 年，我们做的第一步就是培养人才，芯片是人类智慧结晶的体现，最终回到人才的培养。

新思科技是一家非常硬核的芯片公司，最近的形势让大家特别关注芯片，使得我也很容易跨越沟通的障碍，让大家知道新思科技对芯片行业的重要性。新思科技的名字是

25 年前进入中国取的，我们希望致力于创新，让人类文明走得更远，希望跟大家开放合作，这是我们公司进入中国秉持的初心，今天从一个角度来分享如何做一些创新模式。

利用这个机会简单介绍一下全球芯片产业发展历史。任何创新都是继往开来，有过各种传承，历史可以帮我们更好地看待发展。芯片发展历程也是非常好的案例。芯片技术整个发展过程并不漫长，在 20 世纪 40 年代发明了晶体管，50 年代做了第一个硅基半导体。33 年前，新思科技在硅谷成立，我们创新提出了“逻辑综合”概念，即可以使用高级语言设计和写芯片。在此之前，工程师都是靠手工画每个晶体管，今天提到了人类可以控制上百亿晶体管，完全依靠于这类技术的革新。到 20 世纪 90 年代的时候，整个创新格局又发生变化，从原来的 IDM 模式，一个企业拥有芯片的设计、系统和制造能力，逐渐转变为整个行业的垂直分工模式，有设计公司，有专门做芯片的公司，比如台机电、上海张江。这种分工化模式，推动芯片行业高速发展。90 年代之后，新的模式出现，就是 IP 模式，让每个公司提供专业的设计模块，比如新思科技提供全球最多的 USB、最粗的 DDR 模块，使得像中兴等这样的公司做手机芯片不需要从最根本开始做所有的功能，而只做整合，从而达到应用的创新。

2000 年初我们和著名的胡博士合作探讨了三维的晶体管模式，它使得摩尔定律的生命得以延续。胡博士在 2017 年的一次研讨会上说，整个半导体技术还有 100 年的寿命，物理化学的基础研究使得摩尔定律有更长的寿命。中国在 20 世纪 90 年代也是积极投入到整个芯片技术和半导体技术的发展当中，尤其是上海的 909 工程，这是 1996 年上海建立的第一条 8 英寸(1 英寸 =2.54 厘米)生产线，在 2000 年成立了面向 12 英寸的中兴国际。新思科技在 25 年前进入中国之后，不断在支持中国产业的发展，1996 年新思科技与清华大学合作，把相关技术和教材无偿捐献给中国教育者，希望推动先进的设计技术在中国芯片产业发光发热。中国在 2000 年之前，其实还在跟随全球的发展，不管是做一体化的 IDM 模式，还是后面的代工模式。后期应用市场爆发使得我们的模式也在创新，包括紫光在海外退市到中国上市及私有化，国家提出从资本和机制的角度推动创新，所以国家成立了半导体专利基金推动集成电路发展，以及互联网、系统、人工智能企业推出自己的芯片，希望做一个整体化的创新，这些都是中国利用自己的市场优势推出的创新机制和模式，很有幸新思科技在过去几十年不断支持和推动这样的创新过程。

很多人认为芯片是智慧和智能的来源，我个人认为芯片反而是创新的结晶，也是应用创新驱动很重要的媒介和载体。芯片是各行各业人类智慧的物理结晶，它本身承载各行各业的算法，包括在港务、通信方面的算法，它需要有一个物理化的体现，芯片是非常好的体现和载体。事实上，它本身也是各行各业的融汇平台，反过来又推动各个应用快速发展。现在在各行各业，不管是生物医药、人工智能、大数据、工业化 4.0，还是智能化设备方面都能看到芯片的身影。在这方面中国有独特的优势，中国的系统应用广阔，使得中国在 2018 年整个芯片进口量超过了 3000 亿美金，这是中国单个品种进口量最大的商品，相当于整个上海证券交易所一年的交易体量。

我举几个特别的领域做简单的分析。例如，整个汽车行业也是推动各个交叉领域创新的集中体现，过去汽车集中在能源、机械。但是未来汽车是各个领域的融合创新，包括智能传感，传感又包括加速度、温度、能量等各方面应用。同时它与整个城市的规划、城市智能交通有融合，包括相关的法律体系及法规的创新。其实真正的汽车，我认为应当包括芯片技术，它的应用将纵向推动整个产业链的深入发展。芯片和软件将成为未来智能汽车很重要的部分，从过去没有任何的电子软件，到 2025 年 70% 的成本来自软件和芯片。人工智能也是非常好的案例，人工智能的应用最主要的就是数据和算例。人工智能的应用也让今天的医疗超越了距离的限制，我们通过互联网和人工智能技术，使得三四线城市能够得到专家级医生的读片能力，这都得益于今天的人工智能技术。当然这背后的最大推动力是芯片，所以新零售、工业机器人及港务的快速发展，都是靠自动化、智能芯片和智能软件的推动才成为可能。

第一，中国人民更乐于分享自己的信息，这也是 3 年前成立人工智能实验室的原因。中国人口基数大，另外中国过去 10 年数字化工作做得非常到位，政府也推动数据的融合和交互，在美国或者欧洲由于隐私的原因数据交融不是那么好，这也是中国做人工智能最好的平台和优势。

第二，中国的系统广泛运用于工业、民生和农业，这为中国成为科技强国提供了非常好的平台。这么大的市场基础，我们如何去做更多的创新呢？以新思科技为例，在过去 25 年，我们做的第一步就是培养人才，芯片是人类智慧结晶的体现，最终回到人才的培养。在进入中国的第一年（1996 年），我们就和清华大学合作，到现在新思科技已经和国内接近 100 所高校合作。包括本科、研究生、博士教育，毕业之后职业继续教育等，以及和教育部、工业和信息化部合作，描绘出中国人才的地图。帮助中国大学了解产业需要哪些人才，需要在哪些方面培养不同的人才，以及让企业知道如果要设立研究机构，应该去哪些城市招收哪些人才。关于人工智能实验室，它不同于以往的实验室，创新点在什么地方呢？不仅是在技术上创新，更主要的是模式创新。我认为人工智能发展最主要的是数据、算法、算例。中国在数据上有很大的优势，算法上在 2018 年和 2017 年发表的论文已经是全世界第一。中国自用率在全球也是第二或第三，所以算例这方面中国做的也不差。但是当中有两个鸿沟还没有很好的解决方案。一是如何让有数据的人和有算法的人进行对话，有数据的人不愿意把核心的“如何做”去分享，有数据的还是做音频和视频。二是有算法的人也不愿意把算法交给做芯片的人，所以现在有算法的人自己用芯片，但不知道如何做更高、更快的芯片。

新思科技希望 30 年之后提高人类的生产效率和抽象层次。我们希望把算法做抽象、芯片做抽象，使得有数据的人可以更好地用算法，而不是去侵犯别人的算法和数据知识。我们的实验室想做创新，希望不但为大家提供一个技术合作的地方，更能提供一个平台，能够让双方在商务上、应用上更好地合作和沟通，这是新思科技设立人工智能实验室最重要的原因。

第三，新思科技与产业界的合作。我们把过去手机的创新技术和方法学引入到新型手机上，过去十几年新的技术就是虚拟化技术，每一代手机最核心的就是芯片，不管是苹果还是华为的麒麟芯片等。我们发明了一个新的方法，在手机芯片没有被研发出来之前，手机的软件能够在手机对应的模拟基础上先做软件开发，芯片出来之后花 3 ～ 6 个月时间就可以推出新的软件。之前的周期是 2 ～ 3 年，而利用虚拟化技术后，做芯片开发的同时做相关的操作系统和软件开发，使得手机研发周期从 24 个月缩短到 9 个月，这是目前手机上一直采用的技术。新思科技现在要把这个技术应用到新一代能源汽车上，我们过去 5 年做汽车研发，目标是希望 3 年或者更短的时间更新新一代能源汽车。我们把技术和方法学引入未来汽车设计的理念当中。在新一代汽车设计前期，就可以模拟出未来芯片的功能、性能，同步做软件和系统开发，使得整个汽车研发周期有可能从 5 年缩短到 3 年或 2 年之内。这个听上去很容易，但是想象一下，未来的汽车大概需要有 4 亿行软件代码、70% 的电子和芯片元器件。如果没有这些新的方法学，根本没有办法改变过去以传统燃油引擎为基础的汽车时代。中国一直想弯道超车，我们要用新的方法学和机构做新的汽车，这是我们和国内最大的汽车技术解决商做的尝试，也是与工业和信息化部尝试的新方法。最大的目标就是希望把整个开发周期前移。

今天我们看到了长三角布局的广度和深度。从集成电路产业来看，全国 49% 的芯片企业在上海和长三角，生产制造企业 50% 也在上海和长三角，分装企业 56% 也在上海和长三角，以及上海科学院和中国科学院在整个长三角布局，所以利用这些优势，利用更好的平台和机制创新把整个应用融合。我们认为能够在各个领域，如生物医药、智能家居、新材料、智能交通等，都能做出更多不一样的创新成果。

第 4 章

创业者论坛：2019“创”变未来，善“技”者行

随着新经济时代的到来和经济全球化步伐的加快，技术进步、技术创新正成为经济发展的原动力。技术创业成为资本关注的焦点，以技术模式塑造的新商业模式成为主流。未来，新技术的出现会大大加速，新技术的应用和普及也会大大加速，对实体经济和物理世界的影响力也将继续增强。硬科技、物理世界与智能化叠加不断创新，处于中间层的技术创业者正逐渐走上创业舞台。本届创业者论坛以“‘创’变未来，善‘技’者行”为主题，以技术创业实践者的亲身经历讲述在中国创业历程中的感悟；从创业政策环境制定者和创业服务者角度看中国创新创业发展和政策环境的优化。

1 论坛综述

本次论坛于 2019 年 5 月 25 日下午在上海市科技馆圆厅举行，会议主题是“‘创’变未来，善‘技’者行”，主持人为东方财经浦东频道的周俊夫，到场嘉宾有：科技部火炬高技术产业开发中心副巡视员段俊虎、上海市科学技术委员会总工程师陆敏、中国技术创业协会理事长朱克江、新加坡企业发展局全球创新网络司司长林心印、中国科学院西安光机所光学博士米磊、盛美半导体设备（上海）有限公司董事长兼首席执行官王晖、上海市科学技术委员会创新服务处副处长孙东方、新加坡科技研究局诊断发展中心首席执行官 Sidney Yee、北京市长城企业战略研究所所长王德禄、深圳市柔宇科技有限公司副总裁王征、中国科学院控股公司上海办主任国科上海总经理金军、用友产业投资创始合伙人王峰、上海卫莎网络科技有限公司 CEO 蔡天懿、上海极清慧视科技有限公司总经

理赵伟时、上海眼控科技股份有限公司副总经理康国晓。

本次创业者论坛的主要观点如下。

第一，在“双创”热潮推动下，中国技术创业保持较高的活跃度。国际创新创业大赛为创新创业者和中小企业提供了展示自我的“舞台”。大赛汇聚了大量的创新创业资源，创新投入持续加强，“硬科技”特征更加明显、“双创”的人群更趋于高端。目前，国内创业已从模式创新到技术创新，创业主流是技术创业，科学家和工程师已经成为创业的主力。

第二，美国称霸世界依靠的就是信息、机械制造方面的硬科技。中国的发展得益于引入世界第一、第二、第三次技术革命的红利，但目前该红利已经不存在，需要自主研发核心的硬科技技术。由于硬科技研发具有投入大、时间周期长、见效慢但后劲足的特点，因此需要长期坚持和投入，盛美半导体设备（上海）有限公司等多家硬科技企业创业成功的实践证明了这一点。

第三，创新的最大成本在于孵化优秀企业的环境，而不是单纯看一个地区的物价高低。国内很多大型龙头企业参与“双创”，创新型创业项目拥抱大的生态、大的企业平台，在产品、市场渠道各方面借助大企业的生态去发展，这样可以加快创业企业的成长。

第四，中国政府和投资界现在高度重视投资早期的硬科技成果的转化和产业化。很多风险投资基金投资模式发生变化，重视硬科技领域的投资，专门投资种子期的硬科技成果，坚持长期投资，并提供多样化的服务。

第五，新加坡政府重视创业环境的构建，以人为本支持创新创业，构建创业生态系统，提供包括风险投资、研发设备在内的多种创业服务，吸引全世界的创业者和企业在新加坡落户发展。

第六，“独角兽”企业有3个特点：洞见力、行动力、想象力。只有提升洞见能力才能成为伟大的企业家。

2 嘉宾演讲实录

科技部火炬高技术产业开发中心副巡视员段俊虎的讲话

段俊虎 科技部火炬高技术产业开发中心副巡视员

科技创新创业已成为培育发展新经济、支撑供给侧结构性改革、培养企业家精神的重要手段和路径。科技创新在创新创业中起到核心引领作用，行业龙头企业积极投身创新创业。创业者要多关注国家出台的创业政策，知晓、理解、用足、用好这些政策。

科技创新创业已成为培育发展新经济、支撑供给侧结构性改革、培养企业家精神的重要手段和路径。近年来，党中央、国务院高度重视科技创新创业工作，推出了一系列政策举措，全国各省市以创新创业作为促进高质量发展的重要抓手，持续深化商事制度改革，提供优质创新创业服务，形成良好的创新创业环境，充分引导科技型创新创业，实现创新、创业、就业的有机结合和良性循环，在促进经济社会的高质量和可持续发展方面成效显著。其中，科技型企业的孵化培育载体——创业平台发挥了积极而重要的作用。截至2018年年底，全国有4849家孵化器、近7000家众创空间提供低成本、便利化、全要素的创新创业空间和服务；2018年，服务的创业团队和企业达62万家。截至2018年年底，全国孵化器在孵企业达20万家。每年都会毕业数万家优质的、充满活力的、高成长的、势必成为创新驱动发展生力军的科技型企业，这是我们中国的希望。

新时代创新创业呈现出新特点，其中一个重要特征就是科技创新在创新创业中起到核心引领作用。相信在座的各位都能体会到，科技创新可以说事关国家前途命运，对关键核心技术的重视，超越了以往任何一个时代。纵观世界历史，每一次科技革命都推动了社会生产力，从而给世界经济的增长带来无限的机遇，催生出新的创业机会，因此科技创新可以说是永恒的经济发展动能。

如今，我们的产业风口也直指高新技术，在人工智能、航空航天、生物技术、光电芯片、信息技术、新材料、新能源、智能制造等领域中，我们必须以自主研发为主，进行长期研发投入、持续积累，进而形成众多的高精尖原创技术，形成对产业发展的引领和支撑。技术话语权、标准制定权和市场定价权，我认为在这三权上的掌握程度就代表我们在多大程度上掌控了上述产业发展的主导权。

另一个重要特点就是行业龙头企业积极投身创新创业，不管是国企还是民企。最近两年这种势头越来越高，它们把企业发展与创业孵化有机结合，提供资金、技术、人才、产业资源等全方位支持，从而拓展上下游，延伸产业链，使创新创业成为企业可持续发展和地方经济转型升级的重要动力。比如达安基因、科大讯飞、海尔、浪潮、先声药业等都积极投身孵化器建设；其中，达安基因已参股孵化大健康领域企业200余家；科大讯飞聚焦人工智能上下游优质项目的发掘与孵化，4年来汇聚了400余家人工智能细分领域的企业及创业团队。

党的十九大开启了全面建设社会主义现代化国家的新征程，明确提出了建设创新型国家和世界科技强国的宏大目标，确立了高质量发展的重大命题。创新创业在新时代还要继续深入地发展，特别是以科技创新为引领的科技型创业大有可为。政府部门需要积极营造良好的政策条件、社会环境和创业氛围。但这项事业更需要全社会一起努力，其中，创业者和企业家在这里将起到十分关键的作用，你们是技术创新和成果产业化的组织者。科学发现、技术发明的成果，最终都要通过创业者和企业家变成现实生产力。

在此，我希望你们能够多关注科技革命和产业变革的趋势，瞄准经济建设和事关国家安全的重大科技问题，紧贴新时代社会民生现实需求，加快自主创新成果转化应用，在前瞻性、战略性领域矢志不懈创新，因为一轮新的技术变革背后一定蕴含着无数的创业机会，并且这些高科技项目的成长一定是高速的。同时，也希望你们多关注国家出台的创业政策，针对初创期、成长期、成熟期等不同阶段的企业，国家都有相应的政策支持，希望你们能知晓、理解、用足、用好这些政策，集政府、社会、企业、科研单位、服务机构的共同努力，相信中国以创新促创业会做得越来越好，取得越来越大的成效。

上海市科学技术委员会总工程师陆敏的讲话

陆敏 上海市科学技术委员会总工程师

“创业在上海”国际创新创业大赛为创新创业者和中小企业提供了展示自我的“舞台”。大赛汇聚了大量的创新创业资源，创新投入持续加强，“硬科技”特征更加明显，“双创”的人群更趋于高端。大赛所根植的创新基因正成为滋养上海城市发展和国际科创中心建设的重要力量。

创新是社会进步的灵魂，创业是推进经济社会发展、改善民生的重要途径，创新和创业相连一体、共生共存。近年来，我国大力发展大众创业、万众创新，主体日益壮大、成果层出不穷，创新创业的生态体系不断优化，对发展的支撑引领作用显著增强。作为中国改革开放排头兵、创新发展先行者，上海“开放、包容、创新”的城市品格与创新创业的热潮，相互激荡、相互辉映。特别是近年来，上海通过推进“专业化、国际化、品牌化”的众创空间建设，培育技术转移服务机构等重要举措，正加快形成多要素联动、多主体协同、多领域合作的创新创业生态。

创业者是城市高质量发展的创造者，唯有持续创新，企业才能走远。中国高铁在博采众长的基础上"引进、消化、吸收、再创新"，成就了自主创新；华为也是经过了数轮长跑，才看到了"无人区"。我们的企业要长期存活，就是要面临从创业到创新的转变，特别要守住一个"创"字、抓牢一个"新"字，才能让发展充满潜力。

长期以来，"创业在上海"国际创新创业大赛为创新创业者和中小企业提供了展示自我的"舞台"。通过多年的发展，大赛汇聚了大量的创新创业资源，创新投入持续加强，"硬科技"特征更加明显，"双创"的人群更趋于高端，为进一步发现培育一批创新优势企业和成长潜力企业提供坚实的基础，大赛所根植的创新基因正成为滋养上海城市发展和国际科创中心建设的重要力量。

创者，始造也，无论创新创业还是创造，都代表着一种生命力，孕育着新希望。希望大家紧跟时代的潮流、把握世界的趋势、激扬创新的梦想、实现人生的价值，为将上海建设成具有全球影响力的科技创新中心做出应有的贡献，为我国经济高质量发展提供强大的支撑。

中国科技创业者的春天

朱克江　中国技术创业协会理事长

> 在"双创"热潮的推动下，中国技术创业保持较高活跃度。但要避免当前存在的模式创新多于技术创新、创业激情多于创业实劲、追逐短期多于着眼长远和期待创业多于支持创业的若干倾向。要用好国家制定的支持创业的各项政策和措施，并充分发挥众创空间、孵化器、创业协会的作用。

在中国的"双创"时代，聚焦创新驱动、关注技术创业、加快技术转移，是我们面临的趋势性机遇，更是必须直面的历史性挑战。

当今中国，科技创新实力显著增强，主要科技指标稳步提升，在全球创新版图中的影响力和贡献度不断扩大，创新型国家建设迈出坚实步伐。值得关注的是，在"双创"热潮推动下，我国新增市场主体持续较快增长，技术创业保持较高活跃度。一份全球创业监测报告显示：过去 10 年，中国创业活动规模翻了一番。2018 年，全国新登记企业达 670 万户，比上年增长 10.3%，平均每天新增 1.83 万户。其中，部分新兴产业领域新增企业的数量增长加速，创业企业行业结构更趋于优化，表明创新创业在市场培育发展、实体经济振兴和产业中高端发展方面发挥了积极作用。2017 年，制造业新增企业数量和注册资本分别为51.84万户和3.35万亿元，其中，现代制造业新登记企业数量增长18.2%，高出制造业平均水平1.9个百分点。

在“双创”发展热潮中，技术创业企业的市场认可度和竞争力也在大幅提高，那些成长性好、创新力强、市场估值高的创业企业正成为引领中国创新发展和产业调整最活跃的重要力量。截至2018年，全国科技型中小企业入库13万家，高新技术企业18.1万家。科技创业孵化载体过万家，其中科技企业孵化器4849家，众创空间6959家，科技人员创业的企业和团队达65 304个，参与创业和实现就业的人数超过395万人。各类科技企业孵化器内孵企业的科技含量和盈利能力不断提升。全国孵化器内孵企业研发投入强度达到8.7%，科学研究与试验发展总支出达726.6亿元，同比增长23.4%。

“双创”热潮的涌动，充分激发了广大科技人员的积极性和创造性。据调查，全国近九成大学生考虑过创业，其中有26%的大学生有较强的创业意愿。2018年，仅全国众创空间中的大学生、科技人员等组成的高层次创业团队和企业就达18.7万个，同比增长16.5%。

进入21世纪以来，全球科技创新创业空前活跃。以人工智能、量子信息、移动通信、物联网、区块链为代表的新一代信息技术加速突破应用。以合成生物学、基因编辑、脑科学、再生医学等为代表的生命科学领域孕育新的变革。融合机器人、数字化、新材料的先进制造技术正在加速推进制造业向智能化、服务化、绿色化转型。新一轮科技创业和产业变革正在重构全球创新版图，重塑全球经济格局。这预示着技术创业者可以把握的时代机遇和行业领域，将成为未来科技强国角逐的关键所在。

当前，创新全球化和网络化趋势已经形成，开放与合作创新日益普遍。受经济全球化、新兴经济体崛起、技术进步速度加快、产品生命周期缩短等多种因素影响，技术和人才等创新要素跨国流动的规模和水平不断提高，改变了国家和创业的技术创新模式。国家和科技创业的创新能力的提升不再局限于独立的内部研发，而是在更大范围内，运用技术和资本等各种手段整合外部创新资源。创新组织模式的变化提升了全球创新的速度和效率。新的全球创新格局为中国整合全球资源、推动创新创业带来了契机。

近年来，国家层面出台了诸多进一步减轻企业负担、支持创新创业的政策意见和工作要求。从国家到地方营商环境大为改变，彰显了国家对企业、创业者的深切关怀，极大鼓舞了我国科技创业者对未来发展和企业经营的信心和斗志。

随着创新创业理念和科技创业成功企业的故事传播，全社会进一步形成理解创业、鼓励创业的创业文化氛围。在更加开放的市场环境中，科技创业者也在开阔视野，升级认知，行业技术水平和企业经营方式日益精进，不断涌现出“瞪羚羊”和“独角兽”企业，带领这个创业群体在改革开放新时代续写中国梦的华彩篇章。

当然，我们也会在发展中遇到科技创业需要解决的痛点和难点问题。

第一，存在模式创新多于技术创新的倾向。在互联网经济的感染和驱动下，创业者充分感受到市场的活力，利用模式创新获得了许多快速的增长，也赢得了诸多机遇和红利。

但随着市场的理性回归，单纯的模式创新终将凸显局限。创新创造价值，所有红利本质来自技术的红利，技术创新需要模式创新打开市场，但趋势表明，技术创新永远比模式创新走得更远。

第二，存在创业激情多于创业实劲的倾向。创业都从激情开始，但任何伟大的事业从来都是干出来的，成就创业梦想的不是一两个点子，一定是锲而不舍的实干精神，是遵循商业规律的科学态度。我们仰望星空，更要脚踏实地，不痴迷于“高举高打高估值”的快销、暴涨的机会。拒绝肤浅和浮躁，靠实力、实干和实效赢取成长优势，可能是创业者、也是任何创业企业的制胜之道。

第三，存在追逐短期多于着眼长远的倾向。创新需要获利，但不能“功利”，短视会限制我们的眼光、降维我们的思想。技术创业者当秉持创新的价值本源操守，克服市场诱惑，沉心静气，着眼长远长效，为企业、为国家创造经得起考验的财富价值。

第四，存在期待创业多于支持创业的倾向。在创业氛围日渐浓厚的今天，社会对创业的期许很多，这是创业者的动力所在，但更多的是需要对创业的实质性支持，是对国家已经出台的各项政策的有效落实。比如，科研人员如何突破体制创业，如何为他们提供更好的创业环境；如何让政策更好地落地，实现政策协同等。

我们已经进入了一个最好的时代。高质量发展，是对科技创新的最大需求。当互联网创业的流量红利结束时，技术红利日益凸显，技术创业迎来黄金时期。

趋势告诉我们：必须迎头赶上，以趋势的眼光调整我们思路和节奏，把握当下，追求创新，就是把握正确的方向，把握我们自己的明天和未来。

机遇告诉我们：必须紧紧抓住，以抓住机遇的意识引导我们创业实践，奋力实现创业企业在新技术支撑下的新的发展。

挑战告诉我们：必须勇敢面对，以应战的姿态经受信念、理念和团队能力的考验，努力在考验中不断创新、迭代转型，以达到新的适应和平衡，否则就会被时代所淘汰。

当今，所有致力于创新创业的，都肩负着从未有过的强烈使命和崇高责任。我们期待，创业者更好地发扬“工匠”精神，潜心技术创新，坚实走上创业之路，以创业叩响创新大门，扑下身子去成就自己的梦想伟业；创业企业更好地发扬严谨的“商业”精神，按照技术商品化、产业化规律，面向市场，敬畏商道，维护良好秩序，促进创业经济持续健康发展；地方政府更好地发扬热忱的“服务”精神，播撒政策之光，给创业者以更多的鼓励关怀；全社会更好地发扬可贵的“包容”精神，营造良好的“和创”环境，和创业者一起创业，让创业者更多涌现、科技创业企业更多成长。

值此机会，我还想特别说一说我们的创业服务载体——众创空间、孵化器、创业协会。以服务科技成果转化、培育科技创业者和企业家为己任的孵化载体和协会组织，不论是肩负的使命，还是履行的职责任务，以及所从事的具体服务工作，都是技术创业者的理想场所和依托。得益于近年来创业环境的优化，越来越多的孵化载体将产业链运作、产学研合作、技术转化交易作为自己的核心业务，这对技术创业者无疑提供了良好的成长和技术商业化平台。

中国技术创业协会是由科技部主管、科技部火炬中心委托管理，专门面向科技创业者、科技企业孵化器和风险投资机构的全国性的社团组织，致力于整合全国技术创业资源、服务全国科技创业者，集聚中国孵化器的大国力量，与风险投资机构开展全面合作，推动活跃各类科教资源、科技园区、社会资本和市场主体，构筑技术创业者和科技创业企业所需要的良好生态和服务体系。在当前全国“双创”热潮下，协会将更加注重自身能力的提升，努力为更多技术创业者、科技创业企业及相关载体机构提供全方位的服务和支持。

我们愿与创业者和创业服务者一道，在国家创新战略的指引指导下，奋力作为，以创业去叩响创新大门。

新加坡——通往东盟的桥头堡

林心印 新加坡企业发展局全球创新网络司司长

新加坡重视创业环境的构建，吸引了全世界的创业者和企业在新加坡落户发展，还举办创业大赛，欢迎包括上海在内的创业者参加。

我来自新加坡企业发展中心。新加坡企业发展局协助企业发展，协助的对象包括创业公司和中小型企业，我负责的是旅游、创新，还帮助新加坡建立与其他国家企业生态环境的连接。今天，我希望跟大家分享一下东南亚和新加坡的机遇。

东南亚的人口大概有中国的一半之多，东南亚有很多个国家，也有很多各种各样的机遇。中产阶级也是在积极发展当中，人口老化也是一个很重要的问题。东南亚的很多国家也都积极在发展他们的产业，就和中国一样对这方面非常看重。网络经济在东南亚也是一个快速发展的领域，东南亚的融资也是非常活跃的，这对于其他创业者来说是一个很好的机遇。

新加坡位于东南亚的中央，我们很荣幸地能够吸引人才、大公司，还有各种融资机构来到新加坡。过去几年，我们积极发展创新经济，希望和上海一样成为创新创业中心。

作为推动经济的一大动力，我们非常看重发展创业这一方面，也积极着眼于如何让高校和研究机构把他们的技术带向市场，想通过迎合市场需求来看我们需要发展的科技是哪些方面。大概有六七千个跨国企业在新加坡，他们在新加坡进行很多活动，比如研究、生产，越来越多的跨国公司现在也把新加坡作为创新创业的一个很大的据点。以前他们着重看如何在公司内部发展他们的研究，但是现在他们逐渐开始看重如何与外面的创业者合作，一起去研发和创新。新加坡企业发展局积极与这些跨国公司合作，把他们和创业者一起连接起来，更好地促进这种发展。同时，我们的各个政府机构也积极参与创新和帮助创业者更好地发展。

我们有五大计划，希望加强与其他国家各个创新生态环境的连接。作为一个小的国家，我们觉得这个是很重要的一个环节。我们希望和这些活跃的生态中心建立很好的桥梁，以便新加坡的创业者能够去这些活跃的创业中心发展。同时，我们也欢迎其他国家的创业者和公司来新加坡发展。

新加坡现在大概有 4000 个科技创新公司，有超过 100 个孵化器、加速器，超过 150 个风险投资机构，我们花了 10 ～ 15 年的时间来建立这个创业环境。经过这些年的努力，亚细安的 9 个“独角兽”中有 4 个位于新加坡。我们希望通过加强与嘉山，与其他创业中心的合作。我们希望密切地与上海合作，希望上海的公司能和新加坡的公司一起合作。

昨天我们签了几个备忘录，其中一项就是支持上海初创的公司与新加坡初创的公司一起合作项目。我们的预征集会在下半年的时候出来，希望大家能够踊跃参加；也希望大家来参加我们在新加坡举办的一些创新创业活动，其中一个大型活动是在 11 月举行，包含的领域有金融科技，还有各种深科技。2018 年大概 6 万人参与，2019 年我们预计可能会吸引 7 万～ 8 万人。

我们也举办一个创业大赛，名叫 SLINGSHOT，2018 年我们收到超过 80 个国家的 1000 多个申请，选出的前 100 强参加我们的科创活动，当场有展示；借此他们可以去认识新加坡的创投公司，还有各种其他资源，比如跨国企业等。我们非常欢迎大家报名参加这个创业大赛，大赛申请至 6 月底。

今天在上海的这些初创企业，也希望你们到南洋来闯一闯，谢谢！

硬科技改变世界

米磊　中国科学院西安光机所光学博士

美国称霸世界依靠的就是信息、机械制造方面的硬科技。中国的发展得益于引入世界第一、第二、第三次技术革命的红利，但目前该红利已经不存在，需要自主研发核心的硬科技技术。硬科技研发具有投入大、时间周期长、见效慢但后劲足的特点，因此需要长期坚持和投入。可喜的是，中国目前有很多投资基金已经开始关注并支持早期阶段的硬科技技术的产业化。

今天分享一下硬科技如何改变世界。今天的环境更加凸显了硬科技的重要性。首先，我们还是来回顾一下历史。中国的硬科技在历史上曾经深刻地改变了世界，从文艺复兴到整个欧洲工业革命的前期，其实是中国的硬科技传播到欧洲以后才产生了一系列的革命性的影响，本质上也是从“丝绸之路”传过去的。欧洲的哲学家们都深刻地评价了中国硬科技对于全球的影响力。

非常可惜的是，中国在工业革命时代落后，在1500年的历史大分流中，西方通过大航海时代，乃至工业革命全面地超越了东方。量化历史学家认为工业革命是人类历史上最伟大的事件，这是因为工业革命对人类的改变、硬科技对人类的改变远远超过历史上的王侯将相，所以工业革命是一个巨大的拐点，中国当时错失了一个巨大的机遇。

第一次工业革命让英国抓住了机遇。蒸汽机、纺织机等一系列的工业革命，让英国迅速地成为日不落帝国，经济、科技超过了中国，乃至成为全球实力最强的国家。当时英国抓住了机会，由科学家、工程师，还有投资人在一起组成了月光社，博尔顿和瓦特，还有科学家们都是月光社的成员，一个很小的社群却引爆了整个工业革命，这就是产学研的力量。

美国抓住了第二次工业革命。第二次工业革命让美国成为全球的GDP老大，但是那个时代主要的科技创新还是来自欧洲，美国是抓住了欧洲科技在美国复制的机会。虽然美国在1900年成为世界GDP老大，但是真正成为世界强国则是在“二战”之后，美国成为全球科技创新中心，成为全球科学家最密集的地方，这让美国成为全球的硬科技强国。全球20世纪四大发明全部诞生在美国，这也是美国引领整个世界最重要的原因，半导体和计算机是今天信息技术的基础，没有这些底层的硬科技是不会有美国全球领先的位置。风险投资是随着现代的四大发明诞生的，由MIT发起了全球第一个风险投资公司，叫美国ARD公司，所以说全球的风险投资也是诞生于产学研的需求，起源于“二战”时期美国把大量的科研经费投到了IT领域。

美国第三次创业浪潮从集成电路开始，然后有了个人电脑，这就需要网络连接在一起，因此就有了像思科这样的公司，之后才有了互联网。美国早期的风险投资和创业都集中在硬科技领域，所以美国在20世纪90年代之前的GDP增长大于90年代之后。

全球每一次的科技创新都有泡沫周期，基本情况是：一个技术从研发开始有储备周期30年，到快速增长期是50～60年，然后进步到技术的成熟期和衰退期，经济波动也是来自技术推动，最后技术革命的衰退导致泡沫。所以第二次世界大战本质上就是上一轮科技革命衰退带来的，而这次2008年的金融危机也是上一轮的集成电路信息革命衰退随之带来的，导致了今天的中美贸易摩擦，本质上是由于上游的科技衰退。

从大的领域来看，有4次科技革命，第一次是机械革命，第二次是电气化革命，第三次是集成电路带来的信息革命，过去200年本身是机械和电路革命，而光和人工智能算法是人类第四次科技革命中最重要的核心。

光是人工智能的基础设施，无论是5G，还是整个人工智能需要的数据，所有的数据都来自光学传感器，我们认为未来光是最核心的。无论是制裁中兴还是华为，这次遭受最大损失的是美国光学领域的融资。

从经济的角度看，中国现在面临经济下滑和三驾马车失效的难题。过去 40 年中国是靠技术引进，引进了全球第一、第二、第三次技术革命的红利，用完之后，全球技术红利都用完了，现在需要中国自己找到第四次科技革命的红利，需要自己创新。虽然中国的人口红利也没有了，但是我们还有全球人数最多的工程师和人数最多的研究人员，所以我们下一个能够找到的就是创新的红利。

现在面临的问题是：虽然中国是全球第一大科技应用大国，也是第一大市场，但是不是科技强国，我们的经济是大而不强。现在核心的芯片、核心的材料还是依赖于进口。2018 年，全球核心芯片 4500 亿美元的产值，中国进口了 3000 亿美元。我们认为时代呼唤硬科技。美国的基辛格认为每百年有一个大国崛起，美国成为全球强国已经接近百年了，到 2050 年将有一个大国崛起，是不是中国，这需要我们站在全球的角度去思考。中美贸易战是硬科技战，本身是芯片之战，所以这是我们需要思考的问题。

美国打压华为的真正意图是什么？我们认为 5G 已经成为两个大国之间的胜负手，本质上在于特朗普要求美国必须要赢得 5G 的战争，必须要打赢，所以这是美国制裁华为最重要的原因。大家可以看到，大国之间一定是有摩擦的，因为地球村很小，容不下两个老大。美国成功地通过金融战、贸易战、科技战，把苏联甩在后头，把日本也甩在后头。在 20 世纪 80 年代，美国遭遇日本的全面进攻，美国节节败退，但最后又把日本甩开，依靠的就是信息革命。所以美国现在非常担心如果在 5G 上落后中国的话，可能会让美国全面落后中国。

目前中国和美国的全球竞争，最核心的已经不是贸易战，而是科技创新之争，是硬科技之争。谁能在未来第四次科技革命中抓住机遇，谁就能够真正地成为全球的一个科技创新的老大。因此，中国需要从高科技上升到硬科技。

习近平总书记在光机所视察的时候讲了，“核心技术靠化缘是要不来的”，必须靠自力更生，核心科技是硬根本。这不仅是从技术的角度来说，我们认为现在需要倡导的是硬科技的精神和硬科技的志气，中国现在需要有一种把一件事情踏踏实实地做到极致的精神，不一定需要做到多大规模，但是要能把一件小事做到世界第一。能不能把一个小的产品，把一个螺丝钉和材料做到世界第一，这才是我们应该鼓励的精神，而不是鼓励都去做一些看似很大，却没有核心竞争力的事情，清朝的 GDP 也是世界第一，但是英国大炮真正来的时候，GDP 世界第一也没有用。

做硬科技领域的“八路军”是我们提出的新方向，是未来很多产业的制高点，这其实跟现在科创板领域是高度一致的。比起互联网思维，中国更需要硬科技思维。互联网就像外家功夫，硬科技思维像郭靖那样起初看起来笨笨的，但是 10 年之后谁都打不过他。做硬科技的开始比不上做共享单车的，他们能够迅速地成为“独角兽”，做硬科技需要踏踏实实做 10 年，这是不一样的思维模式。中国现在需要思维模式的转换，要从高速发展转向高质量发展，这种思维模式的转换就跟我们当年改革开放的思想解放，要从经济斗争转到经济建设上面来是一样的，我们要从快速的思维模式转成做硬科技，这也是一种思想解放。

我们画了一个回报曲线，农业时代是线性思维，一分耕耘，一分收获。但是在工业时代，科技研发投入前 5 ～ 10 年是十分耕耘，一分回报，一旦过了拐点之后就是一分耕耘，十分回报。华为做芯片从 2004 年开始，到 2014 年芯片都不成功，但是从 2014 年到现在，华为已经成为全球前 10 的芯片公司，所以你能不能耐着性子 10 年不挣钱把一个芯片做出来，这就是硬科技的思维。我们不能要求所有的东西在 3 ～ 5 年快速见效，有了基础设施才有互联网模式创新快速创业，但是模式创新属于前面快、后面慢，很快就下来了。所以过去几年，互联网思维提倡的 O2O、B2B、比特币，这 3 个创业模式最后真正成功的企业非常少，如果这些资金都投到芯片上，也许今天就没有那么多悖论。所以中国现在正处在从模式创新到科技创新的历史拐点。全球 100 多个经济体，只有 12 个经济体成功地从中等收入国家跨越到发达国家，而这是一个从投资驱动到创新驱动的过程，为什么这么难？最大的原因是一个国家能不能把力量和思想集中起来投入科技创新上，因为前面的投资驱动和要素驱动就是之前提到的曲线图，前面快，后面慢，后面的创新驱动是前面慢，后面快，这是完全不同的创新模式。拉美国家没有成功转型就是因为整个国家被少数的寡头控制，没有人做硬科技，这也是中国在转型过程中面临的巨大门槛，全社会能不能团结起来，思想解放，把真正的力量投入科技创新上。这个坎是 20 年的周期，中国在 2030 年之前必须成为高收入经济体，所以现在还有十几年的周期是需要大家一起努力的。

从 2012 年我就一直在讲，科技创业才是中国未来 30 年的主旋律，创业的主旋律，我相信在今天已经慢慢得到共识了。但是在几年前，大家还是沉浸于模式创新、沉浸于快速的回报。我们一直致力于解决科技与经济两张皮的问题，解决死亡之谷难题，绝大多数科技成果都卡在了实验室，这些成果没有真正地转化出来推动经济增长。如果能够让更多的人才、资金都投入中间的这个阶段，我们才能够释放出更多的生产力，这才是中国最大的制度红利和供给侧的改革。

科创板的推出对中国硬科技的发展是非常有价值的，这也是说明中国已经认识到硬科技的重要性。所以我们打了一个比喻，硬科技是骨头，实体经济是肌肉，虚拟经济是脂肪，金融是血液，如果一个国家把金融都流向了脂肪，大家可想而知，我们就是一个虚胖的大胖子，旁边如果有一个练过拳击的人可以一拳把我们打倒。我认为华为这样的公司在中国来说就是中国的骨头，像华为这样的公司中国至少需要 1000 家，中国才能真正地强大起来。实体经济是肌肉，如果你的虚拟经济流向了房地产，你的这个国家不可能强大起来。每次我们经济上一放水，整个金融都流向了房地产，没有人把金融的渠道修好，让资金流向真正的实体经济和科技创新，今天的科创板其实就是我们一个科技的大运河，如果能够把科创板做好，中国真正的金融就可以源源不断地去滋润我们的实体经济和科技创新，国家的经济才是真正健康的，资金的循环才是健康的，中国才是一个足够健康的经济体，因此科创板对中国未来几年的发展非常重要。

中科创新创立之初，就是要解决科技与经济两张皮的问题，探索科技成果转化的模式，把人才、技术、资本和服务打通，真正地为国家的经济服务，这才是一个健康的状态。所以我们希望做耐心的天使资本，我们需要专业的孵化服务，这个是非常重要的。

在2012年，我们发起了国内首个硬科技创业投资基金，那时候大多数资本不愿意支持早期的创新，尤其是早期的科研院所硬科技的创新。现在已经孵化了有200多家的硬科技企业，这里面有很多芯片企业，这些芯片企业很多都有关键技术，有些也能够给国外的亚马逊去供货。为了解决芯片的问题，我们还成立了专业化众创空间，这是国家级的众创空间，围绕光电芯片这个领域有很多仪器设备和厂房帮助硬科技的创业者，让创业变得更加轻松。中国现在需要打造的是硬科技制造业的产业工地，需要打造硬科技的创业生态，产业工地和创业生态的打造才能帮助我们把硬科技的创新创业扶持起来。我们一直在努力构建创新体系，中科院不断地出人才、成果、思想，我们围绕它提供资金、提供服务、提供培训，加上不断孵化产业的体系，最后形成了硬科技的产业。中国过去是围绕南方形成了服装、鞋帽的产业集群，今天中国需要围绕中科院和北大、清华等高校形成硬科技的产业集群，这就是我们一直在致力于打造的雨林生态体系，这需要全社会一起努力才能够实现，真正通过热带雨林这种环境才能够让创新创业茁壮成长。希望通过科技创新的发展实现我们中国每个人的中国梦，谢谢大家！

引领技术创新，成就科创未来

王晖　盛美半导体设备（上海）有限公司董事长兼首席执行官

盛美半导体设备（上海）有限公司研发掌握了半导体材料清洗领域的关键技术，长期坚持，在上海实现了创业成功。

今天以盛美作为一个小的例子，给大家分享一下我们这10年来发展的情况。

手机、大数据、AI、所有的IoT，还有自动驾驶，其实未来这几大产业板块核心点就是芯片，如果没有芯片技术的发展，这5项技术今天是不可能发展起来的。芯片的数量按9%的成长，到2018年全球芯片生产量是1万亿个芯片。

下面讲一下芯片产业的生态系统。芯片设计的软件公司主要在美国，然后就是我们的材料和设备生产，大概500亿美元左右，再往上就是芯片整个全球性的市场，大概在4000亿～1000亿美元，这个支撑了现代文明、现代行业核心的产业，它是高科技的高科技，就是这5000亿美元把全世界的核心东西都抓住了。

中国去年进口的芯片总量一共有3000亿美元，全球产量在4000亿美元左右，中国进口了全世界75%的芯片，当然不是全部都在中国消费，我们有再出口。

2018年国内进口设备加在一块国产化运营还不到12.4%，这个还有一点水分，有6英寸、8英寸、12英寸，核心的12英寸的量还不到5%，这是中国芯片制造设备情况。这几年随着芯片量的增长，不管是国内的还是国外的大芯片厂商都看到这个机会，未来预计有42%的芯片厂会建在中国，这给中国带来了巨大的机会。

美国芯片中心的偏移或漂移都会在各个地方留下芯片设备制造商，美国在20世纪七八十年代做起来，造就了几家大的设备公司，到现在中国台湾也造就了一批设备公司，未来2025年、2030年，中国会作为巨大的芯片制造中心，一定会造就几家世界级的中国芯片设备公司，这给我们带来巨大的机会。

芯片往下走它有什么特点？越做越小，集成度从10 nm到7 nm，人们预见最后极限达到1.2 nm，这是一个缩小。高度都不一样，这是密度。再看一下从做小和做高有什么特点呢？设备制造的几个模块中我们认为两大核心模块是关键，一个就是光刻，你刻不出来就做不出来；另一个就是硅片，盛美这10年来在耕耘一件事，就是怎么把硅片洗干净。

世界上各大公司采用的技术叫作SAPS技术，离表面越远颗粒就越大，你洗车的时候，大的泥块水泥就容易洗掉，反而越小越洗不掉。我们一定要做差异化，特别是小公司，我们用的是什么呢？超声波。清洗负压的话就会变大，这个会让颗粒震出来，可以贴近表面，可以让表面的小颗粒被震压。我们可以让大硅片上每一点都一样，我们的技术在上海研发、上海创造，同时世界上的生产国家都有我们的专业保护。

做好以后有什么好处呢？设备完成以后，在韩国做的测试。我们的结果和技术都有不同程度的良率提升，一年的利润是1000万～3000万美元。因为这个原因，我们的设备才得以进入。

再讲第二个科技，气泡是不稳定的，它会产生内爆，能量压到最低的时候产生高射流。这是2010年的水平，50 nm。50 nm是什么概念？以后还要做到40 nm、30 nm、20 nm，今年已经到20 nm了，现在的竞争者全部把它停止了，30 nm做不了，全世界的几大研究机构和我们的竞争者全部把超声波清洗退出了，我们找办法让气泡永远振荡，但是没有一个会跑掉，这是我们的新科技。这个技术我们有7个专利在申请中，今后15～20年内这项技术就是我们自己独有的。有什么好处呢？你可以洗，但没有破坏。

5个单位和10个单位就是常规的超声波清洗，我们有0个破坏点。一台设备大概在1000万～3000万元，可以节省硫酸使用量90%以上。我们的技术都在上海研发，也在上海的工厂进行验证，特别是TEBO和Tahoe，这也说明中国开始进入了半导体的尖端领域，什么意思呢？我们的技术在上海研发，我们的验证也在上海做的，以前都没有过，要不在美国研发或者在欧洲研发或者在别的地方验证，但是这几个技术是全世界首创在上海，同时我们在上海建设，这是一个大的革命点。

这个市场有多大？我们3个技术加在一块，大概占世界的50%，最少每年10亿美元的销售。我们去年9月建完川沙的工厂，加起来8000多m^2，每年将为我们生产21亿元的产值。

刚才讲做硬科技10年的确不容易，我们从2011年开始有销售，到2013年才开始慢慢赚钱。每年增长73%，到2018年有一个大的业绩增长，达到100%。未来盛美的目标是在今后六七年内，公司的产值要扩到100亿元，有一个指数级的增长。

最后稍微讲讲我们公司的发展。公司最早1998年在硅谷成立，2005年在上海成立了合资公司，2017年登陆了纳斯达克上市。未来的目标，我们会把设备、把公司做到全球化。我们去年在韩国设立研究院，未来我们会在中国台湾、欧洲、日本继续设立研究院开展我们的生产。盛美的目标就是以上海为基地，建造一家全世界知名的、领先的设备公司，为上海成为世界科技创新中心的早日到来贡献我们的力量，谢谢！

创新创造未来：技术让创新成为可能

余雪妮　新加坡科技研究局诊断发展中心首席执行官

> 以人为本支持创新创业，构建创业生态系统，提供包括风险投资、研发设备在内的多种创业服务，是新加坡科技研究局诊断发展中心在支持创业方面的经验做法。

今天论坛的主题是关于创业，是“创”变未来，善“技”者行，创业是怎么成就未来的？科技是怎么样来推动创业的？我的演讲重点是关于创业者，因为在我看来，不仅仅是科技来推动创业改变生活，科技只是创业的一个部分。

我来自新加坡科技研究局旗下的一个机构，我们不是仅仅把技术推向市场，而是把人的想法推向市场，着重点是帮助创业者这些人本身来实现他们产品的商业化，而且我希望全球更多的创新者的组织化合作伙伴一起来加入我们。

在发展创业上，问题是到底是以技术为导向，还是以市场需求为导向，是说技术革新来引领这个市场，还是说市场需求来推动技术上的一个突破，我们的想法是以人为本。

今天，我们能够在市场上听到很多不同的新创意、新想法，可是这些技术上的创新在没有得到一个合适的商业模式的时候，它们很难跟市场接轨，在企业上获得一个好的应用。我想要的就是以人为本，找到对的人，再来找到对的商业模式，使这些技术、这些创新者能够有一个经济价值上的输出。

我们为这些创业企业起飞来提供一个推动力，帮助它们进入这个市场。今天我要给大家讲的是帮助这些创新者起飞的途径。

第一个是创业生态系统。4 年前，我们最早提出这样一个设想，建设这样一个包含有研发和创意的平台。在这个生态系统的平台，最开始我们是想做医学药物方面的平台，可是在建立了这个平台之后，非常有意思的却是吸引了许多不同领域的创业人一起在这个平台的催化下共同协作。这个平台是一个空间，这个空间具备实验室、车间的这些功能，除这些功能之外，它有一个临界质量值，在这样的一个概念下，我们有一个开放式的创新社区。在这个开放式的创新社区里，不仅仅是生物科技的基础建设，也吸引了各行各业的创新人才在这个空间里高密度地聚集，以及共同协作。

早期我们确实取得了一点小小的成绩，截至 2018 年年底来我们中心参观的观众超过了 1 万个，也超过了 50 多个国家。同时，我们募得的投资超过了 2 亿新加坡元，2 亿新加坡元可能是一个不够大的数额，但是对于仅有 500 万人口的新加坡来讲，这 2 亿新加坡元就是早期的深科技企业能够募得的大部分的投资了。

这对我们来说是一个挑战，我们开创了一个创新的合作模式，就是引进了风险投资基金。深科技企业早期发展的阶段和这些风险投资者建立一个合作伙伴的关系，是一个互惠共赢的模式，对于这些风险投资基金来说，越早进来，就越可以投资多样化，从而降低在投资上的风险。对于这些深科技创意型公司来说，风险投资越早进来就越有可能得到一些资金上的帮助。

如何把这些科学技术转化为产品，这些系统化的转化就是我工作上最重要的一个点，帮助企业实现科技的产品化、商业化，需要我们体系化的工作来帮助实现。

我认为在医药产品领域，技术的产品化是非常重要的，无论是市场为导向，还是科学技术突破为导向。一个技术能够成功投入市场需要 3 个步骤：第一个步骤是技术本身是否可行；第二个步骤是这个技术是否能够转化为产品；第三个步骤是这个产品有没有人给它埋单。

我想举的这个案例是一个我们中心作为一个研发的桥梁、帮助医药类的产品成功投入市场的一个例子。以诊断检测中心为核心，我们找到相关的制造它、使用它、运输它的因素，就是跟我们这个诊断检测中心为核心有关的一切产业链，大家合作起来做成一个市场。例如，我们有一个胃癌早期分子诊断产品，就进行了上述的这些步骤，现在已不再是单做这样的血液检测，而是在新加坡或者欧洲市场上可以直接买到这种检测服务。

我补充一句，早期胃癌诊断实验领域要研发这些产品至少要经过平均 7 年以上的时间，在我们的诊断检测中心，我们只用 3 年的时间就把它从一个实验室中带到市场上去了。

我们的理念和史蒂夫 · 乔布斯的一句话不谋而合，意思是你是一个领导者，还是一个市场上的追随者，最重要的区别在于你是否有创造力。无论是在新加坡市场上，还是在中国市场上，我都希望自己能够成为一个引领者。

最后希望大家都能够寻找到创业的机会，我们一起共同创新，我们一起成为这个市场上的领导者，谢谢大家！

新时代如何成为伟大创业者

王德禄　北京市长城企业战略研究所所长

“独角兽”企业有3个特点：第一，洞见力；第二，行动力；第三，想象力。提升洞见力才能成为伟大的企业家。

我今天讲的题目是“新时代如何成为伟大创业者”。我先介绍一下，我是1993年从中国科学院下海的，我的三代客户就是三代创业者的创业导师，第一代就是柳传志的联想和全国的各地科技型企业，第二代就是BET，有一帮留学生企业，第三代就是现在正在涌现出来的“独角兽”企业，我是这三代创业者的创业导师，我去做的第一件事是座谈会。我们5月发布了一个报告，中国有202家“独角兽”企业，而且北京、上海、深圳成为“独角兽”企业最多的3个城市。全球诞生地是哪里呢？硅谷每年诞生90个，北京中关村每年诞生80多个，上海每年诞生38个。新时代的创业者要想成为伟大创业者，他的第一目标是，我要改变世界，我要成为改变世界的“独角兽”。

为什么上海有这么多成功的创业者？他们基本上都是从外企、从国企出来下海创业的，这个占了很大的比例，上海的特点就是大公司出来的创业者很多。

我今天想讲两个问题，第一个，伟大创业者的特质是什么？第二个，怎么就成为伟大创业者了？我们改革开放以后，中国基本上就是敢冒险、敢干，而且专心致志，这是前一代创业者的基本特点。现在改变了，不是你敢冒险就行，你现在有好几个特点，第一个是你有洞见力，你能够看到你那个产业未来10年是怎么变的，而且你去引领这个变革；第二个是你要找到改变世界的新场景；第三个是你要实现爆发性增长，你做一两个案例成功了，那不算爆发性成长，你如果有这些条件，你就成为伟大创业者了。现在在全球，不光是中国，大家都在追求能够改变世界。

中国现在的“独角兽”是全世界的一半，如果说中国科技业水平不高，怎么能出来这么多“独角兽”？这和中国的文化特点有关系，我今天就说“独角兽”的3个特点：第一，洞见力；第二，行动力；第三，想象力。

给大家推荐两本最适合创业的创业经典书，第一本是硅谷的蒂尔写的《从0到1》，第二本是2500年前中国老子写的《道德经》，里面重点回答了《从0到1》，他讲道生一，这是有规律可循的。我最近给大学生讲《道德经》，讲有15条适合创业的规律，很有意思，上善若水，这些几乎都是和创业者有关，名不见经传的创业者能够改变世界，这就是现在世界和中国的趋势。我们人类进入科技革命以来发生了两次世界大战，现在这些世界的改变越来越成为我们创业者的可能。

行动力，这个是说中国文化有什么理念，周文王和孔子说的《易经》的核心变化有3个：变易、简易、不易，这个世界是变化的，创业者干什么呢？就是在变化中找机会。我们最老的经典是在说变革的。但是到了王阳明这里，500年前王阳明这里是知行合一，你要知道这个事，你要去干，你才能知道这个知识。到了孙中山那个时代，100年以前在上海，孙中山先去拜访杜威，和杜威说我们中国人就是强调知易行难，意思是说中国人行动力很差，他认为应该是知难行易，杜威听他说后很激动，就说不但要多行动，而且所有都是来自行。如果说“五四”对世界有什么影响，最重要的是杜威到中国来，在中国倡议的实用主义。现在，中国这么多年到了改革开放以后，我们最基本的理论又回到杜威的理论了。国际上认为邓小平是掌握杜威理论最好的人。在新的时代更独特了，所有新的知识要去干才能知道，谁去干？创业者，干的能不能改变世界的创业者就是你能有多伟大的想法了。

现在说这3个特质，什么最重要？想象力最重要，因为我们处在这个社会中很多事都给你局限了，你就在框架中生活，只有想象力能够让你打破框架。洞见力是第二个。行动力，直接用行动去感受变化，所以说新的创业者一定要知道，如果你没有想象力，你这个人就不要做伟大创业者了。

如何成为伟大创业者？现在这个时代已经进入硬科技创业和场景创新，这两个最大的热点。场景创新对上海、对中国都很重要，你能不能改变人类生活的新场景？硬科技创业就是能不能用更坚定的技术创新，洞见新规律、抓住新机会、适应新环境。

洞见新规律，比较常规的说法就是前沿创业、产业跨界、平台。我现在跟大家说说另外一个方面，基本上新的创业团队有三大方向，第一个方向叫APP引爆，一个上海的创业者做了一个APP得到全球的吹捧，不到一年就发展到了3000万用户。APP引爆已经很多年了，但是最近又催生了一个新的趋势，叫作互联网下的最新连锁。举一个例子就是汇通达，汇通达做了一个系统，就是农村所有的夫妻店都可以使用这个系统，他用人工智能把一个夫妻店赋能了，出现这个情况，他马上做的第二个是把若干个婴儿店通过人工智能、大数据互联，这个趋势很大，大到什么程度？连卖肉的、卖菜的都会出现引爆性的成长，所以说创业者要去琢磨、要去看这些案例。我们在上一个时代讲的是通过管理把它体系化，新的时代是通过平台、通过大数据来联合起来，把市场上各种各样的公司联合起来，现在这个趋势是今年的热点，BET把这个东西叫作产业互联网。

第三个方向也是大家应该关注或者是创业者应该把握的事，叫人工智能带来的垂直应用。我举一个例子，我最近接触了很多做医疗的，各种各样的医疗中心出现了这么一个情况，各种各样的案例在大数据、人工智能的条件下，可以把原来传统医疗服务中心要花一个月时间检查和开刀的事情变成现在30分钟就全部完成了的工作。现在我在北京市接触了好多个，过去的各种怪病把它大数据化、系统化，它的诊断、治疗都是分分秒秒的事。

刚才说那么多问题是抓住新机会，实际上按这个主题走下去，这个时代会发生很大的变化。我们的创业者，尤其是上海创业者能不能抓住机会，有以下5个特质。第一，你确实对这个产业有洞见力。第二，你变疯狂，怎么变疯狂？如果你这个项目在常人听来是很傻的，在投资者听来很有价值，你就成功了。所以说硅谷的投资人要找的最佳投资者是疯子，他一定不是大家觉得都很认可的，投资人有独特的视角。第三，引领产业变革。第四，探索新场景。第五，合伙人。我见的创业团队很多，当你说你的创业是怎么怎么，对我来说只是对了一半，但是另外一半是干什么的？我看你这个团队构不构成你做这个事的道理，所以团队是你成功的第一条件，有想法，你现在必须有团队。

我们这里有政府的、有科技的，现在这个环境变了，尤其是现在中国倡导发展孵化器。第一个就是创业动员，我们上海开这个会，今年双创协在全国各地都有很多的会议，我接到的邀请参加的就有很多个省市的创业动员会，这是很重要的，因为平常大家没有时间见面。第二个，要建立新型经济制度供给。现在中国和美国全球经济体中，中国在某一些地方领先，这个时候说中国能不能在这上面体现新经济制度，而不是去建立新型制度，这个尤其是新经济的研发体，尤其是现在大家正在做的新研发，每个创业者都应该参与到新研发。不管你是否想做改变世界的企业家，做大一定要有场景，你要先把你的商业模式放在第二位，你要做出什么新场景改变人类，创造新场景。

100年前，一个牧师翻译了中国的《易经》，有一个学生荣格看了之后，认为中国人和西方人最大的不同就是强烈的潜意识和与生俱来的直觉，我认为这个东西就是中国现在出现“独角兽”的原因，中国文化优点很大，有三本书在中国叫三选，对于加强你的潜意识和自觉能力很重要，即《周易》《道德经》《庄子》，这些书话不多，《周易》说变化，《道德经》说规律，《庄子》说想象力。

最后说一句话，不管你是干什么的，只有提升洞见力才能成为伟大的企业家，也希望大家关注中国文化，读读这些书可能对你提升洞见力有很大的帮助，谢谢大家！

柔性屏和折叠手机的创新

王征　深圳市柔宇科技有限公司副总裁

硬科技创新非常重要，可以创造一个土壤，让各种应用在上面使用。柔宇科技以自身发展证明了硬科技创新的重要性。目前，国内的风险投资已经重视投资于早期的硬科技创新的企业，这种转变非常重要。

今天大家谈到很多硬科技的创新，柔宇科技就是非常典型的案例，是典型的硬科技。当时创始团队想到这个想法的时候，没有人相信能做成，而且竞争对手都是世界上最顶尖的公司，如三星。今天时间有限，我就尽我所能尽快给大家介绍一下柔宇科技公司。

在整个科技发展过程中有几个节点比较重要，1970 年的 PC，1990 年的互联网时代，2007 年的移动互联网，包括我们现在的万物互联、人工智能，可能是将来 10 ～ 15 年后的趋势。我们也在思考作为一家硬科技创新公司，尤其是柔性屏幕创新公司，我们在里面扮演什么样的角色。

在大家讨论的人工智能和万物互联里面有一点一直存在缺失，就是在人机交互上面的创新。从人的本质上说，人最重要的是两个认可，就是输入和输出。输出这块，大家现在了解的就是屏幕，屏幕已经无处不在了；输入这块是智能传感，大家一直在研究比较重要的课题。柔宇科技在这两块都有非常重大的突破，重要的是触摸屏和显示屏是全柔性的，在我们身边所有的你的桌布、你的衣服、你的皮衣、你的任何能接触到的材质都可以变成有生命的、有电子功能的一个触摸屏。

著名的凯文·凯利先生说，屏幕将无处不在，任何一种表面都可以成为屏幕，在你的衣服上会形成一个新的生命系统。同时，柔宇科技在这条路上已经走在非常前列，现在来说在世界是数一数二的。

柔宇科技的发展，我想在这里分阶段来讲。这就回到大会的主题，一个创新的话题，创新从 0 到 1 是非常困难的，尤其是硬科技，硬科技在初始阶段的时候大家不了解，而且投资非常大，很难看到成就。很多情况是 10 年什么都看不到，这样对一般的风投来说是很早就会把它忽略掉。不过现在中国有一批投资机构已经转变了思路，当时柔宇科技是 2012 年创立的，我们在 2010 年就看到有类似的投资机构已经往深科技方面去投了，这点我觉得中国已经发展得不错，现阶段我们不是只是看到一家柔宇科技起步是硬科技的起步，其实有很多科技公司都在起步，只是因为柔宇科技走得比较快。

第二个阶段就是产业创新，怎么样从 1 到 M 以后，这个过程柔宇科技也完成了。现在对于柔宇科技要发展的就是怎么从 M 到 M+，怎样让终端的消费者能够享受科技成果，这是很重要的。尤其是对于硬科技的创新公司来说，这块需要在很早就思考，这个是你融资成功与否的关键，虽然你在创立硬科技的时候，科技的领先非常重要，但是应用方面也要提前考虑。

柔宇科技 0.01 mm 的全柔性显示屏，是世界上绝对领先的。其实柔性屏的优势就是两点，厚度和重量，比传统的屏幕要轻，所以它的使用场景非常广。柔宇科技把这个屏幕和触摸这两块触感做成柔性，不只是服务在手机领域，柔性屏以后无处不在，因为跟它合作的方方面面现在已经突破到了各个领域。

第一个最简单的应用就是在移动手机方面，最早的功能机，现在走到了智能手机，下一步是什么呢？因为有了柔性屏，才真正地把手机和平板结合在一起。之前三星和华为也发布了类似的产品，但是没有一家公司能像我们一样在市场上真正销售这款产品，最早发布的也是我们，是去年 10 月在美国发布的，而且整个操作系统也是我们自己开发的，这里面设计的难度非常大，因为涉及了操作性加硬件，没有柔性屏的话，就没办法实现。

我们的柔性模块当时 10 月在北京发布，同步在硅谷那边发布。BBC 直接把我们定义成是一个历史性的发布，因为之前有很多类似产品，但是实际上真正能够做到全柔性的手机只有我们一家。我们在海外媒体上得到了很多非常好的评论。

柔性屏打开了很多的应用领域，会突破原有的使用场景，我们的产品又柔又轻，所以未来在飞机生产上面会大量取代现有的屏幕，因为重量对飞机和智能交通来说非常重要。一架飞机使用我们的柔性屏，一年会节省上百万元的油费。我们去年的柔性屏产品在世界杯决赛上发布了，也引起了不小的轰动。LV 公司发布的一款柔性包，当时买了我们的产品。柔性屏幕和传感器会用在机器人的创新上面，以后再也不需要输入的屏幕，会有更可爱的面部表情，而且所有的输入都可以去掉，全部通过柔性触感来做到。还有就是用在办公教育方面，这是因为我们柔性传感器特别灵敏，传统的视频延迟都没有了。

整体来说，柔宇科技把屏幕做好，相当于一个土壤，把这个土壤建好以后，上面各行各业都能够跟这些新兴创造出来的科技做一个合作。

所以我也希望一些投资人投资硬科技，因为硬科技是人的骨头，你把骨头练强练硬了，你在上面想干什么就干什么，我们也在做这个事情，我们把这个土壤会做得更扎实一点。

我们现在到了一个新时代，希望在人机交互和万物互联方面，柔宇科技给整个产业做出一些贡献。

3　圆桌分享：结构技术创业新未来

上海极清慧视科技有限公司的赵伟时以企业自身创业经历证明，技术创业需要舍得投入研发。

上海卫莎网络科技有限公司的创始人蔡天懿则以个人创业从模式创新到技术创新的经历证明，现在的创业是技术创业，科学家和工程师已是创业的主力。

用友产业投资创始合伙人王峰认为，创新的最大成本在于孵化优秀企业的环境，很多创新型创业的项目要拥抱大的生态、大的企业平台，在产品、市场渠道各方面借助大企业的生态去发展。

上海眼控科技股份有限公司副总经理康国晓认为，技术创业的路径决定创新的成本，进而会影响到成果转化的效果。

中国科学院控股公司上海办主任国科上海总经理金军认为，技术创业者要提升两大思维，一是意识管理思维，二是要有工匠精神，二者结合才可以打通科技成果转化的各个链条。

我们来看第一个关键词是什么：技术创业，有没有谁来根据这个词来聊自己在这个创业的路上，技术创业创新路上的所思所想所得，有没有？

赵伟时：我来自上海极清慧视科技有限公司，是创始人之一，我叫赵伟时。3 年前，我看到了一个超高清视频的潜在机会，当时大家都在讲高清，我就从外企辞职了，开始研发 4K 超高清影视获取、显示、存储。去年差不多这个时候，我认为 8K 是一个新的方向，所以当时下了一个很大的决心做 8K，目前在 8K120 帧方面，我们从影像的获取、显示、存储技术已经得到了工业和信息化部的测试报告。目前在这款上面，在中国是唯一的，所有的系统设计、硬件设计、算法设计，还有外观设计都是我们自己的。去年 12 月因为 5G 的产生，我们又把 8K25 帧、30 帧的速度通过研发，把 5G 模块也打通了，这个技术也是比较超前的，因为现在 5G 只有 80 兆的带宽，8K25 帧往上传是一个世界问题。

主持人：完全是因为自己有核心的技术，然后才自己创业的？

赵伟时：不是，是我看到了一个潜在的机会，然后才开始做研发，我们埋头开发了 3 年。

主持人：现在展望未来的话，您说中国独一份，在全球有竞争对手吗？

赵伟时：8K120 帧，目前全世界只有日本的企业和夏普联合做的，它们是广电级模式，我们主要目标是在工业、医疗、安防，我们做的是电影模式的。除了这两家，我没有看到其他的。

主持人：就这个问题，还有哪位可以跟我们阐述一下？

蔡天懿：大家好，我是上海卫莎的创始人及 CEO。去年 8 月上线了一个产品叫马卡龙玩图，我们从去年到现在有 3000 万用户。这是我第三次创业了。第一次在湾区做搜索引擎相关的创业。第二个是一个电影卖票的平台，2016 年卖给了腾讯旗下的公司，腾讯的电影票业。后面两个对我来说，其实是一个技术创新为先的事情，今天基本上没有一个人会到电影院里面买票，大家都在手机上选自己喜欢的电影去买。在创业前 6 个月，我们是产品获胜、技术获胜，这个市场非常赞同，我们变成了这个市场的霸主。但是在之后的两年半，这不是一个技术，它是一个运营，我们预见的是我们卖 60 元的电影票，我们在平台里面卖 1 元，我们产品优惠的钱从哪来呢？所以在后来的两年半就是一个运营的游戏，有更好的战略规划、有更好的融资能力，才可以在这个战场上。

我们现在做了 AI 公司，我们上海交大的合伙人在上海交大有一个脑科学人工智能实验室，想做一个更偏人的 AI。我想做一个生态，普通人可以创作。在这个过程中，我知道现在我们做的东西在 10 ～ 12 个月之内不会有变化。整个游戏变成了一个技术竞赛，这是一个人才的竞赛，有没有更好的人才可以持续地在你的公司里面创新，这变成了一个更重要的问题，它更偏向于硬科技。所以对我来说，在这个公司，我感觉每天就像在一个存活期里面，我相信在座的技术创新项目都掌握了自己的核心技术，我们有一个先发优势，而你要做的就是再去做这样一个事情，给予创业者这样一个生态，从最初 2000 年起工程师的创业到了一个职业经理人的创业，再回到工程师的手上。现在很多的创始人是教授、是大学老师，他们有能力在这个市场上继续去做自己的创业项目。这是我看到的变化。

主持人：这两位的回答很有底气、很有信心，都是持续的创业者。我主持浦江论坛有一段时间了，前不久经常说一个词“风口级”，现在这个词没有出现过，现在聚焦于核心技术，聚焦于自己本身的核心力量。

第二个关键词是什么？创新成本。作为一个投资机构来说，现在你有多少的雄心壮志去填补创新企业的成本？

王峰：我提两点观察。第一个是创新成本，尤其是针对环境的。我们观察到一个数据，创新创业程度最高的是华为，这里创新的最大成本是孵化优秀企业，即使你的房价和各方面受生活成本因素影响比较低，但是你缺乏相应的产品配套，诞生优秀企业的机会也非常小。我们从投资者的角度来讲，为什么会有这样的说法？为什么有这样的一个逻辑？

第二个观察是从企业来讲。从企业来看，因为今天讲的主题叫硬科技、硬技术，实际上可能绝大多数的创业者没有这个能力，没有像我们在座的非常优秀的企业家团队、实力各方面的能力。目前包括我们用友在内，很多传统或者很多大的集团和企业本身就用一个非常开放的心态去拥抱创新创业，本身也是去做一个开放的生态、一个平台。我的建议是什么呢？很多创新型创业的项目要拥抱大的生态、大的企业平台，尤其是在一些产品、市场渠道各方面能够借助大的企业的生态去发展。

主持人：今年的投资风格和近几年有什么不一样吗？

王峰：我觉得有区别，风口的概念淡化了，能够着眼长远，着眼真正的价值创造的东西，尽量规避短期的扰动和给自己企业发展带来的短期障碍。我给创业者一个建议，资本跟创业者是双向选择的，能够陪伴大家可以长远地发展，我们认为这样的投资者是存在的。

主持人：康总和金总想回答下一个问题吗？我们看最后一个关键词，成果转化，谁先来？

康国晓：从最初创业开始到创新成本到成果转化，我回顾了一下整个上海的创业历程，最后有一个思考的结果，就是技术创业的路径会决定创新的成本，进而会影响到成果转化的效果。今天，我们很多嘉宾都谈到了技术创新和模式创新，以及提到了硬科技的“八路军”。我们也属于“八路军”的一军，在这个过程中，我们的创业选择也是有很多的考虑。在创业之初，作为技术创业的企业，我们在考虑技术创新是什么样的，因为可能会影响到在整个技术创新过程中投入的要素和研发的周期，这种成本的高低会直接影响到成果转化的时候能不能够收获，能够在创业的时候是基于不改变终端客户现有系统架构之上，以人工智能的技术去替代客户大量的人工重复性劳动，然后为传统产业优化资源配置，降低它的成本，提高它的效率，实现市场和客户的培育。我们通过间接式的创新，使得资源和市场进行革命性的创新，最后成为一个“独角兽”企业，这是我们的路径。

主持人：成果转化还是解决“最后一公里”的问题，现在已经找到这个路径了？

康国晓：对。

金军：我发表一下自己对成果转化的感想。因为我原来一直在当老师，现在是在做一个综合的技术平台。其实技术创业就是一个残缺的苹果，怎么把这个变成一个相对完美的成果，有点像小孩长到大人，其实有四大核心要素，企业本质也有四大要素，我们大家理解是要有风险基金，适合长期能放水的资金，空间是围绕办公和生产，包括少花钱。另外，如果有产业龙头企业的助力，业务本身就会有比较好的发展，所以还是要借助龙头企业。技术创业者大部分是科学家的思维，科学家的思维要有两种大的思维的提升，第一个是管理思维，毕竟是经营一个商业行为，有商业合作的考虑。第二个是要有工匠精神。一面科学，一面技术，两者结合慢慢地能做出一个作品，从机型到产品，再到一个良好的应用，应用又有好的管理，这条链能打通才能有成果转化的周期，加速企业创业的成功率，这可能也是我发自内心一直想要说的。前面有一位老师提到 0 到 1，对于技术创业者来说，这个 1 我一直在思考是不是你热衷和发自内心的对科创这件事有情怀，你对这个技术有一个很好的想象空间，有了这个 1 之后，再通过不断的努力和学习继续，这个 1 是我对这一块的理解。

主持人：谢谢。再次把掌声送给 5 位分享智慧、分享思想的嘉宾。

第5章

科技金融论坛：资本市场创新与行业机遇

随着改革开放不断深入，资本市场服务科技创新的探索正在大步迈进。在经济新常态下，资本市场如何创新，如何扶持新兴企业发展已成为我们面临的新课题。本场论坛围绕国际资本市场发展对科创板创立的经验借鉴与启示、创投机构对优质科技企业进入资本市场的推动作用、资本市场创新对细分行业带来的机遇与挑战、金融创新与风险把控等热点话题展开讨论。

1 论坛综述

2019年5月25日下午2：00—5：00，2019年浦江创新论坛科技金融论坛在上海市东郊宾馆会议中心玉兰厅举行。本届科技金融论坛以“资本市场创新与行业机遇”为主题，由上海第一财经电视主持人黄伟主持，到场嘉宾有上海证券交易所资本市场研究所副所长廖士光，上海科创中心股权投资基金管理有限公司总裁康鸣，新加坡交易所北京代表处首席代表谢采含，上海张江（集团）有限公司党委副书记、副总经理陈微微，德同资本管理有限公司董事长邵俊，申万宏源证券承销保荐公司董事总经理、战略业务部负责人屠正锋，火山石投资创始合伙人章苏阳，如海生物首席执行官董瑞平，香港交易所高级副总裁、中国区上市发行服务部主管陈丛，奥博资本亚洲联合创始人王健，博远资本创始合伙人陈鹏辉。

本次科技金融论坛形成的主要观点如下。

第一，资本市场改革助力创新企业发展。科创板是落实创新驱动和科技强国战略、支持上海国际金融中心和科技创新中心建设的重大改革举措，是完善资本市场基础制度、激发市场活力和保护投资者合法权益的重要安排。科创板是一个新的市场，但其背后是深刻的市场化改革。科技企业是推动创新的载体，要围绕关键技术或者“卡脖子”技术，将企业创新与资本市场对接，利用资本市场扶持创新企业快速发展。

第二，资本市场创新为医药行业带来发展机遇。中国的生物医药已经形成了一个由仿制药向创新药转变的新局面。由于生物医药行业的高风险性，科创板对中国的医药创新产生了巨大的推进作用，拓宽了创新型医药企业融资渠道。

第三，随着科创板的推出，我国A股市场也在慢慢向更早期的科技创新型公司开放。

2 嘉宾演讲实录

深化资本市场改革，助力创新企业发展

廖士光 上海证券交易所资本市场研究所副所长

> 以“科创板+注册制”为契机，探索资本市场创新改革方向。上海是科创板重要的企业来源地，也是上交所市场服务的重点区域。上交所将会同有关部门做好科创板上市资源的培育工作，为上海科创企业上市提供全方位的优质服务，打造高效的科创企业、创投和资本市场的生态体系，加快推动上海国际金融中心、科技创新中心建设。

非常高兴参加今天下午的科技金融论坛。我今天演讲的主题围绕两个关键词，一个是改革，一个是创新。现在我们关注的焦点是中美贸易摩擦，这当中很重要的一环就是我们缺失很多关键、“卡脖子”的技术。在当下特殊时期，围绕关键技术或者“卡脖子”技术，将创新与资本市场对接起来，利用资本市场的改革，助力创新企业的发展，是非常应景的。对此，我将平时研究的心得跟各位分享一下，做一个交流。

第一，资本市场支持创新企业发展

科技企业是推动创新的载体，资本市场支持创新企业发展。企业无论是传统企业还是创新企业，按照生命周期来看，每个企业可能都有4个阶段，即创业期、成长期、成熟期和更迭期。每一个阶段都需要相应的资金和资本支持。从不同阶段的发展特征来看，各个阶段的融资渠道和融资方式有着较大差异，特别是在创业期。当年乔布斯是在车库里和他的伙伴一起创造出苹果公司。这些创新企业基本上都是轻资产企业，没有资产可以做抵押，所以最早期的资本来源，要么是自身的积累，要么是和朋友借钱。随着创业

企业或者孵化企业的发展，外部资金会进入到企业中。一旦企业进入成长期，天使投资也会跟进，对应的融资渠道、融资方式也会发生相应的变化。IPO 是实现划时代或者跨越式变化的节点。因为上市之后，资本市场会给企业提供发展平台，也会大大提高创新企业或者是科创企业的估值，这为其发展提供了很大的助推作用。

从 20 世纪 70 年代到现在，每个时代都有代表性的科技企业，这些科技企业进入资本市场后都实现了飞跃式发展。70 年代的英特尔公司、ATT，80 年代初苹果上市，之后是微软、甲骨文，90 年代的亚马逊和思科。2000 年之后有我们耳熟能详的腾讯和谷歌公司，2010 年之后的 Facebook 和阿里巴巴，每个时代都有代表性的科技企业出现。这些科技企业进入资本市场后都实现了飞跃式发展。其中，Facebook 是在 2012 年上市的，上市之前它没有公共融资平台，融资额度也比较小，在这种小众化的市场下，Facebook 的估值比较低，但上市后在资本市场融到 160 亿美元，公司估值出现了质的飞跃，这就是资本的魔力。

第二，以“科创板＋注册制”为契机，探索资本市场创新改革方向

去年是改革开放 40 周年，我们的经济实现了突破性或者是天翻地覆的变化。从原来的计划经济转入到现在的市场经济，在很长一段时间内，我们的 GDP 是两位数增速，特别是在 2000—2010 年，经济增长非常快。从中国发展历史看，回顾 1997 年之后的 30 年发展历程，可以划分为 3 个阶段：第一，1997—2007 年，我们的劳动力成本比较便宜，这 10 年是人口红利助推经济高速增长的阶段。第二，2007 年次贷危机之后，为了对冲海外市场的冲击和影响，我们采取了一些量化宽松的政策。2007—2017 年，政府向市场投放了大量资金，但很大一部分资金没有进入到实体经济中，导致很多的资金追逐资产，房价上涨，大宗商品价格此起彼伏。第三，2017 年之后，也就是党的十九大报告中提到的质量变革、动力变革、效率变革。在经济新常态下，我们要从劳动力、资本和技术等几个方面寻找动力源，提高全要素生产率，利用技术变革推动经济增长。

我国已经成为全球第二大经济体，在经历 GDP 两位数的高速增长后，中国要走创新驱动道路。面对目前银行主导的间接金融体系及宏观杠杆率持续上升的局面，推动金融供给侧结构性改革势在必行。设立科创板并试点注册制是在这个大背景下提出的，服务国家发展战略，特别是创新驱动发展战略和科教兴国战略，服务上海四个中心建设，对接上海国际金融中心和上海科创中心战略。设立科创板是金融供给侧结构性改革的一个重要组成部分，通过改革开放，我们获得了最大的成功经验——渐进式改革，通过增量带动存量。

科创板制度设计秉持四化原则：市场化，建立市场化约束机制，促使市场主体归位尽责；法制化，建立完备制度规则体系，实现基于规则的监管；国际化，引入国际市场成熟做法，结合国情进行适应性改造；公开化，引入电子化发行审核系统，使过程公开透明。

科创板制度设计有六大亮点：发行审核注册制、上市标准多元化、发行定价市场化、交易机制差异化、退市制度从严化和持续监管更具针对性。科创板制度设计从整个程序来看，从审核、发行上市、定价、交易、持续监管到最后的退市，每一个环节和现在的板块相比都有特殊的制度安排。

科创板市场申报企业最新情况是，截至2019年5月24日，累计受理企业111家，问询89家，中止审核4家。从区域分布来看，申报企业的地区主要集中在长三角、珠三角、京津冀，北京、江苏、上海、广东、浙江占前五席。从申报企业的财务特征或从科技特征来看，研发费用占比高于场内其他板块，体现出科创板的特质；91%的企业收归母公司的净利润同比增速为正；2018年营业收入增速平均值高于其他板块。

第三，推动上海“两个中心”建设

上海是科创板重要的企业来源地，是上交所市场服务的重点区域。上海的科创板后备企业主要集中在新一代信息技术、高端装备制造、生物医药等行业。上交所将增强服务功能、扩大服务范围、提高辐射能力，加强长三角服务基地等平台建设，与上海市有关部门共同做好科创板上市资源的培育工作，为上海科创企业上市提供全方位的优质服务，打造高效的科创企业、创投和资本市场生态体系，加快推动上海国际金融中心、科技创新中心建设，也促使交易所为资本市场、为科创企业的成长发展提供应有的服务和支持。

股权投资基金助推科创中心建设

康鸣　上海科创中心股权投资基金管理有限公司总裁

股权投资基金是科技创新企业的天然伙伴，其对促进中小型、创新型企业发展发挥着巨大作用。上海科创中心将围绕新的重大任务，充分发挥母基金的平台优势、集聚效应和放大效应，打造市场领先的科技创新投资生态体系，资本助力产业高质量发展，为服务上海科创中心建设做出更大贡献。

非常荣幸能参加今天的科技金融论坛。2014年5月，习近平总书记对上海做出建设具有全球影响力的科技创新中心的重要指示，今年正好是5周年，5月的上海掀起了一股科技热潮。作为全国第一家以科创中心命名的股权投资基金，上海科创中心基金深切感受到，上海在科创中心方面的显示度和影响力不断增强，科技创新的含金量显著提升。今天我从股权投资基金的视角分享服务科创中心建设的一些思考和实践。

第一，股权投资基金支持科技创新的国际比较

股权投资基金是科技创新企业的天然伙伴。股权投资活动本身的实体经济属性使得股权投资和传统金融有着明显的区别。相比而言，股权投资的主要服务对象是中小型、创新型企业，传统金融则以大中型企业为主；股权投资更关注企业的成长性，在不确定性中获取收益，而传统金融更看重企业的稳定性，在确定性中获取收益。

从国际视角看，20 世纪 70 年代美国经济战略转型及 90 年代经济繁荣过程中，股权投资扮演了相当重要的角色，在纳斯达克上市的企业中，超过 75% 的企业有风险投资参与。美国有风险资本支持并获得成功的高科技公司对 GDP 的贡献率超过 20%。2018 年，美国风险投资总额达到 1300 亿美元，创下近年来的新高，这些数据反映了股权投资基金与科技创新、经济发展之间的关系。

对全球 25 个科技中心进行比较，北京和上海位列高成长中心前列，硅谷依然是目前全球最大、最为活跃的创新中心。根据 2012 年以来科技公司交易案例地域分布统计，硅谷以累计超过 12 000 个交易案例数在全球 25 个科技中心位列第一。与此同时，在科技公司股权融资方面，硅谷以累计 1400 亿美元位列第一。北京和上海正在追赶，成为其有力的挑战者。

当前，硅谷的风险投资额依旧保持在较高水平，有力助推了互联网、医疗、软件、通信、消费品、计算机等产业的发展。从国内看，科技创新领域近年来备受关注，2012 年以来中国股权市场对科技创新领域的关注度逐渐提升，2018 年中国股权市场共有 5250 起科技创新领域的投资，占所有投资案例数的 52.4%，金额达到 3861.90 亿元，占总投资额的 35.8%。从科创板受理企业的招股书可以看到，截至 5 月上旬的 100 家受理企业中，超过八成企业获得了创投资金的支持，包括 VC/PE、国有创投机构，也包括母基金、产业基金、上市公司旗下创投基金、券商直投和险资旗下股权投资平台等。就整体的地域分布来看，科创板企业背后的主要创投机构还是集中在长三角、珠三角和京津冀地区，来自这些地区的创投机构占比近九成。行业集中度较高的新一代信息技术、生物医药等领域合计占比超过 60%。科创板 100 家样板企业也是国内科创投资生态的生动反映。

风险资本的崛起，促使具备科技创新影响力企业的出现。北京和上海已经成为亚洲地区“独角兽”企业最多的城市。根据清科数据统计，当前股权投资的热点和全球科技创新领域的发展趋势保持一致。2018 年中国投资排名前三的行业是 IT、互联网和生物医药，与美国风险资本的投资领域较为一致。以人工智能为例，全球人工智能企业总数超过 2500 家，美国和中国占据了前两席。在过去近 20 年，中美两国在人工智能领域的风险投资金额远远领先于其他国家。人工智能领域是中美两国科技竞争的一个缩影，也是中美两国在核心技术和关键领域的卡位战。

第二，股权投资基金服务科创中心建设大有可为

现在我们要做的就是继续寻找优质企业，不断帮助企业更好地发展。我们认为，股权投资基金在服务科创中心建设方面是大有可为的。自 1992 年 IDG 资本进入中国以来，创业投资在中国的发展以美元基金为主，至此已经走过了 27 年。2007 年人民币基金兴起，

2009 年创业板开市，人民币资金投资活跃度上升，2015 年以来，在双创大发展和供给侧结构性改革的推动下，国内优质资产不断涌现。2019 年科创板推出，可以预见这次自上而下推动的制度创新能给股权投资带来巨大红利，将开启新一轮成长期。

根据清科报告，截至 2018 年年末，中国股权投资资本管理规模近 10 万亿元，居全球第二。2018 年，中国股权投资市场投资总量占 GDP 的比重为 1.2%，但美国该比例为 3.6%，与此相比仍有很大的上升空间。从我国私募基金的来源看，各类养老金、社会公益基金、保险资金等长周期配置资产的比例在 3% 左右，而美国超过 40%，总体上看，长周期资产的比例仍有较大提升空间。从市场环境来看，“双创”的蓬勃发展为股权投资基金资产配置提供了“跑道”。2017 年，中国“独角兽”企业数量占全球的近三成，市值占全球“独角兽”企业的 41%。中国新创公司发展为“独角兽”企业的速度快于美国，平均时间为 4 年，而美国公司是 7 年左右。

世界正处于新一轮科技革命和产业变革期，大数据、云计算、人工智能等发展如火如荼，为股权投资市场发展提供了重要机遇。从资本供给角度看，当前股权投资迎来供给侧结构性改革，概括为两个并重，第一个是商业模式驱动与技术驱动并重，近年来中国人口红利正逐渐衰减，从外部看，底层技术的积淀较欧美国家有差距，基础科技、关键核心技术受制于人的问题日益凸现，给商业模式创新带来挑战；第二个是 2C 和 2B 的企业级的并重，近年来我国 C 端市场投资门槛持续增高，BAT 主导下初创企业生存难度较大，竞争白热化。

作为股权投资的重要组成部分，母基金具有如下特点：一是投资周期长，更看重长期收益，能够穿越经济周期。二是通过两级放大，能够撬动更多社会资本。三是子资金投资和直投相结合，能够更好地发挥资本的催化作用，产融结合的效果更好。四是通过分散投资，可以烫平非系统性风险。

第三，上海科创基金服务科创中心建设的实践

上海科创基金是根据上海市委、市政府的部署，由上海国际集团牵头，联合相关投资人发起设立的，2017 年 9 月在浦江创新论坛上基金揭牌设立，目标规模是 300 亿元。上海国际集团在资金运作方面有经验，近年来先后发起设立上海科创基金、长三角协同优势产业基金等，国际集团旗下的基金群将持续发挥协同效应，共同服务上海国际金融中心、科创中心、长三角一体化等国家战略。上海科创基金成立的使命是要服务上海科创中心建设，聚焦集成电路、人工智能、生物医药等重点领域，努力打造世界级新兴产业集群。我们的投资方向与科创中心重点推进的产业方向高度契合。基于这样的使命，我们在实际运作中既有市场化运作，也有功能性布局。目前已完成 30 个子基金的立项或者决策，基本覆盖市场头部基金管理人，承诺出资超过 20 亿元，可带动子基金投资 150 亿元。已经在人工智能、生物医药等重点领域形成子基金的集群效应，子基金已投项目超过 100 个，主要涵盖 AI、集成电路、生物医药、高端装备、5G、物联网、机器人等领域。

在服务上海科创中心建设方面，科创基金成立以来注重紧贴国家创新驱动发展战略，以科技创新功能性布局为带动，精选管理人和子基金合作伙伴。一是在部市、院市合作框架下与国家科技成果转化引导基金合作，双方将共同推进子基金设立、科技成果转化投资等合作。二是依托市场化子基金投资，有力支持科技产业发展，子基金布局上注重紧贴国家及上海市战略新兴产业发展导向，在相关领域积极布局，引导GP深耕产业链。

从子基金已投项目地域分布看，上海地区投资占三成，长三角地区投资占五成，基金运作体现了服务上海科创中心建设的功能定位。

在不断提升专业化投资和平台化管理水平的道路上，我们一直在努力。我们将围绕上海3项新的重大任务，更好发挥母基金的平台优势、集聚效应和放大效应，努力打造市场领先的科技创新投资生态体系，使资本助力产业高质量发展，为服务上海科创中心建设做出更大贡献。谢谢大家！

新加坡资本市场如何扶持新兴企业发展

谢采含　新加坡交易所北京代表处首席代表

有效利用资本市场和科技创新对新加坡经济发展发挥了十分重要的作用。目前，新加坡建立了一个与时俱进的金融中心，为新加坡和亚太地区服务，形成科技研发与金融良性互动生态，助推新兴企业快速发展。

很荣幸出席浦江创新论坛，并在科技金融论坛这个分论坛“资本市场创新与行业机遇”和各位分享。

中国的经济崛起是历史上最不平凡的故事之一，约40年的时间里，这个曾经落后的国家已经帮助数亿人民脱贫，同时将自己变成世界第二大经济体。在接受创新方面，中国是领跑者；在现有技术方面，中国是创造者；中国积极推动“一带一路”，带动区域共同发展。

新加坡是一个小国，没有原材料和天然资源，但是从1965年国家独立之后走到了今天，53年后的今天，新加坡的人均生产总值已经达到62 000美元。新加坡以工业和加工业起家，主要投资新兴科技产业，成功地让新加坡在不同的经济周期能很快地找到新的定位。新加坡也借自己的地理位置和经济成熟的优势，通过贸易拉近与各个经济体的关系。在2018年达沃斯论坛上中国国家信息中心发布的国家“一带一路”报告，新加坡位列“一带一路”投资环境指数排行第一，政治稳定，经济发展动力强劲，营商环境优质，对华关系友好。中国对“一带一路”国家的投入中有1/3先进入新加坡，而新加坡对中国的投资也占到“一带一路”国家对华投资的 85%。

第一，新加坡资本市场的发展战略

新加坡和中国在发展过程中有效地利用了资本市场，科技创新在经济体上扮演着十分重要的角色。新加坡建立了一个与时俱进的金融中心，为新加坡和亚太地区服务，它拥有近 1500 家金融机构，这些机构在不同资产类别中提供各种创新金融产品和服务。这个顶级金融中心有高效的营商环境、完善的监管框架、可靠的基础设施，还有经验丰富的金融专业人士提供服务。

新加坡是人民币在亚太区域的门户，服务着中国与世界其他国家之间日益增长的贸易和投资流动，为很多中国企业带来境外拓展和融资便利。随着人民币在新加坡流动性的增强，新加坡金融机构能够提供更广泛的人民币产品和服务，更好地满足市场融资、投资和风险管理需求。

新加坡交易所是国际化程度极高的交易所，上市公司有 750 家，有一半的市值来自新加坡的境外公司，大中华地区企业占据了总市场的 20%。新加坡交易所 G3 债券发行占亚太比重超过 40%，中国企业占据 15%。有超过 80% 的发行人来自海外，机构投资人占市场投资人的 80%，包括来自世界各地的高净值人士和投资机构。

新加坡交易所采取的战略就是凸显国家优势，与新加坡政府机构携手建立产业环境，深化产业特定发展，实现企业持续增长，通过这个战略，新加坡交易所已经成功栽培了几个产业板块，从早期的新加坡海运中心的海事离岸板块，到最近的房地产信托，还有展现全球估值领先优势的医疗保健板块，以及随着亚洲城市化推动科技运用快速增长的新兴科技行业。

第二，新加坡拥有领先的科技实力

新加坡拥有领先的科技实力，在全球综合科技实力中排名前 20，在亚洲仅次于日本和以色列；新加坡以世界级的基础设施吸引了来自全球的优秀企业，有 130 个创新孵化器，有 80% 的软件和科技公司在新加坡设有机构，排名全球前 15% 软件公司将区域总部设在新加坡；拥有全亚洲最好的知识产权保护体系；在石化、电子、机械制造、航空器维修和生物医药领域形成了完整的生态体系；拥有强大的基础科研能力，新加坡理工大学的很多科研领域，在亚洲乃至全球大学都处于领先地位，是一个知名的信息交流平台。这些优厚的基础条件使得新加坡成为资本市场的运营方，实现企业和资本的无缝对接。

2006 年新加坡启动了“智慧国家”计划，强调信息技术的广泛运用和增加数据共享的方式。如今新加坡已经是亚洲乃至全球人工智能、区块链技术、加密货币最活跃的地区之一，吸引了一大批优秀企业、人才和资本，不断拓展技术应用场景和边界，极大地推动了新型技术的商业化。新加坡政府为支持鼓励和引领科技创新做出了很多努力，为了实现智慧国家，新加坡在 5 年内投入了 140 亿美元，支持科技创新商业化的资助每年超过 24 亿美元，支持科技创新和研究的资金每年超过 20 亿美元，经济发展与金融管理局等多个政府部门对科技创新企业进行资助，也通过各项技术使在新加坡采用信息技术的企业享受 5% ～ 10% 的优惠税率。

为新兴科技产业发展营造完善的生态环境。科技企业对资金的需求量是庞大的，因此，将资本市场的持续发展纳入到新加坡科技产业发展计划之中，金融管理局为这些企业提供 2% 的支持。如果是新兴科技行业，如消费者数字科技、金融科技、游戏服务与外围设备等行业，每家资助可以高达 100 万新加坡元。新加坡交易所着重服务于成长性好的企业，就在去年我们和美国纳斯达克建立起双向的合作机制，鼓励科技企业在新加坡交易所先做上市融资，逐渐壮大，之后再转向美国发展，为创新型企业未来登陆纳斯达克提供了很好的支持，以色列作为创新大国培育新兴科技企业的氛围也值得我们学习，他们具有丰富的知识和经验，可以为我们生态行业建设等方面提供帮助，因此，我们也与以色列特拉维夫交易所建立合作，为新技术和新产品走向市场助力。

第三，科技研发与金融已形成良性的互动生态

新加坡交易所鼓励和支持符合条件的企业通过 IPO 融资，上市条件市场化，既接受未盈利的公司，也广泛接受采用双重股权架构的公司。新加坡也接受二次上市，为在发达市场如美国、伦敦、澳大利亚、中国香港、以色列、日本等上市的企业设置一个上市的通道，让它们也积极迎合科技需求。

在新兴科技板块，汇聚了全球顶尖的 PE、VC 机构，通过这些机构的参与扩大板块规模。2017 年这些机构完成了超过 235 亿美元的交易。目前新加坡交易所科技板块的平均市盈率超过 20 倍，为投资人提供了更大的选择空间。

第四，医疗保健需求的增加推动相关企业在资本市场持续活跃

新加坡的生命科学生态系统建设起步很早，其生态环境分为六大类，即公司、银行、法律、投资人、会计师和机构。公司方面，世界前十大医药公司有 8 家在新加坡设置机构，全球收入前十大的制药公司有 4 家在新加坡设置工厂，新加坡有超过 25 家医疗技术研发中心和超过 220 家医疗技术初创公司及中小企业；机构方面，新加坡有约 20 家研究所，占新加坡生物科技行业的 1/3，约 50% 的新加坡研究所建立了联合实验室，用于进行药品的开发；投资人方面，如知名的 Pre-IPO 投资人 Kim Eng Securities 等；在法律、银行和会计等中介机构方面，新加坡拥有生命科学领域专家的机构，也拥有大量专注于新加坡医疗产业上市公司的国际及亚洲投资机构，包括境内外的主权基金，国际资产管理公司和保险公司。新加坡政府大力推动医疗保健板块的深度发展，政府计划在未来 3 ～ 5 年提高针对医疗保健行业的政府支出，预计 2020 年政府支出的水平比目前增加 31 亿新加坡元。因此，新加坡资本市场成了医疗保健企业寻求发展机会、提升自身地位的平台。

医疗保健板块规模在过去 10 年增长了 11 倍，行业总市值约 400 亿新加坡元，平均市盈率目前已经超过了 25 倍，是新加坡交易所发展最快速、投资回报率最具竞争力的板块。医疗保健板块的国际投资者以新加坡为通道，参与亚洲蓬勃发展的医疗保健市场，新加坡交易所前10年的医疗保健股平均26%的收入来自新加坡，57%来自其他的亚太地区，而17%来自欧美市场，已经是国际化布局。同时，我们增强了与风险投资及私募公司的沟通力度，让它们参与新加坡资本市场，丰富我们为医疗保健建设的生态环境。

新加坡的资本市场和许多国际金融中心的资本市场一样，都经历了不同经济周期的起落兴衰，新加坡之所以会处于不断进步的状态，是因为它注重资本市场发展和产业发展的交集，助推企业从资本市场长期获利。我希望各位今天通过这个论坛上的交流，增加对新加坡资本市场优势的认识，找到适合企业发展的资本市场契机。

谢谢！

3 圆桌论坛

圆桌论坛Ⅰ，科创板：中国创新助推器

第一场圆桌论坛由第一财经总编辑杨宇东主持，上海科创中心股权投资基金管理有限公司总裁康鸣，上海张江（集团）有限公司党委副书记、副总经理陈微微，德同资本管理有限公司董事长邵俊，申万宏源证券承销保荐公司董事总经理、战略业务部负责人屠正锋参与，4位嘉宾围绕“科创板认识”“制度亮点”“国际经验”“注册制”等重要内容展开讨论。

康鸣：科创板的推出是一次供给侧结构性改革，它通过资本市场来服务科技创新企业融资难这一短板。从母基金角度关注投资基金投资期限长、流动性相对较差的行业痛点，科创板在创投退出的环节提供了制度创新和平台。

科创板制度的创新亮点，一个是制度的包容性，包容了同股不同权等，使那些原来不能在国内资本市场分享平台的有了一个新的平台。二是特别强调以信息披露为核心的基础制度，不限定过多硬性条件，但是通过发行人信息披露，让投资者、市场充分了解企业所处的行业，了解企业的技术优势和核心竞争力，通过市场进行投资价值的综合判断。

新市场的成熟需要时间，对标纳斯达克、中国香港市场，如果有更多有核心竞争优势的科创企业愿意到科创板上市，未来科创板企业有10%～20%能够成长为中国经济发展的中坚力量，这就实现了科创板促进企业发展和产业发展的目的。

陈微微：科创板是中国资本市场第一次以科技创新为主题的板块，也是张江的一个热议话题。张江的企业以科技创新为主，如集成电路、生命健康，特别是生物医药、人工智能行业。目前受理的科创板企业中，15%来自上海，其中超过一半来自张江。科创板的推出是一件令人兴奋的事，希望为企业融资带来更多的机会和可能。

科创板在推出过程中应侧重几个主导产业，但不应该是贴标签的产业。科创板的推出是为了使现有的科创生态变得更丰富、更完善，而不是说以后只要是贴一个标签就可以上市。

现在有很多的行业存在跨界行为，如一些技术既属于生物医药，也可能属于新材料，或者是其他领域。所以最终还是要看这个企业的创新能力、成长能力，以及这种创新和成长转化为商业价值的能力。因为科创板最终还是强调经济回报，它和我们理解的原始创新还是不一样。所以现在在张江申报科创板的很多企业，都具有技术研发创新能力和快速成长的潜质，这是科创板未来最欢迎的，同时为科创板持续健康发展提供动力。

邵俊：对风险投资机构而言，必须有一个健全的退出机制。在中国资本市场的退出，风险投资机构更多追逐静态的财务指标等，这并没有反映出被投企业的核心竞争力和发展前景。目前，海外市场不断变化，过度依赖海外市场会影响中国的科创企业、科技企业自身的发展。因此，科创板的推出对整个行业来说可能是一个重大的变革。作为一个专业的投资机构，要去拥抱、支持真正具有科技含量的企业。

科创板制度亮点在于对发行定价的放开和市场化。但对比纳斯达克、纽交所、新加坡交易所等国际化市场，中国市场缺少一套完整的、对企业进行合理估值的方法论，希望中国借助科创板提高二级市场专业机构投资者的能力，这样的话可以相互促进，最终达到一个有效率的市场。

今天的注册制还在摸索阶段，首先是发行主体的责任，另外是保荐机构的责任，在现行优中选优的理念下，必然就有价值判断，需要完善事后监管，除了夯实中介机构责任之外，信息充分披露也是一个非常重要的方面。

从长远来说，科创板真正的成功在于它拥有能给企业持续提供融资的能力，也就是再融资的能力，包括并购、整合及配套的再融。美国很多科技企业的发展就是一部并购史，我们今天首先要解决 IPO 的问题，但是长期的成功不仅仅在于 IPO。

屠正锋：科创板真正的核心意义是要解决资源配置的问题。代表国家经济结构转型和提升长期竞争力的科技创新企业获得的资金量很少。科技创新是一个长期的事业，从技术理论提出来到产品成熟，推到市场，再证券化，可能需要 10 年，甚至 20 年时间，但是如果有资本市场支撑，就可以大大加快这个进程，加速科技创新的发展。科创板就是要在根本上解决资源配置的问题，给进入科技创新领域的企业提供正激励，这是一个很重要的机制。

从构建科创板的生态系统来说，科创行业并不是唯一的审核指标。在合规性、竞争力上要有充分的披露，这是一个基本的门槛。资源配置最终要交给市场，而不是说通过审核来筛选哪个企业优秀或者哪个企业不优秀。建立科创板的目的是使资源流入科创领域，并且形成良好的风险分散机制，这才能促进科创企业良性发展，而不是人为地选出科创水平高的企业。企业还要可持续发展，具有成长性，上市以后的表现更为重要。

对科创板有 3 点期望：一是对监管部门、政策设计者说，除了 IPO 制度之外，后续配套的再融资制度、并购制度和退市制度要进一步完善，并且要提高交易的灵活性。二是对企业家说，上市只是第一步，上市之后可能是几十亿元的市值，但是要达到上百亿元甚至上千亿元的市值，路还很长，企业家还是要把企业做好，提高核心竞争力。三是对投资者说，还是那句老话，入市有风险，投资需谨慎。

圆桌论坛Ⅱ，创新医药企业的 IPO 道路

第二场圆桌论坛由上海科创中心股权投资基金管理有限公司执行副总裁袁智德主持，火山石投资创始合伙人章苏阳，如海生物首席执行官董瑞平，香港交易所高级副总裁、中国区上市发行服务部主管陈丛，奥博资本亚洲联合创始人王健，博远资本创始合伙人陈鹏辉参与，5 位嘉宾围绕“医疗行业投资机遇”“医药创新挑战”“医药企业上市选择”“资本支持医药行业发展”等重要内容展开讨论。

章苏阳：火山石投资是一个人民币 + 美元的双币资金，我们的主要人员是从上海 IDG 分出来的，我们投资主要集中在两个方面，一个是先进的 TMT，先进 TMT 主要应用在 AI、云和大数据混合领域。第二个主要投资领域是先进医疗，包括设备、药、技术服务，主要应用 IVD 和 POCT 等技术。投资医药企业，基于境外法律机构的更适合美元基金，国内的更适合人民币基金。国外市场更为成熟且可预期，投资创新药企业更多时候是卖掉，而不是上市。

国内最近准备推出科创板，中国香港也有一个板块，已经上市 7 家公司，美国也有很多。对中国的科创板来说，这一点肯定是有比没有要好，但是风险还是比较大的，尤其是在这个领域，就看科创板怎么做，因为它和其他的 TMT 还不完全一样。由于生物医药行业具有高风险性，对于创业者来说选择被兼并收购或者独立上市，自己都会逐步形成一个明确方向。

前途是光明的，道路是曲折的。科创板对中国创新创业有很大的积极推进作用，随着时间的推延会更加完善。

董瑞平：中国生物医药是一个很好的投资领域。因为中国生物医药已经形成了一个很大的创新药局面，传统的制药公司以前是以仿制药为主，现在慢慢地向创新药转变，寡头还没有形成，可能在某个时候会真正形成一个很强的生物医药公司。

中国医药行业创新与美国的差异主要在两个方面：一是中国对于疾病发病机制的了解和对于生物学的研究还都很落后，亟须加强基础研究；二是药品监管滞后，须提供更为有利的环境，达到与国外药企一样参与全球竞争的条件。

医药企业对资本市场的期许，一是医药行业由于其自身特点导致投资周期长，希望投资人有耐心；二是创新药物成功率低，风险高，投资要有风险意识；三是投资团队要有专业人士了解所投项目。

对于生物医药来说，第一点是上市并不是一个最终目的，而只是一个融资手段，因为研发要有大量投入，所以肯定优先考虑哪里上市速度比较快，是 A 股还是港股或者是纳斯达克。第二点是公司的定位，如果想走向世界，是不是港股或者纳斯达克会更好一点。第三点是公司的发展，如果产品确实不多，只有两三个，这样是不是在纳斯达克更好一点。

如果你有很多产品，是不是A股和港股好一点。第四点是红筹架构。

科创板是一个非常激动人心的话题，希望科创板能够专注于鼓励真正创新的公司。

陈丛：港交所最近做了几项非常重大的关于上市制度的改革，现在允许同股不同权；推出了新制度，鼓励没有收入的生物医药公司达到一定的标准之后，在港交所搭建一个海外融资平台；持续推进互联互通，包括深港通、沪港通和债券通等。港交所的定位是希望能够做一个连接境内市场和海外市场的转换器或者说变压器。

港交所推出医药企业上市新制度，考虑最多的一点是如何去设立上市门槛，学习其他市场早期发展经验，港交所设计了几项准则，包括没有营收的生物科技公司到香港上市，企业要具有15亿港币市值，从产品的角度来说，至少有一个产品经过了测试，没有营收的生物医药公司需要有一家专业投资人作为IPO投资人进行背书等。现在已经有7家公司成功上市，共融了接近200亿港币，市值也达到了上千亿港币，现在已经有10家左右的公司向港交所提交了A1申请表格，预计年底有更多的公司申请。如果我们有15～20家未有营收的生物医药公司上市，可以为广大的二级市场投资人提供更好的投资机会。此外，很多国际一级市场的投资人，对中国不是太了解，尤其是制药、生物健康板块的政策一直在变化，同时国内的国情也是特定的，如果在香港有一些二级市场的上市公司，可以供这些国际投资人买卖，那对于很多国际投资人来说，这是非常方便、便捷的举措。

从整个上市的过程来看，港交所有一个非常明确的上市准则，有一套非常清晰的标杆，基本上企业能不能来，适不适合来，根据港交所网站上披露的信息，就会有一个大致的判断。港交所的职责就是确保信息尽量准确、公开披露，把下一步股票的定义和交易交给市场专业投资人决定。

香港是完全自由化的市场，资金的进出没有任何限制，公司上市6个月之后可以很自由地卖老股，发行各种衍生产品，可以源源不绝地从市场上融入新的资金。

王健：中国仍然是一块创新的沃土，得益于以下因素影响且持续放大：一是中国的人口多，已成为全球所有公司关注的世界级大市场，巨大的需求将吸引各项技术和产品落地中国；二是人口老龄化，60岁以后人们每年在医疗上花的钱比60岁前年平均值高好几倍，而且随着老龄化，疾病谱也会改变；三是城市化，各种与城市化相关的疾病需要一系列的新技术和产品；四是成本相对低，与波士顿相比中国成本至少便宜1/3或2/3。

就中国医药创新而言，值得关注两件事：一是药是创新药；二是药筛选的平台是新的。中国以前还是仿制药大国，在很大程度上是重复别人的工作，而且是彼此重复，这对于一个国家来说是巨大的浪费。

从全球市场经验看，纳斯达克作为生物医药的上市选择老大地位无法撼动，其优势是拥有成熟的流程，投资人也相对专业。港交所是一个后起之秀，国内的企业觉得香港在文化、距离、语言上更加亲密，如果国内的企业产品比较适合中国国情，就可以考虑去香港上市。港交所更喜欢大公司，A 股市场上市条款相较于其他两家更为复杂。在可预见性方面，港交所和纳斯达克都做得很好，A 股相对来说可预见性稍微绕一些，常常有一些意想不到的变化。此外，A 股和未来的科创板，一个巨大的好处就是它是人民币币种，国内的投资人觉得这个很方便，而且国内很多创业家对别的板块比较陌生，在感情上没有那么亲密，这些是利好。但受币种的限制，很多海外大财团无法直接到中国投资，这也是一个很大的挑战。

希望科创板是一个法制下的公开、透明、自由的市场，并且具有纳斯达克和港交所的可预见性，以及具有良好的退出机制。

陈鹏辉：中国医药行业投资机会有两大类：一是科技驱动的创新，如投资中国创新药企业；二是市场驱动的创新，中国是一个庞大的医药市场，为医疗提供创新的支付方式，包括商业保险，支付领域的新公司、新产品等，能够更好地帮助创新药品快速进入患者家庭。

在生物医药领域，大部分没有收入和没有利润的公司目前主要通过港交所和纳斯达克上市，接受美元基金投资更好；在现有科创板新规下，有收入的企业可以比较快地申请科创板，这个领域人民币基金退出通道更畅通。

美国和中国香港市场更愿意接纳年轻的公司，A 股市场更偏好成熟公司。伴随科创板的推出，A 股也慢慢地向更早期科技创新型的公司开放，希望看到更多的成熟机构投资人进入这个市场，帮助这个市场做得更好。

第 6 章

政策论坛：创新政策的国际协同

新一轮科技革命和产业变革正在重构全球创新版图，创新要素正成为各国争相角逐的战略性资源。全球范围内创新多极化趋势日益明显。当前，民粹主义、单边主义、保护主义思潮涌动，现有国际规则正受到挑战，创新政策实施的国际环境正在经历深刻变化。创新是世界经济增长的重要源泉，是引领发展的第一动力，对于大多数国家而言，创新是开放环境下的创新，合作共赢是创新发展的必经之路，创新政策的国际协同具有重要意义。在此背景下，中国提出深入参与全球科技创新治理，和其他国家一道共同构建人类命运共同体的发展思路。

1 论坛综述

2018 年 5 月 26 日上午，2019 年浦江创新论坛政策论坛“创新政策的国际协同”在上海东郊宾馆会议中心紫金厅举行。本届论坛由中国科技金融促进会理事长、研究员，中国科学技术发展战略研究院原常务副院长王元主持，邀请到了科技部政策法规与创新体系建设司司长贺德方，新加坡知识产权局国际交流司司长纪华胜，中国科学技术发展战略研究院院长胡志坚，德国霍恩海姆大学国际管理与创新中心主任、教授 Alexander Gerybadze，河北省科技创新战略研究院党委书记、院长高建锋，巴西巴中关系研究中心科学顾问 Adriano Proenca，以色列特拉维夫研究与分析部门主任 Galit Tasi 分别做专题演讲。

推进科技体制改革的过程中，创新政策工作取得了良好进展与成效。科技部政策法规与创新体系建设司司长贺德方指出，面对新的关键时期，科技创新政策体系建设要符合新的要求：一是提高科技创新的政策支撑性；二是加强科技创新政策的预见性；三是科技创新政策更具包容性；四是科技创新政策更具开放性。对未来创新政策的发展提出七大方向：一是更加注重国家创新体系的能力建设；二是更加强调基础研究和原始创新；三是更加突出营造公平竞争的市场环境；四是更加注重推动高水平的开放创新；五是更加注重营造良好的创新生态；六是更加注重提升普及治理的法治化水平；七是更加注重政策工作的系统性。对创新政策工作方法提出加强政策的精准性、政策的落实力度和加强科技智库的建设 3 个建议。

新加坡及东盟国家的创新生态在不断优化，数字经济发展迅速。新加坡知识产权局国际交流司司长纪华胜表示“一带一路”倡议促进了知识流动，知识产权和无形资产深刻影响着创新生态发展。新加坡及东盟国家基于数字经济的发展使得当地“独角兽”企业通过无形资产募集到大量市场资金，获得创新支持。新加坡及东盟国家注重保护知识产权，希望与全球各国合作共同保护无形资产及知识产权。同时，新加坡的 IP 及创新管理研究生项目可以对 IP 专家进行法律技术及商业专业知识培训。中新双方正在思考如何将知识产权合作更深化，并延伸到“一带一路”其他沿线国家。

全球科技创新治理需要政策的协同与合作。中国科学技术发展战略研究院院长胡志坚指出，面对百年未有之大变局，在全球贸易战背景下要避免悲惨结局需要智慧协同。现有的创新政策模式有缺陷，新技术快速发展带来了新的治理难题，科学技术进入无人区，带来了前所未有的治理挑战。现有的社会、政治和权力的设计不适应数字经济兴起治理上的需要，必须加强国际协同治理。创新理念要转型，不能再只强调经济；政治家要负责，分享创新收益，规制创新风险，反思过去的工业化科学技术现代化。新的全球治理必须要各国一起来参与，加强协调，共同探索相互需要。

全球化研发投资的趋势正在向新兴国家倾斜。德国霍恩海姆大学国际管理与创新中心主任、教授 Alexander Gerybadze 指出，全球性大企业在高科技行业的研发投入最大，企业必须将研发投入分布在全球各个国家。东盟、印度、中国等在不断加大对研发、创新的投资，吸引了更多企业聚集。企业在本国之外做研发是因为不同的国家之间有优势互补，可以对创新研发在不同方面、不同领域进行投入，互补优势将全球创新能力向前推进。高科技行业中研发投入和开支最多的是制药和生物科技，其次是 IT 和科技设备。国际大企业特别密集的国家最喜欢在海外进行研发投资，海外研发投资的主要驱动力：一是增长型市场的吸引力；二是企业通过兼并收购进行扩张；三是海外外包生产需要配套研发活动。中国产生的互补优势吸引了美欧、日本的跨国企业来中国进行研发投资。全球化科技创新的重要性将在未来 10 年持续增长，企业需要从国家获得更好的专利保护和知识产权保护。现在很多海外企业改变了研发战略，德国要考虑中国企业和海外跨国企业之间的新型合作模式。

科技成果转化是一个全要素耦合的系统工程，用创新思维对重点、难点和痛点精准施策的同时要强化系统思维，以全球视野从整体上统筹施策。河北省科技创新战略研究院党委书记、院长高建锋提出，实现创新价值就是要把科技成果变成可实现的产业活动，转化为新动能。成果转化是一项系统工程，主要有4个关键环节：第一，有好的成果；第二，成果持有人要有强烈的转化动机；第三，已经做好了转化的充分准备；第四，有能转化的土壤和支撑条件。从这4个方面进行政策制定需要强化成果、主体、渠道和条件。河北省近年来一直在着力构建全要素全链条科技成果转移转化新体系，加强顶层设计，统筹推进实施52111工程。为保障各项工作顺利推进，河北省正在构建包括政策法规、技术交易服务、科技金融支撑和绩效考核评价4个维度的综合保障体系。今后的研究方向：一是优化技术创新体系；二是研发链条融通发展；三是下放职务成果所有权；四是创新金融科技。

巴中关系研究中心一直在提升能力，加强中巴创新政策共建及创新合作协同。巴西巴中关系研究中心科学顾问 Adriano Proenca 指出，巴西产业正面临着数字化转型挑战。研究中心2018年做了一个关于巴西工业企业的4代数字转型调研，发现从20世纪90年代开始，整个生产和运营流程因为有了数字技术变得更加整合和更加智能化。巴西现在从第三代向第四代数字技术转型中存在一个断层问题，第三代数字技术带来了很多经济上的益处，但是不知道现在是否已经具备转型到第四代的条件。研究创新价值链重构对于巴西意义重大，开放性的创新政策可以帮助巴西企业有更好的创新环境和活力。巴西需要创立一个良好的创新型生态环境，帮助企业在采购、合作研发、执行等方面加强与其他企业合作。面对未来的挑战，巴西要加强全球层面共同协作的对话渠道，加强同中国合作。

面对全球化、反全球化、数据迁移等问题，特拉维夫鼓励所有企业交换信息、共享数据。以色列特拉维夫研究与分析部门主任 Galit Tasi 表示，特拉维夫初创企业比例很高，且研发企业数量在全国占比也非常高，研发中心数量以每年150%的比例增长，像亚马逊、谷歌等企业都认可特拉维夫的创新潜力，并在特拉维夫建立了自己的研发中心。特拉维夫为了吸引建设更多的研发中心对初创企业税收减免，给予种子资金，重视智慧城市建立，但同时也面临和其他城市一样的挑战，需要共同解决方案。此外，特拉维夫通过创造开放性的数据平台，和民众交换数据，同时也要权衡共享数据的量及创新和隐私保护之间的关系。特拉维夫通过与全球连接，搭建全球平台和数百个城市建立了友好关系，通过平台帮助企业拥有全球视野。

2　嘉宾演讲实录

对新时代科技创新政策方向的几点思考

贺德方　科技部政策法规与创新体系建设司司长

未来一个时期的科技创新工作要以国家创新体系质变跃升为目标，以提升原始创新能力为重点，强化市场化、国际化发展导向，坚持体系化、法治化发展路径。

我今天的演讲题目是“对新时代科技创新政策方向的几点思考”，主要介绍3个方面的内容：第一，简要介绍一下我国科技创新政策体系建设的进展和成效；第二，分析一下新时代科技创新政策工作面临的形势和需求；第三，对未来一个时期科技创新政策的思路和方向提几点建议。

创新政策是引导、鼓励和规范科技创新活动的政府措施和行为，是塑造创新环境、激发创新活力的重要手段。世界各个国家都高度重视和不断完善科技创新的政策环境，近年来欧美等很多国家都出台了一系列创新政策举措，将其作为推动经济转型升级的战略举措。像美国发布了3版美国创新战略，德国发布了4版德国高技术战略，某种意义上来说创新战略是创新政策的集群。改革开放40年来中国围绕不同时期科技事业发展的战略，深入推进科技体制改革，不断地完善科技创新政策体系。最近大家了解的是2015年党中央、国务院出台了《深化科技体制改革实施方案》，部署了到2020年要完成的143项改革任务，目前已经完成了120项。按照工作部署，力争在今年年底之前提前一年全面完成这143项任务。习近平总书记在去年的两院院士大会上也充分肯定了我国科技体制改革工作取得的成效，强调指出我们坚持以深化改革、激发创新活力推出了一系列重大举措，在科技领域存在的多年来一直想解决但未解决的难题方面，我们都取得了实质性的进展。不断推进科技体制改革的过程当中我们探索形成了强化要素、加强主体、完善机制、培育产业、聚焦区域、优化环境、扩大开放、增强反馈的政策建设路径，针对各类创新主体和创新链的各个环节进行了政策的部署和优化，已经基本形成了覆盖全面、门类齐全、工具多样的科技创新政策体系。我今天简要地从4个方面对创新政策工作取得的进展和成效做一个介绍。

一是不断加大科技创新投入，培养汇集高水平人才，创新要素越来越丰富。2018年我国研发投入达到了1.97万亿元，国家财政投入占22%，其中地方财政投入又占到60%。整个投入总量居世界第二，研发强度也达到了2.18%。持续地完善创新创业的政策激励措施，创新主体的活力在不断增强。构建了贯穿研发链条全流程的科研政策体系，实施科研院所的章程管理和绩效管理，优化科研项目和经费管理，提升科研院所和高校原始创新的能力。

二是建立了符合国际惯例、覆盖科技企业全生命周期的普惠性政策支持体系，激发企业创新的积极性。2017 年研发费用加计扣除和高新技术企业认证这两项政策就累计为企业减税 3300 亿元，已经成为我国企业减税降费的重要抓手。2017 年的数据比 2016 年增长了 30%，从政策预判的角度，今年我们统计 2018 年的时候可能还有 35% 左右的增长幅度。我国 2018 年已经决定把企业的加计扣除比例从过去的 50% 提高到了 75%。

三是大力完善促进科技成果转移转化的政策体系，形成了促进科技成果转化的三部曲，推动科技成果转化量质提升。全国技术合同交易市场以每年 15% 的速度在增长，2018 年成交额达到 1.78 万亿元。

四是建立了立法、司法、执法衔接的立体知识产权保护体系，成立了知识产权专门法庭，使知识产权案件的二审权上交到了最高人民法院，不断提高知识产权的侵权判赔额，知识产权保护力度不断加大。实行了惩罚制的赔偿制度。同时我们也不断地完善政策工作和方法，强化决策的证据与数据基础，加强决策分析方法的应用，加强政策预评估，对政策出台的成本、代价及效果进行预判，政策工作的科学化水平越来越高。

未来一个时期是中国加快建设现代经济体系、实现高质量发展的关键时期，实现高质量发展必须要有高效的国家创新体系做支撑，要建设高水平的国家创新体系必须要有完善的科技创新政策体系支撑。我们必须立足于新时代对科技创新的新需求，顺应新一轮科技革命带来的科技创新规律的新变化，加强趋势研判和前瞻谋划，把握新时期科技创新政策体系建设的新要求。

一是跻身创新型国家前列的战略目标，要求提高科技创新的政策支撑性。党的十八大以来中国科技实力实现了历史性、整体性和格局性提升，但对标跻身创新型国家前列和建设世界科技强国的战略目标，中国原始创新能力不足、科技支撑高质量发展能力不强，迫切要求科技政策的着力点要更加注重创新链的前端，提高原始创新能力，大幅提升科技供给的质量，推动经济发展质量变革、效率变革、动力变革。

二是科学技术的快速发展和产业的变革，要求加强科技创新政策的预见性。新一轮科技革命和产业变革加快孕育，对于人工智能、自动驾驶、基因编辑等方面的治理各国都处于探索阶段，谁也没有成功的经验。政策管理进入无人区，各国应该携手合作共同探索适应新科技创新规律的治理体系和监管政策，提高预见式管理的能力和水平，在持续推动科技成果造福人类的同时坚守住安全和伦理的底线。

三是创新组织形态的变化，要求科技创新政策更具包容性。当今基础研究、应用基础研究到产业化的界限越来越模糊，企业在研发和创新活动当中的作用越来越凸显，创新活动越来越从少数精英的小众创新向全社会参与的大众创新转变。集中式组织研发和分布式网络研发并存，这要求我们在创新政策的对象上要有更宽广的视野，更加关注多元主体的政策需求，激发全社会的创新创造积极性。

四是全球治理合作的发展趋势，要求科技创新政策更具开放性。尽管近年来国际科技创新合作受到了诸多不确定性因素的冲击，但是开放和合作仍然是当今世界科技创新的主流和基本特征。全球高科技产业的创新链、供应链和价值链日益交融，你中有我我中有你的互通共赢模式持续深化。据统计，在全球研发支出最多的1000家企业中有94%的企业在海外开展合作研发活动，这要求我们在创新政策上必须有全球的视野，推动实现高水平的开放创新。

未来一个时期的科技创新工作要以国家创新体系质变跃升为目标，以提升原始创新能力为重点，强化市场化、国际化发展导向，坚持体系化、法治化发展路径，大幅提升科技创新政策对国家创新体系高质量发展的支撑保障作用。

一是更加注重国家创新体系的能力建设，鼓励和支持新型研发机构、创新联盟、科技基金等多元化主体的培育和发展，进一步提升创新生态活力，明确企业、高校、科研院所等创新主体的功能定位和运行机制，健全分类精准支持措施，提升各类创新主体的创新能力，抓紧布局国家实验室，重组国家重点实验室体系，带动国家科技力量的优化调整，提升科技创新对国家战略需求的支撑力。

二是更加强调基础研究和原始创新，大幅提升基础研究的投入，在持续加大中央财政对基础研究投入的基础上，鼓励地方政府、企业、个人、社会组织和慈善机构加大基础研究的投入，建立以创新实效为核心的评价机制，完善科研项目的形成机制，营造有利于十年磨一剑的科研环境。

三是更加突出营造公平竞争的市场环境，对知识产权的有效保护就是对创新创业的最大支持，强化知识产权保护是我们国家发展的内在需求，也是中国作为一个大国的责任担当。要不断提高知识产权的保护水平，加大对侵权行为的打击力度，实行惩罚式赔偿制度，着重营造公平竞争和良好的营商环境，更加注重政策的普惠性，更加突出对竞争前技术研发的支持，坚持竞争中性原则，对大中小企业平等对待，对内外资企业一视同仁。充分发挥市场竞争对创新的倒逼作用。

四是更加注重推动高水平的开放创新，要树立人类命运共同体的意识，以更加包容的心态坚持走开放创新之路，进一步推动产业链、创新链的开放融合，强化互利共赢的创新利益格局，要主动承担更大的国际责任，牵头组织国际大科学计划和大科学工程，协同解决全球气候变化、能源安全、重大疾病等人类社会共同面临的重大挑战和科学问题。加大科学数据的开放合作，会同国际伙伴开展学术期刊开放获取的路径和机制研究，大力推动科研设施平台的开放共享，加强开放科学、知识产权标准化、中小企业创新等国际社会普遍关注的创新政策务实对话，增强创新政策的相互了解和信任。

五是更加注重营造良好的创新生态，要把科研诚信作为科研人员必须坚守的底线，贯穿到科研活动的全流程，建设科研严重失信行为数据库，对严重违背科研诚信要求的行为实行终身追究和联合惩戒，大力加强科研道德伦理规范，针对基因编辑、人工智能等热点领域适时制定修订相关的法律规范，明确法律责任，确保新科技的开发应用符合人类道德伦理的要求，不突破公序良俗。

六是更加注重提升普及治理的法治化水平，中国科技政策发展的重要经验就是在不同阶段推出科技体制改革目标，并出台相应的政策措施将改革的成果予以制度化，再通过制度的持续优化逐步实现科技治理的法治化。未来要进一步强化法治思维，我们已经启动了《中华人民共和国科学技术进步法》的修订工作，尽快将成熟稳定的政策上升固化为法律制度，适时开展人工智能、生物技术等新型前沿学科的立法工作，加强《公司法》等相关领域法律法规的协调，为科技创新治理体系和创新能力的现代化提供法制保障。

七是更加注重政策工作的系统性。要用系统理念和思维把政策工作的思路和部署统一起来，正如《OECD 科学技术和创新展望 2018》提出的应战略系统性地开展政策制定，而不应该是简单叠加、不断扩大的政策组合，要综合把握政策体系全貌和政策间的作用机制，以全局视野指导创新政策的优化，防止为解决一个局部的小问题反而酿成系统的大问题。今后科技创新工作要从聚焦于点上的突破调整为聚焦于创新主体、区域体系谋划和集成应用。

最后，关于创新政策工作的方法我简单提 3 点建议。一是要加强政策的精准性，把政策操作往细里走。经过几十年的积累许多政策领域的问题都已形成共识，未来政策的设计不能停留在理念和方向层面，要更加注重政策的细节，提高操作性。例如，前面提到的支持企业竞争前的技术研发，如何界定竞争前的技术，我们以前都是定性的判断，今后要借鉴国外的经验，应用技术 9 级成熟度模型准确地区分技术的发展阶段，准确把握政策进入和退出的时间点。再如，现在科研管理还比较粗放，未来要加强科研流程的标准化、专业化，提升科技产出的质量和可重现性。

二是要加大政策的落实力度，提升政策的落实质量。近年来我们制定了很多的创新政策措施，如果政策不落实不如没有政策，下一步要更加注重机构层面落实政策的主体作用和基层作用，强化机构层面的系统化政策落实，避免具体政策条目的碎片化落实带来的冲击相互矛盾和相互冲突。同时加强政策绩效后评估，强化第三方评估。

三是加强科技智库的建设，提升科技决策的支撑水平。目前科技创新智库的作用还是在理论推演和定性分析阶段，缺少定量研究、实操性建议。智库要树立专业化、客观性、原始性、引领性的智库建设，建立专业化一手数据库，打造大数据时代细分领域的专业小数据，加强专业分析工具方法的研发，找准制约发展的真问题和大问题。精准攻关、深度研究，为破解发展难题开出切实可行的药方和良方。

新加坡和东盟的创新扶持政策

纪华胜　新加坡知识产权局国际交流司司长

为深化创新生态环境必须加强知识产权评估，推进本地知识产权国际化。

今天我们讨论的是新加坡和东南亚创新政策的情况。第一部分我想介绍一下东盟，大家知道东盟就是东南亚10个国家，包括新加坡、马来西亚、印尼、泰国、缅甸、菲律宾、老挝等。第二部分和大家探讨一下知识产权在创新生态系统中的重要作用，以及新加坡和东盟的创新政策如何推动创新。

首先展示一下WIPO发布的2018年全球创新指数，中国在知识产权方面申报量比较高，也是发展中国家唯一一个进入前20名的国家。在这其中，科技部的政策发挥了作用。中国创新效率指数排名靠前，它在投入和产出之间的比例值得新加坡学习。尽管中国和新加坡的表现都不错，但是东南亚其他国家大多数较落后，如印尼、泰国、越南等，他们的创新和发展主要来自R&D方面的投入加大，近几年印尼和越南在专利注册方面有一个爆发式增长。专利和研发相关，东盟在过去四五年间的科研文献数量翻倍，泰国、马来西亚、越南、印尼等大国进展非常好，有很多的本地研发成果。虽然这些国家大部分创新来自非本地的专利注册，但本地的创新也在不断加强。

印尼、越南这样较大的东盟国家在IT领域的创新比较多。我们看到另外一个趋势：东盟的创新生态在不断变好，数字经济也在增长。在东盟最大的8个市场，手机用户数量已占总人口较大百分比，这意味着在这个国家里的大部分人可以通过互联网接入新的技术和创新。去年新加坡是东盟主宾国，通过和耶鲁大学合作，专门研究东盟及中国的数字经济和创新。可以看到各个东盟国家从医疗到各个领域，如金融科技等，有非常大的转变，甚至连提供政府服务的方式也变得越来越数字化。新加坡现在正研究怎样和智慧城市，包括中国的智慧城市项目做一个对接。

第二部分主要谈知识产权和无形资产对创新生态的重要性。无形资产是一个非常大的概念，大家都有不同的定义方式。就新加坡来说，IP包括行业机密在内的商标、专利等，这些知识产权方面的管理主要由国际合作部来负责。根据标普500公司的市值组成，20世纪七八十年代大部分公司的市值，如IBM、宝洁、通用汽车等，主要是有形资产，包括工厂、土地、产品，这些都是有形的。进入21世纪标普500主要市值更多地集中在像谷歌、亚马逊、苹果、微软这样的公司，其特点就是资产并不大。虽然苹果在中国和国家东盟地区有大量的生产基地，但其实它大部分的生产职能是外包给其他公司，其主要市值是无形资产而不是有形资产，去年全球资产的一半也是无形而不是有形的。在东盟和中国我们看到这样的趋势，虽然变化比较缓慢。中国创业板公司里的无形资产超过了

40%，而在新加坡传统工业没那么强，有形资产只占10%左右。亚洲正在推动全球专利注册数量的增长，注册专利数占全世界2/3，主要由中国、日本、韩国引领，东盟的占比也在不断提升。过去10年知识产权注册在IP申请方面增加了30%左右。IP在过去几年的权益增长也是一种指数级增长，在东盟内部的申请数也在不断提升。在东盟地区由本地创新者提出的IP申请量在翻倍，创新者数量也在不断增加。从东盟内部申请的专利也会去欧美等国家进行注册申请，当然也会有其他国家的专利申请者来东盟进行注册和申请。中国在东盟国家都有很多贸易和投资，基本上3年就会翻一番。我们认为，这是由于"一带一路"倡议促进了中国与东盟国家之间知识的流动。

东盟国家基于数字经济有众多"独角兽"企业。Razer是做电脑游戏的企业，市值达到44亿美元。最新IPO中，它在市场上募集到了5亿美元资金。现在游戏市场发展得非常快，可以通过它的无形资产募集资金。Grab和中国的滴滴差不多，通过创新从风投获得大量资金支持。在现在的金融体系中，如银行贷款，对于东盟市场来说不够，因为东盟市场的创新形式多样。Grab是在马来西亚的一个创新企业，在印尼也有发展，现在它要进入新加坡。在新加坡有一个数据科学办公室也是很棒的创新企业。新加坡和东盟有很多促进创新和扶持创新的政策。

对于东盟十国来说，新加坡非常注重IP知识产权方面的合作。从1995年开始建立了工作小组，目的是让知识产权的政策和框架一致。此外，新加坡希望能够有相同的知识产权保护法律。2016—2025年的10年计划中，除了要促进知识产权注册和保护的政策之外，新加坡希望能够更好地保护无形资产，推动科技成果在本地转化。新加坡也希望能够通过这个平台和全球各地的国家进行对话和沟通，如中国的知识产权保护局及其他国家的相关政策机构。现在新加坡知识产权工作小组有很多企业和国家参加，在东盟十国以外的创新点子也可以到东盟注册知识产权，寻求知识产权保护。他们觉得在东盟十国中注册知识产权可以得到更好的保护，对东盟知识产权的法律和框架非常有信心。这对于新加坡的创新发展有很好的促进作用。新加坡有一个未来经济委员会制作的2017年知识产权发展计划，加强全球在IP商业转化方面的能力。此外，新加坡还要加强IP及成果转化方面专家的保护和发展。知识产权计划不仅要保护创新者，也要保护社会的福祉和知识产权的使用者。为深化创新生态环境必须加强知识产权评估，推进本地知识产权国际化。国际合作是非常重要的，在国际上可以和更多的合作伙伴在知识产权转移、创新合作等方面进行更多交流。

新加坡在人力资源培训方面有一个IP和创新管理研究生项目，对这些IP专家进行相关法律技术及商业专业知识培训。新加坡在专利合作、知识产权保护、多边知识产权构建方面和柬埔寨等全球其他国家有紧密合作关系，使新加坡创新人才更加国际化，和全球各地创新人才共建共商。同时，新加坡同中国知识产权合作紧密，2018年8月共同打造知识产权周。此外，新加坡在2017年同中国合作，对"一带一路"沿线其他国家在专利申请、专利公开量方面做了一个排名。中新双方正在思考如何将知识产权合作更深化并延伸到“一带一路”其他沿线国家。

全球科技创新治理：政策协同与合作

胡志坚　中国科学技术发展战略研究院院长

新的经济形态和全球范式带来了挑战，现有的社会、政治和权力的设计不适应数字经济兴起治理上的需要，必须加强国际协同治理。

我的演讲题目是“全球科技创新治理：政策协同与合作”。主要是面对当前的形势，创新政策怎样在协同中转型，和大家共同探讨，面向未来我们应该怎么做？

新挑战，百年未有之大变局。从研究角度，主要是20世纪那一轮自由主义高峰导致的民粹主义高峰再现、反全球化再现，民族主义、保护主义、贸易争端这些都是历史再现，贫富两极分化再现。过去100年最典型的自由主义繁荣扩张所带来的两次巨大的全球震荡非常相似。2008年以前新自由经济学家认为一劳永逸地解决了自由主义，会带来全球互相残杀的景象。接下来2008年金融危机爆发，粉碎了他们的预言，全世界为了避免20世纪30年代的悲惨结果，加强了政策协同。如何避免悲惨的结局，需要智慧协同，这是一个巨大挑战。传统创新政策模式也带来了社会问题和挑战，自由主义就是不负责任的创新，社会问题责任没有人考虑，导致政治民粹化是必然的。到现在没有一个国家找对一个理想模式，能够把经济、环境、社会的可持续问题都解决，各有各的缺陷，不管是发达国家还是发展中国家。

现有创新政策模式也有缺陷，中国从20世纪90年代引进OECD创新系统，80年代整个世界由科学技术政策转向创新政策，这些实际上都是围绕高科技产业竞争想获得冠军这样一个目标去做的，是一种单维度的创新。研发的现行模型、国家创新体系模型，都是围绕竞争促进经济发展赢得更多市场份额、占领全球市场的，都是这样的思维。同时，现在的新技术快速发展，又带来了新的治理难题，科学技术进入无人区，带来了前所未有的治理挑战，包括数字技术、生物技术、人工智能。新的经济形态和新的全球范式也带来了挑战，现有的社会、政治和权力的设计不适应数字经济兴起治理上的需要，包括数据主权、网络空间算不算国家的主权，跨国数据流动、新旧产业冲突，都带来了新的全球化的不适应。再加上生物技术，就是因为旧的竞争创新政策会使人们为了获得竞争优势，没有底线地采用各种各样风险性很高的技术。如何治理这些难题，必须要有国际协同。人工智能，看上去是一个能够提高经济效益的产品，但它同样会让人们的思维模式极端化、舆论极端化、社会极端化，这种风险仍然很大。存在怎么治理的问题，包括就业问题，人类的自主性和尊严怎么得到保护的问题。不是拼命发展就是好事，一定要是负责任地发展，但是这个没有达成一致。

面临这些挑战，创新怎么转型？创新政策怎么转型？新挑战呼唤新的创新治理。首先创新理念要有转型，不再只强调经济，经济和社会、环境要协调，特别是要解决国内公平、就业、包容性的问题，创新收益和风险的平衡问题。政治要负责，政治家要有责任，分享创新收益，规制创新风险。创新政策转型要有方向性——我们要去哪里；要有反思性——要对科学技术现代化进行反思，我们到底要干什么；要有试验性——对未来试错；要有协调性——要共同讨论，制定规则；要有复杂系统性——要自上而下。新的全球治理必须要大家一起来参与，加强协调，共同探索。

中国也提出了自己的创新理念，试图来应对这样的挑战。例如，中央提出了五大发展理念：创新、协调、绿色、开放、共享，这5个理念是不能分割的，不能只讲创新发展，也不能只讲协调、绿色，它是一个系统，必须五位一体，试图解决经济、社会、环境的全方位可持续发展问题。通过这个努力实现更高质量、更有效率、更加公平、更可持续地发展。同时面向世界，中国也主张人类命运共同体应该是一个经济、社会、环境可持续的共同体。面向未来，中国一些主张，首先呼吁各国重视国内和国际的治理改革，各国本身也要加快探索新的创新治理模式，加强经济社会与科技创新协调，探索更有利于社会可持续发展的创新政策。其次，构建全球科技创新治理新框架，加强各国创新政策的协调合作与相互学习，共同应对人类社会面临的挑战。政治家一定要负起责任，推动 WTO 规则向包容式演进。加大对发展中国家的支持，服务全球平衡发展。

研发全球化 创新政策与国际技术转移的挑战

Alexander Gerybadze

德国霍恩海姆大学国际管理与创新中心主任、教授

> 企业在本国之外做研发是因为不同的国家之间有优势互补，可以在不同方面、不同领域对创新研发进行投入，互补优势可以将全球创新能力向前推进。

几年前德国作为主宾国时创立了中德创新平台，今天我想探讨一下研发全球化及全球价值链中的变革是如何影响全球研发的。

首先和各位汇报一下我们的研究成果，我们的研究是从企业角度分析，看全球500大研发投资人的情况及变化如何影响全球研发。首先来关注一下全球化的趋势和研发投

资较大的国家，特别是海外的研发，分析过去15年里发生的一些变化，大趋势是向着新兴国家倾斜的，并且我们还会给出一些创新政策方面的建议。我们发现全球国际性大企业的商业成本、商业开支每年增长6%～10%，在活跃的高科技行业研发投入最大。这些高科技行业正在缩减他们的产品周期，他们的固定研发投入也在不断增加，特别是像制药这样的行业，可能要花费几十亿美元才能使一种新药最后上市。将这些成本分摊到每年，这些企业就必须将它的研发投入分布在全球各个国家，而且我们发现各个国家像刚才谈到的东盟、印度、中国等在不断加大对研发、创新的投资，吸引更多企业聚集，数字科技不断演进，使创新团队可以在全世界各地分散并且协同。

企业在本国之外做研发是因为不同的国家之间有优势互补，可以在不同方面、不同领域对创新研发进行投入。美国的创新体系是这样的情形，欧洲主要国家是另外一条曲线。有些区域是可以各自覆盖的，这种互补优势就将全球创新能力向前推进。欧洲创新投资覆盖了部分美国创新投资未涉及的领域，因此，美国企业希望能在欧洲做这些领域的研发。反过来欧盟国家希望去投资美国更有优势的研发领域，获取美国先进研发带来的优势，如分子生物、制药等。这种优势互补把全世界的创新曲线往前推进。我们看到所谓的创新奥林匹克，大家都在争夺创新的头名，这里有金牌、银牌、铜牌。2000年的时候中国超过法国和英国达到了第4名，德国是第3名。2007年金融危机之前中国超过了德国，德国作为第4名肯定是很不开心的，但中国还在不断攀升。不同行业也有一个排名，高科技行业在拉动整个研发投入和研发开支，几乎达到了1400亿美元的水平。排在第1名的是制药和生物科技，第2名的是IT和科技设备，还有汽车、软件、电脑、电器、电子，这些高科技行业不断将自己的营收更大比例地投入研发当中，而且这些开支更多地花费在非本国地区。四星是指有30%～40%的研发经费花在海外，两星意味着20%左右，这是研发国际化程度的一个指标。

国际大企业特别密集的国家最喜欢在海外进行研发投资。如美国，每年美国企业会在海外投资550亿美元，它在法国和英国的研发投入占了全球跨境研发投资的36%。第2名是德国，德国的海外研发开支大概是美国的一半。美国和德国超过了全球跨境研发投资的一半，日本稍低，之后是英国、法国、瑞典、瑞士等。海外研发投资的主要驱动力，一是增长型市场的吸引力，增长型市场需要进行一些本地化的产品研发。二是企业通过兼并收购进行扩张，使集团所拥有的研发中心分散在全球各地。三是海外外包生产需要配套研发活动。其他的驱动力在于某些国家拥有更强大的研发技术和资产及更强的研发人才，这也是德国现在非常关心的。企业需要优秀人才就要到海外去找，因为优秀人才并不是很多。美国以往跨国企业的全球研发投资大部分花在德国、英国、法国等国家，但现在花在亚洲国家的研发经费更多，包括新加坡等，这是一个新的趋势。美国跨国企业有很多的研发投资，中国、印度、以色列、新加坡等国家接受海外研发投资的金额飞速增长。德国研发统计局不断搜集相关的数字进行深入分析，看德国企业将海外研发经费花在什么地方。研发经费快速增长和德国的出口型驱动经济有关，如化学、汽车、装备制造等。最近，中国和印度也成了德国企业新的海外创新研发投资目的地。

刚才梳理了一些主要的创新投资人，他们来自先进工业国家，我们可以看到海外研发资金去到哪里，以及跨国企业喜欢去哪里进行研发投资的趋势。2017 年之后中国已经是银牌获得者了，超过了英国、法国这些老牌工业国家。研发投资前 10 名中有 5 个是新兴国家，这些新兴国家不断扩大研发投资趋势明显。中国过去被人誉为模仿者，但现在成为原创者，中国产生的互补优势吸引了美欧、日本的跨国企业来中国进行研发投资。全球创新曲线往前移动，主要驱动力：一是国内市场和产品本地化；二是为了配合当地的生产基地；三是因为当地有很多优秀人才，包括很多工程学的毕业生，这在中国、印度特别显著，好的人才储备非常吸引人。另外，一些驱动力在于这些国家的工业发展战略非常注重高科技创新，且政府会给予一定的支持和补助，很多国家都在各自强势领域做了多方建设。中国的通信技术和数字技术产业甚至比世界大部分国家都要先进，印度的优势产业就是软件和 IT 服务，以色列是安全系统，新加坡就是生物科技。具有优势领域的国家会吸引众多跨国企业来投资，并且开展大量的研发业务。例如，德国在中国设立研发实验室，专门为某些低收入群体研发产品，因为德国的这些工程师只想开发新技术，不考虑成本。还有美国的案例，两年前西门子和通用电气在中国和印度开设了联合研发中心，当时通用电气有部分研发中心需要重组，请我们做一个相关的知识产权分析和研发分析。我们发现这些跨国企业的专利提名虽然很多是在美国和欧洲申报，但是发明人却是中国人或者印度人。来自亚洲和新兴国家的发明人比例越来越高，从 2000 年的 14% 上升到了最近的 36%，而美国企业这个数字是 8%。德国企业也一样，之前来自中国、印度的发明家只占德国的 1%，现在占到了 7%，占比越来越高。亚洲发展中国家发展迅速，德国需要新型的创新政策，全球化科研创新的重要性将在未来 10 年持续增长。企业需要能从国家获得更好的专利保护和知识产权保护。对于一个国家来说，一方面要增加国外知识产权投资；另一方面也要增加国内知识产权投资，这样就能吸引更多的外资和知识产权创新人员进来。瑞士的海外投资大约占 35%，比例偏高，而日本的海外投资仅占 6%，比例偏低，25% 左右的海外知识产权投资比较合适。而且吸引跨国企业进行海外专利开发的投资须是双向和互利共赢。德国知识产权顾问委员会要求海外合作企业使用德国知识产权投资资金，并且达到一定的知识产权获取要求，专利专业性达到一定的评估要求。顾问委员会须确定在海外的团队有好的团队建设及反向技术转移，也就是说在海外的企业和在国内的企业要有一定的反向技术转移和交流。

海外跨国企业研发对中国有重要作用。现在很多海外企业改变了研发战略，德国要考虑中国企业和海外跨国企业之间的新型合作模式。比如戴姆勒研发中心，戴姆勒在下一代电动汽车方面与吉利、比亚迪这些企业有很好的合作，我们必须更有效地管控这种合作。有一点非常关键，德国企业在中国对研发进行投资时，希望能够像中国企业一样获得研发支持和政策支持，和中国的国外研发中心、本土研发中心更好地合作，资源共享。中国企业海外扩张的研发投入增长还不够，未来几年需要海外企业和政府支持。我相信研发的全球化、国际合作化将不断持续发展。现在很多国家虽然有保护主义倾向，但不能阻碍全球化供应链的发展。

用系统思维构建全链条科技成果转移转化体系

高建锋　河北省科技创新战略研究院党委书记、院长

科技成果转化是一个全要素耦合的系统工程，用创新思维对重点、难点和痛点精准施策的同时要强化系统思维，用全球视野从整体上统筹施策。

我的基本观点是科技成果转化是一个全要素耦合的系统工程，用创新思维对重点、难点和痛点精准施策的同时要强化系统思维，用全球视野从整体上统筹施策。科技创新已经成为生产力发展的重要基础和标志，在中国创新是引领发展的第一动力，是建设现代化经济体系的战略支撑，科技创新是最重要、最核心的创新，是引领高质量发展的核心驱动力，这些理念在全社会已经形成了共识和行动。实现创新价值就是要把科技成果变成实实在在的产业活动，转化为新动能。但是成果转化又是一项系统工程，实现从知识生产到知识应用的有机连接和贯通，遵循从科学到技术、从技术到市场的创新规律，需要用系统思维全方位进行制度安排。从转化环节分析主要有4个关键环节：第一，有好的成果；第二，成果持有人要有强烈的转化动机；第三，已经做好了转化的充分准备；第四，有能转化的土壤和支撑条件。从这4个方面进行政策制定可能需要强化成果、主体、渠道和条件。

在成果环节，国家从中央到地方加强提升源头创新能力。强化主体和强化条件这块做的工作较多，出台了很多政策包括法规。渠道环节上还有一些欠缺，包括一些技术市场，现在只停留在技术信息的发布和汇集，真正做到交易变成市场这个功能还不是特别完备。这些环节需要有机衔接，最终实现的目标还是要有效供给多起来，体制机制活起来，企业主体动起来，科技人员富起来，科技成果转起来，才能实现创新的价值，促进动能转化快起来。

近年来，河北省着力构建全要素、全链条科技成果转移转化新体系。2017—2018年河北省因为科技创新的成效受到了国外的表扬，其中一个重要的因素和成效就是促进科技成果转移转化。河北省在成果转化方面出现了一个良好的发展态势。在具体推动上，河北省加强顶层设计，统筹推进实施“52111”工程。“5”就是打造5个战略高地，“2”

就是建设20个示范园区，“1”是要做强100个转化机构、转化1000项重大成果、2020年争取京津科技成果到河北省转化孵化的比例达到10%。5个战略高地包括雄安新区创新驱动发展引领区、石保廊全面创新改革试验区、京南国家科技成果转移转化示范区、环首都现代农业科技示范带、张家口科技冬奥成果转化高地。现在河北正在强化国际视野，充分利用国际资源，包括筹建河北省产业研究院。这是借鉴江苏、上海、深圳的做法，建设一个突出技术创新和产业发展的机构，强化战略目标和基本任务，着力解决由谁来创新、动力哪里来、成果如何用的问题。

为了保障各项工作的顺利推进，河北省正在构建4个维度的综合保障体系。第一，政策法规保障体系。2016年修订了《河北省促进科技成果转化条例》，2017年修订了《河北省专利条例》，从专利的创造、应用、管理、服务、保护多个环节进行保障。第二，技术交易服务体系。河北省政府坚持全球化视野、国际化资源、市场化运营，批准建设河北省科技成果展示交易中心。它不但要体现展示功能，更要强调交易功能，特别是对接国际资源。第三，科技金融支撑体系。涉及财政的专项资金，包括吸引社会资本、金融资本进行全方位推进。第四，绩效考核评价体系。考核就是风向标，把科技成果转化的情况纳入了科技人员的评价、科技项目的评价包括区域创新的评价。

今后的研究方向有4个重点。总体来说要以实现创新价值为导向，深化科技体制改革，让科技成果转化成为整个创新生态系统的共同行为，不要再靠政府的推动，变成一种自觉行为。第一，优化技术创新体系。研究如何让企业真正成为创新决策、研发投入、科技组织、成果转化的主体，实现从产学研结合到深度融合的转变，这个需要我们研究和探讨。第二，研发链条融通发展。建议加强技术预测，对基础研究、应用基础研究、技术创新3个环节进行全链条设计、一体化实施，需要对现有的科技计划管理机制进行改革。第三，下放职务成果所有权。刚才贺德方司长在演讲的时候也提到修订《科学技术进步法》，我们建议是否可以对所有权进行明确，从政策角度来说已经进行了地方试点探索。第四，创新金融科技。让科技创新催生金融业态的创新，让金融科技在科技金融领域广泛应用，为科技成果转化提供资本支撑。创新价值的实现始于科技、成于金融，科技金融不可或缺。

加强全球协作对话渠道，构建全球化政策网络

Adriano Proenca　巴西巴中关系研究中心科学顾问

面对未来的挑战，巴西要加强全球层面共同协作的对话渠道，加强同中国合作。

我今天的演讲主题：一是介绍巴中关系研究中心，二是介绍巴西产业面临的数字化

转型，三是巴西的创新政策，以及如何建立全球化的创新生态环境，最后讲一讲国际上要如何加强创新政策的合作。

首先介绍巴中关系研究中心，它一直在提升能力来加强中巴创新政策共建及创新合作协同，通过研究中心的方式加强国际合作。研究中心每年都有大学交流项目。此外，今年会有很多研究项目结束，其中有一个重要的研究项目可以出成果。研究中心在全球各地也有很多多边合作项目。

其次介绍巴西产业正在面临的数字化转型挑战。2018 年研究中心做了一个关于巴西工业企业的四代数字转型调研。第一代数字技术是特定目的的数字技术，如 CAD、财会技术等。第二代是更精简的生产过程，如半自动化等。第三代是更加整合的生产流程，包括数字技术把所有的商业和工业功能整合起来。第四代是更加智能的生产过程，如大数据、AI 等。我们发现从 20 世纪 90 年代开始，整个生产和运营流程因为有了数字技术变得更加整合和更加智能化。我们希望能够通过技术及更加先进的设备提高运营和工业生产的卓越性，关键是要企业能够掌握数字技术。巴西现在从第三代向第四代数字技术转型中存在一个断层问题，第三代数字技术带来了很多经济上的益处，但是不知道现在是否已经具备转型到第四代的条件。数字转型是一个颠覆，因为它逼迫我们在商业运作过程当中改变工作方式，互联互通、AI 等都要求我们在商业战略方面进行转型。在客户关系、互动方面，还有企业组织架构重组、价值链重组方面，都因数字高新技术需要重新思考。

商业模型需要重新考量，此外，还要考量商业领域及全球层面上的竞争，甚至包括与客户之间的关系。同客户互动不能像过去那样仅仅是每天保持联系。商业营销方面需要基于客户需求进行定制。渠道方面有了其他新形式的营销和互动渠道。研究创新价值链重构对于巴西意义重大，开放性的创新政策可以帮助巴西企业有更好的创新环境和活力。此外在企业层面上，供应链、分销渠道这些都要更加融入数字化和创新性的文化。企业要更现代化、创新性地转型才不会被新的趋势所淘汰。要不断地学习新的知识，重构企业组织架构，才能在数字化转型的过程当中跟上工程和管理新形势。

虽然巴西在各个产业、工业部门中都有了新的数字技术使用计划，但调研中我们发现 2017 年只有 2.0% 的企业认为已经转型到了第四代数字技术，22.8% 的企业认为仍处在第三代，企业认为需要更整合的平台上进行运营。此外，还有 24.0% 的企业认为到 2027 年企业会转型到第四代。当问到企业在面对 2017 年转型到第四代数字化技术层面的目标时做了哪些努力，企业提出因为惰性，很多人没有做任何事情。创新性业态的发展比较滞后，大多数企业仅仅是在每天的业务当中试图加入一些数字化技术。我们需要扩大真正行动的企业规模，让企业把数字经济精神融入发展规划中，扩展到企业运营的各个层面。我们也希望有更多企业能够使用转型性架构，获得更多数字化经济技术，利用这些技术加强前沿核心技术发展。

建立全球化的创新政策网络比较困难，必须找到自己的节奏。所有的企业尤其是发展中国家的企业必须要加强转型，跟上发达国家的脚步。巴西是一个发展中国家，加快信息化发展对于国家建设来说非常重要。通信企业的信息化技术是国家发展的重要基础，但面对不完善的创新性生态环境，企业只能单打独斗地去做创新，如采购、执行等。所以巴西需要建立良好的创新型生态环境，帮助企业在采购、合作研发、执行等方面加强与其他企业合作，共商共建。除了当地的合作，巴西还要有全球化的眼光。当地企业非常注重国际合作，政府需要通过建设综合性的数字生态系统，包括大学、研发实验室、专业人士培训中心、技术服务商等帮助企业协作。此外，还要建立基础研究转化商业价值产品的畅通渠道，帮助企业进行新型商业模式孵化，营造开放的法律环境，让企业参与立法和社会工作。

面对发展瓶颈带来的挑战，必须要进一步减少不平等现象。在推动技术采用、技术落实时，存在很多不平等现象。面对挑战，巴西加强全球层面共同协作的对话渠道，加强同中国合作，讨论如何减少技术带来的社会负面影响。虽然我们有不同的创新系统和制度，但面临的挑战是一样的。如何能够更好地合作，把当地的这些创新政策、体系和全球对接起来，帮助更多人实现这种数字化的转型，需要全球化的政策制定与协同。例如，建立合作实验室就是一个很好的方法，这可能是我们未来可以做的一件事。巴西非常希望在创新制度和创新环境建设中有更多的国际合作。

特拉维夫的创新政策与数据共享

Galit Tasi 以色列特拉维夫研究与分析部门主任

政府建立开放数据平台，和民众交换数据，这都是公开透明的，没有信息就无法做出创新，但与此同时要兼顾隐私保护。

面对全球化、反全球化、数据迁移等问题，我们鼓励所有企业能够交换信息、共享数据。特拉维夫是一个比上海小得多的城市，只有 50 万人，它有 17 000 个初创企业，意味着每 290 个人当中就有一个人建立了一个初创企业，比例是非常高的。前几位发言人提到，过去几年中特拉维夫的研发企业数量在以色列占比非常高，研发中心数量以每年 150% 的比例增长，像亚马逊、谷歌等企业都认可特拉维夫的创新潜力，并在特拉维夫建立了自己的研发中心。

为了吸引建设更多的研发中心，需要进一步发展政策。特拉维夫对初创企业税收减免，给予种子资金，重视智慧城市建立，但同时也面临和其他城市一样的挑战，需要共同的解决方案。在特拉维夫北部有一个小城，它有自己的垃圾处理、城市基础设施，这些都是测试智慧城市的举措。另外，特拉维夫会和公众分享数据信息，通过创造开放性的数据平台与民众交换数据，每天有大量数据产生。如果你知道城市里有多少自行车就会知道怎样为骑车人提供解决方案。这些信息公开透明，没有信息就无法做出创新，但部分信息比较敏感、复杂，人们不希望隐私问题被公开。我们需要权衡共享数据的量及创新和隐私保护之间的关系。

特拉维夫另一个重要举措是联通全球。当地的创业人员并不需要我们，他们有资金来源及创意。特拉维夫通过与全球连接，搭建全球平台和数百个城市建立了友好关系。通过平台帮助企业拥有全球视野。特拉维夫还有一个大使牵头的科技项目，与 60 个优秀创业企业一起接待来自海外的组织，接触全球的领袖。我们不是只把特拉维夫当成以色列的一个城市，而是将它看成一个全球性的城市。到 2050 年全球 70% 人口都会居住在城市里，为了抵抗这种反全球化趋势，城市需要扮演更重要的角色，将全球人口进行互联互通。

3 互动交流

提问：我来自上海科技政策研究所，有两个问题。第一，想请教一下贺司长，全球化情况下对跨国人才的需求巨大，请您介绍一下未来政策中我们是否有政策是关于如何更好地引进全球化人才到中国、上海来。第二个问题我想请教一下 Alexander Gerybadze 教授，刚才您介绍了德国在跨国公司方面很好的发展趋势，我们觉得非常受益。请你介绍一下德国在创新过程当中有没有出台吸引全球公司到德国来进行研发布局或者鼓励德国公司在其他国家进行研发布局的政策。

贺德方：你刚才说到用什么样的政策能够吸引更多的人才回国包括到上海来工作，这次党和国家机构改革当中有一个重要举措，就是把外国专家局和科技部职能进行了重组，成立了新的科技部。现在在 17 个司局当中有 2 个司——引智司和外国专家司，专门开展外国专家相关服务。有一个人才签证回国计划，有绿色通道，这方面相关的政策举措是在原来外国专家局工作的基础上全面展开的。一方面是人才签证的绿色通道，包括中国政府在上海实行的中国绿卡制度，要从制度层面完善；另一方面，外国专家局还有一个渠道，对海外回国专家提供全方位的帮助。我们到 2035 年要跻身创新型国家行列，2050 年进入世界科技强国，肯定需要更多的优秀科技人才来中国从事科学研究工作，开展相关的科技型创业活动。

Alexander Gerybadze：德国政府在两个方面推动了外国的研发，即吸引跨国公司到德国进行研发及加强对外研发。德国本土有一个政府专家委员会，分析外国研发在德国投资的结构。我们发现政府及一些外国公司，在过去 5 年当中的投资有所减少。在某些领域，来德国进行研发投资的公司本身就很强，政府希望打造的创新是让这些跨国公司能够和德国能力互补。德国现在在这个方面有所欠缺，但也在努力，希望吸引一些相关公司与德国在诸如物联网、人工智能这些德国比较弱的领域进行互补。德国还有一个弱项，就是没有以税收为基础的研发支持政策，委员会也向政府建议要求实施新的优惠政策。今年德国会首次推出以税收为基础的优惠政策，但是需要5年时间全面落实。政府对外工作不多，只能是有一些咨询委员会、非正式小组、团队，还有和不同国家保持紧密沟通等。最近研发数据统计小组做了一个全新调研，主要是分析德国最大的公司在对外方面的研发投资。我们将会建立更好的数据库，这是一个很好的基础，让我们能够进一步落实一些合作政策。

提问：我来自东华大学，想向贺司长提个问题。刚才您在演讲的时候提到关于人工智能的发展给现在带来了新的伦理问题，例如，如何消除研发人员或者编程人员算法的歧视性，如何对客户的隐私进行保护，无人驾驶汽车造成伤害的责任由谁来承担，是否要赋予机器人主体资格，这些新的科技伦理问题带来了新的挑战。同时，为了促进人工智能的发展，伦理问题肯定需要通过立法来进行规制，创新政策关于人工智能科技伦理规范的规划是不是已经在计划中了？

第二个问题，人工智能科技伦理规范和法律规范需要融合，关于这两者的融合是否需要有相应的政策来进行支持和支撑？谢谢。

贺德方：刚才我演讲当中讲到了，任何一个新的科技成果应用都有它的两面性，我们在发挥它有利于人类社会一面的作用的同时，要从法律规制上解决它不利的一面。关于人工智能的规制和法律研究、政策研究的问题，在中国发布新一代人工智能规划以后已涉及，包括刚刚揭牌的上海国家新一代人工智能创新发展试验区揭牌。我们在开展技术研发的同时就在关注人工智能伦理的问题。不久前我陪领导到欧盟，关注的5个共同议题当中就有人工智能领域的政策交流和研究，这是一个国际广泛交流和讨论的问题。包括未来自动驾驶在车厂和驾驶人之间责任如何划分，包括自动驾驶机器指令和人指令最终决定权属和产生的法律责任。新的技术应用之前都是需要在政策层面进行规范的，如果你有什么好的想法也可以提供，科技部包括高新司、政策司正在一起推动关于人工智能的研究，而且是广泛的国际研究。这也属于创新政策研究的无人区范畴，并没有一个成熟的法律把大家关心的所有问题都解决。

王元：伦理问题是一个很复杂的问题，伦理到底是什么？同时最重要的是，谁来制定这种规则？由政府立法机构制定规则还是更多地依靠科学家共同体这样一种机制来自律，都非常重要。我们恰恰忽视了科学家共同体自律的东西。

提问：我来自清华大学合肥公共安全研究院，我想请问贺司长一个问题，当前我国出台了很多对科研人员的激励政策，但在落实上还难以到位，特别是审计和巡视时特别强调程序的规范，使科研人员难以从繁多的环节当中解放出来。请问对于这样的问题有什么解决的办法？

贺德方：前面我讲7点政策方向的时候提到了一条，过去我们比较关注条文、行为的规制政策问题，这么复杂的政策交到基层执行单位当中，能够全面理解它和每项都贯彻落实，实际上是有一些问题的。我们将会对机构进行试点，进行打包式的政策落实。例如，最近落实国务院“25号文”，教育部选了30家高校、中科院选了33个院所，对这些机构在方案中涉及的所有政策做一个系统性批复，比我们出一个政策让机构和法人自己对每项政策去解读要好得多。

提问：我是来自上海大学的研究生，想问来自以色列的这位女士一个关于技术研发的问题。刚才谈到政府对于基础研发的投资不足，对于我们高校来说体现在高校学者抱怨物理、数学基础研发待遇差，学生选择时倾向于去通信等热门应用型专业。以色列在人口这么少、土地面积这么小的情况下是如何平衡基础性研发及应用型研发投入的？

Galit Tasi：这个问题问得非常好，创新和研发在以色列非常开放，外部机构、企业在以色列看到有创新，同时人才充足，就投了资金。资金有部分是来自相关政府机构，他们会投入一定资金到创新者和初创公司中，但是数量有限，大部分资金来自研发中心或者投资公司和投资基金，这个是政府之外的。

提问：我的问题是问战略院的胡院长和河北的高院长的。高院长身处河北应该比我们更加了解雄安新区，在河北省推进科技体制改革方面，您是如何更好地借力京津冀及雄安新区的发展来推动自身的？这样一个融合的态势有哪些路径可以支撑？请问胡院长，在整个国家创新体系建设推进过程当中，您是怎样在全国区域创新体系建设过程中给予更好的理念、路径来让大家形成各具特色的区域创新体系的？这样能使我们国家创新体系的格局更加丰富和完善。

高建锋：河北省这个方面非常受益，有一些探索，但是要说突破还谈不上。例如，科技创新券三地互通互用，北京高企到河北转移后可以享受高技术政策，包括人才一体化的政策实施。但从一个研究者的角度来看还未达到真正意义上的协同突破。但是我们也在思考这个问题，在落实中央政策、研究本地的配套政策或者细则时，这个层面上可以保持协同。现在也有一些差距，同样一个中央政策在地方的落实程度、力度又不一样，这个确实可以率先突破。借力雄安新区，对河北发展是重大机遇，包括科技体制改革。很多政策要在雄安新区试点实施，我们希望在河北其他区域也加快推广。

胡志坚：国家对地方区域创新以鼓励为主，不能具体地给每个地方定模式，而是对阻碍区域创新活力的改革、制度、政策去做指导。创新的定义是要素的组合，特别是异质性要素的组合。异质性是指跨的距离越远异质性越强，开放是非常重要的。不同异质性要素组合就是杂交，不知道最后会长成什么样的产业集群、创新企业。同时也不知道某个地方是否有这样的要素或者全球其他要素的组合是否产生活力，因此要鼓励各个地方认识到开放、人才、要素、资金各种创新要素流动的重要性，自然而然就能演化出创新能力并进行杂交和组合。各个地方应该自己探索，特别是要在改革和开放上竞争。竞争是在改革的力度上比赛，国家应该把重心放在区域，如长三角、京津冀、粤港澳，现在西部也在进行改革开放，国家应该更多关注怎么改革、怎么开放、怎么让全世界的创新要素在地区进行组合，爆发新的活力。

王元：对于开放我们有一些正向判断，问题在于对开放，我们可以观察到另外一种现象，要素流动显然是向更具有优势的地方集中，从而导致区域差异加剧。我想听听巴西教授的意见，巴西面临区域发展不平衡的问题是怎么克服其中的发展和创新差异的？

Adriano Proenca：直到2018年年底我们政府基本上基于这样的理念：对比较穷的区域要有更多的支持。我们会对一些比较穷的地区在科技发展方面提供一些资金和财政上的支持，包括税收。但是目前为止还没有带来实际的改变。我们会有一些创新集聚区，如大豆种植、玉米种植等。我们做了一些农业数字化的努力，在这个地区当中它的发展方法可能和其他地区不一样，如与我们的西南、东南、南部不太一样。

提问：我有一个问题请教一下高院长，你在演讲当中提到了河北科技人员的绩效评价，你们在制定这个政策的过程当中，对研发人员的指导原则是什么？一些国内项目申请包括经费概算，要求论证报告里某一个时间点一定要出某一个成果而且要花多少钱，请问您觉得这是合理的吗？这个对于研发人员来说是很难控制，但是在审计或者最后决算过程当中又严格按照这个标准来审计，您对这个问题有什么看法？

高建锋：我们从国家政策角度有明确要求，对科研人员实行分类评价，包括基础研究、应用研究的成果转化也要分类评价。从国家到地方都出台了相应的文件，文件明确表示根据工作性质、工作特点、实际贡献进行分类评价。

关于第二个问题的回答，作为一个科研单位，我们和你有同样的困惑。但是现在科研经费的管理越来越宽松，包括前段时间对技术员的经费包干制，包括我们现在经费预算的调整，除了设备费以外其他部分都可以自主调剂。现在各省也在制定相应细则，包括河北省科技创新战略研究院，以后这将不会再是问题。

提问：我是来自上海海事大学的研究生，我想在这里问一下中国科学技术发展研究院的胡院长，有关创新合作的国际协同，到底是技术驱动占主导还是文化驱动占主导？如果是两者之间有互动，如何让两者之间更好地发挥它的作用？谢谢。

胡志坚：应该是两者都有，科学技术本身有它的发展逻辑，到了什么样的水平，下一步前沿是什么，大家都是可以预见的。但是让科学和技术往哪个方向发展是受价值观影响的，人们选择什么，要达到什么目标，例如，若你希望未来社会是绿色、安全、伦理的，你就可以选择一些技术。这些和文化有关系，例如，这些国家可能对环境不是很重视，有些国家对环境特别敏感，他们之间就有差异。大家生活在一个地球上，地球就这么一些资源。例如，气候变化，不能让它往上升太高，面临人类未来命运的问题，需要大家协同讨论，共同制定规则。联合国已经在做了，多边主义是非常重要的。既要尊重差异，同时又要大家达成共识,哪些东西是应该发展的,哪些东西是不能发展的。在不断地讨论、进化当中达成全球治理的规则。如果没有技术，如人工智能，这个东西没有出来也没有讨论的需要。技术是驱动，但是价值、文化也很重要。

王元：非常感谢，最后我做一个简单的总结。首先请允许我代表大家感谢为我们这次会议提供服务的人员，特别是非常辛劳的同传，非常感谢嘉宾们的精彩演讲及非常好的提问者。很多发言大家可能听到了很多概念、方向和内容，但是我一直在想一些其他的问题。例如，我们现在强调新的挑战，特别是中美之间、中国和发达国家之间，现在已经提出了“科技冷战”这个概念。但是我认为现在的这种竞争和理念更多的是用一种传统的方式、工具来试图改变我们观念中的科技竞争会导致一种零和结局。我们现在看到的这种挑战在更长的时段中，是一个新的政策协同、治理规则、新的政策出现的过渡期。虽然新的挑战似乎看着很悲观，但是我认为放在更长的时间演进过程当中，更多的是呼唤了一些新的政策和新的治理规则出现，所以我认为要积极看待这个问题。

第二，我们看到发言者很强调政策制定的系统性、整体性，但我们同时要看到政策制定的基点。要防止政策的结构化、结构主义倾向。当我们把整个科技创新变成一个线性关系时，似乎把握了从基础研究到应用基础到研究开发到市场化这样一个线性的逻辑过程。但是我们一定要注意逻辑过程是科学技术转化成产业化的自身的演进过程，不是设计各类机构的基础。它应该是一个分工体系，大学搞基础研究，科研院所面向产业，中介机构进行专门的转化，这样一种机构主义的设计恰恰可能隔断了科技成果转化内在的演进规律和演进需求。大家可以讨论这个问题。

第三，我们现在面临很多新挑战，包括伦理、安全等问题，以及创新责任问题，但是我想请大家特别注意，当我们谈这个概念时，一定要出现一个第一人称，谁去负责任的创新。第一人称是政府、立法机构还是政策，设计当中特别缺乏对于整个科学共同体、科学中间组织的考虑，明年政策论坛可以专门就这个问题和我们谈谈。再次感谢大家，再次感谢演讲嘉宾。

第7章

区域城市论坛：塑造中心——创造卓越，全面提升区域创新策源力

1 论坛综述

本届区域城市论坛以“塑造中心——创造卓越，全面提升区域创新策源力”为主题，主办方上海同济大学邀请了来自德国、美国、爱尔兰的外国专家及政府官员分享国外塑造区域创新中心的典型经验，同时也邀请了上海、北京、雄安、粤港澳大湾区的国内专家和政府官员共同探讨区域创新发展经验。在4小时的分享和讨论中，人才与环境是被频繁提及的重要区域创新要素。通过营造良好的自然生态环境和创新政策环境，推动创新资源集聚，加快创新资源流动，努力培育不同层次的高科技人才，吸引更多的国际化人才，将有利于推动区域创新中心的形成并带动提升区域整体创新能力，为区域创新发展注入不竭动力。

2 嘉宾演讲实录

长三角协同发展

吴志强 中国工程院院士、同济大学副校长

创新城市群落的构成和发展，取决于创新流间交互的网络，核心在于人和人之间的创新交互活动，而不是城市之间的属性关系，也就是说长三角真的要成为创新中心，人和人之间的联络是极其重要的，而不是城市和城市之间，也就是说要沉到下面，只是两个政府签订协议不能直接产生影响。

如何打造全球创新的策源地？习近平总书记多次提及策源地，上海市李强书记也反复强调上海要成为科创的策源地。关于策源地的定义特别多，但比较生动形象的是前任科技部部长万钢前段时间讲到的一个定义，他认为策源地就像风的源头、水的源头，创新策源地就是指创新可以流出去的源头。

今天我向大家介绍我们最新的研究成果——长三角协同发展与 $PM_{2.5}$ 的关系。根据1998—2018 年数据库里的长三角环境指数，我们研究了长三角不同城市，如台州、贤城、无锡、南通、常州等，在 20 年间 $PM_{2.5}$ 的分布情况。研究发现，长三角地区 $PM_{2.5}$ 的发展呈现 3 个突出特点：一是 $PM_{2.5}$ 数值随着时间的推移不断增长；二是 $PM_{2.5}$ 的数值从 2018 年开始下降；三是长三角地区 $PM_{2.5}$ 也存在南北差异，且差异很大，长江以北城市的 $PM_{2.5}$ 大概是长江以南城市的 3 倍。

我们曾对全球 38 个科创园区进行了研究，发现科创地区的人均占有专利数和该地区的 $PM_{2.5}$ 环境质量高度相关，环境越好、人的单位产出专利数越高。创造专利的科技人才对环境异常敏感，生态环境也是他们全球流动过程中所考虑的一大重要因素。在做区域研究的时候，我们曾以为为了环境而发展环境，但实际上，环境是创造更高创新力的基本条件，是与城市创新力高度相关的条件。因此，在谈论创新策源地的时候，不要忽略环境的重要性，没有良好的生态环境，不要谈创新策源地的建设。如果曹妃甸是京津冀城市群中 $PM_{2.5}$ 最低的一个地区，那么曹妃甸一定会成为最具创新力的地区。

多年前，我的博士论文就在探讨城市竞争。而现在我们进入了从单个城市竞争到群体城市共命运的命运共同阶段，顶级的全球区域将不再是单个城市，而是城市群落。城市的环境问题、社会经济问题、发展动力问题、创新问题等都成为城市群落所面临的共同问题。城市朝着城市群落的发展，使得同一地区的不同城市之间，甚至不同国家的不同城市之间都有着千丝万缕的关联，在这种大背景下，单独考虑一个城市，是不正确的。

当国际化的外部要素向大都会集聚的时候，小地方将作为重要的外溢效应承载地，就像一个生命体需要吸纳，也需要呼出。当具备了吸纳和呼出两大功能的时候，就形成了一个群落。剖析百年来的全球城市的发展基本规律演进，过去说的全球化概念更多的是地球群落生命智慧体，这才是今天创新发展的大背景。

近年来，我们为了做数据库不断积累，目前已经形成人类最完整的 13 810 个城市里所有大于 1 平方千米的地图。根据长三角每一个城市的识别数据，我们可以清楚看到每个年代的城市发展了多少？能看出很多结论，例如，中国的城市苏锡常都是在 40 千米左右的一个点均匀分布，经济发展以后在 40 千米里面又出现了六角形和小的六角形。本来是大的六角形，如苏锡常有大的六角形，都是 40 千米左右，现在又有了小的六角形结构。1933 年，在德国南部其实也发现了这样的规律。

到了今天，我们可以看到长三角区域协同的情况进一步深化，利用长三角的大数据，通过人工智能识别技术分析表明，在 2000 年的时候，上海和苏州实际上已经是一体化城市了。2015 年的大数据告诉我们，上海、苏州是一个城市，苏州和常州是一个城市，长三角的区域一体化现象已经是非常明显了。

现在，如果把长三角的大数据与美国的五大湖地区、东北部地区和西海岸地区 3 个区域比较，从 GDP 增长率、人口、面积来看，长三角已经站在全球巅峰之处，都是最大的，世界上没有一个大区是能超过长三角的。但如果把长三角的 GDP 总量、人均专利数、人均 GDP 拿来对比，世界很多其他大区则超过长三角。例如，大伦敦人均 GDP 是上海的 3 倍，美国波士顿地区的人均 GDP 是长三角的 3 倍。因此，我们的发展质量还是要大幅提升。再看人均专利数，日本关东地区、关西地区是长三角的 3 倍左右。不过长三角发展速度非常快，人均专利数基本 7 年翻一番，那么十几年就可以达到这个层次。

再看长三角长期追赶各个地区、各个国家的发展过程中的 $PM_{2.5}$ 状态，今天中国的城镇化达到 60% 以后应该是 $PM_{2.5}$ 大幅下降，是吸引创新人群的一个阶段。我们在收集各个地方的数据，很明显 $PM_{2.5}$ 和人均 GDP 极其相关，和城镇化相关。各个国家碳排放和城镇化率之间的相关关系呈现出非常明显的特点，在初始阶段，都有正向的相关关系，但当城镇化率高于 60%之后，碳排放、$PM_{2.5}$ 等环境要素都开始进入下降阶段，城镇化率与生态环境进入了良性互动。

从科技发展来说，1980—2017 年，在全球各类的创新活动、专利数发展过程中，可以看到区域发展的趋势，发展非常快。最后这段时间是爆发阶段，在这一个时间段当中，创新模式也在变化。可以看出，一个地方的专利数与其经济发展极其相关，刚开始的时候自己本土专利多，在经济开始发展的时候外部专利大量切入，本土占比急剧下降，但是过了一定的时候，达到了 50%～60%，本土的专利数大规模上升。各个国家有一些波动，这些第一类国家基本都是以本土的专利为主的；第二类就是以外来专利为主的；第三类是外来专利在本土的申请比例不断上升的。从这 3 种模式都可以看出各个国家在不同的发展阶段，总体而言，刚开始的时候这些国家占了很高比例，随着自己的发展、开发及大规模开放，开始大幅下降，因为外部专利大量进入，随着最后 10 年中国自己的能力发展，自己又反弹，出现了非常明显的“W”形，但是“W”形最后趋于水平，说明国内外发育到了成熟阶段。

我们也做了大量的关于中国各个区域的研究，对中国各个区域群落的人员、人数、专利数，包括人均专利数做了大量研究以后有很多收获和体会，了解到各个地方、各个群落之间的专利数的发展变化和各个城市中、群落中哪些城市在哪个群落中起了最关键的带头领头作用。未来长三角群落在全球的地位取决于群落外部资源的大量集聚，今天霍佳震先生把全球最强大脑都请到上海来是特别重要的。

对于群内来说，各个城镇群之间的协同发展要素变得极其重要，我们也对长三角 20 年来的高新技术产业发展做了大量跟踪，原来是沿长江走的，到了最后突然形成了上海、杭州和宁波间的区域扩散。我们从 POI 数据和创新空间进行相关分析，抓取了 12 年数据、分成 18 类，对长三角所有的群落进行了大规模研究。

创新城市群落的构成和发展，取决于创新流中间交互的网络，核心在于人和人之间的创新交互活动，而不是城市之间的属性关系，也就是说长三角真的要成为创新中心，人和人之间的联络是极其重要的，而不是城市和城市之间，也就是说要沉到下面，只是两个政府签订协议，不能直接产生影响。我们对上海、长三角做了专利联动发展的研究。结果表明，长三角城市之间跨城市联合专利数，在过去 10 年增长了 3 倍。这是不是普遍规律？我们又研究了美国东海岸所有城镇群，数据表明，美国同期也增长了 3 倍，说明全球的城市创新已经是超越了单个城市，进入了群落创新的阶段，说明一个普遍的规律——越是创新的地区跨市创新的活动就越重要。

全球创新群落目前已在会议上正式提出，创新群落是众多创新群体的集聚，是一个具有内在生态体系的创新城市的聚合。当前我们对城镇群的推演已经达到新的阶段，开始用群落智能进行 AI 推演，长三角的推演中我们把 G60 科创的各项指标，包括人均指标、教育指标及彼此联系都用人工智能做了大量的分析，对背后的人才、企业、创新类型、专利数、投资链都做了很好的分配。希望长三角这个数据库成为一个区域的共同创新平台，希望这个平台是以学者挂帅、政府平台支持，联动所有长三角各大要素，把浙江私有经济的活力、上海的国内外人才及金融数据充分融入，真正搭建起一个全球的科研院所、企业、人才、金融和市场等领域都可以使用的大平台。

论创新中心的成功创建——城市和区域的重要性

伯恩哈德·穆勒（Bernhard Mueller）
德国科学与工程院院士、德雷斯顿工业大学空间发展领域教授

全球城市创新集群的吸引力非常重要。如何形成这样的吸引力，一方面要有很强的领导力和决心，要有创新的能力和愿景；另一方面要有综合的规划，注重全面性，要有接纳度和参与度、合作性和包容性。

今天和大家探讨城市和区域对于建设创新集群的重要性。2017 年欧盟委员会做了一个欧盟创新评分表，可以看出排名比较靠前的是韩国、加拿大、澳大利亚、日本、美国、欧盟、中国等，从 2010—2017 年全球创新业绩变化的情况来看，中国增长非常快，所以祝贺中国在创新方面取得的巨大成绩（图 7.1）。

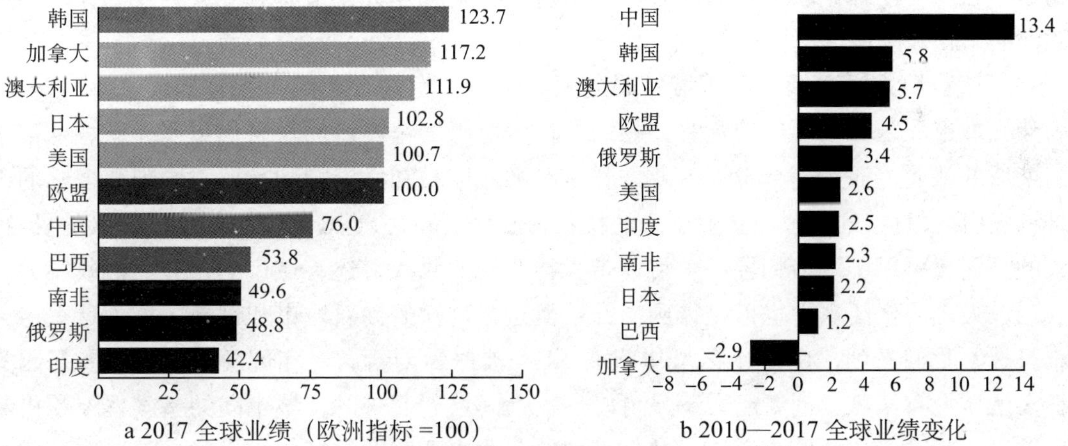

图 7.1　欧洲与世界的创新集群

（资料来源：European Commission，European Innovation Scoreboard，2018）

从欧洲的变化来看，欧洲确实是在不断提升自己的创新能力，但是中国的追赶步伐非常快，它的增长速率是欧洲的 3 倍，而欧洲的表现领先于巴西、印度等国。

从欧洲内部来看，不同的国家之间也有显著的差异，北欧国家表现比较好，英国不错，德国也是不错的，而且欧洲 1/3 的创新集群在德国，其中，北欧地区及德国的南部区域创新能力比较显著。

欧洲创新评分表里面有 4 个层面 29 类评价指标。其首要的指标就是人力资源，包括大学毕业生的数量；是否具有世界排名靠前的大学？还有年轻人人口比例怎么样？他们

受教育程度如何？国家是否支持这些人进行终身学习？另外，还包括研究系统的整体吸引力，如对于研究是否友好？作为一个带领环保机构的人来说，我认为环境作为研究体系吸引力重要的指标（方面）是很重要的。

细项标准和指标对于区域创新力非常重要，如果这些做得好创新能力也会好。另外有一个久远一点的研究，研究的是欧洲的通信技术（ICTs）的高地。南欧做得不是很好，东欧也不行，主要是中欧，还有英国，还有北欧做得比较好。所谓的ICT卓越中心的高地，我们分析了1300多个地区，用了42个指标，比评分表考虑的标准和指标更多。欧洲有3个顶级中心，最高的高地不是伦敦、巴黎，反而是慕尼黑，我们知道伦敦和巴黎也不错，它们也没有落在后面，有2个二级集群和23个三级集群，刚才谈到的德累斯顿就是三级集群中的一个。

创新在地理层面是非常集中的，创新区域有一种集聚的趋势，特别顶级的中心会吸引其他创新中心向它们靠拢、去连接。可能就是因为在创新的过程中全球化联系中全球化因素特别明显，还有在卓越中心所谓的“卓越”是来自各个指标之间的平衡发展，而不是其中一个指标表现得特别好，这很重要。而且在表现好的区域，它们的多元化特别明显，它们的全球化联系特别显著，对于研究创新和业务创造有着至关重要的作用，从欧洲的角度来说这一点特别重要。

下面我们来看看城市和区域发展之间的关系。为什么城市和区域如此重要？首先，为什么城市和区域需要创新？强大的商业社区对于一个城市的发展很重要，还可以带来高素质的就业，而且还会带来就业增长，对区域增长和发展特别重要。国内和国际的声誉和吸引力，直接的税收给企业带来的税收，还有创新者会通过雇用居民产生间接的税收，大的公司还可以买更多的楼，也可以带来物业税的收入，还有城市的预算、财政实力上去后，人民的生活水平也可以得到提升。但是，这样的创新城市和创新区域为什么这么难打造？我们看到，1300个区域中只有34个被评为创新高地和创新区域，主要是因为很多区域没有禀赋，创新能力不是可以一夜之间培养起来的，城市间的基本框架和机制有差异，所以合作比较难实现，并且不同的企业申请资助的能力不一样，就造成了成功者和失败者。还有区域之间的合作特别难达成，主要是因为他们的利益各有不同、能力也各有不同，相互之间还存在竞争的关系。同时我们可以看到公共机构行业和研究部门，有不同利益，期望也不同，比较难协调，但是我们知道创新如此重要、如此有吸引力，我们希望把创新带到城市和区域中，问题就是如何支持创新集群的产生。

在欧洲有一些项目政策是在不断地推动城市和地区之间的竞争，国家制定政策促进成员国、成员城市和区域之间的竞争，还有以机遇推动研发投资。在德国，每5年会做一个大学之间的排名，在德国大学之间的竞争中脱颖而出的优胜者，才会获得更多的财政支持。当然，激励城市与区域之间的政产学研合作也非常重要。

联合国有一个最新的研究，探讨了创新的5种形式，以及如何通过创新来支持联合国的可持续发展目标（SDGs）。5 种创新包括任务为导向的创新，这也是我们经常谈的普通创新，还有扶贫和包容性创新、草根创新、社会创新及数字化开放和协作创新。我们考虑创新的时候需要开放眼光，因为创新不止有一种形式。

以德国为例，首先介绍德国的未来城市创新政策。在德国有由政策制定者发起的战略研究和创新议程，"针对未来城市的战略研究和创新议程"，在制定过程中由不同的区域城市、非政府组织和机构进行支持，包括我们的机构，还有企业去支持，其中有一些是非常知名的世界性的企业，这些机构共同参与协作完成。一开始我们想用比较基础性的解决方案，但是在定义主要议题的时候，发现解决这些问题，技术很重要，而且人们的思想需要转变，所以定义了 7 个战略行动领域，包括民众团体作为城市转型的动力、强化和支持城市转型、可持续的城市及区域居住模式转型、城市基础设施先驱项目、规划和知识管理的工具和程序、城市创新的新框架、战略性财务管理和商业模式。其中，民众团体的支持是城市转型的第一动力，民众团体也愿意接受和推动创新，这是地方推动城市创新的重要原因之一。我们想要把 7 个行动领域整合起来，整合到地方战略当中。

其次就是德国的产业集群政策。20 世纪 90 年代的时候我们已经开始了创新地区或者区域的竞争，合作组织的总部，都是这些集群所在地，另外还有区域的政府、大学、企业都参与进来，而且分布更加广泛。这些集群和地区区域都不是由政府决定的，而是由利益相关方决定的，所以这就表明了区域发展是怎么发生的。利益相关方非常重要，他们构建了区域，而且是构建了创新的区域。

再次是我们在德累斯顿做的专注原始创新。不同的高校、研究机构所构成的研究联盟共同推进原创创新。例如，我们有 27 所由全球顶尖的机构组成的研究联盟，但是这个不够，我们还建立了一个更加紧密的网络，也就是地方和区域的网络。另外也建立了与产业联合的网络，这个地方和区域的研究联盟是成功的基础。

下面，我简要地给大家介绍一下工业 4.0 和城市发展，从工业 4.0 来看，城市也可以从中直接获利。我们来看看网络的物理空间及系统怎么改变城市的规划。德累斯顿是德国的一个小城，但也是德国的一个创新中心，生产商把它做在生态社区当中，生产齿轮。齿轮生产原来比较污染，工厂都是坐落在非常遥远的地方，但是这个厂又回到了人群当中。德国的工程院院长也非常支持这项计划，城市的工厂又回来了，生产有可能在社区当中进行，我们不一定需要搬到非常远的地方，这种情况会改变我们城市结构的类型。这是世界一流的公司巴士堤安，他们做比邻社区，低噪声工厂、100% 可再生能源雨水收集和再利用，旁边就是儿童游乐场，在世界其他地方都看不到。

最后，我总结一下，如果我们看全球的城市和区域及创新，全球城市创新集群的吸引力是非常重要的，但是如何形成这样的吸引力，一方面要有很强的领导力和决心，要有创新的能力和愿景。要有综合的规划，同时要注重全面性，要有接纳度和参与度、合作性和包容性。另一方面，还要有创造好的典范并加强宣传和引导，从而改变人们的思想和行动。

深圳高科技发展与国际科技创新中心

张思平 原深圳市委常委、副市长

对外开放是我们国家的基本国策，40 年改革开放的成就、深圳高科技产业的崛起说明，开放带来进步、繁荣发展和文明，因此，我们要进一步处理好对外开放和自主创新的关系，采取更加积极的开放政策，顺应世界潮流，形成全方位、多层次、宽领域全面对外开放新格局，以开放促改革，以开放稳发展。

我从深圳来，从区域科技创新的角度主要讲一下深圳科技创新的发展，以及目前粤港澳大湾区提出来的国际科技创新中心的问题。

我国有 20 多个国家级的新区，前年李克强总理提出了粤港澳大湾区城市新规划，今年 2 月国家正式颁布了粤港澳大湾区发展的纲要，为珠三角发展勾画了广阔的前景。目前粤港澳大湾区按照国家的部署，正在为实现粤港澳大湾区发展目标而努力工作。

粤港澳大湾区的规划提出了 5 个所谓战略定位，也可以说是 5 个基本目标。第一，充满活力的世界级的城市群；第二，具有全球影响力的国际科技创新中心；第三，“一带一路”建设的重要支撑；第四，内地与港澳深度合作的示范区；第五，宜居、宜业、宜游的生活质量圈。五大战略定位都非常重要，但是从国家级的规划区域战略来说，提出“建设具有全球影响力的国际科技中心”的目标，在其他区域规划当中还没有出现，到目前为止就是粤港澳大湾区提出这个目标。同时要求粤港澳大湾区要瞄准世界科技和产业发展的前沿，加强创新平台的建设，大力发展新技术、新业态、新产业、新模式，加快形成以创新为主要动力和支撑的经济体系等。可以看出，党中央、国务院的规划对粤港澳大湾区的要求是非常高的，要在这个地区建成全球科技创新高地和新兴产业的重要策源地。

为了实现这个目标，大湾区的规划也提出了 3 条重要的措施：第一是加强政府的合作，加强大湾区区域范围内的“9+2”区域间合作，共同构建开放性区域协同创新的共同体；第二是要规划若干个园区，打造一个高水平科技创新载体和平台，目前大湾区范围内已经规划了包括深圳、香港、各个城市在内的若干创新平台；第三是提出保护产权等，要优化区域创新环境。国家对大湾区科技创新规划要求很高，这个规划为未来的粤港澳大湾区发展提供了历史性的机遇。同时，目前国际环境的变化也给粤港澳大湾区创新中心带来了新的不确定因素。

如何落实好中央关于国际科技创新中心的建设规划？我的观点是要充分发挥现在粤港澳大湾区的科技发展优势。现在粤港澳大湾区科技发展优势很多，其中香港作为科技力量、资本市场人才培育的优势非常重要，我认为，国家之所以规划国际科技创新中心，更重要的原因是因为深圳已经成为全国创新型城市，已经成为我们国家最重要的高科技创新城市。怎么总结好深圳、香港科技创新方面的经验，为实现国际科技创新解决路径问题，是当前非常重要的问题。这涉及深圳高科技的主要经验是什么，以及怎么能够促进国际科技中心建设。

下面介绍一下深圳高科技的崛起与对外开放。多年来，高科技一直是深圳最重要的支柱产业，2018 年，深圳高科技产值达到 23 872 亿元，10 多年来增长速度一直在两位数，在全国城市当中高科技的比重、高科技的发展速度深圳是最快的，深圳高科技的产值占 GDP 比重也是逐步提高的，去年提高到 34%，深圳市四大柱产业之首就是高科技产业。当前研发的投入也占 GDP 的 4.2%，达到了国际水平，每年研发投入已经超过上千亿元的规模（图 7.2）。国际专利申请量连续 15 年在全国都是第一，深圳是 18 000 件，下面是北京、江苏、上海等。

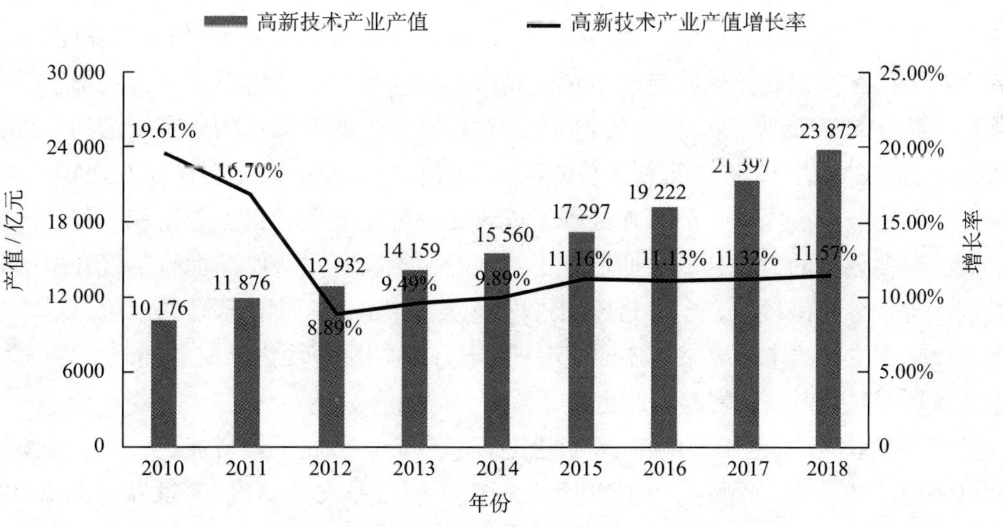

图 7.2　2010—2018 年深圳高新技术产业产值及增长情况

另外，深圳在各大重要产业都形成了一批有国际影响，或者有全国影响的大公司，形成了高科技的产业链，具备了国际一流的能力，目前我们计算机、通信等主要的产业数量、高科技产业将近 20 万家，其中国家级企业达到了 14 000 家。有人说深圳是中国的硅谷，就是民营企业各个方面都发展得非常迅速，我们概括了六个 90%（图 7.3）。

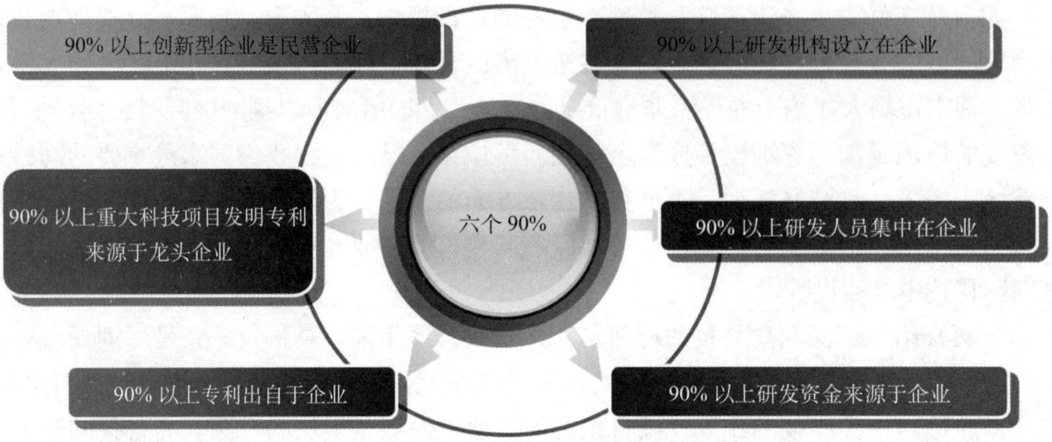

图 7.3 六个 90%，中国最具“硅谷气质”城市

深圳的高科技为什么发展那么快？深圳没有名牌大学，现在南科大非常不错了，深圳也没有国家的科研机构，深圳为什么能从一个小地方发展成为中国最具创新力的城市？有很多原因，有的说深圳是年轻的城市，生机活泼非常重要，有的说深圳是移民城市，其多元文化，也非常重要。但是在深圳工作生活了几十年，我们认为深圳高科技的发展，本质上是我们国家改革开放的产物，是国家改革开放的重要成果。深圳的经济体制改革一直走在全国前列，在处理政府与市场、民营企业和国有企业的关系上，走出了一条深圳创新之路，包括形成了以民营经济为主体、以国有企业为支撑的所有制结构，也包括形成公平竞争的市场环境，而主要不是靠政府的产业政策来推动高科技发展等。同时，深圳还在高科技发展当中，很好地处理了或者比较好地处理了自主创新和对外开放的关系，又在制度创新的对外开放方面进行了大胆的探索和实践，使深圳最早打开中国开放的大门，与世界经济接轨，学习借鉴引进国外先进技术、人才和管理的经验，分享了全球经济化带来主要的丰硕成果，这样使深圳形成了以国际市场为导向的外向型经济体制，促进了深圳高科技产业的崛起，这也是非常重要的因素。

深圳高科技从 20 世纪 80 年代起引进港资、台资，形成了来料加工、劳动密集型产业、沿海地区的经济大循环。到了 90 年代后期，尤其加入 WTO 后，世界上主要 500 强大企业都在深圳和珠三角设厂，使深圳和珠三角成为世界工厂。21 世纪以来，在自主创新和对外开放共同促进下，深圳又崛起了一大批具有知识产权高科技产业，形成了 21 世纪以来的深圳创造的阶段。特别是加入 WTO 以后，深圳高科技产业与世界经济基本接轨，中国对外开放基本国策和融入世界经济体系的基本方向，成就了深圳高科技发展不可缺少的重要的制度创新。

具体有几点，第一，外资企业、合资企业本身就是深圳高科技产业重要的组成部分，为深圳高科技的发展做出了重大贡献。第二，广阔国际市场成就深圳高科技，深圳当前的出口产品中，高科技产品占47%。第三，国际的资本市场也为深圳高科技产业发展提供了宝贵的来源，包括深圳风险投资，最早风险投资也是从外资引进来的，没有不同城市的金融资本，高科技的发展也是不可能的。高科技是高投入、高风险的产业，没有不同层次的金融资本，高科技的发展是不可能的。国际资本市场中大量的天使投资基金、风险投资基金、产业投资基金及私募基金等为深圳高科技产业发展不同阶段提供了金融服务多层次、多元化的资本市场，同时，国际的高质量法律、审计、投行等专业服务机构，也为深圳该科技产业的发展提供了保障。国际上的风险投资成就了深圳不少企业，包括腾讯第一笔基金就来自国外的风投机构。第四，对外开放为深圳高科技提供大量的国际人才，深圳举办了各种人才交流大会，深圳现在每年引进海归人才1万人，包括各领域的高科技人才。第五，深圳推动对外开放，也引进了大量的技术和科技成果。全球500强跨国公司在深圳都投资了很多高科技，包括计算机领域、通信领域、新材料领域等，为深圳高科技产业发展积累了资金、培养了人才、带来了信息。第六，对外开放使一批深圳的企业在合作中学习成长，成为"深圳创造"的重要来源。在与国外资本和跨国公司合作的过程中，一批企业获得了市场，一批企业家学到了技术，引进了管理，自己创业，有的还"青出于蓝胜于蓝"，成为"深圳创造"的重要来源。当前国际环境错综复杂，未来粤港澳大湾区深圳的科技发展一个重要的方面，就是要处理好自主创新和对外开放的关系。

在我们坚持自主创新的同时，要按照党和国家的要求，进一步对外开放，从要素商品的流动性向规则性开放，习近平总书记在去年多次重申，中国坚持对外开放的基本国策、坚持打开国门搞建设、中国开放的大门不会关闭，只会越来越大；李克强总理在两会报告当中也提出了，要全方位推动开放，培育国际合作和竞争新优势，进一步拓展开放领域、优化开放布局、继续推动商品和要素流动性开放，更加注重规则等制度性开放，以高水平开放带动改革的全面深化。目前国际环境的变化，为深圳的高科技带来了不确定的因素，这些因素也更进一步促进我们按照习近平总书记、李克强总理讲的，要进一步加大开放，从要素商品的开放到规则准则标准的开放，严格按照国际规则办事，是我们国家对外开放关系中更要严格遵守的基本原则。

对外开放是我们国家的基本国策，40年改革开放成就，以及深圳高科技产业崛起说明，开放带来进步、繁荣发展和文明。因此，我们要进一步处理好对外开放和自主创新的关系，更加积极地开放政策，顺应世界潮流，形成全方位、多层次、宽领域全面对外开放新格局，以开放促改革，以开放稳发展。从改革和自主创新角度，我们要破除创新要素制约流动的障碍，加快适应国际商务规则，以全方位的姿态迎接粤港澳大湾区国际科技中心的建设。

都市型科技园区发展及中关村实践

翟立新 北京市中关村管理委员会党委副书记、主任

通过生态化、协同化、区域一体化、高端化和国际连接国际化，实现科技园区更好更快发展，为创新驱动战略的实施，为建设创新性国家做出高新技术园区应有的贡献。

今天我从中关村的角度，也就是从一个科技园区相对具体的创新载体角度，来看今后如何实现创新发展、高质量发展。

科技园区，按照国际科技园区协会的定义，是激励和促进大学、研发机构、企业和市场之间知识和技术的流动，通过孵化和衍生过程，为创新企业的诞生提供便利。科技是区域发展重要的引擎，也是区域创新体系乃至于国家创新体系重要的组成部分。习近平总书记强调，创新驱动要从国家高新区做起，要把高和新这两篇文章做好，抓好科技、人才政策等要素组合。

大家普遍认为，科技园区发源于20世纪50年代美国斯坦福大学的一位研究员的建议，它影响和塑造了硅谷的发展。从我国来看，科技园的发展经历了3个阶段：第一个阶段始于20世纪80年代，北京开始建设新技术产业开发区，开始逐渐探索建立科技园区；第二个阶段始于20世纪90年代，在全国范围内逐步建设了包括武汉、深圳、张江等在内的54个国家科技园区；第三个阶段是2009年之后，全国的科技园区发展进入了快车道，目前全国国家级高新区达到了168家。

中关村在30多年历程当中，主要经历了4个主要发展阶段。第一个阶段是改革开放之初，以中国科学院为代表的科研院所实行一所两制，一批科技人员走出院墙高校，创办民营科技企业，诞生了中国第一批民营科技企业，这个现象是我国科技体制改革重要的突破，当时引起很大争论，在中关村地区形成了电子一条街现象；第二个阶段是1988年中央派调研组专门对一条街进行了调研，充分肯定了中关村的做法，于是决定在中关村地区划出100平方千米的一个区域进行改革实验，改革实验主要目的是促进科技和经济的结合，培育高新技术产业，所以当时国务院批复设立了北京市新技术产业开发试验区；第三个阶段是到1999年，国务院批准建立中关村科技园区，形成了一区多元发展的格局；第四个阶段是2009年中关村被批准为第一个示范区，目前全国自主创新示范区达到17个。

作为都市性科技园区，中关村当前正面临新的发展趋势，第一个特点是从传统的产业园区向城区型转变。产业园区的主要功能是以生产为主导，由于工厂和生产车间占用比较多的土地，所以园区的建设与中心城区都有一定的距离。这几年随着人口的集聚和园区建设的不断发展，越来越重视产城的融合，提供高品质的生活配套和相应公共服务，

让工作与生活达到相应平衡。特别是随着信息技术和互联网的创业快速发展，带动形成一波新的创新浪潮，这个创新浪潮又推动大量的资源，特别是风投和相关人才进入这个领域；而这些人才和资金向中心城区聚集，从而形成了创新回归城市的现象，不管是美国的硅谷，还是伦敦的金丝雀码头都呈现出这样的特点。主要的原因是中心城市可以提供更加便利的交流环境、更加高品质的生活环境，能够更好地集聚最优秀的要素，所以创新有向中心城区集聚的现象。

在中国这个问题比欧美国家更加突出，主要原因是什么呢？我们城乡之间或者不同的城市之间，教育和医疗等公共服务的差距非常大，而现在这些人才对于环境、对于子女的教育非常关注，喜欢到教育和医疗及公共服务更好的中心城区生活，所以也加剧了创新回归都市的现象。

第二个特点就是从产业的集聚发展到创新生态构建的演化。传统的科技园区主要是重视生产制造，关注产业的引入和招商引资，比较重视大企业、大项目，而创新生态更加注重发挥源头创新的作用，更加重视小微企业的发展，促进产学研用深度融合，从而构建创新的生态雨林，科技园区从传统规模扩张向高质量发展转变。中央城市工作会议提出，城市发展要坚持集约发展的原则，特别是北京当前进入了减量发展的新阶段，实行了从人口规模到建筑规模的两个控制，而且严守人口总量上线、生态控制线和城市开发边界3条红线，所以北京当前发展最大的阶段就是减量发展。而从全球范围来看，一个城市通过人口减少和建筑规模的减少来实现更好地发展，这样的典型案例比较少，所以北京面临的挑战非常大。

在减量发展的情况下，必须要向单位面积、单个人口的产出要效益，要坚持创新发展和绿色发展，要大力发展楼宇经济、总部经济、平台经济及研发经济，尤其是培育产业高端的发展，掌握关键核心技术，打造具有核心竞争力的产业。中关村作为北京产业发展的主要载体，要发挥主阵地和主引擎的作用。从目前的各个园区发展趋势来看，也正在主动地融入全球的网络，推动风险资本、技术和人才在全球加速流动，而且从创新的合作方式上，由过去单纯的有产品，或者是技术层面合作、市场层面的合作，逐步向基础研究、人才培养和企业之间的研发合作来发展，形成了双向孵化、双向技术转移的态势。总体来说，这种技术的交流和合作，坚持着平等、互利、共赢原则。

作为我国最早的高新区和科技园区，中关村科技园区除了要在北京、全国科技创新建设中发挥主阵地之外，还承担着探索都市性的科技园区，创新发展探路子的使命，未来要从5个方面加强探索和实践。

一是创新的生态化。中关村经过多年发展已经初步形成了创新生态，创新生态主要的构成包括院所、高校、创新型人才、优质的科技企业、孵化机构、创业投资及由创新政策支撑的创新环境。我们经常说，科技成果转化是全球性的难题，优质的科技企业从诞生、成长到成为领军企业也是非常艰难、非常曲折的过程，这提醒我们科技和经济结合的过程，必须是多要素组合的过程，是科技、资本、市场、人才和环境高度耦合的一个过程。

二是要实现产业高端化。高新技术产业每一个区域都一定要有相应的分工，具有一定的特色。从中关村的情况来看，最大的产业是新一代信息技术，大概有 2 万多亿元的产值，此外还有生物健康、智能制造和新材料、节能环保、现代交通和新兴服务业等新兴产业集群。目前中关村企业有效发明专利拥有量超过 8.9 万件，创造的标准是 9527 项，中关村地区有高新技术企业 2.2 万家，占全国高新技术企业总量的 26%，去年这样企业的总产值 5.9 万亿元，同比增长 11%，对北京的经济贡献超过 30%。

三是产城融合化。为我们的创新创业者营造宜居宜业工作生活环境。例如，说为了提供高品质的生活环境，我们正在推进中关村大街的升级改造，正在推动生命科学院优化提升，在望京首钢、未来科学城等地区建设国际人才社区。我们还充分利用存量资源盘活工业用地和老酒厂房，打造自主一体的社区等，为创新创业者提供高品质生活和创新环境。

四是区域一体化。我们要打造京津冀协同创新的共同体，在京内建设一区 16 园，在雄安建立了中关村科技园，中关村企业在河北、天津设立的分支机构超过 1700 多家，在京外还建设了 24 个合作园区，跟 70 多个地市建立了战略合作关系，中关村科技成果有七成以上辐射到京外地区。

五是成为开放创新的桥头堡。目前中关村有 300 多家跨国公司研发机构和一批知名孵化器，中关村企业在海外建立了上千家研发中心和分支机构，上市公司达到 100 多家，中关村也在 14 个国家建立了海外联络处。

总之，我们想通过生态化、协同化、区域一体化、高端化和国际连接国际化，实现科技园区更好更快发展，为创新驱动战略的实施，为建设创新性国家做出高新技术园区应有的贡献。

新时代、新方位、新出发：长三角共同打造世界级城市群

张兆安　上海社会科学院副院长

从长三角层面上来说，要共同打造 4 条走廊，第一条是 G60 科技创新走廊，第二条是 G50 绿色发展走廊，第三条是 G42 高端智能制造，第四条是临海临港战略性新兴产业走廊。

我今天演讲的主题是“新时代、新方位、新出发：长三角共同打造世界级城市群”，

我的创新切入点主要是制度创新，创新的内涵非常多，区域创新不仅仅是科技创新、发展创新，制度创新也要成为创新的策略源头。

众所周知，长三角已经被全世界公认为第六大世界级城市群，党的十八大以来，我国区域经济发展突飞猛进，新战略、新路径、新举措正在形成，例如，共建“一带一路”倡议和长江经济带战略，尤其是北有京津冀发展和雄安新区建设，南有粤港澳大湾区建设，进一步强化了沿海发展战略和区域发展战略的大格局。现在长三角一体化发展已经上升为国家战略，长三角不仅是其中的一枚箭头，而且和南北遥相呼应，推动形成沿海南北中三箭齐发之势，成为中国非常具有发展前景的新增长点、增长带。

很多人问我一体化内涵是什么？一体化很有意义，如果纯粹从理性的角度来说，所谓的一体化有 5 个方面是最重要的。第一个方面称为基础设施的共同打造。跨省界形成一体化难度很高，首先要基础设施建设，大家要共同打造，这是一体化重要的基础。如果区域范围基础设施互相成网，容易产生同城效应，但如果基础设施各管各的做的，区域一体化发展就会受到影响，所以这是最基础的工作。

第二个一体化内涵称为生态环境的共同保护。就像吴志强校长讲的那样，生态保护不共同打理会比较麻烦，因为水会流动、空气也会流动，长三角现在建立了很好的机制，我们共同维护这里的生态环境。

第三个称为市场体系的一体化。一体化重要的标志，就是在区域范围内所有的要素流动是顺畅的，而不应该是有阻碍的，而且流向不是单向的，应该是多向的，不是往一个地方流，而是多向的流动，在这种情况下我们市场的功能就会发挥得更加充分。

第四个一体化内涵称为城市布局的一体化。大家都知道长三角三省一市区域范围内，城市数量最密集。比如说现在有城市体系，上海功能定位就叫“超大城市”，这是习近平总书记说的，当然还有特大城市、中等城市、小城市等，要形成比较合理的布局，功能定位要有所互补、有所差异，这样体系就建构得比较好。

第五个是制度架构的一体化。前面 4 个一体化内涵重要的保障就是这第五个，制度的共同构建是最难的，牵涉到很多区域的部门利益。我们发现，原来在长三角，每个地方政策不一样，差异很大，都有各自的利益，如果把 5 个方面能够实现一体化，整个长三角就真正是一体化了。

去年 3 月 9 号，我在北京参加全国人民代表大会，我建议把长三角区域经济一体化上升为国家战略，以及建设示范区，今天这些全部变成了现实。我们为什么提新时代、新方位、新出发？长期以来，长三角一直是我国重要的经济增长极之一，是区域经济一体化发展起步最早、基础最好、程度最高的地区，长三角的地位有 3 个数据可以说明，第一个数据是三省一市区域面积，占全中国面积的比重在 3.7% 左右；第二个是常住人口占比为 16% 左右；第三个是经济总量占比接近 1/4，在这种情况下，党中央、国务院一直非常重视长三角一体化发展，也曾经搞过很多发展规划等。在大背景下，从前年以来，长三角一体化发展的进程明显加快，去年有了标志性的事件。

什么标志性事件呢？第一件事情，首次专门成立了合作办公室，上海、浙江、安徽干部共同在办公室里处理很多的区域发展的公务。三省一市首次联合制定了三年行动计划，打通断头路，公交、地铁及医保异地可以直接结算，我称之为标志性的事件。从长三角层面来说，要共同打造4条走廊，第一条是G60科技创新走廊，不仅仅从松江开始，应该从上海张江开始，经过闵行漕河泾一带松江、金山，与浙江嘉兴、杭州对接，形成科创资源集聚、科创人才汇集、科创平台多元、科创产业发展的整体态势。到今天为止，G60科创走廊不仅仅是这些地方，现在已经有9个城市加入科创走廊了，效果很明显。

第二条是G50绿色发展走廊，从上海的大虹桥开始，经过青浦，江苏吴江，浙江嘉善，包括浙江湖州，一直延伸到皖南地区，发展绿色产业，建设特色小镇，成为理论的示范区，习近平总书记的两山理论“绿水青山就是金山银山”，就是在浙江湖州这个地方诞生的。

第三条是G42高端智能制造，就是沪宁高速这一条带，从上海中心城区桃浦工业区开始，往西经过嘉定，与苏州、无锡、常州、镇江、南京、安徽的皖江经济带衔接起来，这一块地方着力发展高端制造和智能制造，这一段制造业的基础是最好的。

第四条是临海临港战略性新兴产业走廊，从浙江温州开始，经台州、舟山、宁波再经上海到江苏南通、盐城、连云港，结合上海铁路建设及海洋强国战略，辐射南北，建设成为一条重要的沿海发展走廊。1条走廊沿着沿海发展走，3条走廊把长三角支撑起来。从上海层面来说可以做很多事情，上海要结合5个中心建设，对长三角进行服务，5个中心就是五大服务平台。

第二件事情，去年11月5号，习近平总书记在上海首届中国国际进口博览会开幕式上宣布：将长三角一体化上升为国家战略。今年的政府工作报告中，又明确了要编制相应的规划纲要，充分表明了长三角确立了新定位，明确了新目标，启动了新征程，对于长三角一体化发展，中央很支持，全国很关注，长三角干部群众也很振奋，上海市委、市政府也做出了重要的部署，长三角一体化发展国家战略实施好了，尤其是一体化发展示范区建设好了，利在当前、功在千秋，为此我从国家、长三角、上海3个层面提出一些意见建议，供大家参考。

5月初，中共中央政治局刚刚开始审议长三角一体化的发展规划，我从国家层面就长三角一体化示范区提出5条建议。第一，建议中央出台相应的指导意见，形成协调推进机制。党的十八大以来，构建“一带一路”倡议、长江经济带战略、京津冀协同发展、粤港澳大湾区建设，其中京津冀有雄安新区，粤港澳大湾区有深圳前海，而长三角也将建设一体化发展示范区，战略中有两个小的聚焦点，长三角下面也有示范区，内外结合、遥相呼应、亮点纷呈。

2017年，中央发布了《中共中央　国务院关于设立河北雄安新区的通知》《中共中央　国务院关于支持河北雄安新区全面深化改革和扩大开放的指导意见》。长三角作为全球第六大世界级城市群，经济总量占全中国 1/4，有条件发展形成新的增长点、增长带，因此希望中央参照雄安新区的做法，发布相应的指导意见，指导意见不是规划纲要。同时对照京津冀和粤港澳大湾区建设，在国家层面成立长三角一体化发展领导小组及办公室，统一指导和统筹协调国家战略的实施，协调跨地区、跨部门的重大事项，同时也建议在国家层面设立长三角一体化的发展基金。因为协调机制很重要，三省一市协调力要非常强。

第二，建议国家长三角一体化发展示范区，试点一批深化改革的重大举措。一体化很有意义，很不容易，创设示范区是好办法，我和王沪宁同志讲，示范区与自贸区有异曲同工之处，它们的意义是一样的，示范区要示范什么？有 7 个方面，要把党的十八大、党的十九大明确的改革任务涉及地方的，在示范区集中落地，率先突破、系统集成，成为全国深化改革的试验田，特别是在设计规划管理、土地管理、投资管理、要素流动、财税分享、公共政策等方面，成为跨区域制度创新和政策突破的样板间。比如，什么叫财税分享？上海、江苏、浙江联合投资办了一家企业，企业创造了利润按照股权比例进行分配，这个没有问题，现在难在什么地方？企业创造的税收能不能按照股权比例在上海、江苏、浙江进行分享？示范区要示范这个内容，所以内容很丰富。

第三，建议国家要重点支持建设一批长三角一体化发展的重大项目，跨行政区域重大项目内容是需要国家支持的，而且要把长三角已经确定的建设项目，能够纳入国家大的布局中，这也是对长三角非常重要的事情。

第四，建议国家支持长三角改革试点成果，优先在长三角区域内复制推广。长三角是国家交给的改革任务最多的一个区域，在改革过程中也创造了很多好的经验、好的成果，目前来看有的成果还没有复制推广到全中国的条件，应该在长三角区域范围内先复制，比如说上海自贸区有一个自由贸易账户，一下子复制到全中国没有条件，是不是先复制到长三角范围内？通过现在的国家战略来推动。

第五，建议全国人大对实施长三角一体化发展国家战略提供法治保障。一体化发展尤其是示范区建设，要突破现有的法律法规，在这种情况下全国人大要做好因地调整法律法规的准备，比如说自贸区就这样，上海自贸区一开张，全国人大开了会，说 3 部法律在自贸区里暂时不能执行，如《外资企业法》，而示范区建设也会碰到这种情况。

从长三角层面上来说，重点是两个方面，第一是探索体制机制创新，制度创新是最重要的；第二是推动要素流动，只有在制度创新的前提下，要素才能真正流动起来。从上海层面来说，重要的就是上海要准备建自贸区新片区，要和长三角一体化示范区建设比翼齐飞，一个在东面，一个在西面，对上海来说有了新的发展机遇，同时对长三角区域经济一体化发展来说，也获得了良好的战略互动。

以社会创新营造宜居的大湾区

凌嘉勤　银紫荆勋贤香港规划司学会前司长

我希望整个大湾区不仅是全球的科技创新中心，而是要打造全球的社会创新中心。可以吸取香港的经验，发展社会经济、社区经济、社区金融、互联网＋社会服务的新型经济类型，将技术创新的成果更好地应用到改善民生和社会事业当中，促进经济、金融、科技和社会的跨界整合创新。

我集中地谈谈怎么样把大湾区发展成为宜居、宜业、宜游的生活圈。

在粤港澳大湾区发展纲要里，“宜居”出现了3次，“坚持以人民为中心的发展市场”在几个地方出现了3次，第一个在总体要求里的基本原则，第二个就是战略定位，到最后一章怎么建设宜居、宜业、宜游的生活圈，以及怎么打造教育和人才高地，共建人民的湾区，构筑休闲湾区，拓展就业创业空间，塑造健康湾区，促进社会保障和社会治理的合作。我在香港署工作的时候做了一个区域性规划研究，就是“珠江口宜居湾区重点行动计划”，这是与广东省和澳门两个行政特区一起进行的，研究已经完成了，是全国首个以宜居为主题的区域性联合的宽泛研究项目，里面提出了6个宜居建设的行动计划，其中第六点就是发展地区的社会创新能力。

什么是社会创新能力？根据英国一位学者泰勒的研究，“社会创新”一词在1834年已经出现，一直持续到现在，是非常重要的具有改善我们社会情况的方法。泰勒为社会创新下了一个定义，他认为社会创新是共同协作，不是单单政府或者市场，或者民间独立来干，而是几个不同的主体的共同行动。斯坦福大学里有专门研究社会创新的机构。通过新的方法解决社会问题，得到的效果比现在的方法更有效、更可持续和更有公益。

社会创新是什么？可以是一个产品，可以是过程，或者是科技，怎么样利用科技？也可以是原则，可以是立法的过程，或者是社会运动，它是非常广泛的。过去10多年西方国家很多非常重视社会创新。例如，英国政府从国家层面拨了更多权利和资源发给第三部门，第三部门不是政府，也不是市场。中间第三部门用一个创新的方法来解决社会问题，奥巴马政府也发起了社会创新基金，不过目前奥巴马政府的社会创新基金没有了。但是，总体来看，在西方国家社会创新已经成为解决社会问题的方式，也是非常重要的新型研究领域。

再来看看香港，香港如何面对社会问题？从鸦片战争开始，英国人把香港作为崇尚军事的地方，不提供社会福利政策。香港的社会福利工作由民间自己发动，同时基督教会、天主教会发挥了很大的作用。例如，东华三院，由香港华人开始处理医疗问题，慢慢变成非常有组织的福利机构。另外一个例子是保良局，开始的时候保护妇女，主要保持安良是对小孩子，不让妇女给人当童养媳，现在变成非常重要的香港福利机构。第二次世界大战后情况有所改变，大量移民涌入，香港人口由1945年的60万激增至50年代初的200多万，物质短缺、难民流离失所，医疗教育系统不堪负荷，1953年石硖尾圣诞大火后，政府开始兴建公共房屋，国际红十字会、英联邦、联合国的扶贫工作，同时教会和宣教士们在接济、医疗、教育上做出了不可磨灭的贡献，后期更是参与了政策倡议工作。

现在我们社会福利署有7个工作范畴，跟世界上很多国家的福利政策范畴差不多，但是最重要的就是政府的开支，教育、卫生、社会福利这3块占了总的公共开支的51%，超过一半，社会福利开支差不多17%。政府付出了这么多，但还是存在需要应对的社会问题。香港有什么问题？第一个还是贫穷问题，2017年香港的贫穷率为20.1%（政策介入前），贫穷人口高达137.7万。政策介入后贫穷率下降至14.7%，但还是比较高的比例。

第二个是贫富差距的问题，我们看基尼系数，2016年香港的基尼系数是0.539，是45年来的新高，远比其他经济体如中国大陆（0.465）、新加坡（0.417）、美国（0.411）等更高。香港10%的最富裕住户的月收入中位数是10%最贫穷住户的44倍。第三个是香港住房问题。这是香港特有的现象，一个住宅单位里面分很多小单位，不同家庭住在里面，你们看照片，居住的环境真的不好。第四个是双老化问题，就是人口的老龄化，楼宇的老龄化。65岁以上的人口到了世纪中期以后，每3个人里面有一个是65岁以上，如果拿85岁作为一个分水岭更厉害，就是每10个人里面有一个是85岁，是人口的老化。香港楼宇的老化问题也很严重。老房子很多，而且越来越多，老房子都有很多的问题，如非法加建问题、服务落后问题、电梯问题等。家应该是安全舒适的地方，但香港的大部分住宅显然不能达到这样的程度。人口老龄化、楼宇老龄化受到了很大关注，但是在香港常常作为分开的议题来看，但是这两个老龄化复合产生的影响，是我们城市必须面对的问题，双老化的问题对香港有很大的影响。

我们围绕香港社会创新做了很多工作。社会创新可以是以非营利机构或者私人企业为主体，不单单从政府手里拿资源，而是服务的项目最后能够达成自负盈亏的目的。在2008—2017年，香港的社会创新机构数目有很大的增长（图7.4），从200多增长到600多所，有很多活跃的机构里有商界非牟利团体、慈善基金会、学术机构都在做社会创新，政府成立了社会创新发展基金。政府拿了5亿元出来，分配到民间，如果民间有好的社会创新的项目，能够处理我们的社会问题，他们可以来基金里面申请把项目办下去。

我们再看全世界排名中香港方面表现如何。根据2016年路透新闻机构的报告，在社会哪个国家和地区，对于社会创业+来说是最友善的，香港全世界排第八，中国大陆排34位。在这个方面看到有不同的指标，如政府的支持，香港全世界排在第九，公众对于社会创新、社会企业的理解排在第七，所以也是反映了社会企业在香港的社会接受度较高。

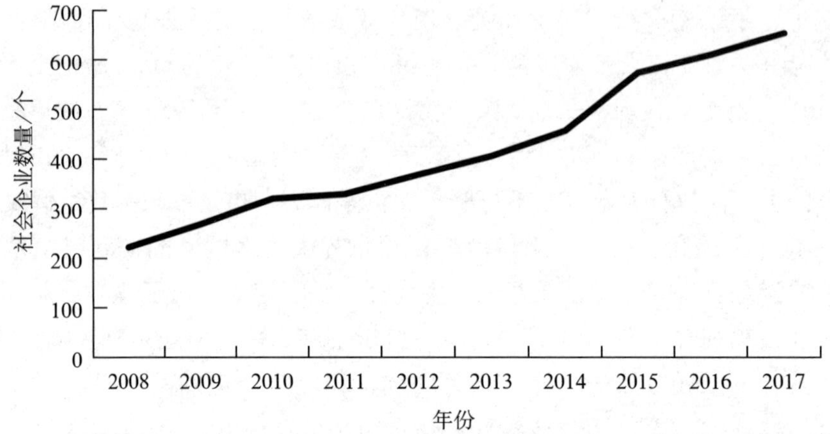

图 7.4 香港社会企业的数量（2008—2017 年）

当前，我们尝试了解社会创新在大湾区内地城市的现况，探索香港与大湾区其他城市在社会创新交流经验和互动合作方面的可能性，探讨如何启动可持续的交流和合作，共同营造宜居的大湾区。另外，深圳社会组织研究院饶锦兴院长的看法和我们不谋而合，他希望大湾区不单单是全球科技创新中心，而且也是要作为全球的社会创新中心，在社区经济、社会经济、互联网合作方面有什么样的合作？大湾区规划纲要实施方面，我们要扩大社会参与，不单单是政府、不单单是企业的事，而是要动员社会参与大湾区发展，有很多公众参与都是怎么样改善民生、改善市民的生活，也有社会创新的理念。

当前我们香港理工大学赛马会社会创新设计院的使命，就是希望能够提供创新平台，未来如何建设更好的社会。一方面联系热心人士，另一方面培育实干者，以集体智慧推动创新，并且成为对推动有影响力的作用。我们现在刚刚开始筹办，希望在本年的 12 月份举办大湾区社会创新论坛，希望探讨 3 个问题，第一是我们怎样孕育新一代的社会创新者？他要有社会热心，也能够掌握新的科技，也能够把社会创新的项目有商业效应地推动下去。第二就是社会企业的助力和趋势，我们以前干了什么事情？以后我们发展社会企业的发展趋势，在香港、在大湾区、在全世界要怎么样搞？第三就是社会创新与市场怎么样协作？怎么样互动？希望联系大湾区对社会创新有兴趣的机构一起努力。

切实践行新发展理念，推进雄安新区高起点规划、高标准建设、高质量发展

张玉鑫　河北省雄安新区管委会副主任

切实践行绿色、协调、开放、共享的发展理念，高起点规划、高标准建设、高质量发展。同时要落实在行动上，既要有仰望星空、创建未来的雄心，又要亲为大地，把脚踩进泥里，一步步走出卓越的未来，要实干为主。

雄安如何塑造中心？如何创造卓越？全面提升区域创新的策源力？对雄安新区来说就是切实践行创新、协调、绿色、开放、共享的新发展理念，高起点规划、高标准建设、高质量发展。因为雄安新区从零开始，两年前在地图上是查不到这个地名的。我结合这个播放两分钟短片，给大家看看雄安新区的背景、区位、产生的历程（播放短片）。

如何践行新发展理念，在雄安新区开展工作？一是高起点规划，二是落实高标准建设和高质量发展。习近平总书记在2014年4月26号考察北京市时特别提到，考察一个城市首先看规划，规划科学是最大的效应，规划的失误是最大的浪费。按照中央指示，雄安新区在推进雄安规划编制过程中，从2014年、2015年、2016年，到2017年4月1号中央正式成立了雄安新区，围绕蓝图逐步推进雄安新区编制规划工作。自2014年从京津冀协同发展起步，纵览雄安新区设立的历程，在推进雄安新区规划过程中，按照中央和国务院的部署，我们借鉴全球城市发展的规律，城市规划建设的规律，搭建了一个从战略到操作的完整的规划体系，我们简称为“1+4+26”，“1”是雄安新区规划纲要，2018年4月14号党中央、国务院正式批复的雄安新区规划纲要，纲要明确了雄安新区目标定位和要求，是推进工作的根本遵循。规划包括雄安新区总体规划、雄安新区特有白洋淀保护规划等，这是一个围绕着一张蓝图形成雄安新区城市清晰的规划体系，严格按照规划体系推进工作。按照习近平总书记的要求，保持战略定力和历史耐心，把每一寸土地规划清楚以后再开工建设，这几年按照这个主线推进各方面的工作。

来看一下雄安新区的区位地图（图7.5），从雄安在京津冀协同发展区域的区位定位、大交通、大战略的格局，可以看到北京、天津、雄安新区和石家庄，以及西侧就是华北太行山脉，这是区域的生态环境，西侧是太行山脉，白洋淀区域历史上有1000平方千米水域，从太行山下来的9条河，在洼地汇聚成为沼泽，再汇聚成河流进天津成海，绿色的是雄安区域，是1770平方千米。

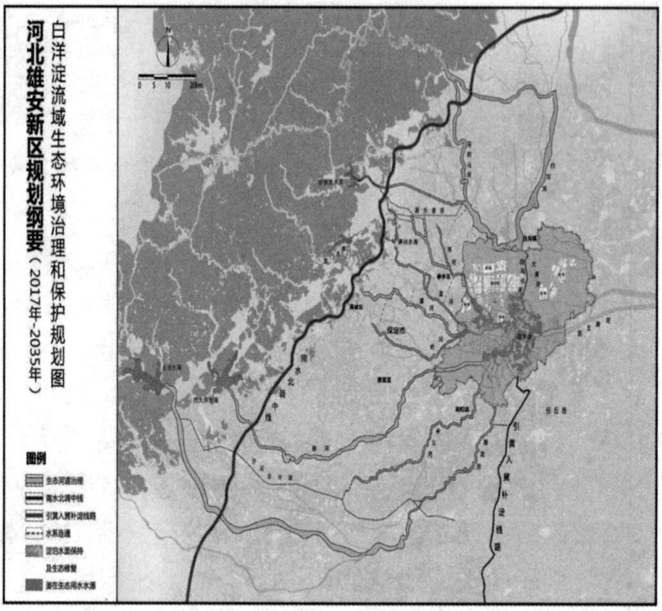

图 7.5　雄安区位地图

这是雄安新区总体规划的一张图（图 7.6），2018 年 12 月 25 号国务院正式批复雄安新区整体规划，从图上可以看到雄安的关键信息，1770 平方千米其中 70% 是蓝绿空间，30% 是可开发空间，白洋淀面积是 370 平方千米，城镇格局也是大空间、大格局——里面是一个主城区，5 个外围主滩，9 个新城。这是未来雄安新区城镇格局，在习近平总书记推进下推进了各个方面的主题详细规划的编制，今天参加会议的很多专家都参与了前期雄安新区的规划研究、论证和编制工作。

围绕今天的主题，雄安从零开始的城市怎么走向未来，怎么构建复杂的巨系统让它从零走向 100 万、300 万人口的城市，面临基础设施、道路、产业和凌嘉勤先生谈到的社会创新方面一系列问题。在编制雄安新区总规划的时候，有 3 个方面和今天专项密切相关，第一，科技创新专项规划，第二，高新产业专项规划，第三，智能城市专项规划，支撑这张蓝图怎么落地、怎么指导未来实施。一张蓝图确定一个目标明确，但是怎么实施和操作？必须量身定做一整套规范操作体系。有什么目标，有什么标杆，必须匹配什么样的标准，才能保证区域城市按照标准和路径走向未来？这些都需要持续探索。

关于高标准建设，目前我们正在 1 月 16 号习近平总书记到雄安新区专题调研安排，和 1 月 18 号京津冀协同会议以后着手推进。雄安新区前期各项规划标志、标准制定基本完成，下一步即将面向大规模实质性开发建设。十九大报告包括习近平总书记在 1 月 18 号的京津冀座谈会上，明确要求要高起点规划、高标准建设，在推进过程中，怎么把握生态、绿色、低碳、以人民为中心的？我们要打造雄安新区大的生态格局，做好白洋淀 360 平

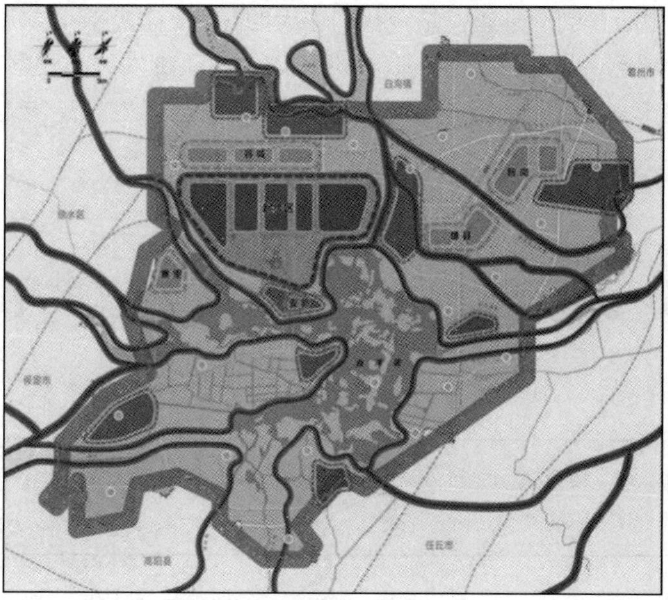

图 7.6　雄安新区总体规划示意

方千米的生态规划和保护工作。确保白洋淀水位、水质、生态环境。因为雄安新区是因淀设立，所以在选址建设，在推进一系列工作当中，习近平总书记明确要求，要处理好城市发展和白洋淀保护关系，首先要保护好白洋淀生态环境，所以在 2018 年总规划审议同时，同步审议了白洋淀保护规划。现在从 5 个方面生态保护工作已经卓有成效，上游的治水、生态调水，包括白洋淀格局调整一系列精准措施都在推进实施，目前白洋淀水质条件有了极大的改善。

怎么以人民为中心？怎么打造宜人生活品质？在前期规划中要想透，在建设的时候要小心翼翼地走，立体城市很多城市都做过探索，但是在快速成长过程中，有很多方面规划上、标准上、具体实施操作上是否能够保障和提供？ 这一块就是雄安新区规划纲要里面，明确数字城市和虚拟城市同步推进。随着大规模实质性建设，虚拟城市建设怎么落到线上，一步步建立起来？线上和线下如何互动，面向未来提供发展模式，这是下一步重点要做的。在雄安，城市发展全流程平台已经建立，在国内外很多科研力量支撑下，面向未来路线、框架、虚拟和现实已经形成，有很多内容在按照总书记的指示，国家部委牵头指导下，国内外很多科研院所给予了大力支持，有很多建设内容和今天论坛主题直接相关。

在创新方面有些不便讲，从京津冀协同来谈。在绿色发展背景下，如何处理好京津冀城市群、长三角城市群、大湾区城市群与自然的关系，城与城的关系，基础设施和格局的关系，可持续发展与未来的关系，能不能立得住、走得通？这是区域发展当中很多方面要思考的。即将开工建设的先行启动的区域，回到今天的主题，雄安新区如何对应今天的主题，塑造中心、创造卓越？结合我们今天的题目，就需要切实践行绿色、协调、开放、共享的发展理念，高起点规划、高标准建设、高质量发展。要落实在行动上，既要仰望星空、创建未来的雄心，又要亲为大地，把脚踩进泥里一步步走出卓越的未来，要实干为主。谢谢各位！

湾区创新系统建设

Mark Chandler　美国旧金山市长办公室国际贸易和商业主任

> 我总结了五点，这五点非常重要。当然政府是不在这五点当中的，政府发挥了关键作用，但是硅谷不是政府设计的。

今天已经听了很多精彩的演讲，来自北京、深圳、雄安新区、香港大湾区的代表都发言了，我们也听了雄安新区非常好的规划，我想要回到今天刚开始的时候张博士、Bernhard Mueller 先生所说的打造全球创新中心。我来自旧金山硅谷，我相信我们是世界第一的全球创新区域。

举一个例子，在旧金山市政厅，我每天都可以走出我的办公室散步，在散步的过程中可以参观 2000 个创新技术企业，不需要开车、不需要骑自行车，这就在我的步行范围内。不要谈地区，所以大家对我们的地方有一个概念。也许你们现在拿一个智能手机，肯定在你的手机当中有一些东西是来自旧金山硅谷开发的技术。我们在谈全球的区域，让大家看一下硅谷，我在市政厅上班，不接受来自中国或者世界各地的同事的拜访是不可能的，他们每次来都说旧金山这么成功，你能告诉你们硅谷是怎么规划的吗？你们是怎么做的？旧金山和硅谷怎么成为世界的中心？我的回答总是让他们很失望，我们政府没有规划，不像雄安新区政府规划非常好，这只是 50 年、60 年、100 年发展的结果。

我们看一下硅谷还有旧金山的创新中心，从当中能不能汲取经验？哪些是非常关键的？为什么我们能够成功？我们能够继续成功在于不断在变化。首先我们看看湾区创新网络，湾区有 700 万人口，它是一个生态系统，由多样化的机构、人士组成，有很多的非正式网络连接。我们有非常独特的文化价值观，我们来自不同的背景，但是关于如何创造价值，如何工作？我们的答案是非常一致的。

我总结了五点，这五点非常重要。当然政府是不在这五点当中的，政府发挥了关键作用，但是硅谷不是政府设计的，我先说第一点——教育。如果没有非常强的教育基础是不可能成为区域中心的。湾区非常幸福，我在周六的时候去伯克利，伯克利、斯坦福历史悠久的名校都是我们首先创立的，还有研发，我们是世界上最大的研发中心。另外我们有非常独特的金融体系，没有一个地方像我们的湾区这样，他们都想复制，但是复制不了，这是历史造成的，我们的金融运作体系怎样本土化怎样运作？我们金融中心来自初创企业，来自于1、2个车库的人，金融中心要冒险。第四，是合作，旧金山硅谷非常有趣，是世界上最具有竞争力的地方，但又是最具有黏合力的地方，竞争又同时合作。最后一点关键要素就是开放，很多方式开放，对人开放，就是不管他们来自哪里，他们的信仰是什么，看上去是什么样的背景，只看重一个条件，即他们都是人才。我们对风险开放，在湾区可以失败，很多人都失败过，我们对理念开放，我们不会拒绝东西，新的颠覆性技术出现的时候，人的第一反应总是不行要停止，但是在湾区是不可能的。

首先讲教育，我在加州大学戴维斯分校毕业，也在伯克利学习过。教育为什么这么重要？这些教育机构创造了劳动力，创新需要人才、需要不同的思维的人，早期的硅谷创业者就是来自这些大学。另外斯坦福是创造了模型，这些大学教授在大学进行研究，让他们的研究转化成产品和服务上市，以前是大学做研究、产业做自己的事，但是斯坦福开创了大学教授早上在大学上课，下午在公司上班，晚上进行技术转化。例如，谷歌的搜索引擎就是大学生创立的，这样的例子很多。

在这些大学下面还有州立大学、社区学校等好几层教育体系，他们都在创新生态系统当中。在早期的时候，联邦政府对于基础研究进行了投入非常重要，现在仍然有劳伦斯国家研究室、国家研究室等，在美国基础的研究进入了我们的社区，进入了企业。我们还有很多其他的研究设施，如联合生物能源机构，其中有很多企业的研发工作。过去10年的一个现象就是每一个海外的公司，他们都觉得是科技企业，会在湾区设立他们的公司，大家看拜耳、华为，还有沃伦斯等。这是欧洲很大的电信公司，我曾经给他们的实验室工作过，我曾经问他们你们对美国不熟悉为什么要在美国设立公司？但是这家公司的人说如果我不在旧金山硅谷开设研究机构，有新的技术出现的时候，我们用这种技术需要6个月，远远落后于市场，丧失了机会。因此，来自全球的公司都在硅谷设立研究机构。

最近的趋势是孵化器和加速器建立推动大量创新公司成长。我们有生物医药公司，他们已经在湾区有50多个孵化器，包括所谓的共享办公空间，即还不是办公的地方，社区和创业者自己建立的环境，主要是提供大家交互受教的地方。

对于创业来说融资很重要，旧金山在100多年前已经成为美国的金融中心，也是纽约之外的美国金融中心，很多风险偏好冒险家的乐园就是旧金山。在金融区，我办公室1千米之外的地方，除了政府以外，除了正常的银行贷款体系之外，必须要依靠风投体系，我们的人口只占到美国2%，但是我们的风投资本占到了美国35%～50%的水平，有很多的风投人才都住在湾区。风投就是这样，他们会做10个投资，他们只指望其中5个给他们零回报，其中3个可以打平手，剩下两个帮他们赚钱，这样对风险如此高的承担能力政府是做不到的。如果没有风投，这些高科技企业就没法成长，因为银行特别地保守，他们没有办法支持风险非常高的创新公司。所谓的天使投资只给一点小钱，在旧金山湾区人手一个天使基金。也有很多人在网上做众筹筹钱，如果有一个好的创意、有好的背景，在湾区不需要担心钱的问题。

如果说旧金山湾区的创新体系的话，那就是一碗面，不是一条线。旧金山湾区是联系非常紧密的创新系统，因为连接点非常多，它也有正式的官方的体系，还有民间的体系，有大学、政府、研究中心，有风投等。这也不是谁来创建、谁来构建、谁来创造的，是自发产生的体系。

我们看看系统内部的互动或者是发展，首先我们看看人口，硅谷的人口分布是非常全球化的，45% 甚至超过一半的硅谷高科技企业的创始人是移民，如马斯克。旧金山地区就像一个联合国，有一半的人口不是生在美国的，我们有不同的文化、不同的思路冲击，会带来很多多元化，我们是非常包容的社会，在这样的地方我们愿意推动多元性，包括种族多元，包括性别、生活方式的多元化，这些都很重要。还有文化也很重要，愿意冒险、敢于承担失败的文化。在旧金山如果做了一个公司失败了，别人就会说下一个公司要做什么？但是如果没有失败过，天使投资人对你不感兴趣，他们认为你没有努力过，没有意愿突破界限，就连乔布斯也曾有过惨重的失败经历。如果政府体系不允许犯错，不允许失败，肯定不会有创新。我们体系既包括政府，也包括民间组织和企业，非常复杂。我们的渗透性很强、流动性很强，弹性也很强，我们的政企合作、校企合作，相互之间的产学研的交融非常灵活，而且人的流动性非常强，你们在场的年轻人在湾区可能会只做 3 年，3 年之后就要跳槽，也许到了谷歌延伸到 5 年，但是不会超过 5 年，因为马上想做别的，包括政府，包括我们的大学机构都会认可人的流动性。不是只是跳槽而已，而是跨界跳槽。

其他地方不少人是赚了一笔钱就告老还乡，但是在美国成功创立一个公司之后，即使退出了，也会成为连续的创业者。全球性的连接性很重要，特别是来自外国的人会特别有体会，1990 年的时候我们的湾区是辐射性的，但是在 2012 年我们是网络状，是全球性的互联，无论是一个企业还是一个城市还是一个区域，要想创新必须要与全球互联，这也是我们湾区的优势。湾区的人才都是来自全球不同地方，有不同文化背景。总的来说在湾区，还有硅谷，都是公立、私立研究机构，新企业，风投和专业性支持服务的一系列共同努力，还有规模和多元化也特别重要，这些要素的集聚或者齐备并不是关键，虽然我们有很多出色的大学和企业，最重要的是不同要素之间的流动性和互联，要降低甚至取消参与的门槛。不看其他的，关键是否有好的想法？如果你到旧金山，不会问你是谁？而我们问你想做什么？这也是我们成功的关键。谢谢各位！

智慧城市与创新：科克市的规划与发展经验

Seamus Coghlan　爱尔兰科克市政府

创新是推动区域发展的重要动力，城市是实现创新的重要土壤。

我代表科克市政府来到这里，跟各位介绍一下我们的城市规划和建设，跟大家分享爱尔兰第二大城市科克市是如何在首都之外打造一个城市集群的？并且探讨创新在此过程中扮演的角色。

大家都知道旧金山，但是我估计很多人都不知道科克在哪里。科克是在欧洲的边缘，我们是上海和旧金山之间的中点。科克与上海是友好城市，在我们签订的谅解备忘录中涵盖了教育、文化等各个方面的合作，我们也接待了很多代表团，未来希望能够在更多重要领域进行合作。非常高兴在2017年两个城市间的谅解备忘录得到延期。感谢有机会来参加浦江创新论坛，非常荣幸。

2002年我们发布了国家地区战略、国家空间布局的战略。爱尔兰主要人口包括经济活动，都集中在东部地区，即首都都柏林所在地及附近海岸区域。为了解决经济的分布不均衡，爱尔兰制定了2002年国家空间布局战略规划。2002年爱尔兰布局了24个中心城市，拟促进经济平均分配到全国各个地区。但我们发现即使有这样的2002战略，经济的聚集仍是更多围绕东部沿海和首都地区。2002年的相关战略并没有得到立法，所以我们没有办法将它和国家投资计划进行对接，而之后又遇到了2008年的经济危机，更让我们投资资本紧缩，就没有更多的资金来支持西部地区的发展，所以我们认为需要采取行动来改变。

2017年的时候，我们决定采取新的路径，当时我们决定做一个国家的规划制定的政策框架，并建成区域、市级、县级的不同框架，一级级传导到基层，即发挥所谓的涓滴效应。我们制定了一个白皮书，广泛地征询民众意见做听证，找到解决这些问题的方法。爱尔兰经历了危机、经济停滞，一直到2012年经济增长都非常缓慢。但是从2012年到今天，我们的经济再次发展，我们经济恢复地非常好，非常显著，现已成为欧洲增长最快的国家。我们这次做规划的框架，由爱尔兰的社会和经济机构对未来发展做出了预测，可以预见爱尔兰还会增加25%的人口，现在的人很少，只有500万，如果再增加100万，经济发展将非常显著。另外我们的目标是创造50万份工作，建造5000座房子，并进一步进行基础设施建设，采取行动应对气候变化。因此，我们不仅仅是要实现平衡增长，而是要进行有效的区域发展，要进行以实证为基础的研究和区域的经济发展。所以现在我们的城市规划更加具有针对性，以6个中心城市带动整体发展，包括北部的贝尔法斯特。我们要集中科克和都柏林两个主要的中心城市，出台更具针对性的政策措施。

科克市也出台了一项规划，科克2050，提出了充分发挥城市区域潜力的未来20年、30年科克发展愿景。在规划出台之前，我们开了很多市政会议，邀请私营部门人参加，倾听他们的意见，告诉他们我们可以做什么？我们在做什么？我们将来会做什么？我们希望科克成为全球颇具经济规模的城市，且能够辐射带动东部区域。在研究中，我们以实证为基础，学习了全球的交通、经济战略，土地使用的最佳实践作为参考。

科克市作为爱尔兰第二大城市，其生产力在爱尔兰是最高的，在制药业、ICT、生物医药等方面有不少跨国公司，同时有一级港口，有着显著的区位优势。财富500强公司中40多家位于科克，其中许多公司都是积极从事研究的财富500强公司，包括Apple和Johnson Controls，60多家全球科技公司。同时在高校科研等方面也有非常大的潜力，在规划中也融入了智慧城市的发展理念。值得一提的是，科克于2018年9月在宁波获得中欧绿色智慧城市奖。

第一，在区域层面上，要加强与其他城市的互补互联。例如，与都柏林互补，与小的城市和地区互补，在更多的区域层面上合作协调。我们出台了两个文件，一个是全国规划框架，这是战略性文件；还有一个是国家发展计划，谈到了支持基础设施的建设，包括老城的改造及基础设施的建设和开发，而且要有颠覆性的技术基金建立来支持新经济产业的发展和技术的发展。两个各有侧重，第一个促进发展。第二，推动区域可达性，增强农村的经济，加强社区可持续，促进企业创新技能提升，以及推动低碳可持续的社会发展等。

根据规划，爱尔兰分成了东部地区、南部地区和西北部地区。东部地区包含都柏林，科克在南部地区最下面，还有西北部地区。接下来将进一步增强区位优势，通过科克等城市带动整个区域的发展。同时追求智慧城市的目标，通过特别的KPI的衡量，以及先进前沿技术支撑智慧城市发展。这个规划不是指导性文件，而是法律文件，是必须要实施的。这对科克非常重要，一方面设置有专门的支持基金，同时南部地区3个重要城市会合作，这种协调推进对于地区的发展有着重要意义。

规划再往下沉就是都市区的规划。都市区的规划我们重点关注对细节土地的使用，还有基础设施的建设。主要是对都市地区老城改造，确保集约地可持续地发展。地区的变化不断出现，需求也不断升级，为了适应高科技产业和新的人才的需求，我们的都市区建设必须有所行动。

再来讲一下外商直接投资。科克是创新投资的中心，有很多的跨国公司是欧洲的科技和生物枢纽或者中心城市。每个城市都有自己的方式吸引人才、创造知识，科克是爱尔兰第二大城市，我们有非常强大的创新生态系统，而且也有很多的项目与私营企业创新合作，而且科克在未来发展当中智慧城市也非常重要。

另外区域和国家层面对创新的衡量中，我们希望有一些试点的项目来衡量城市创新。所以要推动创新中介机构的发展，如UCC等公司会改变我们的创新现代版图，也会加速我们的发展，包括建立了很多的孵化器、加速器，为创业者提供辅导，与集团和其他人合作打造当地创新生态系统，并且推动相关方向的政策制定。

作为爱尔兰第二大城市，科克在过去的几十年里，在规划的指引下不断地发展，成为爱尔兰南部地区的重要经济引擎。我们利用的元素是创新。创新是推动区域发展的重要动力，城市是实现创新的重要土壤。未来希望能够和更多城市合作，共同通过创新推动城市区域的发展。

3 互动交流

提问者 1：我有一个问题问 Mark Chandler 先生，我是中国日报的记者，在您的介绍中谈到了基层创新的生态体系对创业是非常有利的，我的问题就是您对上海政府有什么建议？怎样做才能推动生态体系的发展？有什么建议可以提高上海城市对于科技和创新环境的营造？谢谢！

Mark Chandler：我们的体系不太一样，特别是旧金山和中国的模式有巨大的差异，但是我已经提到了上海和上海的政府还是可以做的，特别是基础设施，因为对于交通、基础设施建设，中国是世界第一的，肯定不是问题。中国还有另外一个优势就是你们的教育很厉害，人才比较丰富。需要提供的第一个就是良好的科技投融资体系。因为融资比较难，特别是在中国，但是这一点硅谷做得特别好，还有欧洲也不错，融资体系特别成功，而且是独立于政府的。但是也有很多例外，例如，法国、德国也会做很多国家级和城市级公共部门的融资。在美国公共部门的融资比较少，最重要的是在生态体系里面建立起勇于冒险的金融体系，如果你是创业者，有好的想法就会得到资金，当然很难建设，因为这是跟传统的常识相悖的，也是和银行长久的审慎态度相悖的。

第二，一定要吸引全世界人才。上海对于外国人很友好，外国人很喜欢住在上海，吸引移民教授来上海定居，吸引海归人才等很重要，因为硅谷有很多中国、印度、美国、英国或者巴西的伟大的人才，他们来自不同国家，来自不同地方的完全不同的人在一起碰撞产生了火花，所以中国要更加关注更加便捷、更加开放的金融、人才政策，推动其集聚。

提问者 2：我来自上海市科学研究所，请问雄安的张主任一个问题，因为大家都知道雄安作为一个未来之城，您特别强调了规划要非常细密，我想请教的是作为一个未来之城在创新空间规划中，创新的主体、创新的载体等方面的规划有什么独到的规划思想、规划理念及怎样整合所有相关的资源推进规划的落地？谢谢！

张玉鑫：雄安的建设愿景是五大理念的综合发展示范区，其中核心是创新，雄安这个城市它的定位、它的出身就是疏解北京非首都功能，核心是承载区，在规划创新的理念上，无论从规划的定位，还是目标格局都是严格贯彻落实创新发展的理念，在这个理念的引领下才会使城市从无到有，才有纲要，有一层层架构顶层体系搭起来，理念引领下的总体格局、目标定位和空间蓝图非常关键。

霍佳震：我加问一个问题，如果市民落户到雄安有没有要求？

张玉鑫：雄安是开放的、共享的、面向全球的，各位不管是来自何方，都欢迎大家来雄安，雄安无论从它的目标定位、发展理念、高新产业各个方面，一个城市从零一步步慢慢发展到未来，它是众志成城，众创集中全球智慧共同发展的结果，各位无论来自哪个行业、哪个方面都欢迎大家来雄安，在共同努力下才能成长为未来卓越的城市，有这样的基础、有这样的路径。

霍佳震：请问一下吴院士和张院长，讲到高质量的区域创新，您二位是怎么认识的？最近这个词用得很多。

吴志强：区域的一体化分不同的层次，刚开始的时候是上海的路造到江苏的边上断了，江苏造了很好的路到这个地方突然之间标准变了，这是第一层面，是硬件上面的联通。今天区域一体化要讲高品质，就是能够在创新上打破区域行政的分割，比如说在数据中看了非常清楚，江苏地方给了非常强大的政策，地方政府包括常州地方政府政策特别强大，浙江的私有经济非常强大，上海的国内外人才特别强大，本来是三大创新碰到一起要爆发出来的，但是因为行政分割，相互之间没有在共同的平台上。假如说一旦三大要素加上上海的科创板，再加上平时大量的学术信息流动平台，这就是高质量，完全不一样，超越了物质形态上的价值，真正的最大价值创新，这是非常重要的。

张兆安：我做一些补充，去年习近平总书记对推动长三角高质量的一体化发展做出了重要批示。最简单的理解就是长三角有行政区划，但是没有行政壁垒，这就是高质量，纯粹从一体化角度理解就是这样。我也很赞同吴校长讲的，面上要高质量的一体化主要是制度建设，体制机制一体化，这样流量就起来了，而且是无障碍的。同时，我们还要做很多具体事情，包括交通卡、医保卡异地可以刷卡等，都是具体的事情，最后的目标就是长三角区域范围内“五流”顺畅，包括人流、物流、资金流、技术流、信息流。

提问者 3：请问一下吴院长和张院长，因为之前去过安徽，安徽属于不东不西，他们自己也是这样认为，他们对于长三角一体化有低一点的姿态，请问一下张院长、吴院长，安徽如何发挥与上海等长三角区域的对接？特别是在科创方面？

吴志强：我特别想请几位远道而来的，Mark Chandler 从硅谷过来，让他多给咱出主意，Bernhard Mueller 先生对欧洲、德国的创新园区都有很多研究，听听他们的。我在欧洲待了 10 年，很清楚欧洲很多地方就像你说的不东不西、不南不北的地方特别多，尤其是看到一个案例，刚才 Bernhard Mueller 先生说欧洲三大创新中心，第一个是慕尼黑，第二个是伦敦，第三个是巴黎，慕尼黑这个地方民族传统非常浓郁，德国南方农村的农民特别朴素，在中国相当于大理山区，是唱着民歌的地方，又是欧洲最有创意的地方。

Bernhard Mueller：对于一个区域来说怎样才能取得成功？有很多方面，我谈谈其中的几个，首先就是区域不是由行政边界圈定的，如果想用行政强制圈定一个区域边界，这就是失败的开端。任何区域都必须是开放的，而相关利益者也希望能够建设区域，因为我们也听到硅谷这样的案例，所谓的连接性、互联性，与人的思想、人的眼界有很大的关系，如果我们没有开放的氛围，愿意开放接受新事物创新的风气或者环境，如果我们不给年轻人机会，就会走向失败。给各位举一个来自我的城市的例子，我们有的时候搞一些运动，表现出并不支持国际人员流动，但我们有 26 个机构都给出国际人才流动对于创新的重要意义。因此，人们对城市评价与正确的道路还不一样，所以我们还需要努力。例如，国际人才对你们的认可度不是很高，更注重纠正人们的封闭心态。像慕尼黑这样的地方，大家都认为它本身是一个比较保守的城市，但其实它是相当开放、相当有创新活力的地方，从传统意义上来说是比较保守封闭的，但也与内陆区域做了大量连接，所以成了欧洲创新的策源地。

第 8 章

文化论坛：创新策源预见未来

1　论坛综述

2019 年 5 月 26 日下午 2—5 时，2019 年浦江论坛文化论坛——创新策源预见未来在上海市东郊宾馆会议中心贵宾厅举行。本届文化论坛由科技日报社主办、北京国科传媒文化有限公司承办，以“创新策源预见未来”为主题。论坛由科技日报社副总编辑郭姜宁主持，邀请到了中国科学院科技战略咨询研究院党委书记穆荣平，复旦大学环境科学与工程系教授 Marie Kieran Waxman，上海市科学研究会名誉理事长李健民，科技日报社副社长房汉廷，分众传媒首席信息官陈岩，华大集团执行董事、执行副总裁朱岩梅，上海逸恩医疗科技有限公司创始人、董事长、首席科学家聂红林，上海科学技术委员会纪检组组长蔡先生和科技日报社驻上海记者站站长高级记者王春分别做专题演讲。

本期分论坛围绕创新策源的内核加强科技支撑作用，弘扬科学精神、科学教育与国家科技创新，科学进步与科技创新等话题进行观点分享，共同探讨创新策源能力建设的本质要求，衡量创新是否真正推动科技创新涌入经济、社会主战场。

2　嘉宾演讲实录

回归常识、回归常规、回归常态

房汉廷　科技日报社副社长

尊重生态、尊重常规、尊重常态，是创新文化、创新策源最根本的。从常识、常规到常态，如果离了这些，其他的所有东西都会变成空谈。

今天是嘉宾满座，非常荣幸有两个身份来参加此次论坛。一个让我致辞，另外一个我讲一些大白话。致辞，我说三句话。第一，感谢主委会。3年前让我们主办文化论坛，过去我们都叫浦江创新论坛，当然创新里面有文化。文化能不能独立成章，一直存在疑问。我和穆荣平教授讨论过这个问题，科技创新当中讲不讲文化？大家说当然讲，科技创新所有的活动包括人类的精神都是文化的内容之一。所以感谢主委会让我们做这件事情，做了三次，做得不是很好，但是我们不断迭代，我相信一定会办得更好。今天每个瑕疵都是明天每一个改进的空间，也是使我们做得更好的地方。

第二，就是感谢今天到场的各位嘉宾。特别是我们要发表演讲的各位嘉宾，他们都从千里万里，迎风冒雨到了这个场地。在浦江创新论坛这样的场地，我们是小论坛，但是论坛虽小声音不小。去年、前年，我们把直播打开之后，发现有很多没有机会、没有条件来到论坛的人，他们在屏幕上、在PC前都在观看，瞬间攀升到了几十万，我们给论坛的组委会主席徐冠华先生报告的时候都吃惊了，浦江论坛办了10年，我就以为这是内部人的论坛。我说因为你发的请柬有限，但是对里面的观众，内容无限。为什么办这样的论坛，就是让各位嘉宾的思想火花、观点飞扬出去，让更多的人分享到，这就是我们办它的主旨。为什么办媒体，媒体也是要让少数人的思想变成多数人能够分享到的知识。一个好东西被人家分享了应该更高兴。送人玫瑰，手留余香，我们送的是知识和文化，而自己没有一丝一毫减少，当获取一个知识发现一个观点，可能是历经了千辛万苦，但是分享出去的时候是快乐的、是幸福的。

第三个要感谢的就是今天青年才俊来到现场。这两年我都是非常感动的，来这里连盒饭都没有发，你们把大脑的瞌睡赶走来听一场文化的盛宴。去年不一定全部是你们，但是今年你们来了使去年的黯然失色了。如果你们不来就成为又一批黯然失色的你们，我特别希望年年有你们。我年年来，只要生命允许就来，能够上台讲就讲，讲不了的时候就鼓掌，实在鼓掌不了就抬腿，抬得动腿说明是健康的。

致辞不能太长，长了不叫致辞。有些人提问也是一样，他的问题和被提问的人答不答没有关系，因为表达的是自己。致辞环节，我代表科技日报社做三个感谢，以后把三个感谢保存下来继续感谢，那个时候我们还能够济济一堂，还能够带着新的思想、新的观念、新的碰撞来到这里。我希望下次坐在第一排的嘉宾有更换，有可能就是你们坐在后排的各位青年学子，你们到这里来才代表未来。

让我做主旨演讲，我的专业不适合在这个场合讲，科技你们都比我懂，我也不能讲，也不能讲科技日报社副社长非常苦的日子。我就讲一下我们作为创新文化论坛今年的主题叫作“创新策源预见未来”，以前我一直想讲一些别人听不懂的话，不是人话，现在非人话越来越多，连专家也听不懂了，所以我还是讲三点。

第一，回归常识。我们都知道现在给创新包装了很多炫丽华贵的外衣，创新是从常识开始的，创新本身也是常识，我们都知道一个木匠给人家打家具，如果打不出来，打得不是原来预订的样子或打出的家具不能用，木匠能获得收入吗？获得不了，肯定还会赔偿。一个农民种田说得再好，到了年终只有秕糠，能够果腹吗？一个工人在生产线上如果做得全是残次品，谁让他继续做？一个官员如果不能提供公共服务，变成老爷，谁还要抬他的轿子？一个教授如果天天只忙着自己的私利，而不把教书育人放在第一位，谁让他继续教下去？我说的常识就是每个人不需要把自己的事情包装成多么高大上，你没有那么重要。你就要把分内的事情首先做好，按照规律一份职业是先敬业，再乐业，再成事业。我是好的，你是坏的，世界上哪有绝对的好、哪有绝对的坏？都是转化和变化当中。

中国传统文化鸿蒙之时发现了太极，太极叫作阴阳两条鱼，很简单，白昼的尽头是黑夜，黑夜的尽头是白昼，不知不觉天亮了，不知不觉天又黑了，很简单的事情。我们在计算机上用的语言不是 0 和 1 吗？ 0 和 1 就是白天和黑夜，越是简单的越是伟大的。文化里面的核心就是化繁为简、大道至简、大象无形、大音希声，并不是穿上几件华丽的旗袍，里面的皮囊因此高贵起来了。

我们研究创新的策源，新的文化、新的观点、新的发现、新的发明从哪里来，从常识。一切违背常识的东西里面不是孕育着极大的发现，那就是极大的诈骗。那些天天告诉你他又发现了重大东西，他又是因为爱某某事情导致的，基本上是胡扯的。谈创新策源，第一条就是尊重常识，回归常识，没有常识就没有功力。老祖宗说礼义廉耻思维，基本思维规范仁义礼智信。五四运动时候西方教会了科学和民主，科学让我们有思维方式的变化，更加尊重规律。民主是有更多的人来决定大家的事务，而不是由更少的人决定大家的事务，这些都应该属于常识。

今天在大谈创新时代，很多人脱离了常识来谈创新。脱离了常识谈远大的，相当于一座大厦建立在沙滩上，今天不倒是因为上面的重量不够，上面的重量一旦增加可能会坍塌了。我不希望中国的创新大厦和我们作为人类命运共同体的创新大厦，是建立在一种无知的基础上的，应该是首先建立在常识上。

第二，回归常规。大家经常会听到一个概念，超常规发展，超常规。常规是什么，常规就是规律。老子在道德经当中开篇讲“道可道，非常道”。打破规律要有特别的条件。前一段时间我到广西，看了一批香蕉基地，树全部死了。因为国际上有一个规范，香蕉大约在北纬24°左右生长，再往北生长不行，越往南接近赤道产蕉越高。而我们种在26°、27°，树不行了。为什么树这么娇嫩？为什么刚到0 ℃就死了？就是我们不遵守规律。人也一样，到了37 ℃生活很正常，到了40 ℃就觉得生无可恋，机械温度平衡在36.5～37.0 ℃，超过了或者低了都不行，这就是常规。很多人说弯道超车，弯道超车是什么样的水平？要么从对方的头顶上飞过去，要么从后面撞出去，真的是弯道就会贴在墙壁上。所以弯道超车不是不能超，是轻易不敢超，因为弯道超车车毁人亡。

如果各位同学觉得天天要搞超常规，就离失败不远了。我在科大教书，和少年班很多小朋友聊天，他们都假装不学习，最后比你看我不学习都很好。你们注意一下，他们可能蹲在厕所里面、在树荫下偷偷地学习，告诉你说对学习不感兴趣，但是考试100分。他是聪明，但是他也达不到弯道超车超越常规，人都是生物体，被赋予的思考能力、思维能力同样需要深度学习，有逻辑、有数学，还有深度学习，所以不能够轻易地打破常规。

当你的能力认识没有做到的时候，有时候经常会看跳水很简单，10米高台走上去跳下来，就得金牌。看着很简单的一件事情，需要千百次、千万次的训练，他才有了能力，才能压住水花，才能几周翻腾。所以我们看别人和自己做完全是两回事，我们要尊重别人的劳动，我们尊重别人，还要包容别人。有时候别人做得不一定很完美，但是不代表你做得比他还完美，怎么比他完美？我过去一直认为我比他们差不了多少，一试对我人生都是重大的挫败感，我乖乖地回来研究金融问题，不再做跳水梦了。

第三，回归常态。尊重常态，常态就是正常的。比如说人的喜怒哀乐，这是我们的常态。常态就是正常活着、正常生活，不能天天是打鸡血，也不能天天跌入万丈深渊。魏征给唐太宗写书的时候，提到“积土成山，风雨兴焉；积水成渊，蛟龙生焉”。山达到一定的规模，风和雨就深了，水达到一定的深度，交融伸延了。创新也是需要生态的。我们搞科研和创新一个小水坑，就要让我们做试航空母舰，一个小土丘，就让我们在上面放卫星，这些都是不切实际的。从这几年《厉害了，我的国》到过去放过这样那样的卫星，我们都忘了一个，就是没有把生态做好。我们总是把所有的土都燃尽之后，再想到土的珍贵，把所有水污染完毕之后，才发现口渴难办。

今天为什么给大家絮叨这些懂的事情，就是因为专家教授把什么都懂的事情和对的事情，搞成了不对，可以不用土、可以不用水，很多都不用。所以生态创造是非常重要的，创新如果没有生态环境，没有持久的生态维护，便不会产生，也不会持久。我相信我们应该真正按照创新生态去做，积土成山、积水成渊。我们花了多长时间踏踏实实做创新生态？有时候有3年，有时候5年，刚积出来一个小水坑，我们就想获得交融，这是不现实的。我们有诺贝尔奖梦，有领先世界的梦，这些梦真的不是梦到的，是做到的。

尊重生态、尊重常态、尊重常态，是创新文化、创新策源的根本。从常识、常规到常态，如果离了这些其他的所有东西都会变成空谈。

如何实现这“三常”？用“两抓”。第一个是抓基础。用任正非的话说要从教育抓起，小平的时候也讲要从娃娃抓起。这些话都是对的，但是怎么抓？有时候我经常想我们是不是搞错了？比如说从娃娃抓起的时候，首先在他学做人。一个人少年的时候应该是以学做人为主，学习怎么样在社会与人相处、与人生存，见了长辈有礼貌，看到比自己小的能关照，见了同学能够相处融洽。这叫人学教育，世界都是如此。但是我们在孩子学做人的时候却让他学很多技术，让孩子学奥数、学钢琴。但是很多孩子出口却常常说的是脏话或者不礼貌的语言，一说话不是“爽”就是“郁闷”。这样的一些孩子技术很高，就是不会做人。

而该他学技术做工具的时候却要上大学了，结果发现这个孩子根本不会做人。彼此之间总是格格不入，这可能是抓错了。还有一些小孩子，天天学很多治国理政的东西，不学做家务的事情。一屋不扫何以扫天下，一个人连自己都打理不了，却天天学很多宏大的东西。一是他的知识、他的局限都不能理解，二是这些东西不是他的年龄段能理解的。所以抓基础是不是应该回到正常的人才培养顺序当中？从做人到做事，从符合他的时间段的价值判断，再逐渐地向高从个体到群体。

第二个是抓根基。根基和基础有相同性。我们从今天开始，不能再吃别人的剩饭，而是应该思考自己能不能为人类做出更大的贡献？应该有这样的想法，我们做一些基础性、长远性、根基性的东西。我很佩服我们学校的潘建伟教授。虽然他自己也说并不清楚量子纠缠是什么原理，但是他观测到了。而且他做了密钥分发，形成了京沪量子通信干线，也做了墨子号卫星，这就是做根基性的东西。华为今天能够在世界上受到如此的关注，就是因为它有5G。5G是领先的，也做了三四十年。我们在物联网、人工智能、飞鸟激光、基因编辑等方面是不是也要几条自己的根？不抓这些，将来会被别人卡脖子。关键技术不在自己手里，只有根基是你的，未来不光在根技术层面，而且在根产业层面形成价值链的布局、产业链的布局，形成最后的竞争能力。

今天就讲这么多，我是序幕，一个开胃菜。谢谢大家！下面有请各位嘉宾，他们的精彩才是真彩。

文化自信需要科学精神

穆荣平　中国科学院战略咨询院党委书记

文化多元是文化自信的基础，平等合作是文化自信的重要体现，唯实求真是科学精神的核心内涵，培育文化自信需要弘扬科学精神。

我从八个字谈起，平等合作、求真务实，四个观点。第一，文化多元是文化自信的基础。我们不能盲目自信，文化自信，自信从何而来？第二，平等合作是文化自信的重要体现。如果我们老是觉得自己很了不起，我们的文化怎样博大精深，我觉得在你的行为上只要有这个方面的表现，文化肯定是不自信的。第三，唯实求真是科学精神的核心内涵。第四，培育文化自信需要弘扬科学精神。

第一，什么是文化。文化是一个社会中某个群体的成员，在一定物质文化发展条件下特有的观点模式、价值模式和行为模式。去年我们举办的科技政策论坛，就是选择文化作为主题，邀请了很多文化方面的专家来讨论。当时我作为主持人，就发现一个很重要的问题，文化没有共识的定义。大家都觉得这个很对，文化就应该这样定义。但是大家都在谈论文化，也是我们文化发展必然的自然而然的过程，每个人都可以谈文化。

文化包括了价值观、态度、信念、行为规范及人们普遍持有的见解。文化具有传承性、遵循性和动态演化性，还有不同的定义。一般讲文化有3种，观念模式、价值模式、行为模式比较多。我特别加了一个前置条件，是在一定物质文化发展条件下的3种模式。离开了物质文化发展，只讲我们的观念、价值和行为模式，这个文化也是不全面的。所以我们可以把文化分为物质文化和精神文化。

物质文化是人类在观察认识、了解自然现象，并改造自然过程中形成的科学技术、知识及物质成果。为什么这么定义？我列举一下联合国关于物质文化遗产所做的定义。精神文化是物质文化发展过程中产生的一个社会和社会中某个群体成员特有的观念、价值和行为模式，包括人类认识自然及在运用知识、完善自身生活状态和质量的过程中取得的精神成果，精神文化具有价值导向、精神源泉和民族社群凝聚等功能属性。

联合国保护世界文化和自然遗产公约，对于物质文化遗产的界定，有3个方面。第一是文物，第二是建筑群，第三是遗址。文物经常说青铜器，陶器、瓷器、建筑，我们经常说是文化非常重要的载体，体现了我们的技术、体现了我们的审美、我们的价值。根据联合国教科文组织保护非物质文化遗产公约的定义，非物质文化遗产有5种形式，口头传说和表述（包括作为非物质文化遗产媒介的语言），表演艺术，社会风俗、礼仪、节庆，有关自然界和宇宙的知识，以及实践和传统的手工艺技能。所以，非物质文化里面还可以分出来精神文化，关于文化有不同的认知，我们国家有非物质文化遗产法。文化作为一种存在，它有物质的，也有精神的。文化作为一个过程，它把人类对于自然认知的过程都体现在其中，所以文化可以从不同的角度去做。

第二，文化的评价标准是主观和客观相统一的过程。我们经常说文化，比如说玛雅文化，或者是巴比伦文化。我们对很多不同的文化都有自己的一种判断，而判断既有主观因素，也有客观因素。我们不能将一种文化作为判断其他文化发展的标准，而应该充分尊重和包容各类文化的价值观。中国古人文化体现在各美其美、美人之美，这是一种价值观，最终实现美美与共、天下大同的理想社会。我最近一段时间感到很郁闷，人类文明发展到今天，以前以为进入了比较高的发展阶段。但是美国政府现在以一个国家的治理方式来对付中国的一个企业，还是回到了原始社会丛林法则主导的世界。我们的文明发展和想象的高度有很大的差别，也许这是一个发展阶段转折的短暂时期，但是的确让我们认识到这种文化发展的阶段性。

文化自信的基础有两个方面：第一，物质文化发展水平；第二，精神文化发展水平。到了故宫博物院，到了大英博物馆，可以看到古代的文物代表的一种文化的发展水平，体现科学技术、财富创造的能力，这是物质文化发展水平的体现。精神文化可以看到各种各样的就是各美其美，这种价值观、人类智慧和道德的进步，所以文化自信的重要体现形式是平等合作、为人处事。不管是个人、集体，还是一个国家，平等是一种人性本能的追求。我们都知道马斯诺需求，从最早的生理需求，到安全，到需要爱、情感，到需要尊重，到需要自我价值的实现，到最后进入忘我的境界。平等也是我们人性本能的追求，但是我们讨论平等的时候有两种状态，一种是能力强的时候比较容易，但是也不是很容易。因为如果他的精神文化没有达到一定水平，会恃强凌弱，也不会去以平等来对待别人、对待别的群体、对待别的国家，所以能力是基础。

合作是一种实现自我价值的选择。我们从个人的需求层次来看，凡做事者一人为之不可能是大事，只要做大事一定是合作。一个公司做事情只是一个公司靠自有资金滚动发展，一定做不成大公司，一定会在社会上体现他的合作带来要素的新组合，所以互信是合作的基础。文化自信需要强大的物质文化基础和互信，这两点非常重要。没有强大的物质文化基础，靠什么自信？没有比较广泛的互信的关系，靠什么自信？

第三，唯实求是科学精神的内涵。我提了四个字，科学是认识世界、解释世界，并不断修正自己的认识的过程。关于科学，有很多人把科学作为真理来看。如果说科学是真理，它就被宗教化了，因为科学好不容易从宗教脱离出来。就因为科学是一个认识自然、解释自然的过程，而且不断地修正自己的认识的过程。所以，在科学面前永远不存在至高无上的最高权威，也永远不存在绝对正确、永远不变的最后真理。科学精神的核心内涵就是唯实求真，就是实事求是，不迷信权威，保持应有的理性怀疑和独立判断，对于我们在讨论文化自信的时候至关重要，有的时候我们有很多问题。

第四，培育文化自信需要弘扬科学精神。刚才房汉廷演讲当中提到了，我们的宣传有时候违背了基本事实，这是比较低级的。还有一个属于方法论的问题，我们认识自己方法不得当，片面地把我们的优点放大，而把缺点视而不见，不叫视而不见，就是忽略了或者没有引起足够重视。所以文化自信的过程就是科学认识自我的过程，要科学认识本国的物质文化发展水平。比如说，对我们自己的科学技术发展有比较恰当的认识，因为物质文化里面包括科学技术。所以我们在很多方面可以发表很多文章，这些文章里面有很多闪光点，在某些点上取得了成就，如材料的性能上比以前有所改进，某一个性能指标。但是如果是从科学的思想角度去看，原产地在中国的科学的思想还是相对少的，一篇文章发出来以后，对于自然认识有新的认识的时候提出来，后面有一批文章也就是一批观察者，不断地改进迭代优化对于自然的认识，所以第一个提出理论阐释他的发现，这个人作为思想的引领者，我们应该要充分足够地尊重。

首先，科学认识本国物质文化发展水平，我们就要用四个字，叫“唯实求真”。不是因为这件事情是哪个大的科学家说的，而是谁先说的。因为在科学面前讲的是优先权，给第一发现者，而不是第一权威的专家。

其次，要科学认识本国精神文化发展水平。在很多时候，精神文化发展和物质文化发展并不是完全统一的。也就是说，在一个经济物质还不是非常富裕，或者物质文化还不是很发达的地方，也会出现对其他族群和国家有借鉴意义的一种文化，所以我们欣赏自己的精神文化也可以欣赏别人。但是这两种文化怎么样做比较？也是要依靠唯实求真，而且不能强求别人在精神文化的认识上跟你完全一致，这是非常重要的。

最后，科学对待其他国家物质文化的成就。不能视而不见，或者不能小觑，对别人的东西轻描淡写。我们经常说到改进一个车的技术，但是忘了改进一个车子其他的技术，没有其他的技术改进的车在马路上也跑不起来，所以讲的是一个系统。我们看待别人的物质文化成就，要本着互学互鉴的态度。对待其他国家的精神文化应该是包容和尊重，所以文化自信的基础是实事求是、理性怀疑、独立判断和宽容仁爱，这是文化自信的关键。

作为文化自信的一种行动，我举个例子。有关分享，有的人说教会徒弟饿死师傅。如果对自己很自信，刚学会这个又创造了新的，你比较容易在分享过程中启发创造。未来从人的本性出发需要的是更安全、更放心、更便利、更舒适、更健康、更幸福的生活，这个没有中外差别。在没有种群、国别的差别，剩下的只是我们需要的未来，怎么样实现的路径问题。所以特别是新技术革命、产业革命已经在进行过程中，数字转型带来的科学技术研究范式的转变、产业发展范式的转变、社会服务发展范式的转变和环境发展范式的转变这一特殊的时期，全世界的人都充满了希望。

刚柔交错，天文也。文明以止，人文也。观乎天文，以察时变。观乎人文，以化成天下。文化的本意就是以文教化，文化发展是一个不同文化交流互建、融合发展和共同发展的历史过程，是物质文化与精神文化同步发展的演化过程，数字转型将加速这个过程。文化自信的基础是求同存异、平等合作、唯实求真。

生活场景媒体引领全球发展

陈岩　分众传媒首席信息官

> 我们希望用媒体平台，在商业上助力品牌在中国的成功，帮助中国品牌走向世界，出海成功。我们也希望用中国原创媒体振兴品牌强国。用科技做商业化的转化，是产业发展的必经之路。一个企业是否能够取得成功，完全取决于对技术的应用能力，以及对全球先进技术的迅速使用能力。希望将来用科学技术，帮助我们的产业发展、行业发展，让中国的传媒领域可以领先于全球。

2018年，我们国家权威的广告发布数据，所有类别的广告和传统类别的电视、报纸、杂志，传统的户外交通类的媒体基本上全部在下降。在传统媒体中只有广播类媒体在微弱地增长，但是基数非常低。引领中国广告市场发展的动力在哪里？互联网媒体、电视媒体、电梯海报、影院视频这四大类媒体是中国广告市场发展驱动的动力。广告行业是经济的晴雨表，这两个行业息息相关。去年到今年，国家经济形势发生一些变化，中美贸易战和国际国内经济形势的变化，对经济的影响，直接导致了广告业的发展趋缓。

分众传媒是一家上海本土企业，创立于2003年。我们靠科技支撑不断创新，在中国成为顶尖的媒体集团，并走向海外市场。我们讲到分众传媒，分享的主题是“生活场景媒体引领全球发展”。随着技术的进步，互联网、移动互联网快速发展，比如现在几乎人人都离不开手机。技术的进步导致了我们人的媒介资讯形式发生了巨大变化，从过去看电视、看报纸到今天变成看手机、看手机客户端获取资讯。技术进步给市场营销活动带来了翻天覆地的变化。但是在万变中有一点不变，无论媒介如何变换，但是生活轨迹不变，要回家、要上班、要开会等，有自己的固定工作轨迹。同时，周末孩子小的可以带孩子上学、去娱乐场所、去运动，一家老少可以去超市，周末还要去影院。现在在网上买菜都可以解决了。

随着中国城市基础设施的不断进步，分众原创户外媒体在电梯媒体场所中目前覆盖了200多个城市，每天3亿中国的受众。未来我们的目标是能够覆盖500个城市、5亿中国消费人群，全球覆盖10亿亚洲人口。这样一个媒体，一个电梯、一个视频，在中国有300万个终端，200多个城市，怎么管理？未来到500个城市，又该如何管理这个系统，并让系统运用更加有效率？只能靠技术，只能靠技术升级的引领来改变。我们看所有广告过去都叫广而告之，播放给你看。当资讯高度碎片化、高度复杂化的时候，海量的信息根本就让你记不住传播的内容。所以，对于行业来说让消费者和媒体互动，让他们自发地了解资讯，只有这样才能让消费者很清晰地记住品牌和产品。基于在屏上的互动技术，从我们的创意上要做出互动的视频，推送到屏上让消费者能够互动还有很多路继续往前走，只有不断地探索科技的商业化应用，才能真正地达成品牌的需求，才能让消费者接收到他们喜欢、乐于接受的资讯，让他们愿意跟你互动，才能真正达成品牌营销的目标。

我们也在搭建中国最大的物联网传播的运营平台，通过物联网的技术可以实施，虽然速度没有 IOT 这么快，但我们是 4 ～ 5 倍的实现效率。过去，广告有一个最大的问题，就是广告主知道投放但没有办法得到结果。现在基于建立了实时监测互联网平台，每个客户在他的手机端、电脑端就可以看到今天的东西播放了多少，在哪个城市正在播放，播放了多少画面，还有多少次没有播放，非常精准同时实时监控数据平台。图像识别技术在日常工作中的应用，比如白话，要讲人听得懂的话，讲人脸识别很精深，用于广告监测，比如利用图像特征匹配识别图像的一致性，我们的巡视员哪怕 50 岁、60 岁的老先生，拿着手机一扫迅速回传到后台服务器，马上识别说图像是一致的，是正确的。还有放反了识别不出来的，我们通过矩阵方法识别图像的方法，倒置测试准确度高达 98.83%，全球 98.85%，我们达到 96.47%，全部接近世界最领先水平。

广告看和没有看，关键是传播什么样的信息。消费者喜欢还是不喜欢，喜欢就会记住，不喜欢就忘了。我们基于表情识别技术进行感官研究，表情识别准确度高达 1.22%。同时基于大数据机器学习技术的应用，我们利用种族用户、种族人群扩散算法推进用户，通过这样的方式帮助品牌做更加精准的营销。今年年初，我们和阿里入股了分众以后，建立了基于阿里数据的标线体系，还有腾讯标线体系，架构了自己大数据的数据平台。目前我们在数据上可以有楼，还可以有人，基于消费者的兴趣偏好、周边配套、楼宇商业需求、财富属性及基础设施属性等，大型的平台，通过大数据赋能就可以清楚地告诉品牌，你要的人在哪里，同时他们是什么样的人。通过技术的支撑，我们可以很清晰地评估消费者的年龄、性别、学历，这是最基础最简练的画像。同时，可以分析行为轨迹、兴趣偏好、基础属性、商业需求及财富属性等，以帮助品牌更精准地做人群分析，因为传播首先是消费者洞察，清楚地了解消费者需要什么，媒体洞察和媒体之间的关联。

第三点就是营销市场洞察。在市场中如何做营销的传播？当有了这么多的数据，在技术的支撑下，当它在投放户外电视的时候，可以很清楚地知道要投母婴类产品的楼，还是投手机类产品的楼，不用知道只能投上海，只能投黄浦区。将来有 1000 个楼分布在不同区域里面，我们很清楚地知道母婴人群比较集聚。同时通过 LBS 竞争选楼的方式，在某个半径之内、某个区域之内，有多少具备这样的特征的楼及人聚集在区域里，只要在这里投放可以了。科技引领，因为我们不是研发性公司，属于技术应用型的单位，我们把科技的能力通过转化在商业上进行应用，通过从商业的转化带来市场产值的出现，同时推动行业在技术引领下的发展。

再回到第一张图，看到为什么在这两类，在电梯、电视、电梯海报及影院，以及互联网，只有基于科技前沿应用的公司才是这个行业、产业发展的动力。今天是文化论坛，广告行业是文化创意产业，我们上海市出台文创 50 条，支持鼓励的发展产业中广告产业就是其中之一。所以广告传播的内容很多都是跟文化相关的，因为我自己是中国人，曾经在全球三大广告界，纽约和伦敦广告界作为终身评委，获得内容很多广告就是文化，我们经常说基于文化的差异带来它的感觉、触点不同。最终能否获奖，未必完全是在技术上，而完全决定于文化。分享一个案例，去年我们团队用电梯媒体、用360度全新技术打造的广告获得了2018年伦敦国际奖最佳创新市场营销奖（播放视频）。

这是消费者站在电梯里看到的场景，从1楼到顶楼。当你置身电梯里，完全被有内容的信息围绕在你身边。与普通的广告相比，我相信不是很容易被忘记的，印象非常深刻。所以它在全球作品中脱颖而出，也是中国第一个品牌在国际奖中获得奖项。分众的商业模式，我们过去广告都是从国外传来的，就像电视收视率有国外的公司研发出来的。当我们的户外电视在中国商业模式成功以后，我带着团队研发了户外电视的收视率营销等。这些都是国际上有相同量化标准语言，有了全球能够认可的量化标准以后，你的产业才能被无限量扩大。因为媒体原创，因为有了自己的专业能力，我们软件系统应该让全球广告人知道，应该同样被使用、被商业输出。在专业的基础研究有了以后，我们就可以进行全球的输出。过去10年，我们发展了欧盟德国、澳大利亚、俄罗斯、新加坡、沙特等40多个海外加盟商。我们是国信办指定的中国品牌形象宣传的窗口，在世博会几十个国家进行海外宣传。

随着“一带一路”的发展，分众传媒进入了一个全新的领域，开始直接在海外建立直营公司。目前已经在韩国、新加坡、印尼、泰国、中国香港地区建立了自己的直营公司。在韩国首尔，我们已经部署了3万块屏，有2000名员工。媒体的逻辑是要致力于影响主流人群。我们在海外传播，不是在华人圈子里传播，我们影响的是在海外本地意见领袖、意见口碑者，让中国的资讯在这些国家传播。我自己一直致力于帮助政府信息传播，商业应用传播和国家品牌及政府信息传播是一致的。我们发现了很多国家科学实力的进步及好的文化。我在多次演讲中跟学生说过，中国和美国面积差不多大，中国移动通信总基站、电网总长度、高速公路总里程和高铁总里程，标志着国家现代化程度的硬指标超过美国，我们是全球第一。而我的学生或者每次在演讲中发现，有一半人并不知道这一情况。刚才社长也讲了，我们的墨子号在前年的6月15号，上了《科学》杂志封面，这个情况很多学生、年轻一代或者普通百姓并不知道。可以看出，让我们国家引以为傲的科学进步并不是很普及。作为媒体平台来说，我们认为要增强文化自信，圆梦民族复兴，我们要利用科学技术，扩大商业转化的媒体品牌传播力和影响力。通过技术的应用，中国的媒体可以帮助管理这么多国家、这么多地区、这么多设备，未来一定能成为拥有技术化，而且具有数字化引领能力的传播平台。

我们希望用媒体平台，在商业上助力品牌在中国的成功，帮助中国品牌走向世界，出海成功。我们也希望用中国原创媒体振兴品牌强国。用科技做商业化的转化，是产业发展的必经之路。一个企业是否能够取得成功，完全取决于对技术的应用能力，以及对全球先进技术的迅速使用能力。希望我们这么多的科学小尖兵们多多继续努力，希望将来用你们的技术，帮助我们的产业发展、行业发展，让中国的传媒领域可以领先于全球。最后，让科技激活产业，让创意改变未来。

可持续创新的稳定源泉——人民

Marie Kieran Waxman　复旦大学环境科学与工程系

所以创新的驱动力取决于发展的阶段，而另外一个就是平衡的世界。怎样用创新解决不平衡，这就是我们现在的需求。要实现平衡达到平衡，怎么通过创新实现，由谁决定平衡？答案就是人。是由人决定平等。人们决定把森林全部砍伐出口换钱，这不是平衡。银行家说现在已经有钱了应该高兴，但是人们还是说并不想要钱。没有树林只有钱并不是我所要的，所以我们希望环境和经济发展可以平衡起来。还有一些其他的平衡，人之间、经济之间的平衡，环境之间的平衡。人们就像裁判一样，如果他们不觉得自己的生活是让人满意的，是平衡、充实的，就没有办法说服他们。

今天讲的是创新的源泉，强调的重点是源泉。创新到底来自哪里？创新的源泉来源是多样化的。柏拉图曾经说过，“需要创新的源泉”。如果真的很需要这个东西，就一定会找到方法。以前我的祖父母是加州的农民，政府没有给农民很多的助力，所以他们要很好地耕种自己的土地。我的祖父母要靠他们的农场来生存，就要去发现寻找各种方法，比如怎样给农场提供灌溉，怎样创造新的机器，怎样减少太阳对作物的暴晒。这就是创新的来源。

下一个阶段可能是农村生活。我们人类在不同阶段往前走，先从最基本的耕种，再到农村的生活，再到工业化。想象一下在农村生活需要什么？需要房间里的水，需要比较好的排污系统。如果大家真的需要这一点，他们一定会找到方法。他们会找新的机器帮助他们做排污，他们会不断提升几个机器的效能，他们会找到人才，把农村的生活变得可接受。下一个阶段，当国家不断发展，他们已经开始进入了工业化。这个阶段人们愿意进行工业制造，制造很多的不同产品。我们开始建很多工厂，工厂会生产很多产品，生产的速度越来越快，有更多机器可以让效率提高。所以不仅仅是人，讲的是把东西搞出去卖给客户，所以有了新的创新的维度，就是我们叫作所谓的剥削，所谓的利用。比如说以前中国曾经以生产便宜的衣服为名，但是现在中国不再生产便宜的衣服，孟加拉国现在开始做了，但是以前英国人觉得中国人会做这样的事情。所以随着优势的不断变化，可能会被别人利用，或者剥削，所谓的剥削和利用不见得总是坏事，因为总是能够找到各自的优势。在优势过程中会找出自己的创新，不仅在制造业方面的创新，还包括利用或者所谓的剥削方面的创新。

还有一点，如果要打仗，一个国家开发武器，一定会找到非常新的很有创意的方法杀人。大家也都没有想到过，但是这是在世界历史上创新的非常重要的方面。在这个领域出现了很多创新，如怎样更好地攻击，怎样更好地防卫，怎样更加聪明地做这件事情？在这个过程中，也有所谓的利用或者剥削。他可能不会自己杀人，而是让他们的科学家找可以杀人的方法。所有的情景给了我们背景，是创新创意的背景，他们就是文化，他们就是我们的背景。不同的人对此有反应，他们就会找到解决的方案，我们必须要找到需求，找到背景，背景包括了文化，包括了价值观，包括了发明者及发明者的想法。

我们又进入了更高的层次，要生活得更好。当生活比较好的时候需要什么？希望你的孩子们接受到很好的教育，希望自己或者小孩生病的时候及时地得到治疗，希望能够有安全健康的食物。这就是他们的要求，他们的想法，他们需要有更高层次的生活标准。如果你是有创意的人、有创意的发明家，觉得这就是我的背景，这就是我的上下文，需要创新提供产品，还是需要所谓的利用。这些人可以做这些事情，也许我做得比他们更好，也许我们很好地协调一下，一起做更好的工作，所以这些人也是有创新的人。

现在如果是在美国生活，美元为王，对他们来说他们的背景就是所谓的商业化，或者成功致富。现在不是说生活得很好，我们希望成为亿万富翁，要足够多的钱生活得很奢侈，尽量卖更多产品，卖奢侈品，诱惑让别人来买，这些东西没有用，但是很有诱惑力。比如，如果说水壶用了两次就坏了，几年之后必须要换掉。比如，苹果手机的电池过了几年就坏了，这些东西看起来就是有意这样设计的。如果你的目标是富人，唯一目标就是要变成富人，作为创新的来源也可以做到，这就是你的目标，去实现就可以了。但是我们必须要诚实，这就是人们要做的事情。如果文化转变成了目标重点，就有成果，有发明。发明让你变得非常富有，会有很多的奢侈品被生产制造出来，而他们也不会担忧社会问题。比如说在中国或者在英国，这些年中，有比变得富有更加重要的问题。

在社会问题阶段，不要让任何人落下，并不是要成为亿万富翁。我们要帮助其他的人，帮助社会，帮助我们农民，不那么富有的人。要有国家的体系，国家食品质量体系，在这样的发展阶段里需要什么样的创新？这是个很微妙的问题，因为不能说只是帮助一些人就走了，必须和他们保持互动了解他们的需求。你的需求是社会的问题，他们的需求又是不一样的。所以说有很多的这样的例子，发达国家想要帮助贫穷的国家，十几年、二十年之后变得没有用了，因为他们把自己的文化强加到别人身上，事实上是一件非常微妙的事情。如果上海的创新人士想要帮助中国贫穷人口，了解他们是前提。

下一个阶段，在这之后的阶段就是真正繁荣的社会。这个阶段，交通非常便捷，沟通非常迅速，我们可以有时间度假、旅游、休闲，儿童的教育非常好，有终身保障，最终社会实现了平等，我们可以真正实现社会的平等。而所有的一切如果生活在这样的社会，你的创新是什么？还有什么样的利用，如果想要更好的教育，但是没有足够的人来做科学，从事科学的学习。很多的西方人因为没有那么多钱，能够上网让这些人教我们英文，所以可以找到方法连接不同人群，不同的人口连接起来，这也是一种创新。如果我们的祖父母住在农村里面想看自己的孙女、孙辈，但是没有时间看到，我们需要无人机，不是用来打仗，把它飞到孩子们住的地方拍录像，让祖父母在家里看到孙辈们做什么。需求不一定是买买买，是基于社会的问题上，在社会的环境当中如何来创新，怎么实现平等。让农村的祖父母们也可以看到自己的孙辈，这是他们真正的需求，可以用无人机帮他们创造条件，这也是创新。创新不一定完全因为技术，创新更多了解人们的需求，找到需求满足他们。所以我们有不同层次的需求，一个世界各个国家处在不同阶段，有些地方比较落后，但是没有原因要保持落后的状态。

我们可以通过一些方法帮助他们。平等的缺乏是非常令人气愤的，是非常糟糕的情况，我们要帮助人迎头赶上。而在中国，这是一个非常重点的领域，对于政府来说一直有这样的计划，一些地方先富裕起来，其他地方也可以赶上，在世界其他地方没有人照顾贫穷的人和地区，他们没有计划和规划，但是我们现在已经有足够的创新发明和技术，让追赶可以发生。假如说我们这么做了，接下来又是什么？因为创新也是关于梦想、关于愿景、关于未来的。如果我们都经历了商业化富裕了，社会的问题也得到了解决，资金也不缺了，接下来是什么？要看我们的需求，我们需要什么？一个繁荣的社会最大的需求是什么？社会很发达，很多国家都已经做到了这一点，但是接下来的需求又是什么？我觉得是平衡，我们有一个非常严重的不平衡，有些国家商业资本主义发展得非常发达，有些人非常的富裕，同时又有国家贫穷率是最高的，而另一些国家战争冲突，两国之间的战争，所以是严重的不平衡。怎么样用创新解决不平衡，这就是我们现在的需求。要实现平衡达到平衡，怎么通过创新实现，由谁决定平衡？答案就是人。是由人决定平等。人们决定把森林全部砍伐出口换钱，这不是平衡。银行家说现在已经有钱了应该高兴，但是人们还是说并不想要钱。没有树林只有钱并不是我所要的，所以我们希望环境和经济发展可以平衡起来，这也是一个问题。

还有一些其他的平衡，人之间、经济之间的平衡，环境之间的平衡。人们就像裁判一样，如果他们不觉得自己的生活是让人满意的，是平衡、充实的，就没有办法说服他们。世界各地的大学、政府都会发表文章说这个对你是好的，有科学证据来证明，如果有钱、有房子，就应该是高兴的，应该是快乐的，但是事实不是这样。我们怎么知道人们心里想什么？我们需要通过创新来理解人们，否则未来的创新就没有了目标，这就是我一直在中国和我的团队一起做的工作。我们的工作是在不同人群当中了解人们的需求是什么。不是为了玩，这么做希望能够了解他们心中的想法，并找到指标，同时把这些指标用在规划当中。这是有用的。我们做了很多工作，有不同的版本，中国的和不同国家的版本。

我们可以找到一群人，这些人也许不知道也说不出来自己心里想要的是什么，他们的价值观是什么。我们有一个过程，一个评估体系通过一天半时间，通过评估之后他们自己厘清了，也找到了自己的想法，他们可以用自己的语言很清楚地说出对他们来说什么是重要的。一样样列出来，到最后他们自己非常清楚了。

我们的方法有非常清晰的观点和结论，可以成为指标，放到任何一个现有的指标体系当中都可以用。这样规划人员要考虑不同的场景的时候，他们就可以考虑这些人。可以给大家看一些例子。但是我希望大家要小心一点，要对答案有心理准备，并且从创新者的角度来看答案，从发明者的角度来看答案。他们会说我们可以做更大更重要的事情，每个人相互之间要友好相待。大家听说最近对于友善的说法吗？我们说有点赞，但是点赞并不是友爱，友爱对人们来说是非常重要的东西，最重要的是要公平，要平等。我们有 200 条这样的回答，人们觉得重要的还有希望给别人带来正面积极的影响。

当我分类筛选的时候，给我的卡片上，人们在卡片上得到积分数，可能要的不是分数，你说得到了分数之后，分数可以换到孤儿院，或者其他的机构。人们想要的是能够给别人带来积极影响的事情，希望自己对别人来说是重要的，希望有人关心我们。所以真正需要关心的是老人，我们现在有很多老人，有时候我们看老人，他们说一天做什么。我在等，过了两个星期儿子会来看我，所以我等两个星期等他来。所以我们技术给他们做什么？科技应该帮助他们，能够帮他们解决这些问题。这就是创新，这就是一个背景，让我们成为创新者的背景。

一旦我们知道了这些，通过我们的方法真正地找到人们真正在乎的东西的时候，就可以做很多事情，制订很多计划，气候变化、城市规划、平等、生活工作平衡等，甚至可以改善文明。所以创新的驱动力取决于发展的阶段，而另外一个就是平衡的世界。之前嘉宾提到了很有意思的观点，房社长提到了平衡。中国对于平衡有很深刻的理解。我在西方生活了大部分的时间，那里没有平衡的概念，中国的平衡不仅仅是建筑、可持续性发展，比如说环境、经济发展、人与人之间，中国有内在的平衡。但是因为他们没有在课本上读到，所以人们到了大学之后把这个忘了。如果回到自然当中，回到正常的生活，像房先生所说回到正常的状态，这就是我们寻找到创新的根源，还有文化的自信。穆先生讲到我们需要找到文化的自信。中国根在哪里？很多都是在平衡上和人上面，带到创新里面，如果从这里开始着手创新，世界各国都在你们的后面，中国才是真正的领先者，不用看别人的文化，而是应该扎根于自己的文化向前走。

科技创新与科学普及融合发展的若干思考

李健民 上海市科学研学究会名誉理事长

一个创新策源地，一定有良好的创新生态，一个有良好创新生态的地方，一定会有浓郁的创新文化。创新和科普融合发展，我认为就是推进创新文化营造的重要途径。我们创新文化，创新和普及将来一定会融合得更好。

我们的会议主题是：创新策源，预见未来。一个创新策源地，一定有良好的创新生态，一个有良好创新生态的地方，一定会有浓郁的创新文化。创新和科普融合发展，我认为就是推进创新文化营造的重要途径。记得15年前，国务院在北京筹备科技大会，要制定中长期发展规划，前期研究搞了20个题目，第20个题目就是创新文化与科学普及。15年过去了，我们有所进展，但是还是存在很大的问题。3年前，我参加了三会，正好是5月，习近平总书记在会上说，创新和科普同等重要，一体两翼。一体就是有融合的问题，两翼有了协调配合的问题。习近平总书记强调的，我们目前还需要努力做。

同等作用并不是要给多少资源就要多少资源，而是在认识上、在战略上、在部署上应该同等、同步、同时。创新方面很明确，创新性国家建设，但是在科学普及方面目标是什么？还没有完全统一的认识。如果说融合发展创新体系、传播体系、创新主体、传播主体之间的关系是什么。2004年的时候，我参加区域创新课题，我们提出了区域创新体系的概念。现在国家的创新体系当中五大体系有创新体系，但是当时研究科学创新文化和科学普及还没有提出传播体系的概念，所以在我们国家创新体系里没有传播体系的概念。这些问题创新生态和创新文化是什么关系，创新资源和科普体系是什么关系。需要我们努力融合。

论坛的第二个题目：预见未来。我们创新文化，创新和普及将来一定会融合得更好。从预见未来的角度可能从5个维度加强融合。战略上创新与传播如何耦合，工作体系上如何聚合，在创新资源和传播资源中如何整合，而内容如何切合，我们的两支队伍如此汇合真正形成一体两翼。根据这样的思路谈4个方面的问题，一是两者关系，二是发展的问题，三是发展的路径，四是上海的实践。

科学普及与科技创新是一体两翼，是一体就有融合性，它是互相促进辩证统一的关系。科普是创新驱动发展战略的一项基础性工程，所以一个国家要建设创新性国家，要提高科技创新的水平，同时还要有较强科技传播能力和较高素质国家公民的素质队伍。创新为普及明确方向、提供内容，普及为创新营造环境、浓郁氛围。高素质的人才和公民既是创新的核心要素，也是科技普及的核心使命，所以这两者是有关系的。创新驱动关键从要素驱动到投资驱动，到创新驱动。创新驱动主要是靠创意资本，创意资本由三个T

组成：科技、人才、包容的环境，创意资本的构成技术、人才和包容的文化，所以创意资本的形成也依赖于科学普及。我们国家的创新驱动和科学普及也是有关联的。但是既然是一体，它们还是两翼，还有它们不同的地方。

第一，从使命来看，从工作体系来看，从工作重点内容来看，从工作的成果形式来看，从工作队伍来看，它们还是有所区别的。但是融合谈起来容易，做起来难。目前主要还有一些问题有待于破解，主要存在 3 个方面：一是思想认识不充分，二是战略设计不均等，三是政策措施不到位。习近平总书记讲创新和科学普及同等重要，但是我们最重要的与创新有关的 4 个方面，政府、科学共同体内部、教育部门和传媒部门，一般都是对创新比较重视，对科学传播不够重视。

第二，战略设计不均衡。国家的创新体系有五大组成部分，我们今天如果要死抠它，它的逻辑关系有竖有横。当时如果在 2004 年我们搞研究时候，提出有技术创新、知识创新、科技传播体系，可能认为更完整，当时因为没有提，所以我认为我们国家创新体系没有科技传播的位置。如果做一项工作没有创新体系，创新国家要有创新体系，这是制度安排。科学普及没有科学传播体系就没有制度安排，所以战略设计不够均衡。

第三，政策措施不到位。我们长期从事科学普及工作的人职称评定没有职称。第一届上海人民政府抓科普联席会议办公室主任，当时找了社科院的副教授做科普，他到临退休正教授都评不上，他不算成果。此外，很多企业热衷于公益搞传播，没有免税政策。另外就是奖励，人的工作要奖励有积极性的，科普的奖励体系还没有，而是纳入在科技进步奖里面的一点点。所以不管是职称评定，还是对企业、对队伍、对个人、对成果，都没有非常扎实或者很体系化的政策。

目前存在这些问题，我们怎么做、怎么融合？我提出 5 个方面。

一是战略设计一张图。我们在考虑创新的同时，也要考虑科技传播，同时制定规划，战略规划同时部署，任务布局同时布局，改革措施同时推进。这一点我们上海做得比较好，是全国第一个颁布五年规划的政府，1995 开始做了。当时我也是规划组组长，创新规划、科普规划两个一起做，到现在也是一起做的，每次做创新规划、科普规划，政府一起发布，战略设计要一张图。

二是工作推进一张网。我们要构建科技传播体系。特别是上海现在聚焦浦东，举办浦江论坛创新论坛。我们上海有非常光荣的使命，要打造科技创新中心，而且具有全球影响力。传播与创新有什么关系，应该是围绕创新链来部署传播链，所以我们现在的科学普及要把传播链拉长。在前端可以激发创意，有很多比如工作室、青少年工作实验站等，激发青少年的创意。而当中可以宣传科技成果、科技人物、科技政策。后端可以服务大众的创业创新。所以我们要构建新的科技传播体系，而体系应该围绕创新链部署传播链，两者比较容易融合。

三是内容开发一起抓。要促进我们科技成果的科普化。现在创新的过程中出现了不少的科技成果，这些新的成果如何让百姓有获得感？让百姓了解科普化的过程。现在非常强调科技成果的产业化，科技成果的转化重视了一头，另外一头不够。科技成果转化是两个维度，一个是物质产品，一个是精神产品。穆书记刚分析了，文化是物质和精神的。科技转化也是两个，物质转化和精神转化。但是我们现在重视GDP、重视产值、重视利润，强调的是前面，后面一点没有提或者提了很少。所以要有两维思路，科技成果转化有两个维度，产业化的同时，还有科普化的过程。

四是资源布局一盘棋。我们创新主体在布局创新主体任务的同时，如何调动企业、大学、研究所等各类创新主体的积极性？做创新工作的同时，传播科学知识、科学思想、科学方法，两者都应该承担，左面承担创新，右面承担传播，这是两者都应该做的。所以我们要提升创新主体的传播能力。搞创新的人不一定能够做好传播，两者的方式是不一样的。所以，我们在大学、在研究所、在企业如何建立专业的科普工作团队，如何在大学里设置一些科技传播的学科？在政府里推动科技成果立项的时候，如何把科学传播的任务也赋予他们？如何让企业把它作为自己的社会责任？

五是人才队伍一体化。这是很重要的一点。要打通科学家到科技志愿者的通道，比较难。李健民没有水平只能搞科普，有水平的人搞创新，因为创新拿得到钱，传播是为社会百姓服务的，所以在全世界都有这样的问题。赛根在美国是很好的航天方面的专家，因为他搞传播多了，人家认为他哗众取宠，以后拿项目不给他了。在中国同样存在这个问题。但是要做了也不是很好做。有很多大牌的专家做报告，专家很有名，大家坐好一定好好听，把门关起来，结束的时候发毛巾，否则人家跑了。如果听不懂就会很枯燥，因此当中要有趣味性、互动性。但是在这方面培养不够，锻炼也不够。打通渠道一要愿意，二要能做。

第四，谈谈上海的实践。在上海各方面的努力下，上海的科普也在探索融合的问题，主要在五个方面。

一是规划体现融合。“十三五”科普规划就是和创新融合起来的，围绕着创新链来部署传播链的。

二是科技奖项的设置助阵同等作用。我向大家公布一个好消息，上海率先在全国设置了科学技术普及奖，正式从科技进步奖拿出来了，与科技进步奖同等待遇。今年可以开始申报了，对广大从事科技工作传播队伍者是非常好的消息。

三是众多的科普活动加入科技元素。我们上海的科技节，今天正好是科技周。1992年，上海市人民政府发文要搞科技节。办了很多年以后，变成科普界的节日。前两年，我又提出科创中心教课节是这个节，把科技元素放入进去。所以今天在科技周期间科普论坛，还有很多科技创新的活动都放在这个节日里。上海科技节要变成科技创新成果的展示平台、百姓的参与平台、高端互动平台、国际交流平台，把国际节、电影节、艺术节、旅游节作为上海四大品牌节日，现在已经开始在提升。

四是要增加产业园科普的内涵。我们中国有很多科技产业园，有些有条件的可以孵化一些热衷于科普方面的企业，增加科普的元素。上海又在全国率先带头，在宝山建立了智慧湾科创院，有 3D 博物馆、AI 展示技术，周末青少年可以搞活动，前几天“科学之夜”在那里举办，将来会命名这个园叫作科普园。

五是推动创新主体履行科普职能。我们每个创新主体要自动地承担科技传播的责任，要依托创新主体建立各类向公众开放的场所、创新的实验室、开放的实验室、科学创新的实验基地等。在这次科技节上，浦东新区企业、大学研究所联合全浦东自动发起了倡议书，要求创新主体主动承担科技传播的责任，得到了浦东新区很多创新主体的响应，这个非常好。

创新和科普融合很重要，但未来还有很长的路要走。任重道远，永远在路上。这就需要我们决策部门的重视，需要科学共同体的践行，需要全社会的共同参与。我相信过几年再开会谈这个主题，大家一定会看到更好的成果。

全球化创新与人才战略

朱岩梅　华大集团执行董事、执行副总裁

能生存下来的并不是最强大的物种，也不是最聪明的，而是最能适应变化的。所以很多时候不要做霸主，要适应社会的变化。全球的需求是什么？下一个需求就是贫穷国家的人们需要长命百岁，要健康地活着，不仅仅是发达国家自己。习近平总书记讲的“一带一路”、人类命运共同体，这就是未来的需求。最适应变化的就是未来，我相信未来非常乐观，哪怕面临摩擦和斗争。

因为叫策源，我谈谈创新的基因。先讲一个故事，这是一个另类的学者，这是一个朋友，只见过两次。第一次是在熊彼特年会，熊彼特是创新之父，两年有一个学术年会。有一年是在澳大利亚，我第一次见到他。他在很大的演讲台上来回讲，不用 PPT，就用一支笔讲到全场瞪眼听。有人问他声音为什么这么粗，旁边的人说他 50 岁的时候做变性手术。我查了他的背景，他拥有哈佛大学 6 个荣誉博士学位，而他现在已经 70 多岁了。我惊讶的不是人人都要像他这样，惊讶的是中国什么时候可以接受变性的学者站在那么荣耀的学术讲堂上跟大家演讲。那一年对我有很大的冲击，现在中国也越来越宽松容忍，还能容忍金星。试问中国容得下他吗?

第二个故事，是另外一个朋友，瑞典哥德堡大学的管理学院女院长。她是美国人嫁到北欧瑞典，全家改姓她的姓。我说你先生姓你的姓，他家里人没有意见吗？她说没有意见。她说我的姓在瑞典比较少见，她先生是本土人，姓很常见，所以姓不一样的姓很难重名。现在全家都姓她的姓，人家没有高低贵贱、男尊女卑，就觉得自由选择。

这两个案例很有意思，对我有很大影响。什么叫多样化，什么叫真正的包容，创新基因是什么？谈到创新就想到硅谷，硅谷有风投、有技术，还有更重要的东西跟今天主题有关，就是文化。所以嬉皮士，甚至他们会吃带来幻想的药。乔布斯在斯坦福演讲的时候，要尝一下，那个东西没有瘾，要尝一下才知道什么感觉。今天很多人谈冥想、深度冥想的感觉，互联网大咖们参加了每年一度的火人节。火人节每年八九月份在黑石城举行。如果将来有钱有时间，应该去一次火人节。在一片沙漠里面产生一座城，一把火烧了大家瞬间消失了，这就是火人节。有些人花一年半载的时间准备一个雕塑为了烧掉，很多人穿着很奇怪，没有钱，大家要物物交换。这些反叛的理想主义精神是硅谷最重要的。他们不是设立了计划要产生 50 个乔布斯，我们设立计划产生了 50 个乔布斯。我们曾经有梦想，现在离实现越来越远。创新最基本的基因，我们借用美国佛罗里达州一个学者的思想，他说创新有 3 个要素，叫 3T。

第一，当然是技术。第二，是人才。第三，是包容。技术创新的特性是不确定性，特别是伟哥的发现。据说长出来头发的药物原本都是治疗别的病的，有不确定性。但是美国确实是最创新的国度，他们并没有规定技术路线，但是他做了别的事情，产生了很多创新。大家如果有机会去西雅图的波音博物馆，一定要看看那个地方，网上也有这段视频。视频是肯尼迪在 1962 年做的演讲，他的演讲非常激动人心，每次听到都觉得心潮澎湃。他说为什么要登月，最核心的一句是，“我们决定在 10 年内登上月球，并非轻而易举，而是因为困难重重”。在决定登月的时候，连登月合金还没有发明出来，很多人质疑能做出来吗？但美国就是这样一个国度，就是这样一群人，终于在第 7 年登上了月球。中间带来了什么？ 2012 年，在阿波罗登月计划 50 年的时候，这天杂志做了一篇重磅文章。文中提到，登月计划永远地改变了世界。为什么说是永远改变世界？今天我们手机 PC、ICT 技术的核心就是当时因为要变得很小，集成电路技术就是登月带来的，摩尔定律就是因为登月需求。战争会带来技术的突破性创新，因为有巨大的需求。所有这些通过发起重大的项目，推动了技术的发育，给了一个土壤，给了一些大的计划引领。

我们看到奥巴马做了什么？奥巴马发布了精准医疗计划，奥巴马在最后一次国情咨文报告中讲到，过去经历了 300 年，美国人只给人类健康带来两大贡献。第一个就是小儿麻痹症消灭了，通过一个糖丸消灭了小儿麻痹症。第二大贡献就是发起了国际人类基因组计划。为什么把国际人类基因组计划放在这么高的位置？就像登月计划一样，3 个世纪三大计划，原子弹计划、阿波罗登月计划，国际人类基因组计划，这 3 个计划都是美国人发起的。看似最有市场经济的国家，他们做出的重大计划，推动了技术的进步，产生了许多的创新。这些技术又推动了很多的小公司，大大小小的公司不断地创新。看似市场经济最自由的国家，最有大目标。大目标就是重大计划，而这是政治家做的决定。

政治家要做重大计划，而不是计划经济，所以奥巴马左边放了双螺旋结构。他讲这个世纪就是生命世纪，双螺旋最根本的原因就是基因，所有的生老病死、高矮胖瘦，甚至喜怒哀乐都是有原因的。喜怒哀乐很多时候不是父母给你的基因，而是你的肠道里的。如果没有基因的变化，生老病死都不会有。为什么有白头发？虽然表象是最后蛋白质发生了变化，细胞发生了变化，但是根上还是基因，DNA 影响的，这就是源头，所以基因翻译非常好。

基因测序这么多年发生了什么变化？从 2000 年草图完成，到华大参与内基因组计划，作为中国人参与了人类基因组。作为公民参与，并不是中国官方首先发起的，但是得到了国家支持和后买单、后资助。到了 2007 年二代测序技术发展，华大基因看到了机会，勇敢地离开中科院，搬到了天高皇帝远的深圳。2007 年测序成本迅速下降，和我们大规模建立自由的平台有很大关系，带动了全球测序成本的下降。当时中国没有能力研发和研制测序仪，所以只能买美国一家的，当时我们是最大的客户，价格溢价能力非常强。但是过了几年发现不对，就像今天芯片卡脖子问题一样，发现我们太大了，我们威胁到他们。他们觉得被威胁，于是开始打压我们。幸运的是，2013 年，我们在奥巴马任上收购了一家美国公司，拥有纳米球测序技术的全部知识产权。今天我们的全部测序仪都是自己生产、自己研发的，供应链是全球化的。

今天我们已经有 1100 多台测序仪，80% 全部替代为了自己的，还有几百台在全球几十个国家开始应用。所以这是摩尔定律，是英特尔提出的，而且影响了信息革命、信息时代。今天和未来生命时代的仪器定律就像影响信息一样，摩尔定律是华人，是华大人引领的。中国有很多的合作伙伴，我们一起从影响的定律，形成定律，到今天我们就是定律的制定者。我们唯一一个竞争对手，他们现在 1000 美元一个人全基因组，现在我们是 600 亿美元。测一个人基因组从花上千美元和科学家一起测，到今天只需要 24 小时可以产出，而且我们在一台仪器上，今天一台仪器 24 小时产出 60 个人的基因组。从 30 亿美元 13 年一个人，到今天 24 小时 100 个人，只需要每个人 600 美元，这是 N 倍的摩尔定律。这个时代奠定未来人人互联的时代，从万物联网到万命联网。坐在这里的我们，尽管长相非常不一样，各色民族人种，但是我们只有千分之一到千分之五不同。我们的基因与果蝇基因有 60% 的相似度，与猪基因有 80% ～ 90% 的相似度，与猩猩基因有 98% 的相似度，构建万命联网时代很快会到来。

我们老是谈四大发明。过去 200 多年，中国人的贡献乏善可陈。我在诺贝尔买的一把尺子，有过去 200 年每一年的刻度，记录当年产生的重大发明、重大突破。第一个是 1801 年福特把电池介绍给拿破仑。中间有很多，比如说万维网发明很多，每个都会指出发明是什么或者发现什么，哪个国家，甚至是什么样的计划。但没有一个中国。直到最后一年，就是人类基因组计划几乎完成，2000 年在克林顿任上人类基因组计划草图完成，华大因为这个计划创办的，我们承担了 1%。人类基因组计划为美国发起，但是美国觉得自己不能完成，所以他们只做 50%，英国人 30%，德国、英国、日本、法国 3% ～ 8%。华大在美国希望把项目带回国，让中国人参与，而那个时候全体科学家都觉得不要做。当时汪老师用自己创办另外一家公司的钱投入进去，而且举债投入资金，跟美国的项目说我们加入这个项目，也没有得到国家批准。最后是几个中国公民参与了这个项目，也就是 1%。如果没有 1%，中国在 200 年的 200 个发现当中就没有一个。如果以尺子为尺度，中国人在这把尺子上是白卷。奥巴马卸任了，留下了重大科学遗产，每个都是科学项目，这些重大项目推动着突飞猛进。比如说干细胞结晶、癌症、登月计划、人类精准医疗计划、脑科学计划等，这就是政治家的作为。

第二，是人才。很多时候讲人才就讲学历、能力。刚才房社长也讲到了我们很多时候把教育搞反了。我借鉴稻盛和夫的成功方程式，工作方程式，又乘以了使命或者就是大目标，能力意愿很重要。很多时候光看这两个，人格就是这个人是希特勒还是毛泽东，要造福社会，完全不一样，他们的能力差不多，意愿也很强烈，但是人格是 -100 ～ +100。所以把人最基本良善的教育都忘记了，品德教育课很枯燥，我小时候就不爱听。好不容易出来一个复旦网红，很多人批判她，但让思想品德课有趣味是好事。还有一个使命是造福人类的，还是灭绝人类的？是求人类共同体，还是要做实际霸主？这件事情很重要，所以是 +100 ～ -100，无论是非政府组织还是政府组织，无论是公司营利还是非营利，先搞清楚再判断，否则很大负数，这就是你要选的人才。

今天讲创新的不确定性，但是有一件事是确定的，就是人要奔着 100 岁活。我们的创始人前一段时间搞了很大的攻关危机，我们老板让员工活到 100 岁。底下说不靠谱怎么活到 100 岁？他没有基本的常识。一个常识要打破人生三段论，前三分之一学习，中间工作，后面养老，或者不好听叫等死，把自己当作废物，成为社会负担。我们要打破人生三段论，要终身学习，成为真正的终身大师，学习成为真正的终身大师是严酷的事实，我们能不能一起走到 100 岁？真的不知道，但是终身学习不会被淘汰，不会成为社会包袱是非常重要的事。回到如何评价、怎么学习、怎么培养人才？这是非常重要的课题。

第三，包容。要么是讨人厌的乔布斯，要么是出柜的库克，要么是把前妻抛弃的人，创始人都离开了。这些人在中国他们是什么待遇？我们什么时候能够包容这些人？欣赏他们的长处，不要老是盯着他们的缺点，这样就更加创新了。对于女士，如果包容她们，欣赏她们的美，大家都是平等的。要增加一个 T，这是理论创新，希望什么时候我可以和人合作写出来。必须要增加一个 T 就是大目标，很多时候我们的学者被误导，说创新不要设立目标，错了，一定要加目标。所以有一个词“运动菜鸟”，我过去就是运动的菜鸟，不运动。当我跟登珠峰的人在一起工作的时候，不可能和他们对话，要设立平等，所以给自己设立了目标也要登。我就花了 3 年时间严于律己，从爬楼梯，到每天日常生活要求自己，我登上姆斯塔格的时候，7500 米海拔不能吸氧，很昏沉地登了上去，告诉女儿说妈妈很坚强，很勇敢，离开你半个月就是为了做这个事，我做到了，所以目标是非常重要的。

看看这些公司，从爱迪生创办 GE，只发明了一个灯泡，他说让世界亮起来。福特只做了一辆车子，他说让家家都有车。谷歌、iPhone 等，当我们做出颠覆性技术替代基本技术的时候，那个时候没有人相信我们，觉得我们是骗子。中国最牛的妇产科医生不相信我们，我们做了唐氏综合征检测。母亲的胳膊上检测接近 99% 以上，只用了 4 年时间，5 年前拿到证，今天已经做了 450 万名孕妇，已经减少了 26 000 个舟舟给中国，梦想必须要有一天会实现。

我们是在做生命健康。我们有一个很有趣的组织文化，顺序很重要，三好学生。第一，先身体好。我就是例子，我以前是中年妇女，你们肯定猜不出有多大？我已经接近 50 岁了。过去说半老徐娘，但现在我觉得自己还是青年。身体好靠自律，无法管理自己的身体不要谈管理别人。所以我们高管考核先报身体指数，不仅仅是 BMI。自律非常重要，而且要科学，不要老是听谣言。第二，学习好，我是学交通工程的，今天做生物领域，所以跨界。什么叫生命力？跨界才有生命力。周其仁讲到以色列诺贝尔奖化学奖，他说每次他在这个领域做到一定程度，就换一个领域做。很多时候选择难的事情做，更容易是成功，因为没有人做。领域为什么不跨界？为什么你是那个专业？所以背后就是要自律、自主、自驱动，更多的是愿意自己设定目标，觉得一年之后是什么？这些事情是特别的文化，这就是创新文化。

我们做什么？华大做什么？我告诉大家一个秘密，今天我们都知道 IOT，20 世纪 90 年代 IBM 提出智慧地球，很多人不知道要干什么？他们预测到了万物会连在一起，就是我们的移动互联网。我们今天就在搭建万命互联网，因为命是 ATCG 组成，不是 0101，就是 4 个碱基，AT 是一对，CG 是一对，不断复制分离组成了生命，无论动物、人、微生物，无论是低等还是高等就是 4 张牌，肠道菌群比你父母给你的还要多。

最后，送给大家一句话，能生存下来的并不是最强大的物种，也不是最聪明的，而是最能适应变化的。所以很多时候不要做霸主，要适应社会的变化，全球的需求是什么？刚才 Marie Kieran Waxman 讲到，下一个需求就是贫穷国家的人们需要长命百岁，要健康地活着，不仅仅是发达国家自己。习近平总书记讲的“一带一路”、人类命运共同体，这就是未来的需求。最适应变化的就是未来，我相信未来非常乐观，哪怕面临摩擦和斗争。华大就是基因科技造福人类，我们是 BGI 华大。

3 创新策源与人类全球化主题论坛讨论

王俊鸣：根据浦江创新论坛之文化论坛的议程，我们将进行创新策源与人类全球化为主题的论坛讨论。下面，再次介绍一下今天参加分论坛讨论的嘉宾，从我的左手开始是分众传媒首席信息官陈岩女士，第二位是来自复旦大学的环境科学与工程系教授 Marie

Kieran Waxman 女士，第三位是上海逸思科技有限公司董事长聂红林先生，第四位是华大集团之董事执行副总裁朱岩梅女士。

创新驱动也是人才的驱动。创新策源与人才全球化的主题有两个方面，一方面是创新策源；另一方面是人才全球化，二者同时又是高度统一。如何加强创新策源的能力，从本质上需要创新人才的集聚和培养，使创新的中心诞生更多的顶尖创新人才。如何利用全球化人才加强创新的策源能力？加快构建全球竞争力人才制度体系，聚天下英才而用之，从培养吸引包括用好人才。下一个环节请嘉宾们谈谈对创新策源与人才全球化关系的看法，也希望结合你们自身的事业经历谈谈你们的成功做法。我们从上海逸思科技有限公司董事长聂红林先生开始。

聂红林：非常荣幸今天在台上和大家分享我们的观点。时代在改变，多少年前女权主义者还在为女性的权利而拼搏，而现在在所有的高科技企业当中，女性人才已经显然超过了一半的比重。在高校当中，女性占比已经压倒性超越了男性。所以在下一个 10 年，也许在科技创新的领域中，未来科技人才的培养，我们男性都要加油了。

前面听到了几位嘉宾，尤其是 3 位女士的演讲，确实非常有启发性。我作为逸思创始人，专注于肿瘤高端医疗器械领域，和她们讲的产业领域分众的大众传媒、基因华大的基因检测技术，有一些不一样。我们所做的产品和技术主要是用于肿瘤的微创手术治疗，把肿瘤的病灶做根治性切除，在这个领域中主要是关于材料、机械设计，还有跟人体解剖学相关的技术领域。在我们产业领域的创新和企业发展，有很重要的特点就是高的技术创新投入，会带来高的企业发展的速度和企业规模。我们这个领域与华大基因和分众传媒有点熟悉，相当于传统的机械制造或者是产品产业、工业领域。在这个领域，我们都亲身参与中国近 40 年的改革开放历程，早期的还没有建立国内的知识产权保护体系，更早阶段的时候，我们是拿来主义。这些年来，发展已经有了明显的不同。随着我们在传统的材料、机械、制造领域成长，我们国内大量的人才也开始建立起来了创新的基础能力，尤其是有大量的海外回来的人才，还包括国内的高校建立的创新人才的培养体系。现在国内在某些前沿领域也走在了全球前列。华大基因很显然是全球在基因检测技术领域中最领先的一家企业。华为除了在 5G 通信领域中具有全球影响力，在软件和在芯片技术领域当中也开始打造全球领先的技术。

对于我们逸思医疗来说，我们企业文化和华为有一些一样的地方，企业文化是实效学习、创新和功德。通过我个人观察发现，很多伟大的公司，它的企业文化落脚点一定在于社会责任，或者对人类发展的深刻关注，所以我们企业文化最终的落脚点就是功德，我们希望通过创新和企业的创业，能够为所有的患者、为医生、为医疗机构、为第三方的商业医保机构，或者为所有的政府能够创造有重要意义的临床价值和医学价值。我们希望通过创新能够推动微创外科技术和未来的医疗技术发展。

我们创业发展到现在只有 7 年半时间。如果今年营销目标实现，应该会成为中国医疗器械产业所有上市企业当中销售收入在最快的时间超过4个亿的企业。在医疗器械产业中的迅速发展，跟我们在技术创新领域中的观念和在技术创新投入当中的数据有关系。在过去的3年里，累计研发投入占公司累计销售收入的比例超过25%。从第一个产品上市，到现在只有完整的3个年度。3年的时间中取得的销售收入只是四大产品线当中的第一个产品线，销售收入在2018年占比超过95%，其他的产品线要么还在研发和注册进程当中，要么是刚刚获得注册证，正在做技术推广和市场推广，还没有取得明显的销售收入。

我觉得在中国未来的所有产业领域创新发展过程中，创新的投入是极其重要的，在未来中国赶超其他国家的科技进步与经济及产业发展的过程中也将扮演更重要的角色。

王俊鸣：谢谢李总！李总讲到坚持自主创新、高研发投入取得市场回报，企业文化是实效学习、创新和功德，文化是很重要的。

陈岩：我回应创新策源与人才全球化这两个问题，先说创新策源。首先，从传媒领域来说，无论是过去电视屏幕报纸户外，还是分众数字化媒体集团，几年前叫新媒体，今天已经变成了传统媒体。过去看到技术公司及DAT公司、BAT头条等，它的财报盈利是广告。除了阿里以外，腾讯有很多游戏收入，再看百度都是广告。技术的进步推动了技术公司和数据公司的发展，当找不到商业模式的时候，这些公司冲击了传统的领域——广告。技术公司的进入，改变了消费人群的生活习惯、咨询习惯，最后乃至改变了媒体接收习惯。消费者被高科技吸引走了，传统的媒体越来越走下坡路。分众传媒一步步不断创新，硬件创新的同时进行数字化转型，包括软件平台、硬件平台综合性创新。很多传统企业差异在哪里？对技术的相对落后和技术创新不够重视。所以，所谓的行业创新策源要从根本上、从技术创新考量，为了传媒领域的数字化创新，不是技术改革、技术创新那么简单，也不是技术提升信息化。数字化转型带来的是产业、是跨界、是技术和传统媒体领域的跨界融合，带来的是产业的升级、商业模式的改变。其次，无论对产业还是企业内部组织化变化。最后，传媒行业随着数据留存在每一个公司的内部，如果真正的实现大数据推动行业发展，推动社会发展，必须要做到互联合作。如何在符合国家安全信息的前提下，各个公司相互地协作数据打通，这样才能真正地用数据驱动产业的发展。这是我在创新战略方面的体会。第二个问题讲人才。①跨界人才。我特别符合朱总说的跨界人特点，大学毕业学法律，经济学硕士。我是媒体专家、大数据专家，后来我被任命为首席信息官。跨界的经历，可以用技术拐棍做领导统领产业升级。产业升级，数字化转型一定要有统筹的能力，具有跨界的知识。分众数字化转型是标杆，各大媒体都往这个方向走，包括很多媒体。②科技研发人才，在这一块上是国际人才的引进和本土人才的共用，人才观既不盲目迷信国际引进，也不要妄自菲薄本土人才。从我的团队体会很深：分众传媒2005年在美国上市，我是当年被引进的国际背景专业人才。因为政府的背景，所以我比较接地气。我发现国际上许多公司的CIO是国际上引进的，但很快就失败了，因为他不懂产业，不懂本土的业务模式运作。CIO带领集团转型过程中牵扯到组织体系内方方面面架构的重组，所以水土不服就是失败重要因素。我在国外做得再好，回到中国是否适应？我们在人才方面考量的是哪一部分用国际人才、哪一部分用本土人才？中国有很多人才非常优秀。但无论是国际人才引进还是本土人才，要给他们宽松的环境同时给予信任和良好的持续学习的环境，因为知识、技术变化很快。支持他们不断工作、不断学习，让他们不断更新自己的技术和知识能力，才能保证快速跟上技术的发展，来推动公司及产业的进步。③行业专业人才。只有既懂专业又能够积极拥抱技术，这样的人才才能助力产业变化和升级，才是真正帮助技术产业化落地的关键，所以我们需要行业的专业人才。④商务人员。在传媒领域大数据及科技进步发展中，不能只靠广告专业人才，只靠工程师也无法解释什么数据融合方法才能出来？具有规划能力、谈判能力、跨界的商务人员也是非常重要的。以上是我在人才方面的看法。

王俊鸣：谢谢陈女士的分享，她强调了跨界培养创新人才的重要途径。以后我们要更多宣传新的技术，让新的技术赋能传媒等产业。Marie Kieran Waxman 教授分享一下对于这个主题的看法。

Marie Kieran Waxman：我听了各位的观点，觉得很有意思。说到人才培养，这是很困难的问题。我最近的一些工作并不属于任何一个领域。一方面在总结人们的价值观，并将其制定成可以清晰描述的指标，用于规划这个人。这并不属于物理或者心理学任何的已知的学科，而是全新的领域。在西方，我看到比较难找到空间开展研究，所以我非常高兴可以受邀来到中国，在这里工作并且有自由从事研究。但是自由并不是任何人都有的，我在复旦的学生必须有经济学，或者工程学，或者是科学学位，他们必须要在这些学科当中选择一项进行研究。我的学生要非常努力，他们要读两个博士学位，要读跨学科的学位。他们会根据自己的项目设置做出调整，而另外一个博士学位科目，就是要从固定的项目中选择，因为由教育部决定很难改变。

我们可以说跨学科或者交叉学科，但是事实上这在中国标准体制下常常行不通，所以标准必须要改变，而这个是非常困难的，因为教育部定下的框架就是这样。女性已经超过了男性。有一点例外，就是在中国的各个高校里教授非常少，普通女教师比较多，但是女教授非常少。而我们需要更多女性在大学学术委员会中决策，在部一级层面需要更多女性的决策人士，她们帮助我们实现平衡。

女性在培养人才方面有天赋。怎样培养出成功的孩子？人们的成功来自于哪里？是智力 IQ 吗？研究已经证明不是的。如果看看影响因素，影响孩子基因和成长最重要的是什么？孩子要成功最重要的就是母亲给他们读的书是不是多样。第二大影响就是母亲的母亲即外祖母读的书是否够多样丰富。所以，每个中国妈妈都有机会培养出成功的孩子，培养出人才。

现在世界上很多地方都需要来自中国创新和文化。而这一切必须要来自于本土，所以我们关注培养的环境。当我们学生有新想法的时候，不属于任何学科，需要包容，让这些想法可以成长，当孩子们在学校里表现创新能力的时候，我们也需要包容，让他们能力得到成长。这在中国一定会发生，未来几年要培养中国自己的人才，这是很重要的。

王俊鸣：Marie Kieran Waxman 女士强调 3 点，第一，创新和需要相关联，要理解需求。第二，她强调开发全新方式做事。第三，她觉得要让创新者有一定时间和空间思考，特别是对基本的事实怎样思考，成为基础知识的运用主人。而在过程中大家要有非常宽容的允许，对创新者宽容的态度，谢谢。下面请朱女士。

朱岩梅：下面坐着很多学生，我很想听你们提问。中国现在人才全球化面临很大的问题，我们的人才总是“考考考”，好像是从小考到大的，上学时候考很多证，上班以后还要被考。不考核不知道干什么，这是很大的问题。自己回家闭关，想想自己最感兴趣的是什么？我想去一趟非洲，机票不是很贵，都可以实现。很多时候都等着别人评价我们，就是等着标杆在哪里，是不是被考？一旦达到了之后到了另外一个问题，我们总是喜欢评价别人，先是被评价，接着就评价别人，这个那个都不对，要听我的，这两个极端偶尔自卑，又特自信，都是一回事，你的自信背后就是自卑。

我推荐你们看阿德勒心理学方面的书。我们说的心理学就是弗洛伊德和荣格心理学。阿德勒反对弗洛伊德，不要老是想原生家庭。有一本书《被讨厌的勇气》，今天年轻人比较多，在你们这个年龄应该要看看这本书，就像孔子和学生对话一样的方式，讲阿德勒心理学是什么。这是人本身应该在小时候学的东西，先健全你的人格，先做一个完整的人。作为一个人先做完整的人，再发现自己对什么东西感兴趣，竭尽全力努力达到。我们的人才全球化，要在这些方面跟全球对标。犹太家庭的妈妈，回家第一件事问什么？没有说今天是不是被老师表扬了，是不是得 A 和 100 分。她会问孩子今天有没有提一个好问题。以色列，面积不大，年降雨量 50 毫升，几乎是不毛之地，为什么在这里产生这么多上市公司，这么多创新？他就是要争论，犹太教学法就是把所有的教变成要提问题。这是一个民族提问题。改变了教的方式，我相信我们的人才全球化，创新策源会达到更好水平。你们很聪明，智力水平差不多，正向分布差不多，有时候是传统教育把你们创新的东西都磨灭了。

王俊鸣：谢谢朱女士！朱女士不仅讲了心灵鸡汤，也是实践指南，关于全球怎样用好全球化的人才，聂总关于人才还有什么要补充的？

聂红林：逸思有伟大的梦想。就像现在已经存在的伟大企业一样，微创外科技术目前是肿瘤治疗领域当中最有效、也是治疗使用最广泛的技术，可以用最低成本、最短的时间治疗最多人群。从全球的推广情况来看，目前在发达国家占比非常高，但在中国只有 20% ～ 30% 的推广率。对其他更多的发展中国家和不发达国家来说，未来还有大量的临床需求有待产业界推动医学界，推动患者的教育工作。所以，逸思医疗实现伟大梦想，就需要把全球在技术创新、质量管理、市场营销、品牌建设等相关领域最优秀的人才纳入到我们的团队当中，跟我们一起战斗。从目前的情况来看，我们公司的管理层有来自于排名前20国际医疗巨头的中高层，也有美国人、海归和在像华为这样的企业担任过高管的人才，也有国际巨头在中国的总经理担任副总裁，我们国际市场总监也是以色列人，还有欧洲区域的总监是英国人。

要把优秀人才吸引到企业团队中，从我们的角度怎么识别人才？对我们今天在座的很多年轻学生和还在职业发展的早期同人来说，我分享一下我们的看法。朱总讲到很重要的一点就是不要只是专注于技术，或者知识的学习，还有很多更多其他很有价值的地方。除了技术专业能力专长之外，我们在评价一个人才的时候很在意这个人的可燃性。他是自我驱动型，有了梦想、有了目标就可以自己点燃的人才。他是能够影响周围的很多人并改变他们的很多思想观念，让他们和大的团队一起创造性地开发工作，创造性地思考问题，找到不一样的更高价值的、有意义的解决方案，这是我们评级人才中非常重要的地方。

除了自燃型人才之外，还有很多人在平常工作当中根据领导指示开展工作。但是一个好的领导，是一种人格魅力方向的引领，在激励方面也做得非常优秀的领导。这些人加入这个团队以后，也能够从普通日常的工作员工变成非常有创新精神、有拼搏精神的员工。这类人才定义为可燃性，可以被点燃的。这一类人才和前面的自燃型人才，他们之间有很大的区别。我绝对肯定的是旁边坐着的朱总还有陈总都是自燃型的人，她们设定人生目标的时候主动定位自己的目标，Marie Kieran Waxman一定也是，她们一直寻找自己想要为社会创造价值的方向，寻找她们的位置，到了一个位置的时候会很快发现更高的需求，主动离开舒适区，所以这样的人专业知识、基本知识具备了以后，这样的人未来是重要挖掘人才。

4 互动交流

提问者：老师们讲了都很精彩，很受启发。第一个问题问的是朱岩梅老师。您说4个T（技术、人才、宽容、理论创新），提到了以色列。伟大科学家爱因斯坦说过，提出问题比解决问题更重要。我们缺少的不是资历，而是有没有思考一些新的东西。我了解的是，日本科学家提出多镍产生的电子，但是一直没有商业化。不知道华大有没有这方面的问题？Marie Kieran Waxman老师说，中国文化有一些东西，可以对世界的创新提供贡献，能否给我们举例子？中国的文化怎么为科技的发展做贡献？

朱岩梅：大家对于基因太不了解了。我们的学生只会做作业，不是专业相关的书不读，这一点中国人和美国人差距非常大的。李健民老师讲到科技创新与科学普及融合发展问题。今天的基因技术对于肿瘤患者来说，比如说未来肿瘤检测没有商业化，肿瘤问题大家最关心的，肿瘤不是突然得的，只是被突然发现的，所以真正根治肿瘤是自己预防，身体里到了一定年龄就是有很多癌细胞。肿瘤有很多科学未知的东西。已经患肿瘤的人要寻找药物，靶向治疗针对基因导致的癌症，所以未来不仅是孕妇要防止婴儿出生缺陷，也不止新生儿要防止吃错药，而且肿瘤患者要吃药以防止复发再转移，这些都是必备的。现在讲血常规、尿常规，未来基因常规，所以现在是商业化和未来没有天花板的。这是我回答你的问题。

Marie Kieran Waxman：谢谢你提出的问题，我认为这个问题回到平衡的问题。在世界上几乎每个国家对个性化都是非常重要的，尤其在美国，在欧洲也是如此。如果一个小孩上学并不在意他是不是提出好问题，而是他一定要与众不同，一定要个性化的，他们的喜好、他们所有的东西都是非常重要的，这是美国文化当中。在美国学校里面都有这样的情况，比如说我在 14 岁的时候，我的父亲告诉我说应该穿得跟别人不一样，能够把个性展现出来。我也觉得非常奇怪，现在的情况就是每个人希望做他们自己，导致在美国大家都不考虑社会。只要这个国家富足是没有问题，当这个国家出现问题的时候分崩离析，没有人愿意照顾老人，没有人愿意照顾弱者，没有人愿意照顾孩童，这就是美国和英国都会出现这样的问题。

而在中国虽然人的个性不够强，但是任何一个中国人在他们的脑海中都知道自己是中国人，都知道他们的根在中国。我和他们聊冒险或者聊很宏观的事情，他们愿意做。他们的根在中国，他们知道在他们的身后有上千年历史，还有 10 亿人民。一个政府能够很好地团结他们，并不在乎中国是不是有 50 多个少数民族。他们都是中国的一分子，所以这些根能够给你非常重要的条件就是稳定。世界其他国家已经失去了稳定，所以中国有最好的平衡，世界上最好的平衡。世界上其他国家走了资本主义，或者走了其他不同的模式，他们已经失去了平衡。而中国现在也有非常好的平衡，我希望中国不要拷贝其他国家的价值观。可以看看这些价值观，可以想一下价值观要不要接受，但是千万不要拷贝，世界上其他国家都在等待中国，因为世界其他国家现在分崩离析，他们现在已经出现很大压力，不够稳定，所以中国有能力。

提问者：各位老师好！我想提问朱老师一个问题，您很有意思，我现在很喜欢您。我的问题就是，一个人从小到大都很理想，之所以理想是因为他没有接触到那么多现实，所以小时候会很理想。而一步步接触了更多事情和想法会发生改变，但是发生改变有时非常痛苦，有时改变是因做过错事需要改变，这时改变是好的，但是有时需要向现实妥协。您一直在讲人格，请教一下您人生中最痛苦或者最艰难的一次理想向现实妥协是怎样的？谢谢！

朱岩梅：梅姨讲的一句话非常好，她说妥协要面对妥协。我是一个从小自己做决定的一个人，感谢我的父母给我教育。唯一一次父母帮助我做决定就是我考大学考上了不喜欢的专业。我们那个年代不服从调剂第二年不准高考，所以当年上学去了。给我的教训就是如果自己不做主，就要承担不做主的代价。所以，我承担了 4 年代价，我也尽力做到更好。很多人一生都不会走出规范导向，自己要领导自己，很多人一生都不领导自己的。在别人的规范当中，很多中国人被亲情规范，所以不肯走出乡土。你总在被别人的规范考核框着你，所有的烦恼都因为这个。先要把你的领导加进去，是正向的，你就可以挑战很多的传统规矩、落后的规矩。我曾经去过越南，买了一件体恤，因为越南交通很乱，他说绿灯可以过，黄灯可以过，告诉我们当你做创新者时候一定是没有规范的。只要自己行得正的人不要被别人评价，所以要打开自己，这是特别重要的。谢谢你喜欢我，我也喜欢你，希望每个人变得很有趣，不要一模一样。

王俊鸣：一句话总结一下自己。

朱岩梅：我是一个每次做选择的时候都会想是不是想象出来自己10年后的样子。如果我做一件事情想象出10年后自己就是这样，就会换一个跑道做另外一个事情，因为这件事对我没有挑战。我曾经是铁路工程师，是第一份工作，后来我就做投行了，做大学老师，成为教授。我发现，如果可以想象10年之后做什么，我想做另外的事情。这就给了我胆量，很有勇气。很多时候自信是否敢于做这件事，敢于有梦想，敢做梦，勇气是非常重要的东西。很多时候丧失了勇气，被规范、规矩、枷锁、别人的眼神评价，最后变成了笼子里面的什么动物。送给你勇气。但是我没有勇气挑战飞机，我必须要遵从规矩。谢谢！享受今天的演讲，非常高兴认识大家！希望下次在其他场合上遇到你，很喜欢这个主题。

王俊鸣：谢谢朱总！一句话总结下如何利用全球化人才加强策源的能力？

聂红林：中国目前全球发展速度最快，各种发展的需求最广泛。为了产生最大外溢效应的巨大市场，所以我们要用各种办法把全球的最优秀人才吸引到我们的平台上来。我们有大量的方式吸引人才，包括我们在股权领域当中有入职期权、有业绩期权、有高级岗位职位期权，也有不同阶段的股权优惠购股权，有商业运营人才总裁培训班和上海最优秀的高校定制MBA精简课程，对于优秀人才我们是热忱欢迎的。

王俊鸣：请总结一下。

Marie Kieran Waxman：创新来自需求，而未来的需求将会是平衡，平衡的方案不可能来自现有的学科或者领域，所以我们必须培养不同思维的人才，需要宽容。

陈岩：所有的年轻学者和同学们永远不要忘了创新，永远不要忘了有创意性的思考，我希望它是你们人生不断的目标。

王俊鸣：谢谢陈总！我们的论坛到此结束，也期待今天智慧碰撞的火花能够绘就明天合作发展，包括互利共赢的蓝图和硕果。作为科技创新的中心，只有拥抱世界人才、依靠全球创新，才能真正把上海建设成为一座创新之城、生态之城和人文之城。让我们以热烈的掌声再次感谢4位嘉宾的分享，明年见！

第9章

未来（科学）论坛

未来（科学）论坛1　无处不在的微生物群

微生物群是复杂生物体的巨大的生态系统，包括细菌、酵母、真菌、病毒和原生生物，在人体中它们的重量能达到2千克，超过一半的人体是由非人类的微型入侵物以微生物细胞和它们所持有基因的形式组成的。随着新技术发展，这一领域的研究得到了颠覆，差不多每天我们都会看到一篇新的关于微生物研究的文章发表，它的影响颠覆了我们对于健康疾病、自身生态系统及外在生态系统的认识，生命科学、医疗、环境、材料等各个领域都包括在内。

1　论坛综述

浦江创新论坛未来（科学）论坛1：无处不在的微生物群，由施普林格·自然大中华区科学总监、《自然》系列执行主编杨晓虹主持，讲演嘉宾共5位：丹麦Clinical Microbiomics A/S首席科学官H.Bjorn Nielsen；中国科学院上海药物研究所学术所长耿美玉；夏威夷大学癌症研究中心教授、副主任贾伟；法国古斯塔夫·鲁西研究所肿瘤免疫科学主任、国家健康与医学研究院U1015实验室主任、萨克雷大学教授Laurence Zitvogel；中国医学科学院/北京协和医学院、苏州系统医学研究所研究员马瑜婷。与会中外嘉宾围绕“无处不在的微生物群”为主题，共同探讨微生物群对于人类健康与疾病及环境等所带来的深远影响和应用前景。

微生物测序和宏基因组测序技术推动微生物组学发展。随着技术的发展，人类对于人体微生物组的了解越来越清晰。人体内的微生物菌群非常复杂，其中已经有数以百万计的基因被发现，大部分都是来自于人体肠道内的微生物，人体的一半都是由微生物群组成的。大量的研究发现微生物群与人类健康息息相关，很多免疫疾病和代谢疾病都与微生物群表现出很强的相关性。

全球首个基于多靶点协同机制的抗阿尔茨海默症药物可通过调节肠道菌群平衡阻止阿尔茨海默症病程发展。阿尔茨海默症是一种老年退化的神经退行性疾病，数据显示人肠道菌群中或者生物肠道菌群当中的菌群状况，也和阿尔茨海默证有一定关联。GV-971是一种从海藻中提取的大分子寡糖，能够多位点、多片段、多状态地捕获 β 淀粉样蛋白（Aβ），通过调节肠道菌群失衡、重塑机体免疫稳态，进而降低脑内神经炎症，阻止阿尔茨海默症病程进展。

肠道菌群与宿主的相互作用直接影响人类疾病的发生和发展。肠道菌群对于人类疾病的发生和发展，特别是消化系统疾病和代谢疾病有着非常重要的影响。宿主和肠道菌群的互动非常密切，宿主代谢反应、免疫反应的变化会影响肠道菌群的数量和类型，同样肠道菌群的变化、微生物代谢过程和产物的变化也会影响疾病的发生和发展，如肠道菌群与肝脏疾病和神经系统疾病有密切的联系。

基于微生物的抗肿瘤药物有望解决抗药性问题。肿瘤免疫疗法就是通过调节免疫抑制和免疫促进，重新启动并维持肿瘤—免疫循环，恢复机体正常的抗肿瘤免疫反应，从而控制与清除肿瘤。近年来，肿瘤免疫疗法取得了巨大的突破，研究发现微生物在肿瘤免疫监视中也起着非常重要的作用，基于微生物的药物制剂可能调节免疫系统从而达到肿瘤免疫的作用，同时能够减轻现有肿瘤免疫药物的抗药性问题。

应激反应通过调节免疫反应影响肿瘤化疗药物的治疗效果。癌症的发生与发展和免疫系统息息相关，肿瘤发生过程中免疫系统可以找到并且消灭癌细胞，同时肿瘤细胞能够通过基因突变来逃逸免疫监视。研究显示，应激反应如细胞压力和精神压力也会通过免疫细胞的活性和肿瘤细胞的微环境来影响免疫系统对于肿瘤细胞的监视及杀伤，从而影响化疗药物的应用效果。

2 嘉宾演讲实录

揭示微生物群的面纱

H.Bjorn Nielsen 丹麦 Clinical Microbiomics A/S 首席科学官

人体内的微生物菌群非常复杂，其中已经有数以百万计的基因被发现，大部分都是来自人体肠道内的微生物，人体的一半都是由微生物群组成的。大量的研究发现微生物群与人类健康息息相关，很多免疫疾病和代谢疾病都与微生物群表现出很强的相关性。微生物测序及宏基因测序技术推动了微生物组学的发展，人类对于人体微生物组的了解越来越清晰。

大约在10年前我们开始研究肠道菌群，2007年我接到任务加入微生物群的研究组，当时可能还没有微生物群这个名字，在过去的10年当中我们有了很大进展，还有更多的东西等待我们发现和探索。在这个过程中有很多惊喜的发现，其中之一就是新的检测技术产生大量的数据，中国在这方面做了很大的贡献。

研究组在2007年做了一个规划，希望可以对24个样本进行测序，这是当时定下的目标，结果一年之后BGI已经做了124个测序，在当时来说是非常惊人的工作量。我们的肠道菌群是一个微生物的群落，Microbiome就是人体内微生物菌群，在大多数情况下特指肠道内的微生物群，这个微生物群非常复杂，即便在今天还是没有办法把所有的微生物，或者体内微生物进行体外培养，10年前当然更加不行，所以要真正研究微生物群是很大的挑战。现在有数以百万计基因已经在不同的研究项目当中被发现，大部分都是来自于人体肠道内的微生物，如果我们比较微生物的细胞和人体细胞，它的数量几乎是一样的。

我之前提到的研究组Meta当时有几个大的项目同时进行，其中之一的Meta HIT是欧盟计划，也有中国合作伙伴参与，还有一个美国的人体基因组项目。两个项目不一样，Meta HIT主要是测序了解基因的多样性，美国项目更多是要了解不同人群之间微生物群的差异，我们所做的主要是鸟枪法，这是Meta HIT第一次发表的论文，这是突破性的发现，被引用了数千次，这是第一次找到了我们所做的124个测序的基因目录。我们可以看到的是微生物群的丰富性非常重要，这是传统的微生物学当中的概念。

我们发现，如果微生物群的多样性低它的稳定性就会比较低，菌群的稳定性比较低会导致疾病，特别是炎症的发生，还有一些炎症的指标、代谢的指标跟微生物菌群多样性低是联系在一起的，两者之间具有很强的相关性。之所以我们对于微生物群研究如此感兴趣，就是因为发现微生物群和人类健康是息息相关的，有一些是我们原本没有想到的疾病都和它有关系，英国的一篇文章找到了不同微生物当中的化合物与不同人类疾病之间的相关，但是有几类疾病与免疫是非常相关的，同时还有代谢方面的疾病。

说到微生物群就会想到微生物的基因是非常多样化的，自己都有代谢的潜力，可能比人体的潜力要更大、更丰富，人体大致拥有 25 万个基因，而微生物有几百万甚至是更多不同的基因，所以它的潜在能力非常大，有不同的协调途径，对于事物或者药物来说有各种不同的可能，人体吃下去的东西首先会接触肠道微生物，所以微生物有特殊的作用。在一系列临床实验当中能看到，全球各地的临床实验在这个领域都非常活跃，包括美国、欧洲和亚洲。目前的数据在亚洲会更多，而且亚洲大部分数据集中在中国，我们最重要的工作就是代谢类疾病，特别是 2 型糖尿病，2 型糖尿病在世界各地都是非常常见的疾病，大约有 5 亿患者，现在发病率最高的是阿拉伯地区，但是事实上世界各地都有这个疾病的存在，这也是第一个被证明与微生物群相关的疾病。

在健康和不健康的人群当中，或者说健康人群和患病人群的微生物群有差异，但是微生物群并不是直接造成疾病的原因，只能说有相关性。跟人类基因学不一样，微生物的菌群基因或者微生物群会发生变化，可能是患病之后微生物群发生变化，也可能微生物群的变化导致了疾病，只是代表一种相关性。在各地的研究当中都发现 2 型糖尿病和肠道微生物菌群有相关性，而且我们发现使用治疗糖尿病的药物是可以解释这种差异的。

当我们想要证明疾病是否对微生物群有影响的时候，我们发现糖尿病药物二甲双胍导致了肠道菌群的改变，所以结果就是疾病的治疗过程导致了微生物菌群的改变。之后我们又做了一项其他的研究，对血糖较高但是还没有患糖尿病的一些人群进行了相关的研究。我们想研究代谢物组，以更多了解背后的机制，从微生物群的代谢看代谢物组，是不是跟疾病也有关系？在研究当中，样本的人数不到 300 人，对研究对象的 1100 个细胞代谢物进行了测序，找到了 600 万个基因，从统计上来说是纬度或者参数实在太多了，没有办法就参数得到明确的结果。为了要使用高纬度的数据，我们想降低微生物群数据的复杂性，我们使用一个概念——宏基因组，此概念就是并不知道里面所有的样本基因，有一些可能是参照的基因，原则是如果两个基因在任何一个样本当中的丰度基本一致，就得出相应的结论，我们采用的样本非常多，这样让我们在微生物群样本当中可以获得很多的信息。

如果要运用宏基因组描述微生物，我们可以找到相对比较好的参照。运用这项技术，几乎有 90% 的样品甚至是 95% 的样品可以找到参照组。这是一个基因在 1200 个样品当中的丰度，微生物群测序丰度测序的构图，类似的基因有类似的丰度，和第一个基因组类似有 4000 个不同基因，它们的丰度类似于第一个基因组，这也就是所谓的宏基因组。通过一系列技术在人体的菌群当中找到 1500 种不一样的菌群，可以用这样的手段来进行测试参照。一方面我们可以找到一定的参照；另一方面又可以找到新的品种，进行一系列分类标记，这样就知道基因组是如何进行分类和参照的。

可以看到在亚种的层面当中有非常准确的配对率，有一些菌群的亚种做得比较好，例如，在双歧杆菌的宏基因组测序当中有2000个基因做到比较好的参照，所以它的参照率可以达到98%，在婴儿的肠道菌群亚种当中能看到类似的数据。如果看看更多情况，有很多的基因可以通过分类标记来完成相应的分类，但是依然还有很多的微生物群没有办法通过技术手段做到分类。现在就两种不一样的基因组，依托于1200个基因的样本进行参照、对比，一组运用的是最佳基因，一组应用的是参照基因，丰度很类似，垂直线比水平线更加明显，主要是因为参照基因是从类似的器官当中获得的菌群，也意味着如果运用参照法并不能很好地对于某些特定区域基因丰度进行很好的量化测试。

从微生物群的角度来看，可以看到丛林法则，哪些微生物群是掠食者，是站在食物链的顶端。在肠道微生物群当中也有类似的目标，每个个体当中可能有不一样的掠食者，站在食物链顶端的微生物群也不一样，所以它的关联性有可能也并不是完全一样。如果看一下它们的运作群体，它们的分组有可能不一样，对这些物种进行分组，会发现对于统计来说是一件非常困难的事情，如对3个物种进行分类，或许发现有700个物种和它们很类似，如果再乘以系数很有可能意味着有3亿多个不同的基因，就会使关联性的效果大打折扣。

从一系列的案例发现，功能比较类似的微生物会有类似的表征，与此同时它们还有自己的标志，也就意味着这些类似的功能有非常好的特异传递媒介，所以如果我们把数据融合在一起能得出非常好的结论，如看BMI可以把类似的有标志物的微生物进行分解，可以看到很多的类似性和关联性。我们也发现很多类似的关联，而且有一定的可逆性，如果产生微生物，微生物也可以被彼此消化掉，如果样品当中两根线之间差距越大，IR之间的区别也会越来越大，我们看到一系列的物种有类似特征，如在一个研究当中运用老鼠进行研究，差不多在4周以后可以看到它们体内酸性物质已经有非常好的提升，胰岛素的敏感性也会有所改变，它们的粪便样品当中MR和数据也成正比关系，这样的事件发生顺序是非常重要的。

微生物群与阿尔茨海默症

耿美玉　中国科学院上海药物研究所学术所长

阿尔茨海默症是一种老年退化的神经退行性疾病，数据显示人肠道菌群中或者生物肠道菌群当中的菌群状况，也和阿尔茨海默症有一定关联。GV-971 是一种从海藻中提取的大分子寡糖，能够多位点、多片段、多状态地捕获 β 淀粉样蛋白（Aβ），通过调节肠道菌群失衡、重塑机体免疫稳态，进而降低脑内神经炎症，阻止阿尔茨海默症病程进展。

神经退行性疾病阿尔茨海默症是一种老年退化的疾病，是全世界最可怕的疾病之一，现在很少有针对药物在市场上流通，在过去 20 年当中没有真正奏效的治疗办法。阿尔茨海默症是逐步缓慢发展的疾病，有 20 年发展期，并且有很多不同的病理症状，如蛋白质的变异、功能的丧失等。有各种各样的原因与阿尔茨海默症有关，高胆固醇肥胖、高血压、血管堵塞、血栓、神经的破坏都会导致阿尔茨海默症，数据显示人肠道菌群中或者生物肠道菌群当中的菌群状况，也和阿尔茨海默症有一定关联，但是有什么具体关联还不能确认，所以我们的研究关注阿尔茨海默症病原体和肠道菌群之间的关联。

阿尔茨海默症患者的肠道微生物群发生了什么样的变化？在老鼠活体当中发现，它们的肠道微生物群组成和正常的老鼠是不一样的，比如说可以看到 OTU 基础上的 PCA 指标，阿尔茨海默症模型小鼠发病 2 个月、3 个月到 9 个月的疾病发展过程中，它的肠道微生物群的组成会发现一定的变化，而且生存环境也与正常的微生物群不一样。通过一系列研究可以发现，它们的免疫细胞包括 B 细胞等各种类型的各种细胞都会发生变化，如果进一步地深入 THE 细胞，可以看到 M1 型的微生物变化和前面所说的类型，在老鼠身上同样会发生变化。我们现在不知道在免疫细胞深入过程中是否需要肠道菌群的参与？为了回答这样的问题，我们做了以下实验，通过抗生素治疗方法，影响到脑部的感染，可以减少 THE 细胞在脑部的退化，同样看到老鼠在肠道菌群、肠道微生物有类似的结构变化，而且它们被感染模式及认知退化方面，都在 FID 老鼠身上发现了相同点。我们进一步证明所做的实验，WT 老鼠和 TG 老鼠脑部认知显示了非常类似的模式，是有同一型微生物群的老鼠。

我们也做了胚胎微生物的移植，通过这种方式进一步确定肠道微生物群对脑部感染产生的影响，通过排泄物的分析，我们能够找到肠道菌群和脑部感染的联系，实验发现 TG 老鼠的肠道菌群是非常活跃的，而且也显示了在阿尔茨海默症发展期间缺乏动力的情况。下面看看肠道菌群在阿尔茨海默症发展过程中的主要作用，既然看到它起到一定的作用，是不是也意味着在治疗过程当中可以通过干预肠道菌群影响治疗的效果？所以这是一个非常重要的领域，可能是治疗阿尔茨海默症过程中重要的突破。

GV-971是一种从海藻中提取的大分子寡糖，和氧化糖衍生物一起做治疗，复合物已经在中国完成了第三阶段的药物试验，现在正在等待国家药品监督管理局审批，我们的目标就是TG老鼠，在5XFAD老鼠身上使用的治疗方式，是不是能让它的肠道菌群恢复到正常？最重要的一点是在1个月的TG老鼠身上的治疗，能够在肠道菌群和免疫细胞之间建立起一种联系，GV-971可以减少中央及边缘的感染，免疫细胞无论是边缘还是中央，通过GV-971干扰都可以发生变化。GV-971对于脑部感染通过肠道菌群的治疗是否能够产生更有效的效果？我们通过TG老鼠的排泄物细菌进行评估，发现GV-971可以提高脑部的THE细胞，跟WT老鼠的排泄物相比有着明显的变化，同时可以在APP/PS1老鼠身上看到类似的效果，而且通过抗微生物治疗可以减轻脑部感染的效果，而且干扰到肠道菌群微生物的活动，建立起新的微生物肠道菌群的结构。

我们还发现GV-971的加入确实可以在TG老鼠的肠道菌群里面建立起新的平衡，而且GV-971能够减轻由肠道菌群所产生的脑部THE细胞的减少，以及血液当中THE细胞的减少，另外GV-971微生物的激活可以很大程度上减少脑部的激素产生。

最后看看第三阶段的测试，这个测试的周期为36周，是一个多中心进行随机双盲的测试，比较GV-971和安慰剂，在34个城市选了788个人，他们都已经被确诊阿尔茨海默症，测试他们的有效性及耐药性等，他们的年龄为50～85岁，MC得分是11～26分，我们做了M2证据，如通过测试已经发现他们的视觉评级大于等于2，以及有其他的指标进行对比，在不同人群的效果，进行了1291例筛选，所用的随机数是818，最终实际治疗的是817，以从起始到最后的结果测试他们在认知退行方面是否有改进？实验结果有如下特点。首先，GV-971可以提升最早期的效果，也就是4个星期，在1个月之后就可以提升患者在认知方面的能力。4周、12周、32周都有相应的数值，可以通过这些数值证明在测试过程中有非常有效的提升这些患者在认知方面的能力。最后的得分从临床测试的角度来说是非常有意义的。我们同时也做了分组分析，从最基准分析最基本的临床标准实验当中产生的效果，分为一般、严重等不同的症状情况，按照不同的情况进行分组分析，可以看到相对安慰剂来说GV-971的有效倍数是4.5，我们把他们分成了不同的组，按照APOE、年龄、性别、按受教育的程度进行不同的分组，也按照年龄及男性和女性，已经受教育程度大于6年、小于6年做了分类，我们看到两个不同的群组展现出非常好的安全率。总之，GV-971从轻度到中度阿尔茨海默症治疗当中产生了非常积极的影响。

肠道微生物群——代谢疾病中的宿主相互作用

贾伟　夏威夷大学癌症研究中心教授、副主任

肠道菌群对于人类疾病的发生和发展，特别是消化系统疾病和代谢疾病有着非常重要的影响。宿主和肠道菌群之间的互动非常密切，宿主代谢反应、免疫反应的变化会影响肠道菌群的数量和类型，同样，肠道菌群的变化、微生物代谢过程和产物的变化也会影响疾病的发生和发展，如肠道菌群与肝脏疾病和神经系统疾病有着密切的联系。

肠道菌群对于人类疾病的产生和发展，像糖尿病或直肠癌、胃癌等都有重要的影响，因此我们把肠道菌群作为一个药物的靶向。我们的研究主要集中在宿主和肠道菌群之间的互动上，在代谢过程当中的互动及对疾病的影响。这里总结了 10 条重要的代谢路径，其中之一就是 bile 信号转导途径。胆汁酸一直是重要的消化因子，特别是胆固醇消化的因子，通过一系列酶的释放，像 CDCA 和 CA 这些胆汁酸和氨基酸很快结合，并且输送到胆囊储存，每次我们进食之后胆汁酸就会释放到小肠，帮助我们消化和吸收，同时我们的肠道菌群对它们有很强的调节作用，有几个步骤，一个是 BSH，还有一个是当小肠中存在 70% 的胆汁酸，最后会循环到肝脏，通过 ASBT 和一系列的因子作用，完成从肝到小肠再到肝的循环过程，大部分在肠道内代谢胆汁酸的微生物都含有一系列因子，还有一些革兰阴性菌包含在和胆汁酸代谢相关的途径当中，涉及超过 50% 的胆汁酸在肠道内的活动和反应。

我们中心进行了一系列的相关人群的研究，并与加州大学、南加州大学、哈佛医学院共同进行这项研究，研究的题目为多种族人群的表型研究（MESAPS 表型研究），筛查了超过 21 万人，他们来自各个种族，包括非裔、拉丁裔、白人等，选择了 1794 个参与者进行了一系列研究，通过 DSI 和 MRI 造影研究了生物标记、炎症反应、肝功能及肠道菌群，主要是肠道菌群的化形，最显著的发现就是脂肪肝跟肠道菌群的活跃度是密切相关的，与脂肪肝是密切相关的大部分是革兰阳性菌种，如乳酸菌等。

此外，我们还发现脂肪肝与微生物代谢之间的相关性也很高，在各个种族当中都有表现，与脂类合成、次级胆汁酸的合成、牛磺酸代谢过程这几个代谢通路有特别的相关性，而这几项代谢功能都参与了次级胆汁酸的生物合成，也就是说胆汁酸的代谢与肝脏内脂肪内的代谢是密切相关的。因此，微生物和宿主之间的互动，通过脂肪、蛋白质等一系列代谢过程产生了小的代谢分子，如食物在发酵过程中生成乙醇等，这些由肠道菌

群导致的次级代谢产物及过剩的革兰阴性菌群的存在，常常是导致疾病发展的关键因素，这些微生物代谢的过程都与肝脏疾病的发生相关，有一系列研究从机制的角度来研究菌群在肝脏疾病发展发生中所扮演的角色。

我们实验室建立了一种独特的原发性肝癌（HCC）小鼠模型，来模拟人类肝脏疾病发生从脂肪肝一直到 HCC 的阶段，小鼠的肝脏在给药 6 个星期之后有纤维化的表现，9 个星期达到肝癌，总共用了 16 个星期的时间，这是非常快速见效的小鼠模型，20 个星期之内所有的雄性小鼠都有 HCC，有一些因此死亡。我们将 HCC 小鼠和对照组进行比较，结果发现 HCC 小鼠的菌群多样性低很多，各菌种之间的互动非常广泛，有一些菌种随着疾病的发生数量会大幅上升，相关研究也表明这些增加的菌种跟肝炎或者肝脏疾病有高度的相关性。同时发现革兰氏阴性菌种数量有大幅上升，这些会导致 LPS 在细胞脂膜中数量的增加，在代谢中会让胆汁酸变成次级胆汁酸，对细胞有一定的毒性，从而导致肝脏的损伤及肝脏疾病的发生。因此，我们把这些菌种作为药物靶标，用抗生素等对这些细菌进行攻击，在研究中将菌群吸附之后从体内驱除，HCC 小鼠进行治疗之后没有再得肝癌，从另一个角度印证了我们的假设，肠道菌群变化对肝脏疾病演化有密切关系，如果改变菌群去掉特别的菌种之后，疾病可以被遏制或者被逆转。

《科学》上发表了一个很有意思的研究，主要的结论就是在初级胆汁酸和次级胆汁酸之间，初级胆汁酸是肝脏分泌的，蛋白 CXL16 的表达会导致 NKT 细胞的集聚，而次级胆汁酸有相反的作用，而抗生素针对菌群的治疗对疾病起到一定的抑制作用。这种微生物和胆汁酸之间的互动和对话，不仅跟肠道疾病或者肠道癌症之间有相关性，甚至有可能影响到神经系统的状态。我们最近研究的一种认知损伤疾病，发现某种程度上老年痴呆跟肝脏疾病相关，跟长期的肝衰竭相关，肝脏代谢的异常会增加胆汁酸的分泌，使得血液当中的胆汁酸含量上升，而同时肠道内氨的浓度也会上升，氨水平上升和次级胆汁酸在血液中浓度升高会通过血脑屏障，从而导致脑部的损伤，导致老年痴呆状况的发生，这是我们新近研究发现的成果。我们希望把成果也应用到像阿尔茨海默症等其他神经系统疾病上，对阿尔茨海默症的样本包括中度或者轻度样本的研究，对于不同人群进行对比，我们发现阿尔茨海默症患者的样本中，次级胆汁酸、DCA、CDLCA 等这些因子的浓度相对较高，所以 CA、GDCA、TDCA 生物标识可以很好地识别有老年痴呆症状患者当中哪些人最终转化成或者发展成阿尔茨海默？ GCDA、TLCA、TDCA 脑部神经系统造影有同样的结论，这些分子之间相对的比例也跟最终疾病的演变有高度的相关性。因此，微生物菌群在阿尔茨海默症的演变中起到了特殊的作用，可能涉及胆汁酸和其他的代谢过程、代谢路径和小分子的参与，最近我们把研究成果进行了汇总，发表了一篇关于胆汁酸及肠道菌群在胃肠炎症与癌症发生相关性的综述。

微生物群在肿瘤免疫监视中的作用

Laurence Zitvogel　法国古斯塔夫·鲁西研究所肿瘤免疫科学主任
法国国家健康与医学研究院 U1015 实验室主任、萨克雷大学教授

肿瘤免疫疗法就是通过调节免疫抑制和免疫促进，重新启动并维持肿瘤—免疫循环，恢复机体正常的抗肿瘤免疫反应，从而控制与清除肿瘤。近年来，肿瘤免疫疗法取得了巨大的突破，研究发现微生物在肿瘤免疫监视中也起着非常重要的作用，基于微生物的药物制剂可能调节免疫系统从而达到肿瘤免疫的作用，同时能够减轻现有肿瘤免疫药物的抗药性问题。

本演讲的主题是微生物如何影响肿瘤免疫监视。主要的研究目标就是微生物在免疫疗法当中的作用，是在癌症传统治疗的化疗和放疗基础上进行免疫疗法的研究。免疫疗法在 2011 年之后有了突破性的进展，因此产生了两个诺贝尔奖，黑色素瘤的治疗当中已经有免疫学方面的治疗方法，得到了 FDA 的批准，所以未来在癌症的治疗上会有更多基于免疫学，如基于 T 细胞的治疗方法。这些方法会治疗跟癌症相关的很多疾病，我们希望能够就此打破免疫抑制类和免疫促进之间的平衡，通过微生物介入更好地启动免疫系统。

免疫疗法已经取得了非常大的突破，但是从长期来看只有 30% ～ 40% 的患者能够接受免疫疗法，如黑色素瘤患者。为什么患者的免疫系统能够在某些情况下被激活？根据我们对于免疫系统的了解，有一系列的因素会影响免疫系统，包括疾病的严重程度及免疫系统被激活的门槛。要想通过免疫疗法激活免疫系统，不仅需要了解肿瘤基因学的知识，而且要了解过去使用的药物，才能够更好地知道如何用免疫疗法去激活免疫系统。现在看到微生物方面的研究，正在打破免疫抑制和免疫促进之间的平衡，未来有可能减少免疫疗法当中的抗药性。

我们做了很多的研究，人体内有非常多的微生物，这些微生物都有宿主，这些微生物不仅控制了人体的新陈代谢，并且影响药物耐药性及对菌群的抑制等各个方面。人体有 3% 的部分里有各种微生物，身体里有 2 千克微生物，这些微生物并没有参与到很多的免疫过程，但是免疫对于癌症治疗非常重要，已经证实还有一些因素会直接影响癌症的免疫启动点，免疫系统可以被重新导向，如在治疗糖尿病或者其他疾病过程中，主要是由微生物主导的，特别是肠道菌群。现在化疗、放疗、免疫疗法可以组成新“三角”，这个“三角”可以成为癌症治疗非常好的，既有宏观又有微观的治疗方法，未来“三角”会重新进行架构。

新陈代谢对于免疫疗法也有非常重要的作用。7 年前我们开始进行相关实验，比较

加微生物、加新陈代谢疗法和没有加微生物的疗法之间的区别，利用小鼠并分成 SPF 组、无细菌组及抗生素组。结果发现，后面两种会影响到治疗的有效性，所以微生物在治疗过程中扮演了极为重要的角色。对数据进行扩展，扩展到了更多不同的癌症，包括黑色素瘤和其他的癌症。实验结果显示还是有类似的情况，也有其他研究小组发现的相似的结果，都显示肠道菌群在治疗小鼠的癌症过程中起到重要作用，未来的免疫肿瘤学里面一定会有微生物学的一席之地。

为了能够研究微生物对于免疫系统的影响，我们也做了相应的比较，我们利用抗 PDE 治疗方式，PDE 是一种抗体，这种 FDA 批准的疗法能够治疗阿奇森症等疾病，从这个研究当中看到抗 PDE、LE 的抗体主要研究的是动物直肠内的菌群，研究显示实验动物在进行抗 PDE 治疗之后，都展现出了不同程度的好转，而且它们的治疗情况远远好于其他没有进行抗 PDE 的老鼠，免疫细胞在这些老鼠身上展现出更多的活力。我们也分析了抗生素在患者身上治疗的情况，先分析了 175 个严重肾癌或者直肠癌的患者，对他们进行了一周左右的抗生素治疗。我们在这些患者身上可以看到，没有进行抗生素治疗的患者，效果不如有抗生素治疗的患者，这些效果证明微生物对免疫疗法的影响是非常明显的。继续扩展到了 1800 名患者身上，包括肾癌、黑色素瘤等癌症，可以看到抗生素的治疗对于癌症的治疗产生了影响。

我们在研究肠道菌群的组成及老鼠对于治疗的有效性时做了以下测试，其中很重要的调查是对它们的粪便做测试，把进行了抗生素治疗的老鼠叫作“阿凡达”老鼠，比较它们粪便中的菌群含量，20 天左右时间菌群在鼠体内产生定植，之后再治疗肿瘤，监测产生肿瘤的老鼠身上的变化，将正常的老鼠和“阿凡达”老鼠进行比较，可以看到有抗 PDE 治疗，肿瘤治疗效果会好于没有抗 PDE 的治疗。有了抗 PDE 治疗，老鼠的抗癌免疫系统要强于没有抗 PDE 的老鼠，肿瘤形状也会有不同的变化。如果患者对免疫疗法有反应，就证明微生物的调节有益于免疫激活，不仅在 PDE 的情况下，在其他的情况下也是如此。

这是个长期且非常困难的研究，如果能够更好地研究肠道菌群的组成，可能会对这方面的解读更加完整，在科技界已经有了新的进展。在巴黎有一群科学家，他们所做的量化分明的测序，可以做出比较，通过超过 1 万个患者的数据来进行比较，一开始主要在肺癌和肾癌的患者当中进行研究，结果是肠道菌群能够在患者的体内较好地激活免疫体系，不管是 3 个月、9 个月还是更长时间，微生物群让患者更好地回应免疫系统的激活，这种肠道菌群在很多不同的癌症当中都有非常好的促进作用。把肾癌和肺癌的患者放在一起做分离研究，对超过 69 名有晚期肾癌的患者进行了肠道菌群组成的独立研究，我们又一次发现 A.MUCINIPHILA 菌群跟长期 TPP 患者相关，A.MUCINPHILA 细菌跟体重超标也相关，这种细菌可以调节脂肪的含量及脂肪酸的代谢，如果缺少这种细菌，或是肠道菌群当中没有这种细菌，就会导致抗药，影响治疗的效果并导致肥胖。

哈佛大学研究人员用细菌作为治疗疾病的药物，重建相关宿主路径，我们想要验证这些数据，想集聚在法国各地的数据。我们和法国卫生部合作，不仅在巴黎，也在法国的其他地方记录相关患者的数据，现在所有的研究人员都在研究患者的粪便样本，绘制患者的肠道菌群图谱，我们也很高兴能够得到来自欧洲地平线2020项目的支持，得到了大约1500万欧元的资金，来研究肠道菌群与癌症治疗抗性的相关性研究，我们有19个合作伙伴在9个国家开展相关的研究，就是肠道菌群在一些癌症治疗当中产生的抗性反应相互之间的相关性。

怎么分析肠道菌群的组成在临床上的相关性？我们开发了一系列基于实验的试剂，发现在PDE组封锁的情况下生存时期比较长的T细胞反应有很重要的作用，同时发现在PDE抗性的NCE、NNSCE反应者当中找到了粪便当中的E.HIAE菌种，通过色谱分析的方法，可以定性地进行描绘，在不同的患者粪便样本中有不同的菌落，但是这个研究还不具有结论性，我们相信如果继续下去可以找到具有一致性，或者具有显著意义的菌种和抗性相关的，对于有抗治疗的患者可以采取辅助的治疗手段，用一些生物制剂进行辅助治疗，这是一个FMLT引导的过程，通过重建PDE抗体的效应，可以实现辅助的治疗。

我们用到了一系列的细菌，AKK仍然是最有意义的，它可以用在没有对治疗产生反应的患者身上，用在癌症患者身上起到辅助治疗的作用，成为一种辅助的抗癌药物。此外，我们也发现E.HIAE在CTS抗癌性方面扮演了一定的角色，革兰阳性细菌能调节免疫性，还可以调节一系列相关的反应，包括调节肿瘤附近的微环境及抗肿瘤T细胞的反应等，所以通过调节E.HIAE菌群的数量在一定程度上能够影响到患者癌症演化及生存时间。此外，我们还看到肠道菌种的改变也会影响到癌症相关的免疫反应，通过改变肠道菌群可以重建免疫屏障，从而重新激活免疫系统，相关的细菌菌种——噬菌体也参与其中，由于噬菌体的存在，免疫反应得到了激发，里面包含的基因片段或者说氨基酸片段可以结合H2KB，而肽段可以引起CTA反应，这对于癌症治疗是有帮助的。同时，噬菌体可以引起或者扩增TCE的免疫反应，这对于癌症治疗也有帮助。噬菌体里面包含的MHC抗原的肽段，在分子上和癌症抗原有相似性，也是因为这样的原因可以激起TCE免疫反应。我们通过把基因片段插入大肠杆菌进行复制表达之后，大肠杆菌可以表达TMPE，我们把它放到癌细胞当中，这样就没有办法激活免疫反应。噬菌体和癌症细胞在基因上有相似性，在片段上存在相似性，不仅在小鼠，我们在人类癌症细胞的基因当中也找到了，如果针对片段去掉它，对于癌症或者肿瘤的演变会起到一定的阻断作用，希望通过我的介绍大家可以了解肠道菌群对于寻找癌症的诊断和治疗方法有积极的意义。我们希望把它作为治疗的手段。现在可以被证明的是基于肠道菌群的治疗手段具有一定的可信度和一定的效果。T细胞、B细胞的反应都是需要关注的重点，但是还需要进一步验证。

现在还需要进一步寻找患者的样本，特别是能够在治疗之后有积极效果的患者样本，希望能够分析他们体内的菌群改变。我们在以色列进行了一项类似的研究，希望把微生物或者菌群制成可以使用的药物制剂用于患者的治疗，并且保障调节活性。怎样保持作为药物活性？怎样作为肿瘤癌症治疗的辅助手段？这些都是现在有待研究的领域。我们希望继续使用现有平台，对微生物群改变和精神压力之间相关性进行研究，精神压力和肠道菌群的紊乱之间相关性是我们现在做的联合研究项目，不止啮齿动物，也包括在人类上进行相关实验，有时对于免疫系统调节的功能丧失，是来自于微生物菌群的改变。

应激反应与抗肿瘤免疫

马瑜婷　中国医学科学院/北京协和医学院、
苏州系统医学研究所研究员

癌症的发生与发展与免疫系统息息相关，肿瘤发生过程中，免疫系统可以找到并且消灭癌细胞，同时肿瘤细胞能够通过基因突变来逃逸免疫监视。研究显示，应激反应比如细胞压力和精神压力也会通过免疫细胞的活性和肿瘤细胞的微环境来影响免疫系统对于肿瘤细胞的监视及杀伤。

今天演讲的主题是应激反应和抗癌免疫，在本研究中应激反应主要有两个，一个是细胞应激反应；另一个是精神压力。癌症是免疫相关的疾病，肿瘤发生过程中，免疫系统可以找到并且消灭癌细胞，这叫免疫监测，但是经过一系列选择反应之后，癌细胞通过基因突变已经表型改变生存下来，一旦肿瘤细胞活了下来，免疫容忍就建立起来了。机体有一系列的炎症的反应会来促进肿瘤的生长，怎么改变平衡？从开始的免疫容纳抑制到免疫消除，怎样实现平衡？

过去10年我们一直在进行一项研究，就是通过免疫活性细胞的死亡，来提升抗肿瘤的免疫性。我们研究对象是小鼠，这些小鼠有免疫缺陷，在免疫活性足够的小鼠上，肿瘤的生长可以被抑制，但是在有免疫缺陷的小鼠上，肿瘤的生长没有得到抑制，所以免疫系统对于化疗的成功与否是非常重要的。然而化疗毒副反应非常强，所以需要研究其中的机制，实验发现化疗可以减少细胞压力，可以杀死一系列有毒物质，但是与此同时化疗也会激发一系列有毒的化学分子如ATP等。这些危险的分子很有可能作用于一系列的其他细胞上，在不同的免疫环境当中，它可能有不一样的表现，会直接导致化疗是否成功。4年前我回到中国，除了研究细胞压力以外，还有了新的研究，这些研究和我个人体验有关系。我一直在做很多的老鼠实验，但是我对尿液和毛发过敏，曾经出现过敏性休克。

在肿瘤免疫的过程中，当细胞有细胞压力的时候会分泌细胞因子，是不是也会影响到免疫系统？会不会影响到肿瘤的进程和肿瘤的结果？在实验中，首先要诱导精神压力模式，有两个模式，一个是所谓的社会失败，将一只新的小鼠引入一个新的环境，就会受到原来小鼠刺激和袭击，它们可以闻到彼此、看到彼此，在未来24个小时当中都有这种情况；另外一个环境就是急性限制，把小鼠放到一个试管当中只能通过小孔呼吸。控制小鼠社交压力，用的是有光和没有光的测试，光和空间的限制会让这些老鼠有非常强烈的焦虑表现。为了了解精神的压力对于肿瘤有什么样的影响，首先要做肿瘤的诱导，第一个用尿氨酸诱导肺癌4个月，在4个月之后有社会障碍的小鼠在肿瘤的数量和肿瘤的大小方面都更大，根据免疫肿瘤的分析荧光学分析，跟没有社交压力的小鼠相比原位癌大小更大，在这个阶段引入化疗，结果显示在化疗结束的时候，没有社交压力的小鼠应答更好。我们用SSS诱导了直肠癌，50%小鼠死于癌症。在化疗第55天的时候两组小鼠的肿瘤大小和肿瘤数量没有太大的区别，但是在3个月之后，会看到直肠癌的结果和肺癌的结果是一样的，在肿瘤的进程和肿瘤在化疗治疗情况下，会看到社交障碍的小鼠有更大问题。当然在肿瘤转移的模型当中，不管是患直肠癌和肺癌的时候，肿瘤转移都没有用。在免疫治疗，即用肿瘤疫苗处理之后10天，对于出现社交障碍的小鼠疫苗是没有作用的，PD-1也没有用，在急性社交小鼠当中也会出现同样的结果。

另外，我们看看肿瘤的微环境，有社交问题的小鼠体内T细胞下降，但是增殖细胞会大大增加，Th1和Th2减少了对于转入分子的表达，结果发现在社交障碍的小鼠当中，免疫性细胞因子大大下降，包括CD3会大大下降，不管是系统还是局部分析免疫应答，分析血浆血、免疫球蛋白，都发现社交障碍的小鼠有系统性的免疫抑制，社交压力或者社会压力会影响到荷尔蒙和神经递质，所以我们分析色氨酸、可的松、去甲肾上腺素的浓度，会发现在社交压力的小鼠当中可的松浓度会增加，给它们音乐，先是可的松浓度，接着PD-1加上免疫机制会大大扭转社交压力带来的情况。在免疫疫苗当中也找到了同样的情况，可以看到可的松抑制剂得到抑制后，免疫制剂的效果大大增加，五羟色氨酸增加也会增加有效性。在临床情况下肺癌、乳腺癌荷尔蒙非常多，在加了性激素之后看到免疫的效果会得到增加，T细胞的应答因为免疫传递细胞带来抗原和抗体的反应。树突细胞对抗原沉淀的作用也受到社交压力的影响，压力会带来对免疫的抑制，对来自骨髓的树突细胞用压力荷尔蒙做培养，或者用压力动物的血浆做培养，TSC22T3表达得到了增加，基因表达水平和可的松水平有关，树突细胞表达会上调。即使小鼠受到社交压力，如果树突细胞的表达被抑制还是对免疫治疗有应答，所以TLC22D3敲除能够增加免疫应答，我们的研究从小鼠到人，看一下人的免疫组数据，结果发现在肿瘤患者当中TLC22D3有高度表达，他们的心情与可的松的表达水平和基因的表达有正相关的关系，TLC22D3的高表达在癌症组织当中就会带来不好的预后。

3 互动交流

提问者：非常感谢大家的精彩演讲，我想问一个整体性的问题，说到微生物群和基因组，微生物群和癌症之间有什么样的关系？是不是微生物群导致了不同的癌症差异性？两者之间有什么样的联系？

杨晓虹：这是很好的问题，这个问题我们有一些演讲者已经提到了，说到了微生物群和癌症之间是如何进行互相影响的，是如何影响疾病的发生和发展的。有一位演讲者说到了有的时候菌群发生变化以后会导致癌症的发生，有的时候癌症发生以后也会导致菌群成分的改变，或许从这个问题开始。

贾伟：这是一个非常好的问题，我们在研究微生物群的时候，也希望确定微生物群对于疾病的机制作用，目前为止我们的研究发现了联系，几个演讲者也说到了。说到肝癌，肝癌和微生物群之间或者肝疾病之间的关系，目前我们没有非常有利的证据能够证明微生物群变化导致了肝脏疾病或者肝癌，也就是说我们认为微生物群并不是病源，但是有可能会催生一系列癌症的发展，如果我们从长期的角度来看，即使告诉患者要戒酒、要戒高脂肪的食物、要控制各种各样自己的体征，但是这样的疾病依旧会进一步持续发展，很多患者还会出现各种各样的结节，会出现各种各样的淋巴结等。所以，我觉得从某种意义上来说，微生物代谢物有可能是推动了疾病的发展，并没有引起疾病的发生。

耿美玉：我也很同意贾伟教授的说法，我们没有办法能够确定微生物群是不是和疾病的发生和发展有关系。但是基于我们的实验室研究发现，在 TG 老鼠当中没有发现 APPX1 的发展，但是如果和 WT 老鼠放在一起，从长期来看虽然没有致病因子，但是因为它们长期接触很有可能会导致菌群产生互相的影响，会发生内部微生物群互相的变化，我们同时也发现了它们会影响脑部激素的分泌，所以可能会对免疫细胞产生影响，影响它们的功能，影响人的认识、认知能力。我们在有限的模型里面可以看到，在阿尔茨海默症发展过程中，微生物群扮演了一个角色，但是在微生物群的失调和疾病发展过程中，可能会产生恶性循环，所以即使我们从病理学的角度没有找到直接的联系，但是它们之间有一定的关系。

H.Bjorn Nielsen：我非常同意两位专家的见解，可以看到有一些非常明显的例子，它的情况是倒过来的，很多的感染非常明显是癌症导致了微生物群发生变化，当然我们知道微生物群可以影响免疫系统，影响新陈代谢，我们也知道微生物群对体内化学物质会有所影响，它们是很独特的存在，它们和我们在人体内研究的其他问题很不一样，很多人发现人体内很多的不同组成部分，而微生物群是非常独特的，如果我们在小鼠身上的研究可以更加细致，也许能够找到更好的联系，但是有一些情况，如果把微生物进行移植，同时把疾病也移植过去，显示了之间有一些关联。

马瑜婷：另外一点就是我们看到这些研究结果在治疗上的意义，如有益生菌可以延缓癌症的发生，但是这些好的益生菌在肠道内能不能定植？如果说确实有很多东西是能够打破平衡，但是也许又会继续往前走到产生有害作用的阶段。

杨晓虹：在您的研究当中会有什么？贾教授看到的从转入疗法上来说，我们下一步应该往哪里走？

贾伟：这是我们一直在考虑的问题，我们了解背后的机制是非常关键的，对诊断包括治疗都有非常积极的作用。我们目前研究的基础还是过去的研究，希望能够有新的诊断标记，在疾病不断发展过程中这些微生物标记会发生什么变化，以及微生物新陈代谢发生了什么变化？这些未来有可能会成为不错的新标记物，能够早期诊断出疾病，而且能够很好地监测疾病的进展，这是我们现在所做的事情。前面我在演讲当中已提到，微生物新陈代谢一旦很好地理解微生物群的病理学角色，就能够找到对应的手段驱除致病源，减少导致疾病的新陈代谢，在动物身上已经发现方法，现在 SMT 有很多人在做了，这个领域是过热了，这个话题越来越热，大家对此非常热情，但是很多人并不了解它背后的机制，我还要指出一点就是微生物学是非常个性化的学科，每个人情况不一样，每个人都有不同的微生物组成，假设健康人身上的微生物群移植到其他人身上，可以治疗不同人的疾病，未来会导致很多令人疑惑的结果，这是我要重点提出来的。我们对疾病微生物学的理解要有更加个性化的方法，新陈代谢是数据的另一个维度，微生物排序的结果从新陈代谢和宏基因的角度来说已经有更多的理解。未来有更加个性化的微生物群的理解，是未来可见的趋势，一旦有这方面的研究，未来随着个性化微生物群的研究会有更多的疗法。

杨晓虹：我们这个论坛很多代表也在研究微生物，他们在研究过程中碰到了一些问题，他们希望更好地理解微生物群在做什么？微生物群发生什么样的作用？你们有什么建议，研究者们应多做或少做哪方面的研究？有哪些可能是陷阱能够避免进入，让他们的研究更加有成果？从做实验的角度来说或者从对实验结果的解读等方面能不能给些建议？

H.Bjorn Nielsen：我们是一个国家级的研究所，会给国家的研究者们提供很多建议，很多时候如果要研究高纬度的数据，一直有一个风险就是数据能不能证明什么？经常通过抽样得到数据，但抽样的样本量太小，此时要做的事情就是实验开始就设一个模型，一定要找到非常具体的结果，这是很好的方法，就是一开始就要设定实验结果必须要找到什么，才能证明你的观点。可能有人拿到了一部分的拨款，收集到数据就觉得可以证明了什么？但并不是这样的，如果拿到了高纬度的数据是非常危险的，很多时候可能什么也证明不了。就像过去很多人希望通过咖啡、谷物的成长情况来预测未来，这个是很不准的，这就是说高纬度的数据对研究很多时候没用。

耿美玉：我很同意贾教授和 H.Bjorn Nielsen 教授的说法，微生物群不是所有，但它们确实是非常重要的一环，微生物群是非常个性化的，每个人都不一样，所以根据我们的研究结果，在转基因老鼠身上发现，在不同疾病阶段能够看到不同微生物群的模型，所以它们的免疫细胞如何回应可能由不同的新陈代谢引起的，所以我们要特别地小心，要注意非常具体的模型，要非常了解不同菌群的优势和劣势，这样我们就能够精确地认识到非常具体的某一种菌群的作用或某一种微生物的新陈代谢起到的作用，以及免疫的回应带来的作用。我们需要比较很多不同的样本才能够得出相应的结论，所以非常同意贾教授所说的，我们必须要有非常个性化、非常精准的比较，不同种类、不同功能的菌群都需要进行研究。

马瑜婷：我想说两点，第一点，和其他几位观点类似，我们每个人都是非常独特的，人和人之间有不同，怎样变成功能性有意义的研究？要用不同的来源去寻找临床实验的结果，微生物学研究非常重要，与其他系统是息息相关的，如免疫系统。第二点，要做标准的制定，标准的运营是非常重要的，如何收集样本？如何进行样本的处理？这些都必须标准化，还要有质量控制，每个人都会用抗生素，有的人用 PCR 荧光测试，还有的人用其他测试来测试消减作用，还有人做测序，在不同的测试方法下结果有所不同，因此质量控制在这一类型研究当中是非常重要的。

贾伟：我的建议是大家一定要充满耐心，不要很快地得出任何结论，或者得出任何诊断，或者所谓治疗的方法。生物标记需要很长的时间，一定要做非常多的多中心的临床实验，不同人群的实验，才能够真正地识别出一些生物的标记，而且跟微生物相关的治疗方法是比较系统性，不能很快地得出结论，改变具体的菌群来治疗疾病是很难的。最近我们看到一个论文，是《自然医学》杂志刊登的广东省科学家周宏伟的论文，他做了很大的宏基因组研究，让我们非常惊讶的是最重要的区分点是地理分布，所有因素当中地理分布的影响是最大的，这告诉我们非常清晰的现象，就是有很多的假阳性或者假阴性情况出现，如果只是按照过去的想法或者非常快地测序所得出研究的结论，很多时候不见得准确，所以这一点大家需要注意。

杨晓虹：我们更进一步讲到所谓的很个性化的微生物群研究，每个人甚至因为地理位置不一样，他们有种族、民族等不同的情况，在临床实验角度来说是不是会带来很多挑战？当考虑做临床应用的时候，是不是给我们带来很多额外的挑战？在找解决方案的过程中是不是会带来更多挑战？

贾伟：我简单地讲一下，我认为功能性是最重要、最关键的，不仅看非常具体的菌种。我们知道不同的菌种是不一样的，黑龙江的人和香港、海南省的人是非常不一样的，微生物的标记也是非常不一样的，这样的不同就没有办法做任何的结论，从诊断和治疗角度来说没有任何的办法，但是我们可以看到除了菌种不一样，新陈代谢功能是一样的，如果我们看到一个特别的新陈代谢变化，也许就可以更好地开发诊断或治疗的方法，也许这样成功的概率会高一些。

耿美玉：我提一些建议，非常同意贾教授说的功能性非常重要的，尤其说到新陈代谢驱动的功能性，在我们的研究当中发现超过 10 万的细菌，数以几十万的菌种在老鼠模型当中一直都有改变，但微生物代谢的改变才是最关键的，这样的改变会造成免疫系统受干扰，所以我们不仅需要关注细菌本身的改变，更多的是由此而带来的代谢改变、功能的改变，从而导致疾病的演变，这才是最重要的需要关注的改变。所以，无论细菌多样性怎样、差异怎样，都不是最重要的，真正重要的是功能，由改变带来的代谢功能的改变才是最关键的。

H.Bjorn Nielsen：我再补充一点，如果说要通过加入细菌改变肠道菌群，需要考虑监管方面的问题，这是很有挑战的。从机制的角度来说，如果要减少无论是肽段或者代谢分子、调节分子，从经济的角度来说，因为每个人都不一样，要有个性化的微生物群的治疗方法，给新的细菌解决自身的问题，从监管来说可能没有办法实现。

提问者：我的问题是现在很多人对于微生物了解非常少，你们所做的研究的应用能不能用在其他的学科上？这些研究成果能不能用在其他的学科和领域中？

杨晓虹：你指的范围有多广？从更广泛的角度来说，你们的研究成果能不能用在其他的学科和研究领域里？

贾伟：我觉得这些技术已经在不同的领域，包括营养、环境等学科里有了应用，微生物本身就是从环境科学早期演变过来的，微生物的测序还有代谢组等，这种技术越来越多应用在医学、健康科学及相关领域当中，如营养学、运动医学、运动科学等，人们希望知道肠道菌群微生物群在运动表现方面起到怎样的作用，可以作为辅助的手段了解其中的机制，所以我对于微生物学的广泛运用还是很乐观的。

H.Bjorn Nielsen：农业有很多的项目都运用微生物群，如在火鸡的饲养上、减少猪的腹泻问题、增加植物的产量、粮食作物的产量等。农业领域里科学家获得的支持、资金的支持比医学要少，所以运用高成本的资源方面比较有限，但是随着时间的推移会有所改善，将来某一天在农业等领域有更多影响。

马瑜婷：我觉得微生物学研究帮助我们找到新的物种，怎样培养可以充分运用？当我们研究细菌的时候，在标准线上基因组文件进行比对的时候，我们也在研究微生物群的基因，会发现很多时候跟标准的对照并不是100%符合，可能是新的物种，所以研究可以帮助我们发现新的菌种和物种。

提问者：各位都说得非常好，谢谢！说诊断这一块，在诊断这一块当然治疗很重要，但是预防有的时候更加重要，所以从平台和技术的角度来说，在你们的研究当中有没有发现挑战？就是在诊断技术、诊断手段这一块，我们过去关注的是基因，现在关注点在微生物群上，各位有什么看法？

H.Bjorn Nielsen：我觉得微生物群对于免疫系统是很好的监测者，其中机制现在还并不清楚，但是我们发现微生物群对于免疫系统的变化是很敏感的，更有可能在微生物群里面有更多的生物标记，但现在还不清楚。

马瑜婷：你说到预防和诊断，运用好细菌可以作为治疗和诊断的手段，甚至可以转到其他的人身上，这是值得探索的领域。

耿美玉：从治疗的角度来说，对于细菌的转移移植要小心，因为我们现在知道有数以十万甚至几十万细菌都有改变，所以对待细菌还是要谨慎的，作为干扰的手段会是挑战，我们只是需要考虑是不是可能改造细菌？对它们进行改造，让它们对代谢产生影响，这样的方法在诊疗诊断方面比较适用，但是微生物对于诊断肯定是有帮助的，虽然有挑战，但是在这方面还是有很多的可能性。

杨晓虹：从出版角度来说，我们看到对于双歧杆菌特别是高因子的文章发表很少，因为做预防的临床实验比较困难，但是也希望在这个领域有一些改变，这是我补充的另一点。我们再接受一个问题。

提问者：我想问贾教授一个问题，您提到微生物群可能与肝脏、与脑都有互动、有一些影响，你觉得肠道菌群有没有可能对于细胞的不同途径影响，能不能从基因组的角度定量，或者在基因表型的层面能够量化这些影响，这种影响能不能被量化相关性？

贾伟：非常好的问题，我觉得是有可能的，但是就目前来说我们才刚刚开始了解，还不够清晰，对于肠道菌群肝脑的生物互动了解非常少，有一些微生物代谢物可以通过脑的屏障，会影响到脑部的功能，但是从分子层面还不知道机制是怎样的？所以随着这个领域不断深入研究，我们能够做到。

杨晓虹：这是一个未来科学的论坛，所以这是非常具有前瞻性的一次讨论，浦江论坛一直在强调的是创新的重要性，所以在最后我想问各位从整体上来说，你们是怎么看待微生物群在未来 10 ～ 20 年的研究发展？未来的方向会是怎样的？有没有和观众分享的？

H.Bjorn Nielsen：我觉得我们现在越来越走向高清晰度高像素的未来，这是很好的趋势，但是同时我们也要把信息放到整体的环境当中来看，我们要了解细节，但是这些只是片段碎片，是碎片化的，功能是需要考虑的重点，某个人身上的菌种会产生代谢物，而另一个菌种有相似的代谢物等，所以从生物信息学的角度来说是一个趋势，在未来 10 年当中我们看到对这方面有更多的认识。

耿美玉：微生物群是人体健康的基础，也是疾病发生的根源，所以微生物群是未来生命科学的一切。

马瑜婷：从现在开始 10 ～ 20 年我们可能有一本工具书，有各种各样的细菌病毒噬菌体工具，这些都成为我们的工具，有精准医学、个性化医学，对于这个人有精准的描述，通过微生物群的分析，还有营养治疗、预防等一系列的方案。

贾伟：这是一个发展很快的领域，我不一定知道 10 年之后的情况，可能最多只能说是 1 ～ 2 年的情况，所以这是针对未来的问题，但是同时也是非常现实的，我们将会继续地看到诊断、治疗的手段不断地被推出，我们已经知道在美国现在有一个产品，现在用于诊断结肠癌，但是有越来越多类似的方案是基于粪便样本，而另一个方面我非常乐观，可以预计以微生物群为基础的 IVD 产业，产业会不断壮大，在中国已经越来越热了，甚至有些太热了这个领域，但是代谢物、微生物相关的代谢物是未来诊断试剂重要的组成部分。

杨晓虹：我们的论坛就到此结束，感谢各位嘉宾的精彩演讲和观点。谢谢！也感谢各位工作人员和论坛的主办者，让我们有圆满成功的论坛！谢谢！也感谢各位一直和我们一起倾听，谢谢大家！明年再见。

未来（科学）论坛2　新一代集成电路技术

当前，全球集成电路技术及其产业的发展正处于变革时期。伴随摩尔定律推进速度的大幅放缓，集成电路技术发展路径正逐步向多功能融合的趋势转变，围绕新型器件结构的探索正成为集成电路技术创新的主要焦点，物联网、云计算、大数据等迅速发展，将进一步引发 CPU 计算架构发生变革，因而由英特尔公司所构筑的 X86 架构垄断正在面临逐步被突破的格局。当今，我国已在计算机、移动通信等领域创造了庞大的市场需求，这恰好为我国集成电路产业的不断发展及追赶国际先进水平创造了难得的发展机遇。

1　论坛综述

浦江创新论坛未来（科学）论坛 2：新一代集成电路技术，由中国科学院院士、复旦大学副校长张人禾主持，上海市科学技术委员会副主任谢文澜致开幕词，中国科学院院士、中国科学院微电子器件与集成技术重点实验室主任、中国科学技术大学国家示范性微电子学院院长刘明，中国工程院院士许居衍，华虹集团董事长张素心等先后在论坛上做主旨演讲。论坛旨在以创新为主题，坚持国际视野、国家需求，着力搭建创新发展交流平台、先进理念传播平台、学界思想争锋平台、政产学研互动平台、最新政策发布平台及国际科技合作平台。同时，与会中外嘉宾围绕新一代集成电路技术的发展，研判集成电路先进技术节点迎来的颠覆性技术变革趋势，以此推动我国半导体领域的创新发展，为长三角集成电路一体化建设、上海科创中心建设建言献策。

阐述集成电路（IC）的发展现状、过去及未来发展趋势。IC 技术的发展必须夯实创新基础，后摩尔时代的新器件和三维集成将对 IC 技术发展格局产生颠覆性影响，给未来发展带来自主创新的机遇；否则，再多的创新也不能转化成生产的效率。当前，IC 技术的发展面临良好的机遇，现实的多元化，为再创新提供了机遇。

探讨放下摩尔定律实现转折应面对的问题。目前，中国的可重构芯片技术已经走在国际的前列，面对下一个 10 年的发展，希望长三角区域的有关政府部门和核心企业加强联合攻关，促进可重构芯片在架构上、材料上、集成上实现重大突破，以此助力国家战略。

阐明未来 IC 产业发展的基本定位和基本立场。IC 技术的发展，必将就“开放、创新、合作”早日达成业界的共识，以避免出现全球产业链割裂的局面，这不仅有助于全球工业部门在商业上取得成功，更加重要的是产业部门将为全球经济的可持续发展、全人类追求美好生活愿望的实现做出工业界的贡献。

2 嘉宾讲演实录

上海市科委谢文澜主任为论坛致辞

主持人张人禾：尊敬的各位来宾，大家下午好，非常高兴与大家相聚在“2019 浦江创新论坛”，我谨代表复旦大学对各部委领导、演讲嘉宾、企业界、学术界的各位专家学者表示由衷地欢迎。首先欢迎上海市科委谢文澜主任为论坛致辞，大家欢迎。

谢文澜：谢谢张校长，尊敬的各位院士、专家，各位领导各位来宾，大家下午好。非常高兴能在浦江创新论坛和这么多微电子领域的专家相聚一堂共同探讨未来发展。浦江创新论坛是国家科技部和上海市人民政府共同主办的一个论坛，2008 年创设至今浦江创新论坛已经逐渐成为创新战略和政策思想的交流平台、推动创新型国家建设的思想高地和理论前沿，成为中国科技创新的一张新名片。论坛旨在以创新为主题，坚持国际视野、国家需求，着力搭建创新发展交流平台、先进理念传播平台、学界思想争锋平台、政产学研互动平台、最新政策发布平台及国际科技合作平台，是服务创新驱动发展战略和创新型国家建设的好平台。

作为浦江创新论坛的重要活动之一，今天由复旦大学承办的“未来（科学）论坛 2”将围绕新一代集成电路技术的创新发展激荡思想、分享智慧，探讨集成电路迎来的颠覆性技术变革的趋势。集成电路技术发明 60 年来，一直处于高速发展的状态，随着芯片集成度越来越高，全球科技界、产业界面临的技术挑战也越来越大，需要研发新技术、新工艺、新材料、新方法，以进一步提升晶体管的性能和密度。集成电路是典型创新驱动发展的高科技领域，通过牵头组织实施国家科技重大专项，建设集成电路研发与转化功能性平台，持续布局关键核心技术攻关和前瞻技术研究，上海已成为我国集成电路技术最先进、产业链最完整的区域及中心。近期上海已决定将集成电路作为重点发展的三大领域之一，推动制造业高质量发展，加快建设具有全球影响力的科技创新中心。如何进一步对接国家战略并发挥长三角一体化发展优势是我们一直在思考的问题。复旦大学在浦江创新论坛期间组织召开今天的研讨，邀请国内外顶尖的科学家、企业家分享研究成果，交流经验心得，是十分及时和必要的。

在此，我谨代表上海市科委感谢各位院士、各位专家学者的莅临，欢迎大家畅所欲言，共商国是、共谋发展，预祝各位在上海浦江创新论坛期间工作生活愉快，祝论坛取得圆满成功，谢谢大家。

主持人张人禾：感谢谢文澜主任精彩的开幕致辞，今天非常荣幸邀请到 3 位重量级的演讲嘉宾，分别是中国工程院院士、中国电子科技集团第58研究所名誉所长许居衍先生，中国科学院院士、中国科学院微电子器件与集成技术重点实验室主任、中国科学技术大学国家示范性微电子学院院长刘明女士，华虹集团董事长张素心先生。下面，我们有请各位嘉宾做报告。

后摩尔时代集成电路发展趋势

中国科学院院士，中国科学院微电子器件与集成技术重点实验室主任，
中国科学技术大学国家示范性微电子学院院长 刘明

集成电路作为典型创新驱动发展的高科技领域，特别是后摩尔时代新器件和三维集成将对集成电路技术的格局产生颠覆性影响，给人们带来了自主创新的良好机遇，未来应夯实前期的发展基础，不断提升创新转化成生产的效率。

刘明：各位来宾下午好，报告分为如下几个方面：首先是集成电路（IC）给人类生活带来的变化。如果把人类定居历史比较粗糙地分成农业社会、工业社会和信息社会，可以看到漫长的农业社会以人口作为红利，生产力低下；工业社会蒸汽机的发明第一次把人解放出来，不再借用人或者动物劳动来工作，有机器帮助人们；晶体管和集成电路的发明又意味着人类进入了信息社会，特别是从信息社会转向智能社会过程中，集成电路起到了至关重要的作用。

2018年是集成电路发明60周年，经过60年的发展，IC已经成为非常重要的产业。全球半导体产业，1987—2017年年均增长率在9%以上，这是相当可观的数据；2010—2018年，全球IC增速放缓，唯有2018年有点特殊，较之于2017年出现13.7%的增长，这个增长并不是因为新应用场景的出现，更重要的是因为存储器涨价导致了繁荣。各类产品特别是2018年存储器产品增额非常大，占到了整个半导体产值的34%，包括光电子器件等，增长率也非常高，是最高的单一IC产品。IC不仅是一个庞大的产业，已经超过传统的钢铁产业，仅仅从产值角度看和当今汽车行业是相当的。与此同时它是当今整个信息化硬件的基础，每个人享用信息时代脱离IC是不可能想象的，更重要的是它是改造传统产业的重要手段，具有很大的带动作用。有一个不成文的说法，1元IC至少可以带动100元电子产品的产值，所以IC具有非常特殊的地位。

简单地以计算机为例，看看IC发展如何改变了计算机，从而改变了人们的生活。第一台计算机诞生在美国宾州大学，这台庞大的计算机每一秒只能做5000次运算，但是不出故障工作时间5分钟，30吨重量，比房子还要大，因为它是电子管，会烧断，即使是

这样一台计算机也比人为计算快了很多，在当时的国防上起到了非常重要的作用。随着晶体管和集成电路的发明，计算机性能有了大幅提升，可以达到百万次运算速度。更重要的是在如此高性能下，体积却大幅下降，计算机也从个别领域的应用进入了商业计算领域，IC的进一步发展使得计算机性能进一步提升，可以达到10亿次运算速度，这时便进入千家万户，每个人均可拥有个人计算机。IC的进一步发展，使得手机处理芯片达到万亿次的计算能力，整个移动支付变得很便捷。今天的超算要追求亿级计算的能力，未来期待着加上快速通信可以将人、机、物联系到一起。仅仅计算机这样一个变化得益于IC的变化。

在中国，作为IC从业人员感觉压力很大。2004—2018年，尚无一个完整的产业体系，这14年年均复合增长率接近20%，特别是2010—2018年国际上放缓的几年里，中国年均复合增长率20.8%，远高于国际水平。既要看到自己的短处，也要看到过去几年IC得到了长足发展。中国产业链相对完善，整个IC可以分成设计、制造和封测，设计和制造行业在2018年增长率都超过了20%，封测稍微低一点，制造行业最高，2018年达到了25.6%，设计行业21.5%，封测销售额第一次超过了2000亿。未来这3个领域都超过2000亿指日可待。国家在逐步建立完善的产业结构方面做了很多努力。每年IC可能逆差，2013年开始每年IC进口量超过了2000亿美元，2018年进口高达4176亿元，价值3000多亿美元。出口件数是进口的一半，但是进口的每一块集成电路价格0.75美元，出口便宜，这意味着大部分还没有爬到高端，还在低端徘徊。

IC有一个著名的摩尔定律，从技术本身的原因，IC能快速发展的原因也许很重要。IC找到了一种非常完美的材料，也就是硅材料，这种材料很容易提纯，更重要的是它通过一定的掺杂可以控制导电特性，而且有非常完美的绝缘材料，不会引起晶格失配。此外，有了摩斯这种结构，还有早年发明的平面制造技术，这些因素从技术本质上使得IC快速发展。IC通俗地说就是不断做小，密度很大。做小肯定会有挑战，但做小不是目的，还要性能好。器件尺寸减小的时候性能是不是自然提高了。

首先，看图形不断做小面临什么样的挑战，又是怎么应对的。基本的光刻原理，现在年轻一代都拿数字照相机，不知道原来的胶片照相是什么模式。理论上光刻，上面是一个光源，中间是衍模板，相当于原来照相的底片，把这个图形转移到底下的硅片上，通过缩小投影的投镜把图形转移到硅片上。这么一台机器的分辨率由锐利公式决定，包括波长、数值孔径、K因子等参数。想分辨率提升就3种办法，减少波长、增加数值孔径、减少K因子。早期最容易的是减少波长，如果做过很早的光刻都是用汞灯，一直到0.35微米都很广泛。后来到了准分子激光器248纳米、293纳米，中间还研发过157纳米、X光等，并不是大家所想的那样可以不断缩小光的波长，但事实上受很多因素制约。例如，波长很短，眼膜板用什么材料制备，镜头用什么材料制备，如果材料吸收光则镜头就会变形。到了193纳米再走光源缩小的路径很难了，此后一直停滞不前，直到EUV出现，用反射式光刻。第二条路径，改变数值孔径，但是它受公式的影响，最大不能超过1，因为空气折射率是1。最早的光学显微镜为了提高分辨率把它浸没在油里，把这个原理用在光刻机上，水的折射率是1.44，相当于把光源的波长缩短了，这是一个巨大的进步。现在说193纳米光刻机有干法、湿法就是这个原理。第三条路径，改变K因子，做图形处理，计算光学起到很大作用。还有眼膜板，193纳米即使到今天22纳米还在用，这又是人类科技史上最大的进步。

当前，最先进的技术是EUV技术，数值孔径0.33，分辨率13纳米，套刻精度2纳米，这么一台光刻机面临很多问题。例如，光源功率要求很大，光源功率利用率却比较低，因为多层膜吸收反射的效率不够。还有因为EUV用的是反射膜，缺陷很难修补。如果眼膜板有缺陷，会全部转移到图形下，所以眼膜板不允许有缺陷。但是作为一个要镀60层硅的多层模零缺陷也是非常大的挑战。还有光刻胶本身的灵敏度、边缘粗糙度等的控制都是未来EUV光刻面临的重要挑战。

整个发展趋势是光刻在IC制造当中是最重要的，整个IC制造的全过程均需不断提高光刻精度。现在有了很多方法，如计算光学等。EUV从现在7纳米的逻辑节点关键图形开始采用，到5纳米以后EUV会得到广泛应用。该图形如何做小是非常有挑战性的。

另外一个问题是做小以后是不是器件性能就好了、功耗就降低了？答案是否定的。首先看功耗的问题，一个大的器件和小的器件，等比例缩小以后看面临什么问题。原来不用考虑的一些漏电问题都必须考虑，除了氧化层本身的漏电，一系列的漏电在大尺寸器件可以忽略的，现在都必须考虑。还有，虽然动态功耗随着器件缩小没有巨大的变化，但是静态功耗有非常大的增加，也就是说当器件变小的时候两个因素使得功耗增加，一个是它本身静态功耗增加，第二是原来可以忽略的一些因素必须考虑了。器件做小并没有随之带来功耗降低的问题。当器件沟道变得很窄的时候，载流子传输过程当中遇到的各种散射更严重，原来不需要考虑的效应现在都必须考虑到，这意味着器件变小以后它的迁移率也变差了，若无其他技术上的进步，器件做小性能是不行的，无论是功耗还是器件本身性能都会有所变化。

今天的IC为什么能够做到器件尺寸又小性能又好呢？因为不断地有很多技术的变革和创新。简单概述一下，从0.13微米开始就开始用硅化物，90纳米开始应尽了应力？？？45纳米为了提高三控能力用了high-k+metal gate，为了进一步提高三控能力，放弃了原来的平面结构，改用metal gate，更好地提高三控能力，减低漏电，未来还会有新的技术再往下逐步支撑IC在尺寸做小的同时性能提升且功耗降低。看看逻辑器件在不同节点的应对方案。Fin Fet将延续到5纳米节点，目前在探索新材料、新的逻辑器件。例如，现在很多基础研究领域很热门的二维材料、自旋晶体管等。从产业角度来说，国际上台积电已经宣布进入7纳米技术节点，国家龙头企业也在研发14纳米的量产技术，但还相对落后。对于独立式存储中的两大类，一类是DRAM，已经进入20纳米以下节点。

DRAM 最大的问题就是尺寸不断缩小的时候做电容，电容量不能太小，否则刷新频率跟不上。目前，三星已经量产了 96 层 3D NAND。存储器除了有独立式市场还有很大一部分在嵌入式的应用。用 flash 做嵌入式存储的成本是相当昂贵的，1 flash 在 28 纳米面临工艺复杂、成本增加、性能下降等一系列的挑战，新型存储器有望成为重要的解决方案。例如，现在全球最大的代工厂台积电、英特尔都分别宣布在 40 纳米、22 纳米这个节点进行量产计划，英特尔、台积电、三星也分别宣布在 22 纳米、28 纳米、18 纳米节点进行 E-MRAM 量产计划。

我国的现状是集成电路大规模制造进入 28 纳米、14 纳米量产，如销售存储器、3D32 层，封装是我国最有优势的，市场占有率进入国际前十，关键装备在专项的支持下也有很多进入了生产线。在光刻方面大概是最有差距的，以 EUV 为例，我国在 EUV 光源、多层模、抛光技术方面都有了布局，也都有一些进步，但是依然有很大的差距。我国自行研制的 EUV 光刻机和掩模及 EDA 工具是痛中之痛，EDA 器件模型方面国内很多高校还是做了大量工作，每年在国际集成电路最重要的会议 IEDM 上都有不少文字来自于中国高校，华大九天是中国最大的 EDA 工具企业，在模拟电路方面都有比较好的基础。逻辑器件方面，国内研究在新原理的器件方面做了大量工作，无论是机理、模型、材料、集成技术都开展了很多前沿性工作。主流方面国内高校和一些大的企业有很多合作，很多工作是在一些线上的结果。新型存储器方面国内也有很好的基础，特别是这几类国际上比较看好的新型存储器都开展了非常长期的研究，也有了很好的积累。这些研究不光在大学、研究所自己的实验室里做，很多工作和工业界合作。

最后，后摩尔时代集成电路的发展究竟会如何？其实 IC 的发展一直在应用驱动，IC 每一次大的跳跃都有一个重要的应用领域出现，如 PC 机的出现，英特尔的微处理器导致了一代 PC 机广泛应用。智能手机的出现，让通信带动了 IC 的发展。什么是 IC 的驱动力呢？一定还是应用。未来新型计算和物联网将会成为集成电路发展的驱动力。传统的计算机价格很多年没有本质变化，未来要实现人机物三段互联，IOT 技术的发展非常重要。未来 IC 发展的驱动力依然是市场驱动，但是未来集成电路的发展会更加多元化，不一定必须用英特尔的路线，新材料、新架构、新工艺会出现，新的技术也会出现。此外，未来的封装可以和全单供应结合在一起。

IC 发展尺寸按比例缩小，这个按比例缩小不仅仅是单纯地缩小，意味着如何实现更小尺寸的加工，如何在功耗、性能之间互相找到平衡点，无论是新材料、新结构都起到了很大的作用。这条路在有限的时间节点里是可以看到它走到尽头了，3 纳米甚至 1 纳米还怎么走呢？并不意味着 IC 就没有未来了，未来的 IC 会更加多元化，不走这条路还有很多路可以走，如可以和这些分立器件相结合，把原来在 PC 上的很多工作集成在芯片上，也会催生更多不同的新兴领域。当然更重要的原因是 IC 是一个开放的平台，如果有什么新的技术出现，硅的平台会很好地结合在一起共同往前走。除了底层的器件改变，未来的集成会起到更重要的作用，这方面的创新将会给企业和应用领域带来更多的活力。未来不一定要追求器件的特征尺寸，只希望功能多样化，降低成本、提高性能，这才是应用层面提高整个性能。Beyond 的 C 模式现在研究了很多，一个新的技术如果不能和现有的 IC 硅平台很好地兼容，要抛弃现有的 IC 全部从头开始还是有很大的难度。

综上所述，IC 的快速发展是今天信息化的核心和基础，摩尔路线想实现超越比较难，但是这并不意味着不要做了，不要觉得人们在走一条弯路、捷径，世界哪有捷径。即使这条路无法超越，这也是创新的基础，必须夯实。如果不夯实，意味着工业基础不行，那些所谓的创新都是昙花一现，落不到基础上。个人理解一定是性能、功耗、成本 3 个因素决定了最终尺寸缩小会终结在哪个技术节点，其他的都不是重要因素。后摩尔时代新器件和三维集成将对 IC 技术的格局产生颠覆性影响，也带来了自主创新的良好机遇，现在的集成电路发展是很好的机遇，比较多元化，也为创新提供了机遇。

放下摩尔关注转折　我们能做什么?

许居衍　中国工程院院士、中国电子科技集团第五十八研究所名誉所长

当前，抛开摩尔定律来考量现实的发展，特别是在中国的可重构芯片技术走在世界前列的情形下，面对未来的 10 年，长三角区域的创新主体将推进联合攻关，促进可重构芯片在架构上、材料上、集成上逐步实现重大突破，进而助力国家战略实现。

此次讲演的这个题目可能有点悖论，想放下摩尔定律估计很多人不认同，但是要让他们继续缩小尺寸，要获得很便宜的晶体管，他们感到很困难。关注转折，多数人相信应该要转折了。但是现在至少在工业界、产业界人们不敢也不愿意把主要精力放在转折上，转折到颠覆性的现有替代技术。在这种情形下，还是要放下摩尔定律，要关注转折，现在最保险的转折就是在现行的技术范围内看看有哪些可以转折的。本演进包括 3 个问题：第一，面临转折；第二，走向何方；第三，现在的技术范式。

半导体现在提及硅技术，因为 84% 的产品当中都是集成电路，其中，绝大部分是摩斯。现在硅微电子进入成熟期，平均起来计算，大概在 2016 年摩尔定律就不准确了，整个硅的半导体要进入成熟期发展。通过拐点之前增长很快，拐点以后增长就慢慢缩减了。研发也在下降，按理来说这个战略拐点就应该考虑新一代的转折技术。很有意思的是，虽然大家感觉到这是一个问题，但是硅的 CMOS 确实存在很多的优点，转起来还有点困难。

关于晶体管寿命曲线，2036 年就要找到一个非硅晶体管。发展路线现在变了，最早

是1990年的时候，日本研究出了一个，引起美国很大的重视，那个时候美国制定了一个发展战略。1997年之前都是美国的国家半导体技术发展路线图，到了1998年就变成全球的了。到了2015年，从1.0版本变成2.0版本。后来重启计算的倡议，美国国家半导体技术发展路线图和英特尔公司合作，形成了器件与系统路线图。2016年在*Nature*上发表了一篇文章，也是说要放弃摩尔定律了。

摩尔定律是看计算机每1000元到底能买多少计算，到2014年，经过124年都是指数级增长，前面1～4年都是指数增长，但是不叫摩尔定律，因为当时摩尔还没有看到这个前景。摩尔看到的是1965年技术翻番。前面不叫摩尔定律,今后会不会叫摩尔定律?现在很多人认为还应该叫摩尔定律。实际上库兹韦尔也就是谷歌的未来学者，做了很多预测，起点理论就是他做的。他说集成电路的摩尔定律不是第一个，而是提供指数增长计算范式的第五个范式，每当一个范式失去动力的时候另外一个范式就起来了，也就是从第五范式进到第六范式，现在很多人认为第六范式还是摩尔定律。现在面临很多转折，最重要的有三个转折。第一个转折是面临增长放慢，从2001年开始，平均就是个位数增长。第二个是很多技术都在转折，如非常重要的布线，从铝布线到1997年的铜布线，现在又不一样了。第三个转折，确确实实应该要研究非硅了，但是硅还是很重要的，所以一直没有转过来。

第一，有一个封装寿命曲线。1985—2009年，2009年的时候从有引线到没有引线的封装转到二维到三维，2005年的半导体发展技术路线图就认识到了仅仅在硅上做铜制集成是不行的，应该要放到异构集成上。再举一个例子，以前是两维晶体管，后来变成三维晶体管。从三维走下去，再往后发展怎么办呢？大家想象不到三维后面再怎么发展，这个时候有可能向推动超越摩尔定律的方向发展。第二，现在转到EUV，EUV存在很多问题，有人做了研究，认为光刻现在已经占了整个半导体制造成本的一半以上，自上而下的缩小方法是不是应该改变了。这个时候要重温一下Grove的转折。1985年之前英特尔就是存储器，存储器就是英特尔。但是1984年存储器卖不出去了，日本做了64 K，成熟期很便宜。当时存储器降价降得一塌糊涂，80%的钱投在存储器上，20%投在CBU上。但是最后亏损的80%是存储器，只有偏执狂才能生存。到了战略转折点，如果不转折有两个后果。一个是死亡，另一个是重生。这个时候战略转折点理论把它转过来，转成Grove，转折非常重要。转折点的一般描述，寿命曲线里面有一个I点，就是寿命曲线的转折点即拐点，拐点到了一定程度以后，最佳的拐点在什么地方？就在它寿命曲线的拐点，前面是正增长率，后面是逐渐衰退的增长率。寿命曲线的拐点，到这个地方应该开始转折了。一个非常重要的例子，战略转折的重大意义。例如，互联网，桌面互联网转移到移动互联网，中国人早就看到了，如当时曾经把固定电话初装费的5%做移动电话，固定电话变成移动电话，怎么会变成互联网呢？没有抓住，谁抓住了？乔布斯抓住了。2007年、2008年的时候乔布斯推出了iPhone、iPAD，造就了苹果的辉煌，开启了新时代。

这个时候有很多专家发表了很多文章，这个时代这么好，我们没有抓住。

移动互联网后续发展非常重要，都已经看到了是物联网，希望人类能够将数据转化为智慧，这个智慧将把知识和人类的经验结合起来变成智慧，现在人工智能做不到，现在人工智能算法有很多人认为已经到了天花板，只能用在很少数的地方。如用在无人驾驶汽车上，现在人工智能算法是完全不行的。怎样把人类的知识和经验变成智能，大家提出必须是第三代的人工智能，现在的第二代人工智能完全不行。物联网时代可能来了，物联网很早就被提出来了，发展了20年一直没有发展起来。因为它在等5G、AI，只有这个时候物联网才会慢慢发展起来。现在正好，5G来了，AI也来了。虽然现在的神经网络算法几十年以前就有了，2010年左右为什么起来了？因为积累得越来越多了。但是由于互联网的发展，由于计算力的提高，现在的AI不会像前两次AI进入寒冬期，因为现在有互联网，现在新的算法很好，所以AI还会有发展。如IIOT，现在日本在工厂自动化方面已经部署,所有的大公司都介入,应该要引起重视。物联网开启了泛在智能时代，福布斯科技评议会指出2016年左右进入泛在智能时代。但是即使如此，现在的计算力仍然远远不能满足要求，缺口很大。按照摩尔定律，若每年的增长率为3%，要20年才能翻一番。可是计算力的需求希望今年就能翻一番，摩尔定律即使还在作用，也不能满足现在的要求。

继续拓展方向，一个是拓展现行的技术范式；另一个是探索新型的技术方式。现在研究所很热闹，像谷歌、BAT都有一些人在研究量子力学等，但是作为企业界，如华虹这样的大企业还不愿意这么做。有一个观点，现在最害怕的是有一个替代性技术，把现在几万亿的CMOS硅技术全替代了。企业界现在很担心这个问题，不过绝大多数人都感觉到要把现在的CMOS颠覆掉是很困难的。怎么超越摩尔，重点是怎么突破现有的技术？现有的技术范式叫作硅和冯·诺依曼技术，称之为硅冯范式。硅冯范式仍然欲罢不能，人类目前还没有办法脱离这个。目前能够取代CMOS和内存的产品还没有问世，当年最热的技术是量子计算,现在美国非常重视,但是量子计算要相当长的一段路程。例如，消相干问题，诺贝尔奖获得者认为，它是21世纪25个最有待突破的问题。

约翰·轩尼诗说摩尔不行了，摩尔定律不行了，大家就转到架构创新上来了。一个存储器架构，存储器是一个很大的问题，访问的时间很长，路径很长导致延迟太长，存储器本身只能做到10多个纳米，现在可以做到5个纳米，因此它的速度总跟不上，带宽总不行，如何不让带宽缩小，把路径减少，把延迟减少。异构计算，现在如果用摩尔定律做怎么也做不下去，CBE旁边加一个其他的计算，异构计算。另外一个是专用的，不做那么通用，专门对一个问题做一个计算机。还有一个可重构，可重构实际上就是异构，可重构一定可以做到领域专用，也不可能做到非常通用，可重构计算是非常好的。

关于可重构计算，佩恩说半导体有3种模式：第一种模式是颠覆性创新，如发明晶体管、集成电路、微处理器。现在是后摩尔时代，要做生物电子、量子力学。第二种模式是指数性创新，1965年的摩尔定律，现在摩尔定律死掉了。第三种模式是循环性创新，由日本的木村提出，他认为这种创新现在很值得关注。1947年晶体管发明，经过10年成熟运用，分立器件可以做通用的，一个个晶体管在任何地方都可以用。后来感觉这个做法不好，小规模集成电路发明以后就做了钟表电路等。后来感到这样做不行，又做了微机存储器，做了编程以后大家都可以用。后来又感觉到性能不够好，就研制了一个专用电路。感觉到还是不好，能不能把逻辑电路编程。1991年做到这里，每十年一个循环。至2002年时，感觉到这时应把SOC加上去，至2004年时又实现了高级灵活的超级集成。1991年的时候预测：到2000年的时候用户可以重构SOC。可重构浪潮现在成为共识，2000年的时候是可重构SOC，2004年的时候是高度灵活超级集成，2009年的时候是可重构硅架构，2012年的时候是可重构平台。

可重构在硅冯范式中的位置。CBU是资源固定、算法可变且可以编程的。ASIC是资源固定、算法固定。能不能找一个时间、空间可以变化，效率和灵活度提高的？可重构在硅冯范式当中本就应有它的位置。可重构的优点很多，可重构计算，就像以前吴教授的以太计算，现在有以太防御、以太安全。三个当中如果有两个认为是对的才认为这个可以做，如果两个认为不对的就去掉，这是硬件防御。过去防火墙都是软件防御。如果能够用可重构，如手机刚开始的时候搜索，定位的时候搜索不能用了，然后才开始通话，通话的时候这两个功能都没用了。这些功能只有某些时候在工作，能不能做功能一、功能二、功能三。还有功耗非常低、性能非常高、并行、灵活，它是天然冗余的，优点很多。但是非常奇怪的是可重构计算一直没有进去，主要是摩尔定律在里面起作用。过去用的时候要缩小尺寸，每一年半到两年就提升70%的性能，可重构做了半天，说不定三五年还没有做出来，这边已经提升了，多数人不愿意研究可重构。未来芯片论坛就是以可重构计算的黄金年代作为主题，从协会来说，全球半导体联盟提出基于可再编程硬件，从服务中多次获取收入。现在研究芯片的人实际上已经进入没有效益的繁荣时代，为什么繁荣？因为它太重要了。自己没有效益，效益一直在下降。20世纪90年代效益最好，现在效益不行了。否认繁荣没有效益的年代，钱被软件公司、系统公司赚去了，它们建议研究一个可重构芯片，卖出去以后软件还在你手里，用户感觉功能需要换一换，就再给他一个软件，可以多次卖钱，这就是重构半导体的盈利模式。行政上来说，DARPA提出来的硬件可重构项目，软件定义硬件，软件专用的DS-SoC。企业界也开始了，赛灵思推出一个软件和硬件都可以编程的芯片。这样就开启了工程化进程，从学术界宝塔顶尖走下来了，企业界认可了，便开启了工程化。

中国在这点上走在很前面，现在中国可重构芯片初创企业至少有5家：深圳可重构软件开发平台、北京可重构AI芯片、超维度式弹性计算、昆山澜起可重构处理器、无锡若贝自适应计算。可重构，下一个十年要进去的，现实企业也开始进来了，这样应该如何做呢？仍然要在这个范式下注意异构计算、可重构计算，这个拐点将发生在2018—

2028年。长三角能不能在异构、专用计算架构和可重构上做一点工作。DAPAR有3个计划，架构上怎么变化，材料上怎么变化，集成上怎么变化，其中6个项目国内都很重视。关键是长三角组织起来，把几个地方科技部门联合起来。移动互联网是苹果占了先机，长三角能不能在物联网领域占得先机，如果进入的话非常令人欣慰。

开放、创新、合作

张素心 华虹集团董事长

“开放、创新、合作”必将成为业界共识，以避免全球产业链割裂局面重现。这将有助于全球工业部门在商业上取得成功，以促使产业部门能够为全球经济的可持续发展、为全人类追求美好生活愿望做出工业界的贡献。

本报告着眼于跳出集成电路看集成电路的角度，题目是“开放、创新、合作”。个人见解“开放、创新、合作”代表了中国集成电路产业发展的基本定位和基本立场，此部分演讲分为以下6个部分。

第一部分，从工业革命的历史谈全球产业转移和变迁的趋势和规律。18世纪60年代，蒸汽机的发明开启了人类历史上第一次工业革命，这不仅是一次技术革命，而且是一次深刻的社会变革。之后人类社会通过技术进步不断催生新的工业部门，创造新的需求，经过电气化、智能化、网络化，人类社会每个阶段的科技进步都伴随着全球经济的融合，并显著推高了全球GDP发展速度。当今世界产业科技的热点聚焦于“大数据、物联网、人工智能、5G通信”等领域的突破与应用，在最近30年全球产业科技进步最重要的支撑是集成电路工艺技术的进步。由于运输能力的提升，通信技术的进步及全球贸易环境的改善，全球化趋势引发区域分工体系的调整，推动了人类社会的共同进步，不同国家和地区经济发展水平的差异所产生的地区成本差异，通过不同产业在全球有规律地转移，保持全球在新兴领域的创新能力不断增强和工业产品成本的不断降低，这个规模化的时间大约在20年。2010年之后，除了劳动密集型产业和一般制造业，集成电路、平面显示等高科技产业及汽车制造等综合要求高的产业在中国得到了迅速发展。2008年金融危机以后，中国对全球经济增长的贡献度至少达到将近1/3，远远超过美国对全球经济增长贡献的15%～20%。同时，中国已经成为124个国家和地区的最大贸易合作伙伴，美国在这个阶段是56个，不到中国的1/2。经济和贸易这两个要素将支撑和推动全球产业的梯度转移和国际产业分工体系的深度调整，这种趋势即便遭遇贸易保护主义的短期影响，长期趋势也不会改变。

全球产业在不同国家之间的转移，从基本市场历史数据当中得到验证。1899 年英国股市市值占全球 25%，2016 年仅占 6.2%。美国股市市值 1899 年占全球 15%，2016 年超过一半。技术进步导致新兴产业不断产生，大批传统产业萎缩甚至消亡。1900 年美国上市公司的 80%、英国的 65% 在当今资本市场已经基本消失。1900 年占据绝对主导地位的是铁路、钢铁、纺织等行业，而如今高科技行业成为主导行业。近十年来互联网企业保持了高速发展的态势，技术进步推动产业变迁，在全球十大市值公司排名中表现很明显。1990 年全球前十大市值公司有 6 家是银行业为主的金融企业，8 家是日本公司。2019 年前十大市值公司前 7 位是互联网软件高科技企业。2010 年的中石油、2019 年的阿里巴巴和腾讯，在世界十大市值公司中开始出现中国企业的名字。

第二部分，全球电子信息产业的变迁和转移。这是集成电路行业最为重要的市场因素和需求来源。第二次世界大战以后，集成电路的发明和工业化应用促进了电子信息产业的飞速发展，并显著加快了全球产业分工体系的调整和梯度转移。从美国到日本、德国再到亚洲四小龙，亚洲四小龙基本上都是以电子信息产业发展起来的。20 世纪 90 年代以后，全球开启第三次产业转移，浦东的开发开放正好契合了这波产业转移浪潮，浦东经济发展最早的支撑就是电子信息产业。金桥开发区承载了全球主要家电和电子信息产业的经济增长驱动力。中国经济高速发展的同时，新的矛盾不断出现，经济发展遭遇中等收入陷阱的挑战。第二次世界大战以来，全球大经济体只有日本成功地跨越了中等收入陷阱，中国劳动人口的快速下降和老龄化社会的提前到来，使得人口红利变成人口负债，环境污染问题日趋严重，促使中国政府和民众形成共识，推动经济实现高质量发展，实现科技引领的发展战略，促进产业升级。在 20 年前，几乎没有人关注环境污染的问题，老百姓及政府也不是很关注环境污染造成的影响。如今，不管是一线城市还是二三线城市，居民都非常关注环境污染，环境污染不仅是政府讨论的议题，而且是全社会热议的话题。

全球电子信息技术从大型计算机到微型机再到 PC 机，每个阶段都是以 10 倍于前阶段数量的规模发展，到了移动互联网时代，终端数量达到了百亿级，集成电路作为工业的粮食，伴随着电子信息产业技术的发展，在传统产业部门的转型升级和新兴产业部门的变迁拓展中起到了桥梁和推进作用。电子信息产业是集成电路技术进步直接推动的结果，摩尔定律推动工艺技术进步三大目标，即低功耗、高性能、小尺寸；在 PC 时代，英特尔 X86 推动了 PC 机发展，在移动互联网时代，ARM 架构芯片推动了移动终端向更快速、便携和节能的方向发展。当今人工智能和物联网的发展，同步处理芯片将成为核心。集成电路已经不是特定行业的个别需求，而是作为无可替代的基础性工业原料，集成电路大规模使用在维持人类生活质量的同时，在电子行业发展当中起到了核心驱动作用，在电子信息产业中的收入占比也越来越大，占电子信息产业总体收入的比例从 1978 年的 5.2% 提升到 1995 年的 23.1%，2018 年更是达到了 31.8%，接近 1/3。以前一直有一个观点，1 元芯片支撑了 10 元的电子信息产业，支撑了 100 元的 GDP。其实，从当今世界芯片在电子信息产业当中的占比逐步提升，比例已经不是1∶10了，可能是接近于3∶10。

第三部分，关于集成电路产业模式和工艺技术进步。产业经济发展一直是伴随着科技进步趋向于产业集中度不断提高、社会化专业化分工不断细化的过程，从集成电路投入实际应用至今，伴随着摩尔定律的延伸，产业转移、变迁和商业模式的变化始终没有停止过，从美国起步到日本、韩国产业大规模兴起，再到中国台湾地区创新形成了新的产业生态和代工商业模式，台积电的发展带动了代工业的起步，或者反过来说，代工模式创新促进了台积电的发展。高科技领域没有跨越式发展，一步一个脚印往前走。要么是技术的迭代颠覆，要么是商业模式的更迭。例如，面板最早是彩色显像管，几个颠覆性技术带来了面板行业的整体颠覆。再如，以前的等离子体显示面板，日本松下是非常强大的，在PDP技术方面到今天为止仍然是最强的，但是整个日本家电行业全部“趴下”，不是技术不行，是因为LED起来了，三星异军突起，颠覆性技术把日本的PDP全部替代，这是换道超车。还有一种是模式，像台积电的起步，代工业随着整个芯片工艺技术的进步，以及在高工艺等级芯片生产线投资规模的急剧扩大，使得代工业成为合理模式，如果没有变化不可能有台积电。代工模式的出现大大降低了设计公司的门槛，提高了重资产制造部门专业化能力，在中国大陆则显著地加快了集成电路产业的发展，因为集成电路产业链非常长，集成电路产业分工非常细，涉及制造、封装、测试、设备、材料、EDA工具等，这是集成电路产业复杂度所造成的结果。从1993—2017年全球前十大产品公司的分布变化情况来看，从区域转移的轨迹看，日本从6家下降到1家；美国从3家上升为6家，市场占有率从21%上升为32.4%；韩国从1家变成2家，市场占有率从3.8%上升为21%，较为特殊的是三星占了韩国GDP的20%，尽管只有2家，但是在TOP10中的占比很高。

可以看出，虽然经历了日本集成电路的挑战，20世纪90年代初期日本半导体产业超过全球一半，包括韩国和中国台湾集成电路产业的快速发展，美国始终在整个集成电路产业当中占有明显的优势地位，从另一个角度也表明了在电子领域还没有出现比集成电路产业更为重要的产业。近20年产业的模式始终由IDM主导向IDM+分工整合模式转变，这个模式是中国台湾地区最早起步，所以都叫代工模式。富士康是装配代工，因为它的制造环节处于微笑曲线价值链的低端，分离出来通过规模实现经济。集成电路是反微笑曲线，制造环节处在制造价值链的高端，因为太难所以分离出来单独运行，趋向于为所有的设计公司提供制造服务。

2000年以后的19年中，国内学术界经常有一个观点，觉得中国缺少IDM，这是不符合客观事实的，简单参照30年前的模式不利于中国更好地把握产业发展的趋势和规律。此前预计2019年全球集成电路产业将下降9%，主要因为存储价格产生了明显下降，因为它的价格同比去年年初存储价格在一个极端高位，今年回归理性或大幅降价以后，同比价格差非常大。因此，今年整个指标判断全球增长在9%；同时，制造环节技术演进当中逐渐从单一追求先进工艺向先进工艺、特色工艺、先进封装并举的方向转变，先进工艺不断向10纳米、7纳米甚至5纳米推进，虽然摩尔定律推进仍然存在一定的空间，但面临缩小的物理极限，功耗越来越高，发热问题难以得到根本解决。纳米级制造生产线的天价造价，现在基本上走两个节点，投资规模翻一番。例如，28纳米为主的一条标准芯片生产线大约50亿美元，如果完全以14纳米为主差不多要90亿～100亿美元的规模。这种情况下以模拟射频、高压传感器等超越摩尔定律为特色工艺的影响越来越大，应用领域越来越宽，前景也越来越广。从PC时代进入移动互联时代，伴随着人工智能、万物互联时代的到来，集成电路应用领域将更加多样化，对集成电路的需求种类繁多、细分领域不断增加，制程技术相对较低，适合特色工艺的发展。这些需求更加适合特色工艺技术的发展，随着摩尔定律极限的逐渐逼近及先进技术门槛的不断提高，目前全球只有台积电、三星、英特尔等少数企业进入了最先进工艺的量产。

第四部分，新兴领域的应用越来越明显成为未来增长的驱动力。5G通信将承载8K视频，AR、VR、物联网、自动驾驶等应用领域有望成为下一代科技浪潮的驱动先锋，5G的应用领域将得到极大拓宽，涉及推动智能穿戴、虚拟现实、智能家居、云端办公、休闲娱乐，以及跨越工业、农业、医疗、教育、交通、金融等众多领域，各个国家都已经制定了5G商用计划并开始实施，将进一步推动5G成为和大家息息相关的现实。随着移动技术的不断演进，驱动了科技和社会的不断进步，从3G到4G时代数据业务超越语音业务，流量成为互联网公司的入口，诞生了一些伟大的企业，如腾讯、阿里巴巴、苹果等企业，以及更加令人尊敬的企业中国华为。展望从4G到5G时代，下一轮科技浪潮新的智能终端逐步崛起，将推动新的生产和生活模式的变革，人们期待新一批伟大的企业不断诞生。

集成电路始终是移动通信技术的关键因素，移动通信技术也极大地拓展了集成电路的应用市场。随着5G时代的到来，无论在智能手机、汽车等各种终端领域还是在基站、网络架构环节或各种由于5G带来的应用场景的发展上，都将给集成电路带来众多的机会。新能源汽车智能化未来将成为继PC和移动通信之外第三大集成电路市场，我们说智能汽车已经成为大众移动终端，根据预测将超过集成电路市场10%以上的份额，传统汽车的电子化、智能化、网络化和新能源汽车是关键因素，汽车电子占汽车整车成本的比例将不断增加，有的机构预测有可能超过50%，汽车也将从机械产品演变成电子产品。特斯拉就是最典型的例子，本质上从功能角度是一辆汽车，而在产品的属性角度其实更多的是一个电子产品。

随着化石能源不断减少及大众对环保问题关注度的不断提高，法国、德国、英国等欧洲国家及印度纷纷制定了禁售燃油汽车计划，大部分国家将在2030年左右禁售燃油汽车，我国也在考虑制定相关的时间表，未来大部分汽车将被更加环保的新能源汽车替换，新能源汽车在未来将成为影响汽车电子产业发展的最主要因素。传统汽车烧燃油，平均一辆车一年消耗1吨汽油。全球石油储量有一个哈勃特曲线，当年石油探明储量和当年消耗量的比例是40年，从20世纪70年代发现哈勃曲线到今天，这一比例始终维持在40年，但是总体上石油储量不断下降，就像摩尔定律一样不断接近极限是一个不容争议的事实。新能源汽车更加智能化和电子化，必然使用更多的集成电路产品，为集成电路产业发展带来巨大的市场空间。根据麦肯锡的测算，传统燃油汽车使用大约330美元的集成电路产品，插混汽车达到900美元，纯电动汽车达到1000美元。此外，人们比较关注的燃料电池汽车本质上也将使用更多的集成电路产品。人工智能面向应用领域的逐步聚焦将加速集成电路产业的创新，人工智能、机器学习、神经网络在行业应用的提速，带来集成电路产业突破的机会。

华虹集团成立了一个人工智能共性技术实验室，主要基于大数据、算法学习和效能提升为目标的研发制造体系的更加高效运行。这也是作为一家芯片代工企业结合人工智能提升产业的有效方法和路径。作为人工智能两大核心的集成电路和算法，应用于人工智能的产品至少包括3个方面的功能要求：存储芯片，要求高速度、低延迟和更大的带宽；计算芯片，要求强大的运算能力，使深度学习的硬件得到加速；交互芯片，包括各类传感器，用于数据的采集和人工交互。人工智能从使用的计算芯片分类主要包括GPU、FPGA和ASIC，相信在人工智能发展这波浪潮当中，一定有中国的企业成为全球业界的佼佼者。由于人工智能需要大量的存储、数据和计算，通过云端连接将解决很多这类问题，使云成为支持人工智能的动力。

物联网的本质是建立用户端之间的连接，延伸和扩展物品与物品之间，连接点呈几何增加，预期终端数量将超过100亿个。这一类应用将带动集成电路规模化发展和特色化应用领域的巨大需求，物联网应用是一个极其多元化的市场，和通信领域应用完全不同。物联网大规模爆发可能在若干年以后，但是这个理念和应用目标是非常清晰的。人们看到物联网最现实的大规模应用其实是共享单车，这是一个比较典型的例子。其实共享单车上用的射频芯片基本上都是华虹制造的。物联网应用领域主要包括商业、工业、通信、消费电子、汽车等相关的领域，其中，商业和工业领域将在未来几年成为增长最快的部分，并有可能在2025年超过通信成为最大的应用领域。消费电子虽然目前的应用规模比较小，但预计将进一步扩展成为第三大规模的应用，到2025年在物联网应用领域有可能超过通信成为第二大规模的应用。

第五部分，中国必将继续成为全球产业体系的重要伙伴。中国连续多年成为全球最大的集成电路市场，占全球市场的需求比例逐年增加。从2014年开始已经超过全球市场的50%，2017年达到了全球的56.2%，集成电路成为最大的单一进口商品，从2013年起连续6年超过2000亿美元，2018年更是突破3000亿美元，是价值最高的进口商品。贸易逆差超过了2000亿美元，当然也有很多媒体说集成电路现在进口量超过了原油，其实也要理性地看，集成电路需求大规模增加是一个因素，最近七八年石油价格的大幅降低也是一个因素，布伦特原油价格高峰的时候每桶 110 多美元，现在只有 58 美元。这两个因素相抵，使得芯片进口规模远远超过石油，有些媒体说的观点也不是很恰当，容易导致对这两个领域不是很熟悉的人产生误解。芯片和石油是相反的趋势产生的结果，背后隐含了现实，中国电子信息产业大规模发展，这并不是都在本地消费，中国电子信息产业制造业大概是 15 万亿元人民币，包括手机、计算机、平板电脑，基本上超过 2/3 在中国制造，中国一定是一个最大的消费市场。集成电路本身是全球性产业，而终端产品超过 2/3 在中国制造，在中国本地按海关统计，中国消费的芯片量一定是最大的，和集成电路全球化合作的态势结合一定是逆差很大，这也是一个客观现实。世界排名前 20 位的集成电路企业有 1/3 来自中国市场的业绩贡献超过 50%，2/3 来自中国市场的业绩贡献超过 30%，中国对全球大多数集成电路企业来说是无可替代的最重要的市场。中国也是全球第二大半导体设备市场，2018 年超过 110 亿美元，预期 2019 年将成为全球第一大市场。对部分集成电路设备厂商来说，中国已经是第一大目的地市场，中国本土设备厂商在最近 10 多年时间里也得到了飞速发展，相信中国本土设备厂商一定会在全球化的合作体系和市场化竞争格局中成为全球产业链重要的组成部分。

全球产业转移变迁的趋势、中国本地的巨大需求，以及中国产业转型升级的驱动，叠加效应推动了中国集成电路产业的加快发展。根据最新预测，2018—2023 年中国集成电路市场年均复合增长率将达到 8%，而中国集成电路产业的年均复合增长率将达到 15%。中国产品和市场的比例将从 2018 年的 15% 增长到 2023 年超过 20%。近 10 年来，集成电路产业增长和 GDP 增长的一致性也愈加明显，增长频率趋于一致。这个产业和 GDP 增长趋势的一致性会得到明显加强。随着整个比例的增加，和整体经济的趋同性会不断得到加强。从 1987 年开始到 2017 年的 30 年间，中国经济增长了 36 倍，美国同样的增长幅度需要往前推到 117 年前的 1900 年。从这个角度来看，中国经济增长速度达到了美国的 3.9 倍，中国经济的总量已经达到美国的 2/3，当然人类社会发展的不同阶段全球经济增长的平均增幅本身就不相同，处于不同发展阶段或潜在的 GDP 增长速度都是不一样的。中国经济的持续发展将进一步促使集成电路产业在全球产业体系当中扮演更为重要的角色，成为全球集成电路产业不可分割的重要战略合作伙伴。从代工业的制造能力来看，中国代工业是全球增长最快的区域，2018 年增长 41%，增长金额 31 亿美元。全球代工业增长也就 29 亿美元，国外有很多生产线关掉了，这个阶段中国代工生产线大规模扩展。

第六部分，简单介绍一下华虹集团。华虹集团于 1996 年成立，作为国家“909 工程”而成立，成功引入了中国大陆第一条 8 英寸集成电路生产线。成为中国大陆集成电路产业发展的重要里程碑节点。2010 年建设了中国大陆第一条全自动 12 英寸集成电路生产线。目前，华虹集团已经投产了 3 条 8 英寸、2 条 12 英寸生产线，将在无锡建设第三条 12 英寸生产线。华虹集团集成电路制造业务分布在上海和江苏的 4 个基地，位于上海康桥的华虹六厂于2016年启动建设，是华虹集团新20年发展的起步项目，华虹七厂是华虹集团上海市域以外的第一个制造项目，具有标志性意义。华虹集团在上海康桥和江苏无锡制造基地分别具有3条生产线的规划布局，后续空间将在条件具备时陆续投入建设。华虹集团从成立开始，始终注重工艺研发和专利布局，采取了卓有成效的管理体系，尊重和保护知识产权，截至2018年年底，华虹集团累计专利申请超过了1.2万项，大约占了上海国资的半壁江山。在全球营收规模10亿美元以上的主流集成电路芯片代工企业当中，华虹集团集团2017年、2018年连续两年增长速度位居全球第一，连续3年增长速度超过两位数，也是全球唯一一个连续3年保持两位数增长的芯片代工企业。华虹集团的工艺布局已经覆盖从0.5微米到28纳米各个工艺节点的完整系列，正在启动和推进14纳米的前期研发。华虹集团下属的集成电路研发中心也是唯一一个国家级的研发中心，建有一条12英寸工艺引导线，开展领先于量产工艺2个世代的先导工艺的研发。华虹集团已经形成完善的制造能力和工艺平台，提供面向行业应用的系统解决方案，成为全球业界重要的芯片代工合作伙伴。

开放、创新、合作，希望成为业界的共识，避免造成全球产业链的割裂，不仅有助于全球工业部门在商业上取得成功，更加重要的是产业部门能够为全球经济的可持续发展、为全人类追求美好生活的愿望做出工业界的贡献。

3 互动交流

张人禾：张先生的精彩报告让我们进一步深刻认识到开放、创新、合作在集成电路产业发展中的重要作用，再次感谢张先生的报告。

接下来是一个互动环节，有请演讲的嘉宾回到台上。有请复旦大学微电子学院执行院长张卫教授主持互动环节，他一直在从事集成电路研究，学术造诣很高，并且在研究到产业方面做了大量的工作。请各位嘉宾和主持人上场。

张卫：谢谢张校长的介绍。接下来这个环节是一个互动环节，刚才几位重量级嘉宾分享了他们精彩的报告，接下来环节当中有机会和重量级嘉宾直接交流、直接对话，希望能够了解到国际国内集成电路产业方面更多的知识。

张卫：今天的人才培养确实要产教融合。

听众：我想问一下许居衍院士，您刚才说我们国家半导体行业现在陷入一种没有效益的繁荣的状态，您提到了问题的破局方法，其中有一种叫循环性创新，能不能详细讲一讲这个？

许居衍：这个是在1987年的时候，中德电子会议在北京召开。其中有一个是应用和制造两个轴，把所有的集成电路都放在4个象限里。我归纳一下，实际上就变成2个象限，一个象限是通用，制造像华虹那样的产品，统一制造出来，然后放在货架上；另一个象限就是专用，整机单位设计一个，华虹加工出来，只给自己用。最重要的分成两大类，应用和制造是一对，造和用的矛盾是对立统一。制造希望做出来的东西大家都可以用，这样成本降低了。应用则是希望我用什么东西只有我知道，既可以保密，守住我的专利，又可以提升我的系统功能。用和造是对立统一的，在发展的过程当中慢慢变成一个循环。专用、通用变成一个循环，是这么想出来的。

张卫：循环性创新不仅仅是国家集成电路创新的规律，也是全世界创新发展的规律。

听众：我以前是华虹的员工，见到董事长非常亲切。我有一个问题，今天讲的很多内容都是偏硅基材料的，半导体材料有第二代和第三代化合物半导体，目前来说硅基这块华虹集团和中芯国际已经做到 28 纳米的技术，紧紧追赶台积电的步伐。但是第二代和第三代化合物半导体也就是砷化镓，目前中国大陆是空白的，现在全球最大的代工厂 90% 在我国台湾。随着 5G、物联网、自动驾驶的发展，以后砷化镓芯片的应用肯定是越来越多的，尤其是军工芯片肯定离不开砷化镓、氮化镓及碳化硅技术。请教三位，未来国家这种技术如何发展、如何追赶国际的先进步伐？另外，虽然华虹集团承担了国家“909 工程”，以后有没有在砷化镓方面有相应的产品布局？谢谢。

张素心：现在各界都非常关注第二代、第三代化合物半导体，其实是一些新的材料、器件、工艺对未来半导体产业走势的影响。第一，这个涉及一个完整的产业链和生态体系的支撑，硅基工艺作为主流，从可以预见的将来来看，很难被改变。第二，在某些特种应用领域，包括 5G、物联网，特种应用领域氮化镓、砷化镓、碳化硅有其独特的优势，并且预计会得到有效的应用。第三，从华虹集团角度来说，华虹集团一方面致力于主业，硅基半导体往更先进的工艺发展，实际上是超越摩尔和追赶摩尔两条线同时在做。一方面是特色工艺，另一方面是趋向于更先进的工艺研发。同时，我们在新工艺、新材料方面都有所布局，并且正在做一些积极的准备工作，华虹在整个技术研发体系当中其实是有布局考虑的，因为大生产线承担了量产工艺和大规模生产的使命。我们在研发中心的引导下本身就承担了新工艺和新材料的布局和前期的研发，一旦具备量产条件的时点转入大生产线，创造一个条件和做好有效的应对准备。

许居衍：化合物半导体特别是氮化镓在现在的 5G 时代，特别是微波高功率时代，是非常重要的，我现在在中电集团，中电集团要为军工做一点配套，一点都缺少不了，非常重要。而且这个东西国家现在很大一部分都可以自主了，缺少它不行，这是从它的重要性来说的。从它的比重来说，占比非常之少，估计只有百分之几；对于占比非常大的，正因为非常大，所以竞争非常激烈，国家老是发展不起来，被别人压着。现在我们氮化镓第三代才占 3% 左右，现在还有人搞 5% ～ 6% 的，应用面是非常重要的，但是占比还是少。我个人观点大路货国家确实应该搞上去，如果搞不上去会受到制约。小东西非常重要，现在几个研究部门搞得很好，如现在全产业链都有了氮化镓，都搞得不错。

听众：我是复旦大学的老师，之前在中芯国际做技术研发，张董事长把中国半导体的状况解释得非常清楚，有一个问题想问一下张董事长，从你们的眼光来看，中国半导体产业链现在什么地方最薄弱？什么地方最需要加强？

张素心：这个问题恐怕不能简单说，第一，我认为中国集成电路产业的发展应该承担更重要的角色，在全球产业体系当中成为一个更加重要的合作者是一个必然的趋势和方向。第二，集成电路产业的特殊性和产业链的复杂性始终是全球合作的产业，全世界没有任何一个国家和地区可以完全封闭地承担起集成电路全产业链的发展，包括美国。从中国目前产业链各环节来看，分别都存在短板和不足的地方。两个角度，一个是看什么最擅长，另一个是看什么最薄弱，这两个角度都应该成为产业战略制定需要考量的因素。不能简单地偏向于某一个方面，一方面是更加系统的全面战略，可能有助于支持和推动中国集成电路产业发展；另一方面，这个战略考量应该是和产业的实际更加密切结合，而不是简单地在纸面上做文章，更多地应该是充分考虑产业的特殊性而制定的方向。

此外，产业链是一个体系，要把整个体系做起来中国还有很长的路要走。我有一个问题问一下张董事长，在国家集成电路发展过程中，大家一直觉得有一个成果转化方面的问题，高校和研究机构所做的研究与产业界的需求脱钩，关于成果转化您有什么样的观点？

张素心：成果转化问题可能是一个比较普遍的问题，不仅集成电路，在中国产学研合作体系当中普遍存在环节缺失问题，基础研究和工程应用之间缺少有机的环节联系，导致基础研究和工程应用并不完全如愿。从科学到技术再到工程，这三者之间是否能准确定位，其实有很多高校已经走到工程应用里面了，当然集成电路产业本身也不是一个单向的技术就可以转化为生产力的，这是一个比较系统性的技术体系。从工业部门来说，一方面希望高校的资源和研究力量能够更多地聚焦产业部门的需求实际，因为从国家创新体系的布局来看，高校应该是承担知识创新的定位。当然目前的发展阶段仍然是一个追赶者、后来者，如 70 纳米已经量产了，全球产业部门合作在未来方向路径上可以走的路已经探过了，只是需要用我们的工艺和战略布局把这个路再搭起来。如果中国经济发展到更进一步阶段，包括部分领域走到和全球科技前沿同步的时候，问题就出来了，知识创新的重要性越来越体现出来。现有的创新体系和资源布局，产学研深度合作仍然是一个有效的路径和方式。高校和工程应用之间拥有更紧密的关系，也就是说把中间缺失的环节各走半步做到有效对接。最后，在未来更进一步地发展中知识创新的重要性将会越来越凸显。

张卫：各位专家好，我来自复旦大学，回学校之前是做汽车功率集成电路的，有一个问题请教一下张董事长。从硅基主流的 BCD 工艺来看，如果单纯从工艺节点来看国外国内几乎没有什么差距，但是从市场整个占比来看，主流的汽车电子工艺不管是代工、集成电路设计基本上还是来自国外及我国的台湾地区，您觉得既然在工艺水平上与领先地区没有什么差距，为什么市场的差距还是很大的，您觉得这块短板在哪里？未来如果在这方面要追赶的战略发力点应该在哪里？

张素心：分享一下我对产业的理解。第一，赞成所说的在 BCD 工艺这样一些节点上的工艺水平绝对不会比几个“大佬”差，当然它涉及很多工艺平台，有些可能更好，有些基本同步，也有一些差一点。这是技术和工艺平台的看法，当然汽车电子涉及很多 0.13 微米、0.18 微米的工艺。

第二，市场占有的问题，就是我们的规模太小，而生产线投资涉及巨大的资本和周期，包括人才，现在一条 12 英寸生产线大约 1500 名工程师，上海本地院校一年的微电子专业毕业生大概是七八百名，其中很大一部分群体出国留学，还要跨到比做芯片相对轻松的互联网企业，人才的吸附效应不高。为什么市场占比不够高，因为产能不够大。为什么产能不够大？人才供应、保障等都不够。不是技术问题，是生产能力的扩充问题。

第三，对于未来的发展，随着国家政策的支持，从华虹集团角度来说，成立后前 20 年平均五年开通一条生产线，在新 20 年，即从 2016 年开始的“十三五”里面，同时建设 2 条大生产线，12 英寸生产线，这样一个发展速度如果能够持续下去，利用成熟工艺技术和一些具有潜在价值的应用场景和领域，市场占比份额一定会提高，连续两年增长速度全球第一，当然基数还是非常小的。

听众：我来自产业界，也是复旦大学的在校博士生。有两个问题，一个是问张董事长。张董事长有报告提及汽车电子的布局，了解目前华虹的汽车电子在工艺布局部分有 MCU 高端的汽车电子吗？包括 NFC 部分。2018 年中国的汽车销售量占了全球的 1/3，但是国内供应商基本上是很难和国际大厂相提并论的，汽车电子芯片国产化是一片空白，怎么发力才能让国内这么大的消费群可以用国内的芯片？

第二个问题，如何看待人才缺口？因为到 2030 年在集成电路部分大概会有 30 万～ 50 万人的缺口，如何留住这些人才，为中国的半导体事业做一点贡献。高校有很多很好的创新部分，如何实现产学结合，在追赶台积电或一些业界领先企业的时候如何能把国内的先进科研、先进成果产业化，防止流失到国外。

张素心：关于汽车电子的问题，中国汽车保有量、生产量和汽车电子需求量确实很大，个人观点并不认为也不希望大家等同于看待在中国生产的汽车都一定是采用中国本地供应的电子器件，这个不是很现实。很多外国厂商本身就有全球供应链，这确实是一个很大的市场，但并不等同于汽车电子需求就是中国集成电路产业未来的目标，这仍然是全球的。

另外，华虹集团在汽车电子方面早有布局，本身就已经介入很深，汽车电子认证全部具备，已经为汽车电子提供了大量芯片，各种品牌的都有。当然对外披露当中并没有明确哪些产品进入哪些品牌，但其实内部有研究和分析定位的，并且在这个基础上在后续的汽车电子应用当中有目标和理想，布局也会有更大突破的。

人才的问题，现在有一个人才白皮书，是基于人均劳动生产力 160 万元和产业规划的目标来测算的人才缺口，事实上不仅仅是本地培养，还有与具有业界从业经验团队的国际合作，人才是高度国际化的。华虹集团作为一个国有企业，非大陆籍员工并不少，当然总体上人才缺口很大，也包括其他专业领域转进来的。我是学发动机的，也跳到集成电路来了，人才白皮书里面根本没有把我算进去，相信有很多，尤其很多相关联的物理、化学等专业。校招来源也并不完全是微电子，涉及很多专业。

听众：我是复旦大学微电子学院的一名学生，有这么一个疑问。现在都知道中美正在进行贸易战，有言论说现在正在上升为科技冷战的形势，想起原来的冷战苏联和美国双方是拥有核武器的国家，双方的核威慑导致双方不敢开展正面战争。现在美国已经把华为列入了实体名单当中，美国如果对我们采取这样的制裁行为，现在我国有没有什么手段可以在集成电路领域反制美国？

还有一个问题，我们曾经做过一些业内的调研，听到了一些从业人员有这样的观点：国家现在投入了大量精力和财力去研发、追赶最先进的工艺，像汽车电子领域已经有一些成熟技术抢占市场份额，但是没有很大力地去发展这些已经成熟的技术，如可以从台积电手上抢占一些已经成熟技术的份额，并没有这么做。有一些业内人士表示他们觉得这样可能更加有助于国家在世界集成电路领域占据更好的地位，请问3位嘉宾如何看待这个问题？

张卫：第一个问题可以从前一段时间网上已有的华为董事长任正非答记者问里面找到相关的答案，在座几位嘉宾不能代替华为来做这样的回答。第二个问题，是不是应该发展更成熟的技术抢占市场而不是追赶更先进的技术。嘉宾可以谈谈自己的看法。

许居衍：我的观点是：第一，不要有特别年轻的、民粹主义和民族主义的思想，我们仍然向美国学习，在这样的情况之下做好自己的工作。第二个看法，美国人的后代，一定会对他们现在的人的做法感到很后悔。对于我们来说，应该努力工作，不要敌视别人，美国有好多好东西值得学习，但是也不要为了这个事去垂头丧气，我觉得华为现在的日子会过去的，不会给大家造成很大的困难，一定要保持信心。还有一部分人唱衰，说芯片一下子就垮台了，这两种观点都不对。

张卫：谢谢许院士，在贸易战情况下还是要脚踏实地地做好自己的事情。

张素心：这其实不是一个简单的过程，不是说做家具，你要10个，加班加点可以做100个，芯片非常复杂，特别是制造，没有加班加点的概念。即便工艺技术非常的足够，人才保障充裕，从研发到量产也需要很多的时间。我们的平台研究能力很强，如果刚建一条生产线，工艺和IP要积累，这样市场认可的周期就很长。建成一个厂两年，现在的标准是每个月4万片的产能，一般总是要6年左右才能达到量产。这个周期确定了不能看好明天就能做，没有这个可能性。

听众：我是复旦大学的准研究生，有一个问题要问张总，因为本科学的是电子，根据您的经历来看，怎样结合国有资本或民间资本赋能集成电路。

张素心：资本的力量很强大，但是有时候资本的力量很无奈。中国的资本市场很充裕，各种性质的基金有很多，现在一方面丰富和支持产业的发展，产融结合仍然是一个非常重要的方式，既有来自各自基金的支撑，又有中央给上海的三条政策之一，也就是科创板，会带来一个很大的效应。同时，也不要过度依赖于基金，基金并没有根本解决产业的地位问题。曾经说过一个观点，在太空业中有一家比较靠前的公司，它的老板是阿联酋基金，世界上没有人认为阿联酋是芯片强国，但实际上老板就是它。

听众：许老师提到量子技术不能实现很复杂的逻辑运转，也就是编程程序和算法，如果这样，国家大力发展这个技术，国际上竞相竞争这个技术高地，是为了什么？现在中美一直在进行科技方面的相互压制，尤其是美国，那么集成电路等技术会成为美国的靶标吗？而且美国最近提出了要发展美国国家量子计划，要上升到国家层面，今年的两会上潘院士也提出国家加强构建一个强大的国家层面的量子计算规划，不知道专家们怎么看这个问题？

张卫：因为今天的 3 位嘉宾做的都是集成电路，量子更多的是物理前沿方向，对你这个问题不是特别的专业。

听众：集成电路技术和研发会受到美国的压制吗？

张卫：现在美国政府对华为的限制，本身就是对中国集成电路产业链或技术发展的限制，这个问题很多媒体上都有的。

听众：很荣幸听到两位院士的分享，我来自一个从事半导体行业的企业。目前半导体是世界大国之间竞争的一个高地，相互拼抢，我们国家出台的 2025 年和国家半导体发展战略，第一批大资金用完了，第二批 2000 多亿元的大资金，也不断地在布局各个产业。但是在中国目前的半导体产业发展格局下，中国半导体企业规模偏小，大大小小的有几千家，但是可以发展成规模的不是太多。按照中国半导体发展的现状，中国半导体现在的经营状况利润率普遍偏低，像国外的一些企业，包括英特尔、三星的利润率都在 45% ～ 50%，所以与半导体行业相比，我们只有 20% 左右甚至更低，不知道你们的利润率是多少。我的问题是：第一，半导体行业是资金、技术、人才和资本密集的行业，要把资本交给企业，实现伟大的崛起、超越，还是交给人才，让科研机构、高校去实现我们伟大的目标呢？

张卫：你的问题是这个资本投入半导体应该投入企业还是高校？

张素心：从政府支持与扶持的角度来说，两手都要抓，两手都要硬，没有制造能力和没有研发能力都是不行的。中国目前大约有 1700 家半导体设计公司，还有重资产的，就是属于资本、人才密集制造，因为设计这方面并不是资本密集的，主要是技术和人才的密集，制造的周期比较长，资本投入特别大。大基金成立以后确实有效推动了制造部门的成长，当然制造部门产生的建设、工艺的稳定和投产都需要一段相应的时间，也要有一段规律性的时间，相信这一轮支持之后，在未来半导体行业一定会更加的蓬勃发展。

当然半导体制造企业国际主流的就是 8 英寸 +12 英寸，中国只有两家，剩下的还有 8 英寸，入门不是太难，但是要成为有规模和在业界有地位的企业也很难，所以达到 10 亿元、100 亿元以上市场规模的中国企业寥寥无几，大概就是这样的状况。

张卫：谢谢张董事长！今天 3 位嘉宾不仅分享了他们的精彩报告，更是与我们的听众做了一个多小时的互动，非常感谢。今天的互动环节到此结束，谢谢！

未来（科学）论坛3 AI+ 医疗：赋能健康共同体

当今世界，生命科学进入了跨界融入，人工智能（AI）、大数据、3D 打印等新兴科技的跨界融入和快速迭代，为前沿技术注入了新的动力。通过计算机视觉、语音识别、机器学习 AI 的技术和手段，将极大地提高医疗服务的质量。AI 技术目前已经在各行各业开展了广泛的应用，尤其在医学领域拓展了大量的新型应用团体，在医学影像识别、智能药物研发等方面都有很大的空间和前景，AI+ 医疗已经成为全球共同关注的热点话题。

1 论坛综述

浦江创新论坛未来（科学）论坛3：AI+ 医疗：赋能健康共同体，由上海交通大学副校长、中国科学院院士毛军发主持，演讲嘉宾共 4 位：上海交通大学医学院附属瑞金医院副院长、终身教授，中国工程院院士宁光；上海交通大学人工智能研究院副院长、苏州人工智能研究院院长王延峰；香港中文大学终身教授、腾讯优图 X-Lab 负责人贾佳亚；斯坦福大学临床卓越研究中心资深学者、美国医学院院士 Nirav Shah。互动对话环节由上海交通大学特别研究员卢策吾主持，参与嘉宾有体素科技 CEO 丁晓伟、联影智能 COO 詹翊强、商汤科技副总裁张少霆、腾讯优图实验室医疗 AI 总监郑冶枫。与会中外嘉宾围绕“AI+ 医疗：赋能健康共同体”主题，重点就医疗 AI 技术与应用的发展趋势，如何借助 AI 缓解全球范围内医疗健康行业发展不均衡等问题进行了研讨，为 AI+ 医疗的发展带来新思考、新思路。

AI 辅助糖尿病诊断和管理。AI 技术逐步走向医学的现场，逐渐把生命的体征用数字标记，包括心跳、血压、运动步数等，分析人体的代谢情况可以预测和预防糖尿病的发生。智慧医疗正在从理念走向应用，形成全新的转化医学研究和临床应用平台，通过研究和发展智能代谢疾病诊疗预防技术装备，通过智能化、集约化代谢病健康管理创新模式，实现智能专业化代谢病研究新方法。

上海交大 - 斯坦福智能医疗联合实验室正式揭牌成立。两所一流高校在智能医疗领域强强联手，采用中美双方人工智能学院和医学院合作的模式，同时将瑞金医院作为示范落地场景，开展 AI 多学科的交叉研究。我们希望以患者为中心的智能医院优化医疗资源的配置，来提升医疗服务的质量。在科研方面，探索计算机视觉和机器学习在医疗领域的深度交叉和融合，来推进感知智能和认知智能的发展。在复杂的医疗场景下，围绕医院的诊疗、诊断、院管 3 个方面打造超级医生助手。

腾讯优图利用技术优势辅助单病种重大疾病的诊断，并且通过智能的算法和系统诊断疾病，越来越多的智能化设备、智能化在线诊断及在线专家问诊系统开始出现，利用AI技术对医疗影像大数据进行智能分析，可以找到医生容易忽略或基层医疗水平不高地区无法诊断的一些疾病，早发现早预防，促进医疗事业的发展和进步。

2 嘉宾演讲实录

AI+ 医疗：糖尿病诊治的智慧方案

宁光 中国工程院院士，上海交通大学附属瑞金医院副院长、终身教授

糖尿病在我国的发病率日益升高，通过AI的方法对人体的生命指征进行数字标记，分析人体的代谢情况可以有效预测和预防糖尿病的发生，通过标准化的糖尿病管理能够有效控制糖尿病，节省医疗资源，降低医疗费用，提高患者生活质量，并从数据中找到糖尿病的发病机制，真正做到精准医疗。

本议题主要介绍在糖尿病方面上海交通大学附属瑞金医院与斯坦福大学如何进行AI与医疗方面的合作。为什么要选择糖尿病呢？因为在中国，糖尿病已经越来越普遍，18岁及以上的中国人患有糖尿病的比例超过10%，糖尿病患者总数大概有1.14亿人，且患病人数每年增加2%，远高于美国。而在美国，糖尿病的发病率开始下降，新发患者数也在减少。如果有好的方法，糖尿病是可以预防的，需要在这方面做更多的研究，希望能够知道糖尿病和心血管疾病及肿瘤之间的关系，能够更好地做到病前预防。

AI技术逐步走向医学的现场，逐渐把生命的体征用数字标记，包括心跳、血压、运动步数等。在瑞金医院的智能人体代谢舱里，所有的记录都能完成，从而真正地标记生命。例如，打一个哈欠到底消耗了多大的能量，生气能够消耗多大的能量，心跳提高5%到底要消耗多大的能量，血压上升多少，代谢会增加多少，体重会减轻多少。如一个人在骑脚踏车，我们可以解析整个骑脚踏车的行为，这样就能知道他用这种骑脚踏车的方式消耗了多少能量。又如在一个房间里面，可以计算我们所产生的热量和能量、心跳等生命指征，都是同步记录，从而知晓心跳和血压改变之间的关系。

在代谢舱中，我们就可以标记整个生命，加上基础代谢率、血压、心电图、脑电图、体温等指标，就能知道人体的耗能。一边是供氧的，另一边是二氧化碳的输出，每10秒钟告诉我们进去的氧气是多少，出来的二氧化碳是多少，这样的话，就知道了人体的整个能量消耗，同时被测试者的血液、小便及其他任何的体征都会被记录。我们希望能够进一步把被测试者的运动轨迹放在一起，这样的话，就可以知道日常生活中如何出现了

能量的代谢，而这些各种各样的能量代谢又发生了什么。刚才介绍了一个场景，这个场景最重要的是非常细致地分析生命的代谢，但真正要进一步与这个场景合作，我们需要和 Nirav Shah 合作，由他们解析这些现象。例如，一个人吃饭用筷子还是用勺子吃得多？用筷子吃饭的频率高，还是用勺子吃饭的频率高？包括咀嚼的频率，而用筷子或用勺子吃饭的频率和咀嚼的频率又如何决定了能量吸收的问题。在睡眠过程中到底有多少的耗能？是翻身多的人耗能多，还是翻身少的人耗能多？将来我们就可以知道了，这样就真正把 AI 技术运用到生命现象的解析过程中。

另一个场景，瑞金医院 26 个内分泌医生，每天要看接近 1000 个患者，管理 90 张糖尿病病床。在 AI 的帮助下，在中国建立了标准化糖尿病管理中心，用 400 个标准规定一个诊间，做到标准化的管理。这 400 个标准，最主要是定义两个环，第一环在医院，将患者所有的检查数据都记录到 AI 系统中；第二个环，用 AI 管理患者的日常生活。这样打通两个环，就能管理糖尿患者的生活方式。现在糖尿病风险预测的 APP，可以达到 93% 的准确度。

下一个 AI 在医疗上的应用场景是糖尿病视网膜病变。人身上唯一能被看到的毛细血管，就是视网膜，这对于糖尿病血管病变的诊断显得非常重要。利用 AI 系统，已经有 5.26 万人被筛查，并且把并发症告诉大家，节省了患者和医生的时间。

在中国已经有 500 多家糖尿病管理中心，包括 30 个省（市、区）的 500 家医院已进入糖尿病管理中心。在系统中可以了解整个中国糖尿病的控制现状，华北地区糖尿病的达标率只有 21%，东北 18%，华东 21%，华南 20%，西南 21%。进入糖尿病管理中心 3 个月的时间，就可以看到华北地区的达标率上升到 53%，东北、华中、华东、华南和西南地区的达标率都明显增加。仅仅对糖尿病患者的生活方式进行管理，让他们吃药吃得更准时更准确，就可以使对糖尿病的有效控制率提高一倍。

我们希望在中国做 1000 个糖尿病管理中心，管理 1000 万糖尿病患者。中国现在显性的糖尿病患者大概有 6000 万人，用这种技术可以管理 1/6。如果到那个时候，糖尿病治疗的整个费用会下降，而糖尿病的管理水平会明显提高。

要做到真正用大数据的方式管理糖尿病，必须要有大数据。在瑞金医院建立的大数据，可以把生物样本保留起来，进一步研究得到更多的数据，让这些数据变成一张图，就能对糖尿病进行预测，可以找到糖尿病的发病机制，最后实现真正的糖尿病精准医学。在患者中发现，用基础研究去证实，然后回到临床中去，形成了一个循环。医学在进行研究的时候，还可以促进整个产业的发展。

代谢性疾病真正要解决的是能量的代谢，把这个技术用到代谢解析计划中，就会在细胞、组织、器官等人体不同的层面上进行代谢的解析，就可以真正完成对代谢的精细认知，进而调节代谢、调节肿瘤、延缓衰老进程等。在这个工作中，有 3 个最重要的科学问题。第一个问题是能量守恒。现在人体中的能量守恒到底是怎么完成的？在能量守恒中基因是如何交互作用的？第二个问题是谁来感知能量？第三个问题是当人体代谢发生问题后如何逆转。

我们人体中小的代谢舱就是线粒体，每一个线粒体就是一个小的代谢舱。这才是真正深刻理解代谢的重要方面。如果能够做到，就可以改变整个疾病的命名方法。例如，现在糖尿病是用血糖定义的，痛风是用尿酸定义的。但在将来，可能是用分子分型的方式来命名疾病，所有疾病的定义方式都不一样了，治疗方式也会不一样，整个医学也会随之改变。在大数据的体系中，可以做药物的筛选，也可以做患者的治疗，没有必要再去做很多人体的研究，整个诊断、治疗和筛药过程都会大大缩短，费用也会大大降低。

上海交大－斯坦福智能医疗联合实验室发展规划设想

王延峰　上海交通大学人工智能研究院副院长
苏州人工智能研究院院长

AI 的未来在医疗，通过以人为本的 AI 的发展，围绕医生，围绕改善中国医疗整体，在复杂的医疗场景下，围绕医院的诊疗、诊断、院管 3 个方面打造超级医生助手，优化医疗资源配置，提升医疗服务质量，推动医疗产业发展。

我国医疗行业的需求和资源不匹配，中西部医疗差距非常大，老龄化日益严重，管理效率有待提高，创新周期非常长。医疗经过卫生的信息化、医疗的大数据，急需 AI 的赋能。医疗 AI 的核心技术和医疗的场景可以深度融合、相互促进，用医疗的场景拉动 AI 核心技术的发展，用 AI 核心技术的发展来促进医疗整个推进，在智能影像分析、智能问诊等一系列方面都会有很多的应用。目前 AI 还处在弱 AI 阶段，还没有到通用 AI 的阶段，但已经有很多主动学习、人机交互等一系列 AI 技术在医疗领域的深度应用，可以说医疗是 AI 发展的一个主战场。

我们希望建立以患者为中心的智能医院，打造超级医生助手，优化医疗资源的配置，来提升医疗服务的质量。在科研方面，探索计算机视觉、机器学习和医疗深度的交叉和融合，来推进感知智能和认知智能的发展。在复杂的医疗场景下，围绕医院的诊疗、诊断、院管 3 个方面打造超级医生助手。无论从信息化到数字化还是到大数据化，医院是最早接触各类 AI 技术应用的，在此基础上打造诊疗的数据平台及知识图谱整体的平台，面向多学科综合诊断、随访、医学院管等一系列领域。超级医生助手在病例智能化的分析，我们的病例，希望通过跨场景、跨科室的电子病例，能够协同地进行挖掘，支撑病例的智能分析系统。在多学科综合辅助诊断系统，我们希望通过以患者为中心，多科室现场协作来获得最佳的方案。目前在上海有36.7万名肿瘤患者，单病种的MDT（多学科辅助诊断）每年只做到200例，这是一个巨大的缺口。据顶尖医学杂志报道，MDT能使肿瘤患者的五年存活率提高10%。

在医院智能管理方面，通过对医院及医护人员手部清洁的监督，来提升医院的管理水平，把医院的院管降低到最低。传统医院常规要聘请第三方来监测，而AI可以7×24小时公平地监测医护人员手部清洁。在ICU护理行为方面，ICU医护人员60%～70%的精力做护理，30%～40%的精力做记录。用AI自动帮他们做记录，患者上下床、翻身等，帮医护人员节省更多的精力，让医护人员把更多的精力用来照顾患者。在养老智能的看护方面，未来居家养老及社区养老，老人在单独情况下的监测，这是斯坦福大学牵头做的项目，未来在中国，我们会联合做研究和进一步推进使其适合中国环境的发展。

打造智能健康共同体，中国医疗资源非常紧张，全球每万人拥有14个医生，美国大概是27个，中国正好为全球平均水平。2017年全球65岁以上人口达7亿人，到2025年，要达到16亿人。中国到2025年65岁以上人口占比将达到29%，即4亿人。老龄化和医疗资源短缺是一个全球的问题，我们希望通过AI和医疗的结合，赋予人类健康，这是我们的愿景，也是我们的希望，这还是我们从事科学研究、科学家体现自身价值最主要的一个地方。

腾讯优图在医疗AI方向的探索

贾佳亚　香港中文大学终身教授
腾讯优图X-Lab负责人

作为科技公司，把技术运用在医疗上，AI技术已经在临床上获得了广泛的应用，越来越多的智能化设备、智能化在线诊断及在线专家问诊系统开始出现，通过智能的算法和系统诊断疾病，促进医疗事业的发展和进步。

中国的医疗状况非常严峻，对腾讯而言，因为我们有庞大的社交网络，我们很愿意做与国家民生医疗相关的事情。中国民众其实远远还没有达到对于科学医疗的认知，我们希望能够普及科学医疗。腾讯医典是百科全书，囊括了所有医疗的词汇，而且对社会上的医疗热点进行辟谣，会在微信最显著的地方看到。除此之外，腾讯希望解决看病难的问题，还在做一个线上挂号系统，不需要在线下排两三个小时的队。如何做线上挂号、电子病例，能不能实现所有的缴费在线上完成?

这是一个非常难得的时代，这么多的公司争相把自己的钱投入医疗领域，这是从来没有发生过的事情，当科技发展到一定层面的时候，资本也好，商业运作也好，所有的技术也好，第一件事情就是希望针对落后的医疗。如果大家去三线、四线城市或在乡镇的诊所做一下诊断就知道，中国的医疗有多么的落后。在现在的这个时代，我真地非常高兴，我们有这么多的大公司、小公司、新创公司及医疗器械公司全心投入，把技术运用在医疗上面。我作为优图的主要负责人，我看到其他的团队也在做这个事情，说明我们大家在技术上都在比较，对整个社会，对于医疗事业的发展是有好处的，技术越强，落地水平越高，在临床上应用的范围越广泛，就会产生越广泛的商业价值和临床价值。在接下来的 5 ～ 10 年里面，通过跟医院的合作，通过跟各类医疗机构的合作，整体医疗水平会上升很多。

中国的癌症发生率和死亡率与美国的癌症发生率和死亡率比较，以死亡率 ÷ 发生率为指标，中国的数字是 70%，即当你一旦诊断出癌症，死亡的概率是 70%，但在美国是 33%，一半都不到。说明中国绝大部分的癌症发现在晚期。在中国男性患癌的比例中，第一位是肺癌，其次是胃癌，之后是肝癌、结肠癌和膀胱癌。在女性癌症里面，则是乳腺癌、肺癌、结肠癌等。腾讯在做 AI 的时候，首先看数字，通过 AI 早期诊断最难的或发病率最高的病种，从这些角度出发，慢慢延伸到其他的方面。腾讯优图实验室做了一系列的病种，不断更新推出新的算法和系统，跟超过 100 家三甲医院有紧密合作，邀请了很多专家进行指导。

今天报告涉及 4 个病种，会以它的成熟度来介绍用 AI 解决这些问题时候的切入点。第一个是眼底疾病，实际上通过眼睛可以看到很多很多的疾病。在中国眼部疾病的诊断是非常难的问题，或者容易被人忽视。除了视网膜常见病变以外，还有七大常见眼底疾病，包含 20 余种罕见眼底疾病。我们希望所有的眼底疾病通过一张图像就能够去发现。眼部做 OCT 之后，看到里面正常的眼底，右边是轻度的糖网，区别在于黑点。这张图像给一个专家医生来看，他很容易错过这个东西。正常眼底到糖网增殖变化，它的血管变得粗一点，变化也是非常小，诊断也是很难。我们发现有非常多的病种百分比非常小，是个长尾，能拿到的样本数量非常少，需要基于小样本的模型进行判断。2018 年年底我们正式把 OCT 的眼底设备介入社区医院，2019 年 5 月与各地级市保健医院建立了眼底筛查的平台，两个月时间服务超过 6 万人次。

第二个是乳腺问题的筛查。乳腺癌是女性的最大杀手，在中国绝大部分的女性乳腺筛查会使用超声波设备。这个过程中医生很重要，因为医生既是观察者，又是诊断者，还是决策者，诊断出来的结果是不是要做侵入式的检查，甚至要抽出样本做活体检查，医生的责任非常重大。我们不断做了算法，还做了硬件，在这个硬件里面嵌入了一个 AI 的算法，这个算法直接会在做检查的过程中弹出一个对话框，这个对话框会告诉医生，这个地方有可能出问题，医生就要停下来在这个地方看一看。如果医生还是不确定，他就可以按一个按钮，会将信息传到腾讯云上面，腾讯云会调用深度学习的系统，就会精准地判断出这个组织是不是肿瘤，是良性还是恶性，它的概率有多高，然后很快会传回来，医生就可以看到 AI 给出的精准的判定。最后的决策不在于 AI，而在于医生。这套设备是一个实时的设备，能帮助医生达到更好的诊疗效果，真正解决医疗设备或医疗诊断上的巨大痛点，能够帮助一个普通的医生做出跟北京、上海最好医院相匹配的最佳诊断结果，这对于中国相对落后的医疗具有非常大的推动作用。

第三个是脑卒中的原因分析，还在算法研究层面。脑卒中有两种原因，一个是血管闭塞，另一个是出血。在中国迅速进入老龄化状况下，在社区医疗甚至高端医疗里面，脑卒中是最需要保障的一环。但脑卒中的急性死亡率非常高，72 小时之内没有得到有效治疗时，死亡率是 30% ～ 40%。在中国乃至全世界，对于脑卒中 AI 的介入还都处于非常早期，我们希望通过强大的 AI 模型和图像处理的手段，进行 72 小时的快速诊断，并指导医生做下一步的治疗。脑出血以后立刻成像，拿到成像之后做智能分析，看中风在什么地方，需要有分类网络，根据病例报告做合并，最后得到一个辅诊，拿到一个诊断结果，医生最后做诊断。我们的算法可以直接告诉医生有可能脑出血的位置，哪个地方是最大的出血隐患，医生应该仔细看看这个区域。

第四个是肝癌的智能检测。肝癌非常难诊断，因为它在早期没有任何感觉，甚至连肝大都不会出现。我们希望给医生指导，医生看了照片之后，就知道肝的多少部分已经被肿瘤侵蚀了，是一定要去除的，哪一部分是可以保留的，也可以做手术导航的手段。这是一个基本的算法模型。

AI 在医疗的部分非常难做，但我相信未来一定是非常光明的。现在中国在医疗落地的层面上，因为有各大公司团队的切入，大力地推动了医疗事业的进步。接下来，我们会看到越来越多的智能化设备、智能化的在线诊断及在线专家问诊系统。

3　互动交流

提问者：请大家用 5 分钟介绍一下自己做的事情和对这个领域的看法。

郑冶枫：我来自腾讯优图，有很大的团队做医疗领域。腾讯医典是 2C 的，对医院有智慧医院综合解决方案，在线挂号、在线支付，我们还推出了电子健康卡、处方药管理、在线的诊疗，现在开始做互联网医院。如在线挂号，就是一个电子健康卡，我们希望每个医院的号码跟微信捆绑，有一个号码就可以走遍全国。中国因为医生资源非常少，每个医生一天得看 100 多个患者，所以就医过程 3 个小时，医生只能跟你聊 10 分钟，从患者的角度来说，有很多抱怨，但从医生的角度来说，医生的时间不可能无限放大。我们觉得互联网医院或在线诊疗也是一个非常好的方案，可以减少就诊的时间。现在微信的视频聊天非常普遍，在约定时间跟患者做视频问诊，就医时间可能就半小时。现在已经在深圳做试点，试点完成以后会在全国铺开。有什么问题也可以在线提交，我们只是提供一个平台，把医生和患者连接起来。医生也可以做多点执业。3 天前，腾讯举办的全球数字生态大会上，推出了宫颈癌筛查设备。我们还做了一个实验室，不仅仅要支持产品落地，也会做科研算法。腾讯最近论文呈现井喷的状态，不仅仅要做产品，还要做一些前沿的探索。

詹翊强：我是联影智能的，我想讲一些联影的特色。我们是一家大型医疗设备的生产厂商，在 AI 的投入上，有两个大的方向，一个叫赋能医生，还有一个叫赋能硬件或赋能设备。具体而言，这里面也有两个子方向，一个方向，我们希望用一些 AI 技术，让成像这个过程变得速度更快、质量更好。举个简单的例子，我们在 MRI 成像上，可以对源信号，用 AI 技术把图像恢复到医生诊断的水平，客观上可以提高 MRI 的成像速度，也可以提高患者接受 MRI 的频率。另外，刚才贾老师讲到关于基层医疗资源缺乏的问题，我们是完全认可的。但实际上我们还发现了另外一个问题，基层医生的问题不仅仅存在于诊断，还存在于基层的技师操作机器不是很规范，他会把一些关键的部位漏掉，或者患者应该做的姿势没有做。即使这些片子传到那些三甲医院，但在源头数据就丢失了，所以把 AI 直接做到机器里面，当技师做出来的图像不能满足诊断需求时，可以马上提醒技师。

在这个基础上，我们提出了一个概念，我们叫全站赋能，或者叫全工作流的赋能。以大脑疾病为例，在成像的时候，可以提高成像的质量。大脑的有些疾病，像脑出血马上就可以看到问题，但一些退行性疾病、老年性疾病，需要做大量的随访。在随访的过程中，可能需要一个非常精细的比对，如有一些非常小的大脑结构的变化，或者形状、体积都需要精细的比对，我们把 AI 也注入随访过程中。当随访确定以后，还有诊疗，这是我们联影智能的第二个特色，不仅仅做在影像设备里面，还希望贯穿到整个治疗工作流里面。

最初为了提高我们公司的内部研发效率，我们做了一些特别应用于医疗场景的模块，如器官分割模块。但随着我们跟医院交流的深度，我们发现在医疗的应用场景中有很多具体的医生科研需求或临床需要，一个医生直接开发新的 AI 开发工具，对他们来说也不是一件容易的事情。我们想和医院深度合作，一方面我们从医院得到临床的指导，找到医院的痛点；另一方面从医院的角度，我们可以提供半成品的模块，让他们在模块上做快速的开发，来解决他们的临床或科研的问题。

张少霆：5 月 15 日我们发布了第一款智慧医疗产品，围绕产品简单介绍一下我们在做什么。

我们除了做辅助诊断之外，也希望能够在临床的诊疗全环节做一些贡献。这里比较偏重治疗，如手术规划、耗材设计、放疗计划，这一系列跟手术相关的工作。

要做这样的事情，目的是为了让医院的临床医生能够赋能，至少需要两个重要的赋能点，第一个是临床医生做手术的时候，需要做很多三维的分析、可视化和渲染的工作；

第二个是临床环节，AI 算法要去赋能。

临床医生在医院里面，只要有网络，打开一个网络浏览器，键入这个平台的地址之后，所有的三维功能都可以使用，同时再提供 AI 的一些功能。我们可以支持多少临床医生同时使用呢？单台的服务器可以支持 160 个医生同时在三维的环境下进行交互及实时处理，如果没有同时限制的话，技术上可以达到上千个交互，希望能够赋能全院的临床。为了做这个事情，技术上有两个壁垒，一个是怎样做三维的支持，另一个是怎样做 AI 的支持。这两方面，商汤都是原创技术做的，渲染这一块也是一位交大的毕业生，在南洋理工念的博士，从无到有开始研发这个技术。深度学习这一块，商汤一直是自研的深度学习框架，去做训练。所以整个的架构，我们在 5 月 15 日推出，并且给出了一些具体的案例。商汤一家公司不可能把所有临床问题都做完，我们希望能够赋能到合作伙伴，赋能到其他友商的企业一起解决具体的临床问题。

丁晓伟：我们是体素科技，在洛杉矶成立，在上海也有一些团队。在 2017 年的时候，我们获得了腾讯的投资，也是腾讯的兄弟公司。

体素科技之前一直在美国的医学院做临床工作流和精准的医学影像分析的应用，对美国的医疗体系和临床工作流比较了解。我们打算在中国的医疗体系中发挥一些重要的作用。

我们选择去做一些医生工作中两端的事情，一端是不适合人干的事，另一端是人不愿意干的事。中间，现在最主流的是临床工作流，是医院中正在用的高效流程，其实是非常适合人脑解决问题的，人迁移各种知识，联想，对眼前的信息进行处理，并且做出判断，其实人脑比计算机在某种程度上高效很多，因为人拥有完整的知识体系，看病的时候，不只是光有医学知识，还有生活常识。但机器做训练学习的时候，它只看到了几十万张长得差不多的图像，它对这个世界是没有其他方面了解的。人是适合做精准量化的，综合各方面的信息，对于未来的事情做预判是不太适合的，人会加入很多的情绪，思想一般都是片面的。所以在精准医疗这一块，对心血管风险的评估、治疗过程中下一步治疗的建议等，以及预测一些不良心脏事件的发生，从影像上做这些事情，我觉得计算机可以做得比人好一些。另外一端，人不太愿意做的事，甚至是没有人干的事情，如基层医疗、社区里面跨科室的行为，经常需要会诊的行为，老是麻烦另外一个科室，就影响了诊疗的效率。我们做的如社区健康人群的体检、眼底照相的体检、皮肤病的自查等，非常贴近健康人的生活。这些环节，已经属于医院外的环节了，医院是要救治那些最需要救治的患者的。所以，我们更要聚焦在没有人愿意干的事情上面，来做好这件事情。

提问者：针对整个 AI 赋能医疗这样一个话题，请各位展望一下，AI 赋能医疗未来的前景，以及未来会遇到什么样的困难？特别是落地上的困难。

郑冶枫：我觉得困难取决于你属于哪个角色，比如说晓伟是 CEO，更关注的是落地场景，他们压力比较大，我们是一个实验室，所以我们相对来说，并不直接受到冲击。

因为商业上的探索，也不是我们实验室擅长的，我们有专门的团队，他们会做探索。智慧医疗是一个很大的领域，靠单点突破，就做某一个病种，就做辅助诊断，就想把这个卖出去，我觉得挺难的。所以腾讯的布局相对还是比较完整的，我们在在线挂号、在线支付、电子健康卡、互联网医院甚至2C的医疗百科全书，在多方面做探讨，可能东方不亮西方亮，这样概率会高一些。这是我个人的见解。

卢策吾：从研究的角度，因为现在的智能医疗，各自有各自的研究，有没有可能有一个统一的理论，慢慢更有普世性的方法论的产生？

郑冶枫：从研究的角度来说，无论是用于医疗医学影像，还是用于视觉，有很多探讨，我不仅给你诊断，还告诉你在哪个区域，还是没有完全解决。医疗上碰到的技术问题，是少量的问题，我们实验室医疗是一部分，更多的同事是做视觉的，他们的样本都是几百万起步的，甚至是几千万。可医学影像是三维的，而且跟市场场景完全是不一样的，三维的话，三维卷积比二维卷积好。我们最近做了一个工作，也准备对外公布我们的模型，最近开始有很多很多的比赛，有一个网站把几乎所有的比赛列出来，将近有200个比赛，很多是做三维分割的，把这些比赛累计起来数量就惊人了，训练一个网络，这些分割网络共享一个系统。我们希望把训练的模型放到网上去，大家都能用。

詹翊强：AI这几年很火，包括投资界都非常追捧。我们当时其实有一个担心，因为AI几起几落，更多的是商业上。我看到过一个报道，几起几落有一个原因，每次起的时候，大家对AI期望好像太高了。我最近看到有人说，AI使医生都要失业了，医生聚焦在人文关怀上。我感觉在目前的技术阶段上，还是不可能达到的。我们投放产品的时候，越是偏向于基层的医生，越需要用，他们可能在整个领域的量不是那么大，我们看他们的使用频率，实际上对他们的帮助很大，这是AI非常有希望的地方，把人不能做的做了，或者把水平不高的医生提高到三甲医院医生的水平。

卢策吾：基于您的观点来看，这种初步实现要多长时间？

詹翊强：当然这里面有两个问题，我们先说AI，什么时候能够真正给我们带来价值，这个价值可能不一定马上能转化为企业的绩效。刚才我们看到了一些数据，能够把基层的医生提高到三甲医院医生的水平，能够把成像速度加快，让更多基层的患者接受到高层医院的服务。对于这个，我个人还是蛮乐观的。

接下来要讲困难的话，一个在落地上，而且有些问题是远远超出算法的。如在实验室的场景里面，医疗图像是三维的数据，还是要花一定时间。当你放到真正的医院，特别是大型医院的时候，可能是10台CT机同时向你送数据，而且数据量真的非常大，基本上1分钟一个CT。从技术上要求是相当相当高的，不仅仅在精度上，还在速度上，甚至对整个信息系统的架构上也有很多要求。另外一个角度，从研发上，其实数据是比较大的障碍，当然我这里不是说数据拿不到，我个人感觉，虽然AI医疗很火，至少我们的起点是在做AI影像，影像还是结构化比较好的数据。但看看医院里面其他的数据，如文本数据，很多医院的文本数据甚至没有电子化的。只有先把数据框架解决了，把数据标准化，只有在非常标准化的数据场景中，才可能做出一些 AI 的突破。

再补充一点，我们现在的感觉是，医疗图像的样本还是可以取得比较多的，但更难的在于监督，因为它成本很高，而且可能两个医生会给出不同的结论。可能是弱监督，或者错误的监督上的算法，特别对于医疗应用场景是需要关注的点。

张少霆：可能我们 4 个人的背景不一样，谈到困难或对未来的展望，大家的出发点不一样。我觉得对行业来说其实没有什么差别，因为只有这个行业做起来，各方面都成功了，才会有比较好的发展。不怕这个行业一拥而上，担心的是一哄而散。现在我们可能在最好的时机，大家最重视的时刻，但居安思危吧，在这个时刻要更多地想有些困难或问题怎么去解决。

其实 AI+ 医疗，第一点是怎么成为刚需，第二点是怎么有溢价能力。因为最终所有的东西，企业还是会有资本在驱动，还是要有价值的。成为刚需这一点，相对来说，我还是比较乐观的，特别是在中国的环境下，需求是实打实存在的，分级诊疗的需求，医患比的需求，放疗的南派、北派是非常典型的问题，哪个好哪个坏，可能真相不是唯一的，标准真的无法判断。所以这一系列是在中国很独特的存在，要它做成 AI+ 医疗成为业内需要的刚需，随着时间慢慢推移，渐渐会发生，在各个点上，不一定要挤在同一个点上。但 AI+ 医疗，本身的商业价值怎样体现？这其实是比较大的问题。因为预测未来几年会发生什么，不妨回顾过去二三十年发生了什么。这些提高能不能使得这个行业在商业上产生质的飞跃，成为一个新的爆发点或增长点，这件事情还是未知的。我觉得完全同意，避免盲目乐观，尽量不要只看过去两三年，多看过去二三十年的发展变化，看看其中有没有机会，可以使得 AI+ 医疗，真正有社会价值，又有商业价值。

丁晓伟：非常同意前面几位专家的看法。在这个行业比较早期的时候，展望和问题是一回事。第一个问题，是否能得到医疗界的认可和接受。现在对算法的评估标准，可能还是以工程界的评估标准为主，但医生看这个问题，不是这样看的。甚至我们现在做临床实验，去拿药监局许可的时候，临床实验也都是在非常受控的环境下做的。其实医生都明白，在这种受控环境下做出来的数据，不见得能得到真正认可。所以在一个真实世界里面，一个不受控的、随机的这么一种大量人群身上的实验，我觉得才是一个 AI 产品经过验证的终点，而不是跑出 LC 刻度来就结束了，这个也是需要专家支持的。就在 MMC 100 在多家医院中部署，患者挂号，我们看到了这个东西的价值，这样才能真正测试医疗产品 AI 的价值。

第二个是监管的问题。医疗的器械，肯定不是做出来就能随便拿出去用的，是需要药监局批准的。到底能不能无人使用这个问题？这是一个非常大的决定，没有医生在场，直接用机器看，行不行？但只有这样，才能提高生产率，这一点上，我是非常乐观的，也希望把乐观的态度传播出去。在医疗中所谓的机器做到全自动、无人操作，不是要替代医生，是要去那些没有医生的地方，那些地方是有总比没有好，在那种场景下，这是一个点。

第三个是商业变现的问题。我们已经做了这么多年，还没有变现的问题，主要考虑和政府的合作，因为这个东西最终还是会为国家产生价值的，对医疗经济学产生价值。但医疗经济学用 AI 去产生价值，是比较间接的，并不是省了多少钱，AI 有点像勤做体检勤做预防，有时候带来的效果很大，但非常间接，不容易形成控费价值的影响。这个也需要行业一起通过临床实验，通过长时间跟踪一批患者，去向政府部门证实这个价值确实存在，应该得到报销，应该得到收费。

宁光：我问一个腾讯的问题，包括腾讯、阿里巴巴、百度，你们内部都有很多部门在做医疗，你们内部几乎没有协调，就好像一个单独的小公司一样在做。这样的话，会不会带来内部资源不能被协调且不能被有效使用？

郑冶枫：我觉得这是公司的一个历史传承下来的东西，当时做 2C、QQ、微信都是给普通用户的。微信当年是 3 个团队在做的，张晓龙的管研院率先做出来了，那就推广了。2C 的变化非常快，内部竞争也可以促进算法做得更好。2018 年 9 月底有一个改革，不仅仅立足消费互联网，还要积极拥抱产业互联网，我们公司做了重组，重组了云与智慧产业事业群，很多 2B 的业务都在这下面。2B 的业务，确实我们听到很多客户抱怨，包括医院抱怨，很多腾讯的人去找他，还互相竞争，每个人说不同的话。我们公司也意识到这个问题，现在开始慢慢整合，2B 业务，包括医疗这边，所有与医疗相关的场景部门划到一块去了，当然，算法团队、医学影像和计算机视觉还留在实验室，我们通过产品部门对外。所以，这个情况在改善。

提问者：我前面听了演讲，我对最后一位嘉宾的发言很认同，我们的 AI 不是想取代医生，而是想协助医生，但在某些特殊的场景下，我们希望在无人的场景下，让一些患者认识到自己有病。前面提到了无人车的应用场景，能不能把医疗和无人车结合起来，比如说我可以有一个用于医疗的无人车，这个车专门前往没有办法接收到医疗服务的地方，把这两个想法结合起来，我想这个应用的场景会非常大。

丁晓伟：谢谢，这个场景非常好，我们也希望无人车的同行比我们先做出这台车来，然后再装上我们的东西，绝对没有问题。目前来讲，司机是比医生好找的，所以我觉得医疗先做持续价值更大一些，有人开着车过去，我们先从一群人开始帮助。

提问者：我想问一下腾讯，用微信在医院里结账，怎么样改变？

郑冶枫：我们叫在线支付，跟普通的移动支付有点区别。现在中国进入到无现金的时代，医疗行业还是有点区别的，因为医疗有保险在里面，整个花费是 1000 元，你可能只需要花费 200 元，80% 是保险支付的。我们花了很多时间与精力去打通保险，患者离院的时候，只需要支付你要花费的部分。平台做了很多工作，这就是跟普通移动支付的区别。

提问者：我还想问宁博士一个问题，我们在睡觉的时候翻身多少，耗能多少，这不是做个实验就可以知道的问题吗？

宁光：但是你要监测他，你不知道他什么时候翻身，你也不知道他翻身的时候代谢是什么，你一定要把生化指标测定，而且是他在睡眠状态下的翻身，你才能知道。

提问者：我在监测他的时候，还得监测他的心率？

宁光：对啊，你知道他翻身了，但你不知道他翻身的时候在想什么，甚至通过行为学来标记你的心理。例如，一个正在减肥的人，给他一块非常好吃、香味十足的肉，他会发生什么？这个人在减肥，一定会表现出极大的热情，开始做思想斗争，最后的结果，如果他吃了，他减肥肯定失败。可以从这种行为学的改变，来标记他心理学的改变。我们现在对所有的心理学的改变，都是一种主观的改变。当所有的事情被标记的时候，我们就可以通过改变一些行为，让人可以更加自律。所有这些都要设定场景，这个场景是规范化的，是标准化的，这个场景是可以计算的。这个就不是思维的真实性，它就是一个可以标记的情况下，在规范的情况下，对未知的行为、未知的心理进行标记。我们正在做，但这个过程非常困难，但你必须要去做，你去做，就会发现这里面有大有可为的东西。你可以知道什么样的血压，什么样的心跳，会出现什么样的行为。我们新装修了一个实验楼，这个实验楼大概5000平方米，里面大概有120个人常年在工作，这时候我们想知道他们的效率有没有提高？他们整个的行为流，在这里面可以看得出到底工作的强度有多大，怎样提高他们的工作强度？同时让他们非常精力集中地工作。有些人在这个位置上很长时间，但他精力不集中，这个又怎么去解决。你把这些事情解决了，要有专门的实验室做出一些数据来，之后到小的场景去应用，在这个小的应用场景中实验，然后回到场景去定义，最后把它推广到更大的场景。我相信这些事情都可以实现，但是需要标记。

提问者：各位老师好，我今天听到各位老师讲的都是单病种的AI辅助诊断。在实际临床当中，患者的体征往往合并多种改变，就像体检中心，胸片阅片用AI来诊断，一旦遇到患者合并其他的改变，这个AI就会变得非常的鸡肋。第二个问题，我们说AI未来的方向在于分级诊疗制度以后，能够深入社区医院当中，为所有患者提供普惠式的服务。如果你的AI出了问题，你的责任主体在哪里？辅助检查给的是一个值，但AI给的是诊断，告诉你有病还是没有病。虽然目前是医生做出判断，但如果变成无人医院，无人医院给出患者解释，患者过分相信了这个结果，导致了问题，谁来为此负责。AI以人为本，但失去了温度的AI，往往它可能会违背我们的初衷。想听听各位老师畅想一下AI能不能在复杂病变上有一些突破，能不能给临床带来实际的收获？

郑冶枫：确实是，现在很多状况只能看一种疾病，在眼科上面是我们的强势，我们做了统计，大概诊断30种疾病，几乎可以覆盖全部。为了解决非常少的，不在我们覆盖范围以内的疾病，我们还有一个模块，判断有病还是没有病。区分有病和没病相对容易一些，没病可以把优先级降低一点，有病的分到另类里面，或者没有见过的，就可能分到最后一类里面去了。这个会帮助医生，我们统计过，像眼科疾病能够覆盖99%以上的病种。

丁晓伟：我补充一下，非常感谢来自用户的批评，我们正在努力，AI公司应该从一年多前意识到了这个问题的，只是说现在还没有大规模地去发布这样的产品，但已经做了一段时间了，如胸部CT，以前只能看结节，从过去17个病灶到现在30多个病灶，这个鸡肋的问题，随着时间的改变，会变得越来越好的。

机器独立工作的责任问题，我们确实回答不了，美国的FDA批准了眼底筛查的全自动阅片，这也是开了一个先河。在美国的话，如果万一做错了，责任在谁，好像确实没有人有责任，因为FDA批准了无人使用的状态。

提问者：感谢各位嘉宾下午的分享，我听了收获很多。刚才嘉宾也提到，现在医疗很重要，但商业上不是特别地容易变现。我可能听得不是很明白，各位嘉宾能不能具体讲一下，主要的原因是什么？还有一个技术的问题，现在数据很少嘛，大数据是很重要的，如果没有数据的话，可以使用小样本，但本质上精度差很多，医生这个问题，不可能有大量的数据，采集上很难。对于我们未来研究人员，方向应该是什么？是不是需要一些新的东西解决这些问题？

詹翊强：我先来回答你的第一个问题。确实医疗是一个非常特殊的场合，如2C的软件，做出来，内测好了就可以上线。但医疗的软件，我们可以拿到CFDA的证，它是有监管的，整个流程是非常严谨的，你可以把它理解成新的药上市，不能说实验室结果好了，马上就可以投入使用了。这是第一个壁垒。

第二个壁垒，即使拿到了所谓的注册证，也不意味着你能变现。因为医疗是有保险的，谁是付钱的人，这里面牵涉到国家的医保政策，还有一个收费项目，要通过物价局有一个收费项目，整个过程是非常复杂的。单讲这几个就能理解为什么医疗的变现不像简单的2C软件产品那么容易。

张少霆：我稍微补充一下，实际上IDX整个证拿了10多年的时间，而且是单病种。所以，这个周期要拉大到多长，才有变现的可能，这是难以想象的。技术上本身就是很难的，监管是非常严格的，在这一系列的约束条件下，使得它比无人车更难。但也没有那么悲观，我相信做这一领域的，过去20年看下来，还是有盈利的，像联影这一领域肯定能赚钱，设备能赚钱。以过去20来年的经验，再看一下它的困难，再看一下哪些是10年以上的医疗企业，可能会有一个更好的全局观。

卢策吾：谢谢大家，谢谢各位嘉宾，今天的论坛到这里就结束了，希望大家以后支持我们上海交大－斯坦福智能医疗联合实验室。

第 10 章

科技创新青年造就者圆桌峰会

1 论坛综述

作为 2019 年浦江创新论坛的重要内容之一，科技创新青年造就者圆桌峰会是专门为 45 周岁以下青年科学家打造的专属舞台，聚焦于展示青年人在科技创新中的中坚作用，重点邀请了具有全球视野和影响力的青年科学家与科技创业者，通过跨界碰撞，共同探讨如何在未来创造更多可能性。

本论坛由上海广播电视台融媒体中心主持人何婕主持，互动交流环节由上海交通大学人工智能研究院副院长、苏州人工智能研究院院长王延峰主持。浦江创新论坛主席、中国科学院院士徐冠华和上海市政协副主席李逸平发表致辞，出席的嘉宾还有中国工程院院士、中国工程院原常务副院长、原邮电部副部长朱高峰，中共上海市委委员、上海市科学技术工委书记刘岩，上海市科学技术委员会副主任骆大进，美国医学院、斯坦福大学临床卓越研究中心 Nirav Shah 院士，科技部、上海市有关部门的领导及高校院所的专家和政府有关部门的负责人。演讲嘉宾有 10 位，分别是活跃在各个领域的青年代表。

2 嘉宾致辞

浦江创新论坛主席、中国科学院院士徐冠华的致辞

徐冠华　浦江创新论坛主席、中国科学院院士

很高兴和大家相聚，共同参加浦江创新论坛科技创新青年造就者圆桌峰会。科技改变世界，创新造就未来。浦江创新论坛自2008年创建以来，在科技部和上海市政府的领导和支持下，在各方的共同努力下，坚持以全球视野谋划和推动创新，汇聚创新智慧和力量，前瞻科技发展趋势，洞悉创业变幻风云，努力打造成为科技创新领域重要信号释放地、重要话题引领地、重要论述策源地。追逐创新梦想、实现科学精神是青年最鲜明的特色，无论是从中国还是从世界科技创新的发展历程来看，青年在创新潮头上都刻下了深刻的印记，在精神的塑造中折射出独特的魅力。不同时代赋予了青年人不同的使命，不同的使命让青年的优秀品质代代相传、落地生根、开花结果，最终成为一种文化、一种文明。在这个创新的最好时代里，青年人身上更需要闪烁出金子般的光芒，坚持客观真实、追求真理，坚持勤于学习、不断求知，坚持不盲从潮流、不迷信权威，坚持科学诚信、科研道德，努力担负起新时代赋予的新使命，努力将自身的科技知识和创新能力回馈社会。科学探索的道路上没有失败者，只有前行者，每一位向前探索的人都是英雄，成功了要鼓励，失败了更要鼓励，我们要有包容的心对待创新研究，允许犯错、鼓励试错，同时也要虚心听取不同的学术观点，虚心接受别人的批评，唯有如此，我们的科技创新事业才能迎来更加蓬勃的发展。面对未来，我们比以往任何时候都更需要听取来自青年的声音，更需要凝聚来自青年的力量，科技创新青年造就者圆桌峰会是浦江创新论坛专门为青年打造的论坛，是体现科技青年价值追求的重要窗口。

今年这场峰会特别邀请到了10位具有全球视野和影响力的青年科学家和创新创业先锋共聚一堂，开展跨界碰撞与分享，一起展望和勾勒未来。我也很高兴这场洋溢着青春气息、充满着未来畅想的圆桌峰会将为今年的浦江创新论坛拉开动人的序曲。各位青年朋友们，青春逢盛世，奋斗正当时，我真诚地期望青年朋友们不负韶华、不负这个伟大的时代，奋勇前行、筑梦未来，为推动国家乃至世界科技进步和创新发展贡献更多的智慧与力量，谢谢！

上海市政协副主席李逸平的致辞

李逸平　上海市政协副主席

很高兴与青年朋友、各位来宾齐聚上海浦江边，共同出席科技创新青年造就者圆桌峰会，共划科技合作，共谋科技未来。中国有句名言，叫作“积力之所举，则无不胜也；众智之所为，则无不成也”，当今世界正处于百年未有之大变局，世界多极化、经济全球化、文化多样化、社会信息化深入发展，推动科技创新进入空前密集的活跃时期。

只有汇集全球思想、集聚全球资源、汇入全球网络才能跟上科技创新的时代步伐。在徐冠华主席的关心推动下，作为一个开放多元的高端科技交流平台，科技创新青年造就者圆桌峰会去年首次在上海举办，就产生了广泛的影响，成为浦江创新论坛中的一大亮点。今年我们邀请的嘉宾更多，探讨的话题更广，对于把握创新动态、引领创新潮流、定义创新路线、营造创新氛围会带来更大帮助。在上海举办这样的青年峰会，对上海而言，也会有力推动具有全球影响力的科创中心的建设，这是科技部等国家部委对上海的支持。

5 年前的今天，习近平总书记要求上海努力在推进科技创新、实施创新驱动发展战略方面走在全国前头，走在世界前列，加快向具有全球影响力的科创中心进军。5 年来，我们牢牢把握科技进步的大方向、产业革命的大趋势，集聚人才大举措，系统谋划整体布局，集全市之力加速推进，科创中心建设取得了阶段性成效，科技实力得到了进一步提升，出现了一系列标志性成果，推动了大科学装置建设，设立了一批新科研机构，出台了一系列政策举措，加快形成了更具有多样性、包容性、协同性的创新生态。当然，我们还面临着许多短板和困难，在去年首届进博会的开幕式上，总书记代表党中央给上海交办了 3 项重大任务使命，这是新型产业加快发展的又一个重要机遇。

青年是整个社会力量中最积极、最有生气的力量。回望来路，上海离不开一代又一代科技青年为这座城市奉献青春；展望未来，上海正以更大的决心、诚心和信心向世界各地青年科技人才敞开怀抱，为青年成长成才实现梦想，进一步夯实和打造理想之城。各位青年朋友们，心向往之，行必能至，攀登未来科学高峰需要梦想指引，需要凝心聚力，我们衷心希望大家能够在这样一个平台上，分享真知灼见，碰撞思想火花，找到未来科技发展之路，我们也真诚地期待有更多热情的年轻人踊跃参与到上海科创中心建设和城市发展中来，大展身手建功立业，为建设上海、中国和世界美好未来贡献自己的青春力量！

3 嘉宾实录

AI 引领科技向善

贾佳亚 香港中文大学终身教授、腾讯杰出科学家、腾讯优图实验室主任

> 发展人工智能，我们既要做与互联网和科技相关的东西，也要做与社会进步相关的事情，即科技向善。

人工智能是腾讯优图实验室一贯从事的科研和开发工作，人工智能这几年对社会有很大推动作用。本人在去年9月提出了一个概念——科技向善，即我们既要做与互联网和科技相关的东西，也要做与社会进步相关的事情。

人工智能的发展对普通人而言是一件好事还是坏事？一个新闻是在美国随机采访了一些行人，绝大部分人认为人工智能是一件坏事，因为人工智能会让更多的人没有工作，可能会被机器人取代。另一个新闻是旧金山不允许利用人脸寻找任何信息。这两个新闻说明在一些发达地区和国家的报道中，AI的出现可能是一个负面多于正面的事，但本人认为，科技是中性的。在人工智能发展的过程中，怎么利用人工智能做到科技向善，来真正改变大众对人工智能的观点？我举几个案例。

第一个是AI工业。中国高危作业人群超过1000万，每年工伤超过100万，有5000万以上的人从事低端重复性劳动，这些工作不应该被人类所从事，在劳动力短缺时，优图希望把劳动力引到更高端、可以增值的行业里。所以优图首先在工业和制造业里进行投入，通过跟一些传统厂商和制造商家的合作，发现工业AI可以辅助超过100道工具质检，减少质检人数超过50%，质检效率也高于普通员工，随着经验和算法的不断增强，这会替换更多的人。电力行业检查电线也是如此，无人机可以实时传回数据，在5G或4G高速互联下能直接分析所有数据。这对社会具有正向推动作用。

第二个是人脸识别。在两年前人脸算法成熟后，优图开始从技术层面去考虑跨年龄人脸识别，在成长过程中人的脸型不断变化，要实现人脸支付或简化过关手续，就需要跨年龄人脸识别。后来优图开始跟国家相关部委做一套寻人系统，对于被拐卖儿童，跨年龄人脸识别可以助力于寻亲，当找到一个失踪人口时，可以迅速在数据库里查找多年前是否有人报失。优图和福建省公安厅做了这样一个系统后，寻回案例大幅增加，迄今为止有1000多位走失人口被找回。

第三个是手语识别。中国有7000多万人听力有障碍或难以进行表达，占全国人口的5%；全球有超过4.6亿人有残疾性听力损失，也大约占5%。这个数字很大，超过二十

分之一的人有这样的状况，但他们的生活圈子跟我们完全不一样，跟我们没有任何交集，我们也不懂他们的语言，他们的生存非常艰难，所以优图开始做手语识别项目，让健康人能够去了解他们说的东西。大概半年的时间里，优图经历了非常艰苦的阶段，因为全世界没有一个机构或公开数据集来提供手语数据，在中国就有超过 50 种手语，更不要说全世界。同事们都利用自己的业余时间，满腔热情地投入在研究算法、搭建系统及收集数据里，走访了很多手语学校，跟老师和学生去沟通，定时采集数据，终于建成了中国唯一的标准化数据库，手语数据量有 100 万以上，覆盖了 1000 句日常用语和 900 多个常用词汇，识别率也达到了要求，优图可以直接用摄像头输入、进行手语翻译、完成双向沟通。这是 AI 向善的重要案例。

电动汽车的未来：电池和燃料电池

陈忠伟　加拿大滑铁卢大学教授，加拿大工程院院士
加拿大首席科学家，国际电化学能源科学院副主席

电动汽车未来必然走向高能量密度、长寿命、低成本、高安全性，燃料电池也必然走向更低成本、更高耐久性。

今天我讲的主题是电动汽车的未来电池或燃料电池。电动汽车是一个很古老的技术，1899 年 Thomas Edison 就制造了第一辆电动汽车，19 世纪初电动车就有一定的市场；但随着内燃机技术的提升，内燃机占领了主要市场；1997 年，丰田混合动力汽车出现，电动汽车的影子又出现了；真正商业化的电动汽车是 2008 年特斯拉的 Roadster，2014 年丰田的 Toyota Mirol 正式进入商业化市场。在过去 10 年里，新能源汽车也就是电动汽车的市场占有率急剧增长，2018 年占到了将近 2%，在未来，新能源汽车、电动汽车的市场占有率会从 2016 年 0.2% 增长到 2060 年的 80% ～ 90%。为什么未来新能源汽车市场极其巨大？因为随着人类社会的进步、温室气体排放要求的提高，我们希望减少对化石燃料的依附，这意味着新能源汽车是人类必须走的路，去年奔驰等公司明确在 2022 年之后将全面走向电气化。电气化是智能化的重要基础，发展前景非常广泛。

再来看一下电动汽车的技术。现在新能源汽车基本上就两种选择，分别是电池和燃料电池。中间选择是混合动力，这其实是一个过渡手段，最终必然走向电池电动或燃料电池电动。丰田 CEO 说过，燃料电池是新能源汽车的终极手段；马斯克却认为燃料电池是“比较愚蠢”的。这两个观点谁对谁错？从科学的角度来看，锂离子电池和燃料电池通过电化学反应产生电能，效率很高，传统的内燃机效率只能达到 20% 左右，燃料电池

能达到 50% 以上，锂离子电池能达到 90% 以上，这是共性。

除了共性之外，有什么区别？锂离子电池多是封闭体系，所有能源都储存在电池的封闭体系内，充电时电能转化为化学能，储存在电池的活性物质里；放电时化学能转化成电能。而燃料电池是一个开放体系，放电时正极的氧气来自空气，负极的燃料氢气由高压储氢罐提供，从这个角度来说，燃料电池的加氢方式更像内燃机的加油方式，决定了燃料电池的加氢时间非常短，3 分钟左右能完成；同时，开放体系决定了能量密度比锂离子电池高很多。

基于这些技术，现在市场上有 3 种类型的车：一是混合动力；二是特斯拉的 Model S 90D，续航里程 460 公里左右；三是燃料汽车——通用的蔚来。随着未来技术的进步、大规模产能的出现，新能源汽车在未来成本上也会慢慢具有优势。

总结一下两种电池的优缺点。氢燃料电池加氢时间非常短，续航里程长，缺点是现在的购置成本较高，加氢站的建设还比较滞后。锂离子电池的优势是购置成本较低，能量效率最高，充电设施较完善，但缺点是能量密度较低，只适合中短程续航，安全性有待提高。在现阶段，电池电动汽车可用于中短续航里程轿车，燃料电池更适合长续航里程的物流车、重型卡车和公共汽车。这两种技术都有待进一步发展，电动汽车未来必然走向高能量密度、长寿命、低成本、高安全性，燃料电池也必然走向更低成本、更高耐久性。对于电池技术，我们希望能进一步提高能量密度，通过正负极材料、下一代电池技术和金属空气电池技术及催化剂，走向更便宜、低薄载量的使用。

认识传递基因信息的“信使”为何如此重要？真核信使 RNA 剪接体复合物——结构基础与分子机制

万蕊雪　清华大学博士后，2016 年“未来女科学家计划”入选者，
2018 年“青年科学家奖”得主

我们解析了剪接体 8 个基本状态下和预催化状态下的高分辨率结构，在原子水平上重现了剪接体催化 RNA 剪接的过程，这加深了人类对 RNA 剪接的理解，对相关疾病的治疗和药物研发具有重要的指导意义，这也是基础科研的意义。

在生命科学领域，最重要的问题是在细胞中，遗传物质如何经过中间一系列复杂过程，成为可以执行生命的蛋白质。这个过程叫作基因表达，这是所有生命的基础。真核细胞的基因表达更为复杂，其中一个关键步骤是 RNA 剪接，即去除掉存在于真核细胞中的不会被转化为蛋白质的非编码序列。

真核细胞的基因表达有 3 个重要步骤——转录、剪接和翻译，每个步骤都需要一个大的生物分子机器来执行。第一步和第三步分别由 RNA 聚合酶和核糖体这两个大的分子机器来执行，它们的精细结构已被解析出来，造就了 2006 年和 2009 年的诺贝尔化学奖。但人们对 RNA 剪接这个过程的认识没那么清楚，完整剪接体三维结构是缺失的。RNA 剪接是一个非常基础的过程，剪接体是一个非常基础的生物大分子机器，在基因表达过程中起着重要作用。剪接这个过程需要非常精确，一旦发生异常，就会出现严重后果，研究表明，35% 的人类遗传紊乱与 RNA 剪接异常和剪接突变有直接关系。看清剪接体长什么样子，知道 RNA 剪接是怎么被剪接体所催化的，就有可能更好地理解这些疾病的发病机制，从而治疗它们。

剪接体是一个超大型、复杂的分子机器，在最简单的真核生物酵母中有大约 100 个蛋白参与，像人类这样复杂的生物中有大约 300 个蛋白会参与到剪接过程。剪接体的另一个特点是极度的动态性，为了去除一段内含子序列，剪接体需要经历复杂的结构重组过程，一步步组装、激活、催化，释放出可以指导蛋白质合成、成熟的信使 RNA 分子。由于它的复杂性和动态性，我们只能得到一些低分辨率的结构。得到它的高分辨率结构，看清它的空间三维结构，不仅是 RNA 剪接领域或分子生物学领域翘首以盼的事情，更是被整个结构性生物学领域视为一个不可完成的挑战、一座难以找到的圣杯。

为什么高分辨率如此重要？因为分辨率提高，我们所获得的信息会呈指数性增长，当剪接体的分辨率达到近原子水平时，我们甚至可以看到组成每一个蛋白质组分氨基酸的侧链，理解工作机制，获得原子结构。过去几年中，我们致力于解析它在各种状态下的结构，想要理解剪接体如何一步步催化 RNA 剪接过程。我们确实做到了，解析了剪接体 8 个基本状态下和预催化状态下的高分辨率结构，在原子水平上重现了剪接体催化 RNA 剪接的过程。

我们所做的事情大大加深了人类对 RNA 剪接这个非常基本的分子生物学事件的理解，对相关疾病的治疗和药物研发具有重要的指导意义，这也是基础科研的意义。

5G 人工智能时代的可持续技术

郑志强　新加坡国立大学工程学院材料科学与工程系校长荣誉助理教授、博士

> 怎么创造一个循环材料的经济体？我们想到了自我修复的皮肤，看能不能进行仿制从而使材料有自我修复的可能，这就是自我修复材料的建设。

今天和大家分享我们怎样实现一个更可持续发展的科技。我研究的主要是生物传感

系统，怎样找到可持续的技术实现自我修复，对此我们结合了多个学科，想让电子系统更具有延展性。我们已经进入到物联网时代，这既带来了挑战，也带来了很多机会。5G改变了所有一切，让我们的能力进一步快速上升，拥有更快的网络速度，给社会带来了大量有利影响。

在整个历史中，所有计算方式都在改变，都会影响我们如何使用技术。1940年，超级计算机用这样一个房间都装不下，但现在你的口袋里就有一个超级计算机。接下来的发展是通过新技术和新材料，让计算机完全亲密接触人体、皮肤并进入到体内，让我们更好地了解人体健康，衣服也能够成为一个计算平台，最后甚至不需要智能手机，因为因特网不仅能够传播数据，还能传播能量。

我早期做的研究就是将这种传感信息和大脑神经元连在一起，让人感受到这些传感信息。我们把生物电子信息通过环境引入到一个人的大脑系统里，这要通过计算系统来实现。怎么实现呢？我们原来用硅作为计算机的计算材料，现在用的是石墨烯这样更灵活、更柔软的材料，这些材料和人体的生物系统能更好地接触和互动。新材料进入自然代谢系统里，还可以推动可持续发展，比如手机屏幕破碎会给环境带来很大问题，电子垃圾是我们要关注解决的问题。

怎么解决这些问题以创造一个循环材料的经济体？我们想到了自我修复的皮肤，看能不能进行仿制从而使材料有自我修复的可能，这就是自我修复材料的建设。通过人工智能，软件能够自我修复，但硬件里能找到这样的材料吗？现在我们开发出一些新设备，能够自动修复砸坏的手机触屏，通过纳米层面上的结合，这个材料还能防水，在水下也能自我修复。我们把材料刮掉，几分钟之后看，这个材料就恢复过来了。通过视频可以看出，这个材料很软，可以延展出20倍的长度，而且是一个导体，在无水环境下可以自我修复，在有水环境下把切成两段的界面接在一块，在几分钟的时间里这个材料已经基本在切割点的位置连好了。

最后我想总结一个公式。人类数量的增加对环境有多大影响？I是对环境的影响；P是人口数量，乘上人均消费量A，A表示有多富裕，T是科技。我们进行公式的整合，首先，人口肯定是正向增加的，每年人口增加大概1.3%，这个速度在下降，但人口永远是上升的；其次，富裕度是不断上升的，而且和GDP正相关；最后一个变量是科技，如果把科技带来的变量变成负数，对自然的影响就能减少，可以带来更可持续的发展。

用无人系统带来一个安全的世界

华长春　燕山大学人工智能与机器人研究院院长，长江学者，德国洪堡学者

高危应急处置与救援遥控操作智能无人系统是未来发展的趋势，机器人高精度遥控操作技术是关键。挑战主要有3个方面：网络传输延迟、外部环境的复杂性和多任务操作。

无人系统可以用于很多领域，如核事故救援、海底作业、深空探测、抢险救援，有的地方人不能进行救援，有的地方对人的伤害很大，可以远程操控机器进行救援。

高危应急处置与救援遥控操作智能无人系统是未来发展的趋势，机器人高精度遥控操作技术是关键。一个远程系统主要考虑两方面的性能要求，一是稳定性能，主要是主系统和从系统之间达到高度同步，达到主从一致性；二是操作透明性，即主端操作跟现场操作是一样的。这里的挑战主要有3个方面，一是网络传输的延迟，基于5G的操作将降低这个难点；二是外部环境的复杂性，为操控机器人带来了很大困难；三是多任务，遥控操作不仅要做一些简单工作，还有很多别的复杂任务。

现在我们针对这些挑战做了一些工作，比如，我们从网络的问题出发解决网络时延，提出了智能自适应策略、提高透明性能。一个案例是单主多从操作，通过多个机器人协作完成一个任务，如用两个机器人搬一个箱子，通过操控主机器人远程实现多机器人协作。第二个案例是跟北京延庆武警部队做了一个应用，爆炸以后远程操控挖掘机，把现场环境传输过来，对现场有一个好的了解，再派人进去。第三个案例是研发了无人挖掘机远程随动控制系统，能够实现2公里以内精确操控开酒瓶，这是我们现在研究的一个领域，通过远程操控机器人把消防员从现场有毒气体的危害中解放出来。

在未来要关注遥控专业救援挖掘机关键装备，如怎么实现单个人控制多个挖掘机协同完成某项任务。这里面涉及一些问题，一是网络传输时延，使用5G可以解决，但对于一些山区或没有覆盖5G的区域，最终还要通过基站去实现；二是多个机器人协作，这是未来的难点。还有一个未来的应用领域，就是消防领域。消防领域对未来机器人遥控操作来说是一个很好的应用背景，现在单个消防员控制单个机器人没有问题，未来想要实现在复杂场景下一个消防员控制多个机器人，或智能自主、直接到现场灭火，从而把消防员从现场解救出来，做到安全的无人操作。

走向全球的中国北斗卫星导航系统

沈苑　中国科学院微小卫星创新研究院导航所副所长、北斗导航卫星副总指挥

北斗卫星导航系统是我国自主建设、能够独立自主运行的具备导航定位的综合系统，2018 年北斗三号卫星系统正式提供全球 RNSS 服务，提前两年开启了北斗的全球时代。

北斗卫星导航系统是我国自主建设、能够独立自主运行的具备导航定位的综合系统，是我国非常重要的空间基础设施。北斗系统建设分三步走，第一步是北斗一号系统，2009 年启动了北斗一号的建设；北斗二号从 2009 年开始启动建设，2012 年完成了区域系统的建设，部署了 14 颗卫星，具备向中国及亚太地区提供服务的能力。今天我要分享第三步，即北斗全球系统。

北斗全球系统于 2009 年启动，计划 2018 年完成基本系统的建设，2020 年完成全部系统的建设。北斗系统由三部分组成，空间段有 24 颗地球中原轨道卫星、三颗地球倾斜轨道卫星、三颗地球静止轨道卫星，地面段由主控站、上行注入站等监测站组成，第三部分是用户段，在座各位都是将来北斗系统的用户。北斗建设从 2000 年开始发射到现在一直没有停过，尤其是从 2017 年 11 月开始部署第一组北斗三号组网卫星以来，2018 年高密度完成了 19 颗卫星的发射，创造了航天史上的奇迹。2017 年以来，我们完成了 20 颗北斗卫星三号卫星的发射，计划今年再发射 6 ～ 8 颗卫星。去年 12 月 27 日国务院新闻办公室召开发布会，正式向全世界宣布中国北斗三号卫星系统能够提供全球 RNSS 服务，提前两年开启了北斗的全球时代。但北斗的工作还需要再继续，在全球部分地区的覆盖还有一定差距。北斗建设秉承 4 个原则，一是开放性，为全球用户提供免费空间信号服务；二是自助行，不依赖于其他系统，可以独立为全球提供服务；三是兼容性，具备和其他 GNS 系统兼容的能力；四是渐进性，前进的步伐一直没有停止。

北斗三号实现了很大提升。一是解决了卡脖子问题，北斗系统从区域向全球的拓展不仅仅是卫星数量的提升，还体现在实现了对全球卫星的运行管理，突破了基于相控阵构建链路技术，也解决了北斗全球系统管理和维护的难题，实现了从区域向全球的拓展，可以在 1 秒钟之内实现相距 7 万公里以上的捕获和通信。二是解决了导航的制高点问题，时间、频率是导航卫星非常根本的一项技术，北斗三号卫星配置了高精度的氢原子钟，10 天长期预报的精度优于 5 纳秒，为我们进一步提高导航系统的性能提供了技术上的可能。北斗三号的精度也实现了更高的跨越，BI、B3I 全球区域实测均值达到水平 3.6 米、高程 6 米、测速精度 0.05 米 / 秒，同时采用了自主研发的具有独立知识产权的新信号，B1C 和 B2A 性能进一步提升。

除基础的无线电导航业务外，北斗还有一些特色。一是北斗三号保留了北斗区域系统的短报文服务，14 颗北斗三号 MEO 卫星配置全球短报文通信载荷，兼容北斗二号，既可提供区域短报文通信服务，也可为全球用户提供试服务。二是北斗将按照国际民航标准，为中国及周边地区提供星基增强服务，航班飞行和起降更安全。三是加入国际搜救组织，按照国际海事组织、国际搜救和救援卫星系统标准，提供国际搜救服务，海事搜救更加加速精准。

北斗服务的建设工作一直在持续，已经和我们的生活息息相关。在交通运输方面，全国已有 617 万道路营运车、3.56 万邮政和快递车辆、30 多个中心城市使用了高精度形变监测系统，比较新型的智能手机已能够接受北斗信号，北斗已走进了大众生活，截至 2018 年北斗导航和位置定位服务产业超过了 3000 亿的规模。北斗的应用只有我们想不到，没有它用不到，从 2009 年到 2019 年，突破了 KA 星建链路、氢原子钟等核心关键技术，完成了北斗系统从区域向全球系统的拓展，目前我们计划在 2020 年完成全球系统的建设，在 2035 年建设更加智能、更加广泛的综合 PNT 体系，实现去年北斗系统开通服务时的承诺——“从今天起，无论你走到哪里，北斗将始终伴你左右”。

贫困的神经生物学

Jeffrey Erlich 上海纽约大学神经学与认知科学助理教授

贫穷和长期压力、经济决策有关，贫困带来的长期压力可能会让人们的关注点从未来转向短期，这有可能进一步导致贫困。

贫困是世界上最大的公共健康问题，世界上最穷的国家和最富的国家之间人均寿命差 30 年，美国内部最穷和最富的区域之间的人均寿命也能差 20 年。最糟糕的是贫困可以遗传，穷人家里的孩子得到的食品、医疗、教育都少，所以他们的机会更少，压力更大，导致收入更少，他们的孩子也会同样遭受贫困。贫困和神经科学有什么关系？第一，我们把贫穷视为社会性问题，贫穷和长期压力有关；第二，贫穷和经济决策有关，这两点都是神经科学研究的领域，尤其是在压力领域。

贫困是一个长期压力状态。一个人如果特别贫穷，一般他的血压和压力荷尔蒙指数都会较高。什么叫压力？就是我们很担心没有办法保持平衡和稳定状态，有时觉得很累、很饥饿、很担心或很孤独。一般压力是好事，比如我饿了这件事会鼓励我去吃点东西，重新找回平衡，但如果我因贫困而买不起吃的，这个饥饿就会一直持续下去，长期的压力会产生长期的问题。我们也会有其他的一系列压力，比如交一个项目的时间，如果在这个压力下我们做到了，就是好的压力，压力促使我们重新找回平衡，但如果我们工作太多，不断地赶不上截止时间，就没有办法找回到平衡，就会产生一个长期的压力。长期的压力对身体和大脑都有严重后果，会导致记忆、自我控制、决策等技能的弱化，也会导致本能自动行为的进一步加强。长期的压力就是神经科学和贫困之间的第一个联系。

神经科学和贫穷之间的第二个联系是经济上的决策。神经科学一直在研究人们进行经济决策时的生理技能，目前还没有全面的研究。穷人往往做出错的经济决策，会借高利贷，而不会买保险或为退休投资。糟糕的决策机制和贫穷有什么关系？这里的一个问题就是保护未来的自己还是保护现在的自己，如果保护未来的自己可能更有耐心，如果保护现在的自己可能更冲动。贫穷的人可能会关注当下冲动的选择，这可能是有用的，如果你没钱买吃的，怎么可能为退休做准备？但很多研究表明，如果中等或以上收入的人有长期压力，他们也会更关注当下冲动的选择。

长期的压力可能会让我们的关注点从未来转向短期，这有可能会进一步导致贫困。由于人群里有大量不能控制的因素，所以我们需要动物模型来理解这一点。我们选的动物是鼠类，因为它是哺乳动物，与我们大脑的机构机制比较接近。另一个原因与神经科学的两个重大发现有关，使我们有了强大的工具和能力。第一个革命是计算机革命，我们可以生成海量数据，以非常便宜的方式存储那些以前从来没有存储过的神经元回路数据，跟踪大概一万个不同的神经元。第二个革命是新遗传学革命工具的产生，我们可以以毫秒的精度跟踪动物大脑神经元的行为，控制一些表达特定生物标记物的神经元，可以有一系列行为模型，这些新的工具可以把DNA、蛋白质、神经元的脑回路和动物本身的行为联系在一起。

长期的压力会怎么影响一个人或动物的长期经济决策？我们要首先研究老鼠，然后应用在人脑，这就给了我们一个挑战，老鼠不会说话，是通过经验、试错来学习的，我们要找到一个办法训练老鼠去做任务。人经常会做一些短期决策，也有一些长期的延时决策，但对老鼠来说，你没有办法问它是否愿意现在不吃东西而两周后给很多吃的东西，它们不能等到两周之后以得到有更多食物的回报。怎么样去研究它们？等几秒钟是基于它们的体会，等个几秒钟以后他们能够得到很好的回报，这个认知的流程和人大脑的认知流程很接近，训练人和训练老鼠一样的。

在实验室里，我们让人们看一个电子游戏，每次看到有钱的时候就能拿到钱，我们不断训练这些人，让他们一步步意识到接下来该怎么做。听到一个较高的音调意味着较高的回报，听到一个较低的音调意味着较少的回报；低频率意味着较长的延迟，高频率意味着较短的延迟。每一次听到一个声音，他们需要选择等一等还是立刻获得短期回报。你当然希望高回报而且短延时，你不喜欢的是长延时却小回报。有耐心的人基本上都愿意等待长延时，但没有耐心的人不愿意等待长延时。我们不是用语言而是用声音，让他们学会这种模式。做完这个实验之后，我们又用语言来问他们问题。冲动的人在用语言做的实验和不用语言做的实验中的表现都是一样的，耐心的人在两种实验里的表现也很接近。

人们是选择当前还是选择延迟，无论是基于他们的经验，还是基于他们语言实验中的结果，都表现出相同的倾向，这意味着他们是用同样的大脑认知机制来做选择，所以我们认为这证明可以用动物来做经济决策。同样地，我们不断给动物施加压力，并评估它们的选择。目前我没办法给一个结果，但是我们希望大家能够从我们做的这种练习中有所收获。

从基因到分子：从传统中药中发现新药

Evangelos Tatsis 中国科学院分子植物科学卓越创新中心，植物生理生态研究所研究员、研究组长

我们的目标是用现代生物合成方法更好地实现对传统中医药的发展和利用，我们有潜力制造更多的以传统中医药为基础的新药，为一些疾病或疑难杂症找到更好的治疗方法。

我们的工作是研究具有药学或医学治疗性能的植物分子，植物分子在人类历史上扮演着重要角色，一些分子有治疗作用，古埃及、古希腊、中国都有关于植物药学功效的记载，中医药贡献的一个体现就是屠呦呦教授治疗疟疾的研究。很多药物都来自于植物或自然生长的产品，大约 75% 的抗癌药物来自于自然产品，或其设计基于自然产物，每年 50% 的由 FDA 批准的药物是基于小分子，或者说自然化合物。

但这不是一个简单的事情，我们需要找到究竟是哪一种分子具备化学活性，就必须进行分离，把植物研磨成粉末，进行化合物的提取和纯化；另一种方法是用化学药剂、试剂来合成，验证哪一种分子具有活性，但这个要花很长时间，成本也很高，而我们希望有足够大的分量进行临床实验。另一个问题是我们需要用很多化学成分来合成一个自然化合物，全球人口大幅上升需要很多必需品，我们迫切需要寻找一些新的方法来保证人类的可持续性。

怎么加速新药的研发？我们要回到植物本身。植物可以产生各种各样的分子，有不同的结构和组成。植物通过光合作用产生糖，糖组成各种各样的化合物分子，植物中有些特殊的蛋白叫作酶，酶催化不同的反应形成这些化合物，酶的表达与 RNA 有关，RNA 又是来自 DNA 基因的信息。在过去几十年中，有两项重大科技突破有重要意义。一个是 DNA 测序，有助于我们了解基因组成，我们可以知道哪些蛋白或者说哪些酶可

能参与到合成过程，这是可以用来制造药物的。二是合成生物学，我们知道细胞是怎么形成的，可以通过这样一个过程来合成新的生命体，其中一项重大应用就是通过这些在植物中找到的单细胞生物细菌或酵母，在实验室中重新制造植物分子。半枝莲是化疗的一种辅助药物，其成分可以减少癌症转移。通过对化学成分的研究，我们发现可能有一种成分具有这个药物活性。在植物中有一些小三角，这些化合物是在这些小三角的细胞小突起中产生的，我们通过基因测序去分析它的组成，克隆化合物的基因并放到酵母里，给酵母水和糖使之生长，最后生产出所需的化合物，这就加速了整个步骤并降低了成本。我们可以在实验室对这个单一成分进行再生产，并可以用于临床实验。还有一个项目与长春碱有关，长春碱是一种著名抗癌药物，可以治疗多种癌症，结构非常复杂，这种药物存在于一种植物中。我们发现有一种叫黑板树的植物，里面有一种酶有助于加速合成过程，这种酶的3D结构让我们更好地了解了转化过程，使长春碱生物合成的流程更加高效快速，我们也可以基于酶的结构制造活性更高的新药物。

我们的目标是用现代生物合成方法更好地实现对传统中医药的发展和利用，我们有潜力制造更多的以传统中医药为基础的新药，为一些疾病或疑难杂症找到更好的治疗方法。

边缘计算 视觉赋能

达声蔚 上海小蚁科技有限公司联合创始人兼CEO

在边缘计算、视觉赋能方面，随着算力的不断增强，新的数据不断产生，好的算法不断被训练出来，算法的精度会进一步提高，形成闭环逐渐上升的发展趋势。

什么是边缘计算？我们每个人都生活在物联网里，物联网可以叫作互联网的边缘，在互联网的边缘分布着各种各样的物联网设备，这些设备具备越来越强的智能分析和计算能力，这种计算就叫边缘计算。

小蚁科技有限公司成立于2014年，专注于与视频相关的硬件、软件、算法、云服务，产品覆盖了全世界160多个国家，我将介绍我们在边缘计算、视觉赋能方面的发展战略。硬件安装后会产生大量数据，这些数据被分享到云端、训练出算法，再把这样的算法植入到前端的边缘计算设备，这样就形成一个螺旋发展的闭环。随着算力的不断增强，新的数据不断产生，好的算法不断被训练出来，算法的精度进一步提高，形成闭环逐渐上升的发展趋势。我们认为，在未来10～20年里，这样一个趋势会快速增长，有研究报告指出，在2020年会有500亿个物联网设备，50%的数据将由这些边缘设备产生。我们公司覆盖了4个应用场景，分别是智能家居、智慧零售、智慧园区和智慧驾驶，以智慧驾驶为例，随着5G的到来，车载设备将会从现在四五个视频传感器变成未来几十个甚至上百个眼睛。

一份报告指出，2015年、2016年计算机视觉算法的能力超过了人脸识别能力。边缘计算和云计算是结合起来的。随着亚马逊AWS和阿里云的发展，大家都非常关注云端计算，大量历史数据都存在云端，经过大家努力，云端算法已经非常强大，为我们决策提供了很多帮助。小蚁科技在边缘设备的应用场景里已经有了很多用户数据，我们可以开发出在功耗、效率、性价比等方面更好的独特的边缘计算解决方案，这种加速人工智能落地的普及化，叫作人工智能落地的最后一公里。边缘智能涉及芯片、算法、数据，小蚁科技边缘计算解决方案体现在智慧零售领域里。亚马逊需要300万美元的固定成本，一个普通零售店无法承受，边缘计算可以降低上百倍的成本。主要思路是通过边缘感知，把边缘计算跟云端计算结合，最终把数据和分析报告提供给零售商，提高其运营效率、增加收入。

5G通信技术与未来

肖飞　人天通信集团有限公司董事长

5G时代万物互联，从人与人之间相连到物与物之间相连再到万物互联这个过程是推动整个网络技术不断迭代的重要途径。

作为中国通信网络从2G到4G到目前5G的见证者和参与者，我想就5G通信网络的基本知识和基础应用跟大家进行分享。很多人都在用4G网络，人和人之间的联系更加紧密，生活便利性越来越强，针对特殊应用的技术在不断升级。万物互联给大家带来最大的感触是所有设备都具有人性光芒。在通信网络的建设中，从1G到4G的阶段所体现的需求完全不一样，1G时代主要是语音，2G时代是文本信息数据，3G时代是一些基础视频和移动互联网，4G时代是物联网的应用，5G的时候是万物互联，从人与人之间相连、到物与物之间相连、到万物互联这个过程是推动整个网络技术不断迭代的重要途径。

5G会带来什么？我们主要有两个大的应用——移动互联网和移动物联网，这两个都体现在对用户需求完全按需提供，实现整个网络业务的融合，比如在一些高热点区域，可能要进行很多数据交换，这叫增强移动宽带。还有低时延、高可靠，比如无人驾驶，现在之所以没有马上推广，主要是因为与5G和4G技术的差异有关，第一是时延，在无人驾驶远程控制刹车时，现在4G时延基本上是100毫秒，车可能要跑1.3米，如果5G

时延是1毫秒，车可能跑1.3厘米，安全性更加可靠；第二是高融度，吞吐率体现在单一用户，现在是1秒钟100兆左右，5G能实现单个用户吞吐率1秒钟10 G；第三是移动性，3G时代乘坐高铁下载视频可能突然中断甚至没信号，4G和5G技术保证了移动性；第四是网络结构，原来不能灵活组网，现在很便捷，5G可能实现万物互联，1平方公里可以有100万个连接点同时传输信息，现在4G只能做到1平方公里有1万个并发用户。移动互联网和移动物联网两个应用也有差异，移动互联网是高热点区域、高容量，所有区域的人特别多，链接的数据点也特别多；移动物联网更多的是人工智能、智能制造，甚至包括远程医疗，体现的一定是低时延、高可靠性。

在社会领域，5G的应用非常广泛。比如通过5G实现实时数据采集，这对现在整个安全监控、公安的天网覆盖都有非常大的作用。此外，5G应用也会体现在两个大的领域，第一个是AR，第二个是VR。AR主要增强现实，通过5G网络把现实场景体现得更加丰富，满足赛事直播、热点追踪等具体需求；VR是做一些虚拟场景，让用户有更好的体验，比如通过上网或手机APP浏览某一个景区，感觉VR场景跟现实一样。

大家可能还有一个比较关心的问题，前两天搜狐的张总裁说5G对人体有害，因为5G技术属于高频短播，采用阵列式，基站密度和天线确实比4G多得多，但是我们所享受的网络都属于国家公用通信网络，所有设备都经过工信部的检测、符合环保，我们享受5G快捷的时候不要有过多担忧。

4 互动交流

王延峰：我们将围绕前沿科技发展的政策支持、环境营造、产业转化、社会影响及中青年科学家成长的话题进行讨论，希望能激发老中青三代科学家及中国、美国、加拿大、新加坡、希腊5个国家科学家之间的深入交流，激发出更多思想的火花。我们经常谈到要实现产学研用，朱院士您觉得其中的难点在哪里，如何相互促进?

朱高峰：这个问题不光是科研的问题，而是整个创新过程的问题，怎么形成一个顺畅运行的从基础研究一直到形成产业、产品到使用整个的链。我们要用系统工程的观点来考虑这个问题。这个链可以分成两个阶段，前一段是研发阶段，后一段是创新发展、产业发展阶段。首先，这个系统的每个阶段一定要功能清晰、界限清楚，因为参与者、主体、投入、工作的性质都不一样。有的地方把这个叫作政产学研，里面的政府就是要把这个界限分清楚，各负其责，不要混淆起来。现在我们往往有一些混淆的事情，比如对前面的技术研究阶段说要什么效益、回报、产出，这是不可能的；对后面阶段说要写什么论文否则不能提职称，这都是把问题混淆起来，最后搞不成。其次，这两个阶段之间要能够很好地衔接，这对全世界来说都是问题，有一个创新死亡谷的问题，就是在研发阶段搞到一个段落、创新要产业化的时候，中间非常容易出问题。为什么会出问题?

主要是因为不确定性比较大，前面研发的结果后面能不能形成产品和价值是不清晰的，企业去承接、进行大的投入是有风险的。前一阶段也有风险，但对研究来讲，做成了是成绩，没有做成也是成绩，做不成你就不要再去做了，但是在后面阶段，做成了就有很好的回报和成绩，做不成可能就破产。两个阶段的情况是完全不一样的，衔接是有风险的，因此就需要两方面，一方面需要有比较强的判断能力；另一方面要有各种机制使他的风险减少，让他有可能承担这个风险。

王延峰：美国的科技发展始终走在世界前列，斯坦福大学在科技转化方面享誉世界。请 Nirav Shah 具体谈一下。

Nirav Shah：硅谷创新享誉世界。第一，斯坦福的学生是来自于全世界的很聪明的人，进入斯坦福大概只有 3% ～ 4% 的选拔率。最好的演员、最好的演奏家都能够成为斯坦福的学生，他们往往各有特长，有时教授面临着挑战，大家都有不同的想法，都有自己的视角。第二，我们有很清楚的接触规则。在李开复的《AI 超级大国》中，中国的创新企业真的像角斗士一样，不惜一切代价互相竞争，但在大学里，我们做的事情是给你钱、鼓励你去做，如果能跟另一个学院的人合作更好，有这种多样性及团队建设，大家会有更多的信任，非洲有一句谚语是“如果你想走得快一点，就自己走；如果你想走得远，就一起走”。

王延峰：贾教授和华教授都是计算机 AI 领域的专家，计算机视觉是这一轮 AI 热潮的亮点，在计算机视觉方面，哪些应用会是比较大的产业爆发领域？先请贾教授。

贾佳亚：有非常多的领域，产业发展一定会引入更加尖端的技术，促进整个产业链的发展，存在巨大痛点的地方一定是技术可以切入到最深入的地方。比如医疗行业，在中国医疗行业主要采用头部供给方式，比如大城市里的三甲医院，最好的医院一定有最好的医生。不是说这里医生的知识水平比别的医生高很多、能力强很多，而是这些医生进了北京、上海的三甲医院后，每天能接触到各种各样的病例，可能是旁边非三甲医院医生工作量的十倍，也有那么多先进仪器，所以能迅速成长。在三四线城市有很多乡镇医生，他们受训练的时间没有正规医生那么长，也缺乏一些病的实际诊断和治疗反馈信息。这导致巨大的医疗资源供给不平衡，这个问题困扰了政府政策或整个医院侧，是一个巨大的痛点。正是因为存在这个痛点，所以在具备技术可行性时，会去想能不能在技术端帮到三四线的乡镇医院，或医生能不能接触到大城市里的诊断，现在唯一的办法是远程连线，把大城市的医疗资源通过在线方式输送给偏远地区。问题是资源还是不够，不可能满足基层或三四线城市甚至更小乡镇的需求，即使在一个很好的居住环境里，医疗也永远是最昂贵的。在医疗行业，人工智能能干什么？最大的希望是做医生的助手，比如以前一个医生看一张片可能花几分钟，通过辅助手段可以降到 10 秒钟。

王延峰：请华教授谈谈您的看法。

华长春：现在 AI 跟视觉结合的成果最多，我觉得 AI 是一个工具，会跟我们的行业更好地结合。就像“互联网 +”一样，AI 的算法核心技术是研发重点，未来可能跟一些背景结合。与AI相关的第一个是规则，第二个是数据，第三个是算法，第四个是技术能力。规则决定着你的背景和你的行业，比如你是钢铁行业，你是视觉背景，采用了视觉的数据。视觉越多，对算法改进或训练就越优越。关于算法本身的设计，算法从精准度、快速性两个角度研究，包括最后的计算能力。我们更关注算法未来怎么与行业背景结合，把人工智能与我们的制造业和国家现有技术结合，提升我们的产业，进行转型升级，未来这是比较大的空间。

王延峰：陈忠伟是大学教授，还是创业者，在中小微创业企业方面，加拿大有哪些相关政策和环境氛围支撑？

陈忠伟：加拿大的科技投入比较大，比例应该比美国还高，这导致在电化学能源领域，许多技术都是从加拿大出来的，世界上做燃料电极电堆最好的商业化公司就在加拿大。为什么加拿大在不同领域里有很多高科技？为什么能产生许多先进技术并实现产业化？这与加拿大的税收政策有关。如果你有技术要进行产业化，如果认定高科技公司是研发公司，那么在产业化的过程中，每年报税有40%左右的钱政府会直接返还补贴给你。这样的政策导致许多企业非常愿意去创新、去投入，因为成本相对较低。除了税补，企业还可以申请国家的一些项目，通过这些项目去做示范，因而前期的高科技产业比较多，但加拿大市场比较小，往往企业初步产业化成功后会跑到美国去。

王延峰：想问几位基础研究的科学家，这些年国内外学术交流范围和频次在持续扩大，科学领域越来越注重在高水平期刊上发表文章，我们知道论文普遍周期比较长，投稿难度也比较高，在这个方面，如何使青年科学家在国际学术圈迅速建立影响力，先请万蕊雪博士。

万蕊雪：国际知名期刊投稿时间长、投稿困难这个问题确实存在，因为知名期刊在报道一个成果的同时也要报道这个成果背后的机理，需要一个相对完整的故事作为支撑，需要不断的佐证。对于青年学者来说，他们可能需要在这样的期刊上发表成果，对自己的科学研究进行比较完善的报道、扩大自己的影响力，但很多科学研究，尤其前沿研究，在最初发现的时候可能是一种现象，或不知道如何去搞清楚机理，在知名期刊投稿时就会遇到困难，这也是很多诺奖级成果发表在影响因子没那么高的期刊上的原因。我觉得不一定非要等待这个过程，可以先把我们的发现报道出来，在生物学领域有一个越来越有影响力的一个网站，大家也越来越认可在期刊上发表前先把自己的成果上传到上面，我认为未来的青年学者也可以做这样的事情，让自己的成果先为大家所知道，然后再去期刊发表。另外，我觉得国际会议上的交流也是特别好的方式。

王延峰：有请郑志强。

郑志强：对我来说，目标并不一定是要在这些高因子杂志上发表文章，而是做真正好的能够影响人类的科学研究。只要你的研究足够好，一般都可以达到这些杂志的标准，怎么做呢？一个方法就是让人们能够看到你，他们可能会讨论你的工作，然后指出一些对错和问题。你要让别人能够看到你的研究，不要只是关注在高影响力杂志发表文章，如果是好的科学自然而然有一天会达到。

王延峰：我们来听听 Jeffrey Erlich 的理解。

Jeffrey Erlich ：年轻科学家要建立自己的影响，我觉得要找到一些交叉的跨领域的学科。比如计算机科学和神经科学这些都比较热，怎么来实现这些热门领域的交叉？还有我们今天讨论的压力、决策问题，这两者相关的领域研究比较少。找到一些领域的交叉点做研究，可能比较容易让大家关注到你。还有就是要保持开放，要能够走出去，无论是在一个小型会议演讲，还是给人们做介绍，都要当成一次重要的面试来做，因为你不会知道当时有谁在关注、在倾听，只有听到你的演讲，他们才会注意到你，才会给你机会。

王延峰：有请 Evangelos Tatsis。

Evangelos Tatsis ：我们实验室里做的是基础科学研究，成果不仅体现在科学知识方面，另一个更为重要的成果是对人的培养，我不知道我们实验室会产生多少创新成果，但大学是未来的工厂，我们期待有一天他们会有新的想法、带来创新。这个是我们必须时时牢记的，不仅要创造新的知识，更重要的是培养下一代科学家，要培养高水准人才。

王延峰：肖飞，您说 5G 会变革我们的社会，具体在哪个领域能更深刻地感受到来自于 5G 的变革？

肖飞：在低时延和高可靠性这两个方面，5G 应该会得到很大应用，这会体现在无人驾驶上，体现在机器人上，体现在智能制造上，也会体现在远程医疗这些领域。从工业制造领域来看，我觉得最具有爆发性增长的行业应该是智能制造，很多人没有完全理解 5G 网络，5G 网络并不是换个手机、体验更快的速率，我们所谈到的 5G 更多是为智能制造服务，这也是当前转型升级的一个最主要的基础性动力所在。其次是智能城市，从无线城市到数字城市，再到智慧城市，又到智能城市，人们生活的改变、社会的改变、社会安全性的提高和人与人之间可信任度的提高都依赖于智能城市的建设，这涉及的领域就非常多了，但最主要的特征一定是社会生态的改变，我觉得这是 5G 应该给这个社会带来的最大价值。

王延峰：北斗导航现在在产业界有非常广泛的应用，请沈苑博士畅想一下北斗未来十年的走向。北斗会带来什么样的变化和结果？产生什么样的影响？

沈苑：北斗实现了从区域向全球的转变，变化有些是有形的，有些是无形的。有形的变化体现在我们的星座上，从卫星数量上看，一个完整星座的数量从原来的十几颗星变成现在 30 颗星，当然不同的卫星会配置不同的产品，比如短报文和将来的激光终端等。这些产品和功能上的有形变化也为我们带来了看不到的变化，这体现在从 2 号到 3 号的转变中信号质量的提升上。由于星座数量的增多，我们已经达到了 0.5 米的空间精度，尤其在亚太地区，这个精度更高一点；GEO 卫星上配置的 PPP 的服务实现了分米级、厘米级。现在北斗的应用已经深入到各个行业，精准农业已经使用了北斗，再结合其他的工业化发展，我们可以使用无人机来喷洒农药，这就不会受到时间、天气和人的疲劳的影响，耕种方式就会有变化。随着信号精度越来越高，会有厘米级、分米级、毫米级的服务，应用可能只有我们想象不到的，没有它应用不到的。

王延峰：科技的发展给我们生活带来了很多便利，同时也提出了一些新问题，带来道德伦理层面和政策管理层面的挑战，从弱人工智能到强人工智能，机器人功能越来越靠近人类，这些技术的发展一定会带来一系列思考。你们怎么看待科技发展与伦理之间的关系？

朱高峰：我们的技术发展原来没有那么快，也没有达到那么高的程度，但现在已经接近于边缘极限，直接影响到我们的日常生活问题，比如信息问题，现在到处都要涉及数据，人的数据隐私到底怎么保护是一个非常大的问题，中国现在对个人隐私数据的保护还没有立法。还有强人工智能，人们说法不一，有的人认为不可能实现，但谁也没法预料，这个问题一定要给予充分重视。最早讲创新的时候提出创新要有价值，这个价值主要是经济价值，今天还要讲社会价值、伦理价值。作为科技领域的人，决策者需要综合考虑这个问题。当然不能因为这些问题就不发展技术了，技术肯定还是要发展，但是在技术发展的同时，要考虑怎样采取有效的措施来防止负面影响过于扩散。

Nirav Shah：这是一个非常复杂的问题。如果人不需要工作了，那么人要找到生活的目的。生命的意义是不断学习成长、为他人服务，如果 AI 可以取消一些无聊的工作，那么我们就可以真正找到生活的意义，通过不同方式进行学习和生活，并服务他人，这很快会发生。我们一定能够更好地平衡 AI 和人的生活，比如隐私问题，而且 AI 会让我们有更多的工具和可能去更好地生活。

贾佳亚：技术发展总有一个过程，从出现到成长到最后成熟，你可能慢慢会发现开始是最好的东西，有些人却利用它做恶，最后在制度上完善后，发现又变得很成熟。现在人工智能处于非常早期的阶段，跟通用人工智能根本挂不上钩，除非有一个重大技术突破。对于 AI 数据带来的危害问题，我不担心，这方面问题实际不大，现在在中国网上泄露个人资料的都是通过没有电子化的东西。但当很多信息被集中化管理，甚至是云上管理后，它的安全性会成为一个最重要的考虑。对负责任的企业来说，拿到数据第一件事是要脱敏，特别条件下才能用来做训练，图像不能涉及任何身份问题。从这个层面看，这个事情肯定是伦理上的事情，一定是政府、社会、企业坐下来协商，做好伦理制度规管。在我看来，现在这个问题还没有产生巨大不良反应。

郑志强：20 世纪 50 年代，50% 的劳动力在农业工作，现在只有 1% 的人口，现在生活工作方式完全不一样，因为技术不断发展，我们也要对技术发展做出回应。其实技术发展是非常令人振奋的，我们可以进行更好的合作，而且人口的上游流动力越来越好，甚至还可以去掌握太空、控制太空，人的能量越来越强，我还是非常乐观的。AI 有一些问题，技术有一些问题，我们必须要有政策去规管，现在需要人和人之间加强协作，更好地使用和管理这些技术。教育机构也要融合运作，来分享知识、传播知识，让人们能够更好地工作生活。我认为，教学机构对利用管控这些技术及伦理问题发挥着重要作用，这是一个持续性的讨论，我们现在可能还没有最正确的回答，但必须要开放持续地讨论。

Jeffrey Erlich：很多科学家是以好奇心和荣誉感在做实验，没有办法去管控自己。要能够真正看到AI的风险，在全球就需要一个机构来讨论，法规只能做到这么多，人们总是希望规避法规。怎么创造出对社会真正有意义的东西，我们就要教育孩子名利并不是唯一的追求，有益社会的行为、帮助大家保护气候这些事情才是真正重要的，我觉得，没有这些核心价值，就没有真正的监管部门能管控未来。

王延峰：再留一个开放问题给观众。

提问：作为科学家，如何面对中美贸易争端，以更好地促进中美科技人员的交流？

王延峰：如何在现在的情况下使国际交流变得更好？我想科学是无国界的，今天就有5个国家的科学家跟我们共同探讨问题。科学家是非常孤独、寂寞及艰苦的，通过今天的互动平台，我们非常欣喜地看到，青年科学家们不仅在各自领域里孜孜不倦地攀登，而且始终以理性开放的心态审视科学与社会、经济文化、道德伦理发展的关系，思考着个人成长及人类的未来，让科学无国界，共建人类的命运共同体。非常感谢大家的积极参与，也希望大家在未来的工作中能够不断进步，永攀高峰！

第11章

“一带一路”创新之路建设专题研讨会——“一带一路”创新共同体

1　研讨会综述

本论坛围绕建立“一带一路”创新共同体展开演讲。在合作方式上，代表们一致同意要加强人员交流，促进政府、学界、产业界及各类机构合作，特别是通过共建区域科技园、国际科技园区共同体、区域科技创新合作网络等多种方式促进共同创新和共同发展。在合作领域方面，不仅要深化基础设施共建，还可以从医疗信息、信息技术、数字技术、人工智能等科技应用领域开展合作。

研讨会嘉宾包括：中国科学技术发展战略研究院党委书记梁颖达，中国科学技术发展战略研究院院长胡志坚，国际科学理事会全球政策科学特使、UNESCO前助理总干事Flavia Schlegel，伊朗国家创新基金会主席Ali Vahdat，菲律宾总统顾问、菲律宾马尼拉东部大学、达谷潘庞加辛南大学教授Raul Lambino，巴西国家工业联合会创新部主任Gianna Cardoso Sagazio，中国丝路集团董事长闫立金，泰国国家科学技术与创新政策办公室秘书长Kitipong Promwong，国务院发展研究中心创新发展研究部副部长田杰棠，阿曼执行项目独立研究员Mohammed AI Ajmi。

（1）“一带一路”国际科技创新合作成为“一带一路”建设的亮点

胡志坚指出，在“一带一路”建设中，科技创新发挥的作用越来越显著，在新技术革命的背景下，加强科技创新合作已成为世界各国的普遍共识，成为各国共同应对全球挑战，推动实现可持续发展的共同选择。近年来，在各国共同努力之下，“一带一路”国际科技创新合作取得积极进展，成为“一带一路”建设的亮点。Ali Vahdat 认为，科技和创新的合作是国家发展的关键，也是企业竞争力的基础。闫立金提出中国的“一带一路”不只是为全球的经济提出的解决方案，更深层次地为全球的秩序甚至是世界和平提出的解决方案。

（2）数字丝绸之路变得更重要

Flavia Schlegel 认为，数字转型非常重要，现在我们有数字工具，在社会和经济领域的结合就变得越来越容易。闫立金认为，数字丝绸之路主要是数字化、智能化、科技化和网络化。

（3）科技创新是经济增长的新动力

梁颖达认为科技创新不仅和“一带一路”对接，成为各国实现发展的抓手，和“一带一路”倡议相契合。在实施的过程中，科学技术创新有助于实现发展目标。Kitipong Promwong 指出，技术的进口非常重要，在未来可以通过与技术链上的国际合作，从而开发自己的技术。我们需要有高附加值的技术，当然要实现这一点需要人才，所以现在我们也非常地专注人才的培养，尤其是高质量人才的培养。

（4）建设“一带一路”合作网络创新

田杰棠认为中国和“一带一路”国家合作的潜力和空间巨大。未来中国的创新合作方面一定会变得更加开放，要逐步探索建立“一带一路”国家合作创新的治理机制。Ali Vahdat 指出要建立共同基金，支持技术交流和国际合作。闫立金提出中国在不断加大改革开放的力度，这种力度包括在贸易直通车、贸易互联互通方面，这也是“一带一路”互联互通的理念。

（5）创新法律机制为国际科技合作提供保障

Gianna Cardoso Sagazio 在巴西的宪法中纳入了创新，做出了很大的贡献。同时不断改善巴西的法律机制，让巴西成为一个非常安全的外商投资目的地。Raul Lambino 指出和不同的法律国家相互合作，借鉴经验，希望互相增进了解。

（6）通过共同体应对新技术带来的挑战

Flavia Schlegel 认为只有共同创造，才能实现可持续创新。Mohammed AI Ajmi 认为，需要教育和帮助这些社区中的人用电子服务、手机上网及保护自己。Raul Lambino 指出在进行创新和反对创新的时候，要充分地考虑方方面面的利益。

2 致辞

中国科学技术发展战略研究院党委书记梁颖达的致辞

梁颖达 中国科学技术发展战略研究院党委书记

尊敬的各位嘉宾，女士们、先生们，朋友们，大家上午好！非常高兴我们在浦江创新论坛相聚，对大家的到来表示诚挚的欢迎！能够在这里分享你们深度的研究、独特的思想和宝贵的实践，我们为之而激动，也感谢大家精心的准备。

“一带一路”倡议自2013年提出以来，已经经历了6个年头，得到了全球积极的响应和参与。经过多年的实践，“一带一路”建设从理念、愿景转化为现实的行动，取得了重大进展。从2016年开始“一带一路”创新合作作为浦江创新论坛一个重要的活动，每年连续举办，也得到了各方的欢迎和支持。在“一带一路”科技创新研讨会上，来自国内外科技合作方面的专家、企业家及知名学者积极参与，共同交流科技创新合作的经验，对未来的发展进行展望，增进了共识，取得了丰硕的成果。

今天的专题论坛将围绕“一带一路”创新合作共同体建设进行研讨。今天上午的论坛分为两个环节。首先我们欢迎本次论坛承办单位中国科学技术发展战略研究院院长胡志坚同志致欢迎辞。

中国科学技术发展战略研究院院长胡志坚的致辞

胡志坚 中国科学技术发展战略研究院院长

尊敬的各位来宾，女士们、先生们，大家上午好！

欢迎出席“一带一路”创新之路建设专题研讨会。众所周知，浦江创新论坛是由科学技术部和上海市人民政府共同举办的高层次创新论坛，每年举办一次，在国内外产生了广泛的影响，成为国际创新发展前沿科技创新政策交流的一个国际化交流平台。“一带一路”创新之路建设研讨会是浦江创新论坛的一个重要的专题论坛，是专门面向国际科技创新合作，增进国际科技创新交流的研讨会，每年都有大量的国内外高层次的专家参与，至今已经连续举办3届。今天在这个景色怡人的美好时刻，很多新老朋友再次相聚在上海，共同开展研讨，共谋创新发展和互利之道，对此我谨代表中国科学技术发展战略研究院对研讨会的召开表示热烈的祝贺，对出席论坛的各位嘉宾表示诚挚的欢迎！

“一带一路”倡议提出了全新的国际合作理念，以共商共建共享原则确立合作项目，以市场经济原则保证合作项目质量，以发展战略对接原则推动多边合作，以构建人类命运共同体理念引领国际合作，实现共同发展、共同繁荣的目标。在“一带一路”建设中，科技创新发挥的作用越来越显著，在新技术革命的背景下，加强科技创新合作已成为世界各国的普遍共识，成为各国共同应对全球挑战、推动实现可持续发展的共同选择。近年来，在各国共同努力之下，“一带一路”国际科技创新合作取得积极进展，成为“一带一路”建设的亮点。“一带一路”提供了一个包容性的科技创新合作平台，能够让各参与国共同利用创新资源，协同提升创新效率，合作拓展创新市场，形成风险共担、利益共享的创新共同体。中国国家主席习近平在2017年“一带一路”高峰论坛上提出“要把‘一带一路’建设成为创新之路”，2019年再次指出要建设“一带一路”和数字丝绸之路，要用最新的技术建设“一带一路”。“一带一路”创新共同体建设是共建“一带一路”的关键内容和重要目标，也是推动政策沟通、设施联通、贸易畅通、资金融通、民心相通的关键支撑和重要先导，需要得到大家的共同研究、共同谋划建设。当然大家也都看到当前经济全球化正受到一定程度的挑战，一方面全球科技创新发展从客观上要求深入加强各国的交流与合作；另一方面，由于多种因素的影响，仍然存在着深化科技交流与合作的阻碍和障碍，科技创新成为进行非良性竞争的一些国家的手段，在这样的情况之下更需要各国学者加强交流，共同谋划，增进合作，促进全球科技创新发展的策略与路径。

今天，众多学者和嘉宾齐聚上海，我们衷心希望大家能够在“一带一路”高峰论坛这个高层次平台上，以广阔的视野、深度的思考，以及对未来人类命运的责任，对如何深化“一带一路”科技合作、政策的对接，加快“一带一路”创新要素的相互融通，促进形成更大规模、更高层次的创新能力开放合作机制等进行广泛而深入的研讨与交流，为推进数字丝绸之路、创新丝绸之路建设贡献真知灼见。本次研讨会的承办单位——中国科学技术发展战略研究院是中国科技部直属的一家专业性战略科技研究机构，是中国科技创新领域的重要智库，我们真诚的希望与各国学者专家和智库机构借这个机会开展长久、深入的交流合作。本次会议的举办要感谢各位参会代表和会议组织者所付出的辛勤努力，要特别感谢远道而来的国外嘉宾。

预祝本次研讨会取得丰硕成果。谢谢大家！

3 嘉宾演讲 1

通向开放创新共同体之路

Flavia Schlegel 国际科学理事会全球政策科学特使，UNESCO 前助理总干事

科技创新不仅和“一带一路”对接，成为各国实现发展的抓手，也和“一带一路”倡议相契合。科学技术创新有助于实现发展目标，并且在监督目标实现的过程中发挥作用。

女士们、先生们，早上好！

今天非常高兴能够来到这里，首先我要感谢中国科技部、上海市政府，同时也要感谢中国科学技术发展战略研究院邀请我们到这里参加今天上午的研讨会。

2019 年非常重要，这是中国和中国人民取得巨大进步的一年，尤其是在“一带一路”这块领域及新丝绸之路建设的领域。我今天要讲的是“通向开放创新共同体之路”。在演讲之前，我首先和大家分享一些我个人的看法。

首先我介绍一下自己在中国的经验。刚才主持人也介绍了我在联合国教科文组织的工作，其实我在 2008 年的时候就来到了中国，当时全球都受到了金融危机的影响，而全球都意识到中国已经成了世界的一个强国和大国。我和我的国家政府，也就是瑞士联邦政府科技文化中心也得到了中国科技部的支持，共同推动了中瑞两国之间的科技合作。我之后也进一步地关注治理和医疗、科学方面等领域。中国和瑞士两国的双边关系是我以前工作的领域，之后我到了联合国教科文组织工作，负责自然科学项目。在联合国教科文组织工作做多边工作，可以说中国仍然是我工作的重点，因为中国是联合国教科文组织非常重要的成员。

“一带一路”倡议覆盖到更多的国家，有更多的国家参与，而且这个范围还在上升。我负责全球项目，我们当时想怎么样利用科技创新，实现可持续发展。在联合国教科文组织工作之后，我加入了国际科学理事会，这个理事会有 140 多个国际科学组织，联合国提出的 2030 议程，需要让科学更紧密地汇集在一起，让所有的知识汇集在一起，满足我们的需要，以便能够实现 2030 议程的内容。我们的愿景是要把科学定义为全球性的公共物品，要把不同学科之间的差距缩小，把社会科学、人文学科、工程、自然科学之间的界限都打破，不管是联合国教科文组织还是国际科学理事会，它们都和“一带一路”所覆盖的国家、参与的国家有着密切的联系。

这两个组织有一个交叉点和共性，就是联合国的国际发展议程。在这样一个发展框

架当中，从全球的角度来看，哪怕是没有参与“一带一路”的国家，都可以看到这是联合国层次上对整个全球所确立的 17 个可持续发展的目标，它也是我们在未来推动的项目中必须要考虑的。在 2030 议程中确立的 17 个发展目标中，联合国第一次将科技创新放在了重要的位置上。科技创新不仅和“一带一路”对接，成为各国实现发展的抓手，也和“一带一路”倡议相契合。在实施的过程中，科学技术创新有助于实现发展目标，并且在监督目标实现的过程中发挥作用，因此在 2030 议程中，全球已经充分地认识到科技创新的重要性。

中国和其他很多国家及“一带一路”倡议可能都面临一个问题，即所有的目标，不管是教育、健康、城市管理、生物多样性保护等都是相互有联系的，“牵一发动全身”。一开始我们做规划和行动计划的时候就必须意识到它是一个综合的情况，要有一个大局。“一带一路”也是这样的一个宏图，它有健康、城市规划、水管理，并不是哪个话题可以孤立出来的，必须以一种综合的方式进行规划和看待。从全球视角来看，“一带一路”可以说是一个新的发展范式，并不是之前的发达国家付钱、南北合作等模式，其实它是一个普遍性的、全员参与的。在周五的时候可以看到世界各地有很多年轻人走上街头，针对气候变化进行抗议，这些都是发展的项目，而且必须要一体化，不能只是看 GDP 和钱，要看到社会的发展，同时要看到发展中的影响。我们有一些发言者可能在这方面会更加有经验。这并不容易。我们实践“一带一路”倡议的时候，必须要同时看到这个共同体的经济发展，因为年轻人需要工作；同时也要看到环境发展，因为我们不希望耗尽资源，资源已经很稀缺，要同时关注社会发展。

本次论坛的主题词出现了革命、竞争、移动性、包容性平台等关键词。这里提到共担风险、共享收益这个概念。“一带一路”创新共同体希望我们能够实现开放性的协同，如果这是大家真正的意思，那么这里面就涉及很多的转型和改变。现在的“一带一路”是什么样的？ 2019 年是《自然》杂志 150 周年纪念。有篇来自《自然》的文章，欧洲、拉美、非洲没有出现，主要是讲了“一带一路”的一部分，但是通过这个我们可以看到倡议是非常复杂、非常宏大的，而且还不是全貌。人人都在谈“一带一路”，像《自然》这样的科学杂志也在谈，各种各样的杂志都在谈论“一带一路”，可以说世界各国都对“一带一路”非常赞叹。说到开放共同体的方式也需要我们做一些转变，比如我们不是传统的、有钱的、有能力的大国、富国去告诉其他的国家怎么做这种高高在上的方式，我们要进入一个共同创造的方式。从历史上看，这个古老的丝绸之路已经产生了很多传统的经验和知识，不能完全抛弃，它有很多的传统和遗产。进入到转型 4.0，我们必须意识到数字革命的作用，它会带来很多颠覆性的及跳跃式的发展，我这里说的是比较积极的一面。我特别惊叹中国有非常丰富的文化内涵，但是在中国的历史上可以说第一次进入了一个新的经济社会环境空间及阶段，我希望你们能够避免其他国家层面犯过的错误，我们也并不需要把所有其他国家的发展阶段都走一遍。比如在你们基本上没有太多的经过固定电话的阶段，现在移动电话已经是完全普及了，中国是可以实现跳跃式发展的，这也是革命的一个实现，这样能够让中国一举跳到前列。

还有几点也很重要，这也是我们国际科学理事会所看中的一些关键词。我们在这里讲共同创造，只有这样才能实现可持续创新。那么首先就必须要开放，包括开放性的准入、数据的开放，在有些国家这恐怕是一个很大的问题，到底你的开放度、透明度，特别是在数据方面应该如何规定。在这个方面，有可能数据并不那么理想，但还是要实现开放。此外包容性也很重要，大家都要参与其中，而且提出的解决方案应该是非常出色的解决方案，并不一定是高科技的，也可能是根据当地知识产生的解决方案，但一定是好的解决方案，我们不能有二流的解决方案，而一定是出色的方案。

我之前也说过，“一带一路”被视作经济领域的一个倡议及关于贸易的倡议，但是人的多样性、知识的多样性也非常重要，也就是说“一带一路”不仅仅是建设基础设施，它也包含社会领域。说到GDP，我确实同意它是一个非常重要的指标，但是青年也非常的重要，那么“一带一路”中是不是能保证年轻人能够就业，能够学习到他们所需要的技能，女孩子是不是能够上学，女性是不是能够参与？再看一下生物多样性，通过“一带一路”的建设，它不仅仅是基础设施，它也是软件，我们会不会消除生物的多样性，是不是能够创造“一带一路”领域及国家生物多样性的空间，我们以前丧失的多样性是不是能够回来？最后一点，科学和科学家的地位也非常重要，也就是说“一带一路”当中的科学家是不是有充分的自由，他们是不是能够得到认可，得到他们所需要的支持？另外就是数字转型也非常重要，数字工具使得在社会和经济领域的结合变得越来越容易。

共同的创建也需要一个永久讨论的空间，每天我们都要谈判，我想这也是为什么这个论坛非常重要，政策制定者推出了“浦江创新论坛”。不仅仅在这里，整个“一带一路”都需要，因为它不仅仅是技术的创新，也是社会的创新，公正公平的参与，这些都需要我们不断的讨论和磋商。因为各个国家有文化的差异性，我们要保证每个人有共同的理解，并且实现共同的目标。

回到国际科学理事会，我们确实需要开放的科学体系，如果说我们把国门关闭、实验室关闭、数据关闭，不进行跨国之间、跨学科之间的分享，那么习主席所畅想的梦想就很难实现，我们需要开放。当然出于政治的原因，要在所有的层面达成并不是很容易，这是一个系统性的挑战，我们作为个人要努力，这也是一个机构的挑战，比如说对于大学而言是挑战，这也是一个政治的挑战，所有“一带一路”的国家都需要讨论“一带一路”倡议，它们需要达到一个共同的政治愿景，也就是如何打造“一带一路”空间。

最后我也希望大家和我们国际科学理事会合作，它是一个中立的机构，涵盖所有的学科，包括人类学、自然科学、社会科学等，我们也致力于推动“一带一路”共建。

非常感谢大家的聆听，我也希望大家倾听接下来的会议。谢谢！

从丝绸之路到创新网络

Ali Vahdat　伊朗国家创新基金会主席

我们越多地分享知识和技术，我们越多地能够从深层次的知识中获益。

伊朗是一个古老的国家，长久以来我们一直是丝绸之路的一部分，这条历史性的丝绸之路在 1700 年来一直将古老的文明国家联系在一起，让大家进行通商，但是后来却被人们遗忘了，而现在中国提出要复兴丝绸之路，并且通过合作，我们能够让丝绸之路重新回来，保持它古老的部分，同时又呈现新的形式，也就是“一带一路”。

科技和创新的合作是国家发展的关键，也是企业竞争力的基础。毫无疑问，这也是“一带一路”作为一个国际化的平台在经济合作方面的关键领域之一。在我们地区的创新生态系统中有我们独特的能力，对于这样一个平台我们非常想参与，基于这个目的我也借此机会给大家介绍一下伊朗的创新生态系统。

伊朗在科技和创新体系方面取得了长足的进步。在全世界的科学文章发表中增长速度最快，尤其是纳米技术、生物技术和材料科学。同时，伊朗还有 4000 多家高科技技术型企业，主要集中在纳米技术、生物技术、通信技术、能源技术和可替代能源等领域。这是由于伊朗国家创新体系变化所造成的。高科技公司和研发的重要性已经体现在很多政府文件中，如《伊朗全面科学路线图》和《伊朗 20 年发展计划》。因此，在 2010 年的时候伊朗议会专门通过了一项法律，旨在支持知识型企业的发展。根据这条法律，伊朗国家创新基金在 2011 年成立，它是一个补充性的机构，为知识型企业提供财政支持，初期投资是 10 亿美元，由伊朗总统监督。目前，该基金已经支持了 4000 多家企业，这些企业都是科技创新型企业。为了让我们的企业更加有能力，国家创新基金还有一个专门的议程，就是建立国际联系网络及进行国际合作。现在伊朗的基金都已经参与到了国际研发和融资中，而现在伊朗的初创企业也应该参与到国际融资当中，而且我们也准备给他们提供支持。

在过去的 10 年中风险投资行业在伊朗得到了发展。根据我刚才所说的内容，对于接下来的合作我有以下建议。

第一，要建一个沿丝绸之路的技术解决方案网络——NTSE，这样一个网络能够帮助成员国找到他们所需要的技术解决方案，提供技术交流的特别网络平台，扩大高科技行业的展示，以及不同的领域代表团互访，这是扩大“一带一路”建设的工具。说到知识产权的保护，我想所有的成员国都能够在这个网络下供需技术链上发挥积极的作用。很明显，越多地分享知识和技术，越多地能够从深层次的知识中获益。在这里，我也想说我们已经做好充分的准备参与到我刚才说的技术解决方案交流网络中。

第二，要建立共同基金，支持技术交流和国际合作。通过共同基金的建立，我们能够开发更多需要的技术，控制金融风险，并且提高所有成员国的能力，共同基金也可以使成员国之间进行管理，并且分享合作的益处。我们也已经做好了准备，参与其中。

第三，政策转移。通过技术方案的解决网络，技术转移也是非常需要的。所有的成员国都有广泛和多样化的知识，可以交流经验，包括不同的财务或者风险机制经验。

第四，我想借此机会也欢迎大家到伊朗去，了解我们伊朗新的蓬勃发展的风投企业、初创企业和技术型企业。

菲律宾的区块链和数据资产监管

Raul Lambino　菲律宾总统顾问，菲律宾马尼拉东部大学、达谷潘庞加辛南大学教授

这些创新，我们都希望能够将我们所接触的世界打造成一个更好的世界，传给我们的后代。

我是总统的顾问，也是菲律宾内阁成员，我在这里代表我国政府参加会议。我们国家也参与到了各种"一带一路"的项目中。在2019年我和总统一起参加的北京国际论坛，我们签订了一些备忘录和意向书，共计200亿美元的中国投资。这是中国政府对于菲律宾的支持。

我本行是一个律师，技术创新不是我的专长。我偶尔也会接触到一些科创，比如我在繁忙的工作中抽空看电影，汤姆·克鲁斯的《碟中谍》，还有一个电影是《少数派报告》中有一个无人驾驶的汽车。我当时觉得这只是电影，但是没有想到在不到20年的时间里这个技术突飞猛进，成为现实。再过50年，据说人甚至可以靠自己的意念驾驶汽车，为什么不可能？现在一个律师在探讨前沿技术创新的论坛上讲话有什么不可能？确实，我其实一直是一个梦想家，我之前就经常梦想很多的事情，我也像大家一样想为什么不可以？我们知道这个想法最大的力量就是能够考虑到现实当中的物理及化学特性，然后再开发出新的物质，或者说涉及金融的一个新的体系。这些创新，我们都希望能够将我们所接触的世界打造成一个更好的世界，传给我们的后代。当神秘的中本聪向大家展示了他的发明，也就是比特币，这是一个革命性的想法，现在可以说比特币让大家不再信任商业，而是信任区块链，可以让用户实现对资金的控制。这些年，比特币经历了涨涨落落，我们也进入了一个全新的货币类型，但我们能够完全摆脱控制及银行体系吗？到底这样的货币有什么样的益处，能够帮我们实现货币自由？至少有一些人的观点认为是可以实现的。我们要了解它对全球的消费者有什么影响。最近有一个报告，就是脸书会推

出它的全球货币，并且开始和英格兰银行及其他的平台考虑使用这种货币，我们希望能够得到明确的答案，能够了解到底比特币及区块链如何在各种运用中发展。最近我们就建立了一个亚洲加密项目，我们希望能够重新看待金融监管及规则来考虑加密币。我们是第一次这样做，而且我们把不同的区块链国家，如苏黎世、新加坡、日本、韩国等国家和地区联合在一起，这个发展区可以说是第一个在亚洲设立金融科技中心的经济特区，而且显示出目前，我们可以更好地驾驭创新。

历史告诉我们，科学事实上是能够成为我们一个源源不绝的源泉，提供答案，为我们带来生活的便利。从历史上我们可以看到人们是如何通过观察、试验及批判性的思维转换成知识。我记得当罗马军队入侵希腊的时候，阿基米德这位现代微积分的先驱也正在进行微积分的思考，但是他当时还在研究自己的几何定理，不幸被罗马士兵杀害了。另外还有居里夫人进行放射性研究，在第二次世界大战中，她的研究成果就造福了很多野战医院。所以很多的发明创造是出于对自己所爱的人的关爱而产生的，比如说贝尔，就是因为他的家人有这个方面的障碍，所以他就不断地进行研究，经过对各种听觉设备的研究从而发明了电话。比如说爱迪生，他发明了留声机，也发明了现在的摄像机和白炽灯泡，他的发明影响深远，对我们日常生活发挥着很多无声的影响，而且他让我们获得一个非常好的发明手段，就是通过研究。他所打造的这种研究工业实验室的方式，一直也推动着我们对知识及应用的创造。现在又有了很多新的发展，如无人机，它可以搭载感知设备进行各种任务，它可以进行一些偏远地区的空中监测，也可以用于抗震救灾及稀有矿物的开采等，但是它也是有一些风采的，就像地理战略论坛中一个公司发布的报告指出的那样，现在可能要面对无人机恐怖主义，所以我们现在就要面对这种无人机被武器化，被恐怖分子和恐怖组织利用的风险，这也是一个现实的危险。我们现在已经进入到这个世纪的一个重要的时刻，我们的创新既可以推动人类的进步，也可能被滥用，带来巨大的破坏。我们在探讨创新及创新应用的时候，不能错失任何一部分，我们可以回到启蒙运动时期的思想，也就是我们追求理性科学和人文科学进步的思想。在世界上有些地方，在《当下的启蒙》这本书中说到了战争及致命的危险成为人们不可或缺的一部分，那就必须意识到我们忽视了启蒙运动的成就，我们就可能再回到这样悲惨的境地中，我们就必须要能够充分地把握好所获得的这些成就，而现在这些成就包括货物自由流动，清洁的饮用水，并且能够很容易地对抗其中的疾病，女性可以安全行走在街上，人们的寿命延长，这些都是我们重要的成就，因此我们在考虑这些想法的时候，在进行创新和反对的时候，要充分地考虑方方面面。我再次邀请大家参观我们的经济特区和自由港，就像其他的发明一样，我们也是一个尚未完成的作品，但是也是一个充满了美好的所在。

巴西的创新议程和双边合作机会

Gianna Cardoso Sagazio 巴西国家工业联合会创新部主任

巴西国家工业联合会（CNI）自1938年以来就代表着巴西工业界的利益，它和政府及国内外的几个组织一起开展合作。

我非常高兴向大家介绍我们巴西国家工业联合会在推动创新方面的经验。

首先介绍一下工业在巴西的重要地位。工业为巴西经济带来了1.3万亿雷亚尔的贡献，占国家GDP的23%。因此它对巴西是非常重要的。巴西国家工业联合会（CNI）自1938年以来就代表着巴西工业界的利益，它和政府及国内外的几个组织一起开展合作。目前，CNI代表着27个州的工业联合会，它的成员单位包括1250个雇主联盟，覆盖的行业达到了差不多70万个。我们体系中共有3个机构，第一个就是国家工业联合会，它一个是培训联合会，负责科学技术方面的创新培训及技术转让。另外一个机构推动工人及其家庭的生活质量，注重生活、教育、健康、休闲等，它是推动在各个公司当中实现可持续管理。第三个组织的目标是为大家提供相应的管理经验，以便能够在竞争激烈的环境中生存和发展，相当于我们巴西工业的管理学院。

巴西有很多技术机构或实验室，一共有15个行业1000多位专家。每年为15 000个公司提供计量和技术方面的支持。这些技术机构遍布巴西，只要有工业的地方，我们就支持它的发展。另外CNI还有626个创新机构，连接着学术界，满足国内企业的需求。此外，我们为26个国家提供专业知识。我们是真正支持巴西所有产业的创新，其中有一个名为SESI的机构，它在巴西有9个创新中心。

接下来介绍一下巴西的产业体系。我们主持企业界和政府之间的对话，目前这个工作机制就是通过商业创新动员（MEI）进行。它是由500个巴西最重要的商界领导人组成的，还包括巴西总统、各个部长，他们共同讨论巴西的创新议程。MEI把学术界、商界和政界的人联系起来，所有的科技创新、机制讨论都是MEI这个网络或者机制的责任。MEI有10年的历史，主要的目标就是提高巴西公共政策的有效性，为企业家的愿景做出贡献，同时也增强企业的竞争力。MEI有6项工作，在2019年它刚刚推出的一个工作议程——为巴西政府提供特别建议。这个建议包括如何实施“一带一路”倡议和计划。另外就是对于创新的资助，我们和巴西的开放银行和其他的金融机构合作，大家讨论在巴西什么样的金融机制能够支持创新及怎样为创新进行融资。在创新的人力资源方面，我们也做一些工作，还要打造创新的法律框架，MEI也为创新纳入我国宪法做出了贡献。比如我们刚刚通过了一个科技创新法律，企业家的愿景也包含在其中，这也是MEI的工作。通过创新嵌入全球，还有就是通过创新支持初创企业的发展。

接下来我介绍一下MEI的全球嵌入议程。MEI主要的目标就是把巴西的工业跟巴西和全世界的主要创新中心联系起来，支持研发和投资合作，刺激技术募集型企业的发展，以及支持人才的发展。MEI和世界各国也存在着双边合作的机会。一是我们可以创造双方企业领导的沟通机会，可以组织企业家参观不同国家的创新体系，同时别国的企业家也可以到巴西来了解我们的创新生态系统，与企业建立联系，这是非常务实的。我们在安排活动方面也取得了很多的成果，比如说推进了双边合作，同时推动了企业转型。同时第二步，我们还可以推动巴西国家工业联合会支持下的合作伙伴关系，比如说CNI可以支持找到双方的合作伙伴，支持涉及双方之间的合作协议。

在这里我还要再介绍一下所取得的主要成果。我们的宪法中纳入了创新，对此我们做出了很大的贡献。同时我们也不断地改善巴西的法律机制，让巴西成为一个非常安全的外商投资目的地。我们还建立了在MEI下设了一些组织或者由MEI提议的一些机构来加速创新投资。我们每两年会举行一个非常大的创新高峰会议，会议邀请5000多位全球的CEO、高管和研发方面的负责人，介绍颠覆性的技术、创新，同时分享经验，我想再强调一下，巴西对于与诸位合作和建立合作伙伴关系，非常的开放。

“一带一路”互通互联的数字信息高速公路

闫立金 中国丝路集团董事长

“一带一路”是中国不只为全球的经济提出的解决方案，更深层次地为全球的秩序甚至世界和平提出的解决方案。

2019年对“一带一路”倡议来说是非常重要的一年，“一带一路”第二次峰会在北京召开，标志着“一带一路”进入了第二个五年，同时也标志着“一带一路”倡议进入了2.0时代。大家知道“一带一路”经历了5年的风风雨雨，这5年可以说发展得非常快，得到了全世界100多个国家的积极响应。在这5年，我也亲历了“一带一路”的发展。在过去两年，我走访了30多个国家、60多个“一带一路”沿线城市，深深体会到了“一带一路”受欢迎的程度。2019年峰会的召开标志着“一带一路”进入了新的时代，我总结“一带一路”有六大新趋势。

第一，更理性。第一个五年可以说是粗放的发展阶段。第二届“一带一路”峰会习近平总书记指出要深耕细作，要深化，做深做实。比如说第一个五年注重的是传统基础设施的建设，第二个阶段可能做得更深。

第二，更商业化。第一个阶段政府主导的更多一些，因为刚刚开始，第二个阶段商业化趋势会更多，更多的商业机构参与。

第三，更多的建设主体会出现。第一个阶段主要是中国的央企参与，政府引导。第二个阶段是民营企业、地方各个省的企业都要参与其中。

第四，融资平台多样化。第一个五年主要是进出口银行等这些大银行、国家银行的支持。第二个五年会出现大量的商业金融合作模式，甚至是数字金融模式大量的出现。

第五，更贴近民生。第一个五年是粗放式的，以大的基础建设为主，第二个五年更加贴近民生，涉及工业和数字化等。

第六，参与的国家更多。

因为时间的关系，我不详细解读。但是除了这 6 点外，“一带一路”第二个五年开始有一大亮点就是数字化，已经提出了“数字丝绸之路”和“网络丝绸之路”等。最新的亮点也是今天我的题目，数字丝绸之路主要是数字化、智能化、科技化和网络化。这个亮点也会带动沿线国家和中国的更多互动，这也是科技为“一带一路”的建设创造一个新的阶段。为此我们在过去几年精心打造了“精准大数据解决方案”。我走访了这么多的国家，其实这些国家都希望和中国一起分享中国这些年来的网络技术、共享技术、智能技术发展的经验，也希望我们中国的这些企业到这些国家共同发展，所以我们精准打造了大数据解决方案，包括数字地球、智能世界。围绕这个有两点，一个是区块链解决方案，还有一个是综合时空体系。

第二个五年要重点打造数字丝绸之路，而基于地理信息对“一带一路”的空间信息走廊建设，数字丝绸之路建设至关重要，所以我们打造了这样一个平台，包括全球地理信息服务、全球地理信息公共与专业服务，以及全球可持续发展、全球空间信息走廊建设、地理信息知识化服务。另外，我们和上海市政府打造了一个综合时空的工业园区，已经在青浦开始建设。我们投巨资打造，把地理信息、定位、导航和时间等信息结合在一起，打造成一个综合的时空体系，这个时空体系为下一代的物联网及数字孪生城市进行服务，在这个园区会聚集这个领域全球先进的产业和公司，共同工作，为高速公路物联网和孪生城市，或者是数字丝绸之路提供解决方案。我们最近和巴基斯坦政府谈到数字巴基斯坦方案，我们准备以上海、长三角为龙头，与巴基斯坦国家进行合作，打造“数字巴基斯坦”的解决方案。因为中巴经济走廊是“一带一路”的旗舰项目，一期做了大量的基础建设项目，最近我跟巴基斯坦总理进行了几次交流，我们建议启动数字巴基斯坦项目，因为巴基斯坦和中国一样，也是人口比较多，它最大的资源是人口，而互联网时代能够把人都动起来的是网络和数字，我相信其他的“一带一路”国家也是一样，所以我们会启动这些企业，这个方案会带动大量的中小企业一起合作。

随着网络技术的发展和“一带一路”的深入，大家知道中国的网络发展很快，另外就是电商的发展，可以说中国在电商领域的发展是全世界最领先的。它不只是用户多，更重要的是科技带来的变化已经改变了所有中国人的生活。“一带一路”国家逐渐进入这个电商时代，特别是跨境电商越来越多，可以从中国这几年的出口统计数字看出，跨境电商的比例越来越大，互联互通的加强，这个比例可能还会快速的增加，特别是中国政府这几年坚定地推动自由贸易和经济全球化。在这个过程中，中国会更开放，“一带一路”国家和全世界的合作更加加深，这个不是单向的，包括中美贸易战现在有人说贸易不平衡的问题，这里可能有一些体系的问题，美国有一些东西不卖给中国。另外，“一带一路”国家也有这样的问题，但是我们不了解这些国家的产品，所以我们正在制订一个大的营商环境、跨境电商的具体做法，包括上海的进博会，这也是一个代表。更重要的是我们用科技带动发展，特别是“一带一路”好多国家相对中国来说，在IT方面相对落后一些，我们要解决这个问题就要解决几个问题，一是实现互信体系，怎么样在网上销售的更多；二是资质认证、程序、自由执行结果的追溯。所以我们现在和联合国一起，和联合国贸易和发展会议一起打造一个争端在线解决方案。前一阵时间我们去联合国确定了一个基于区块链技术的解决方案，比如说欧盟、联合国机构都有法律条规，经过讨论我们认为这些不够，需要提升，用技术的手段予以完善，所以我们共同商量了以后准备打造一个在线系统来保护消费者利益，如果这个方面得不到落户，跨境电商发展的速度可能就会受到影响，或者是消费者利益得不到保障。我到联合国贸发会一起进行讨论，我们也达成了很多共识，我们和牛津大学一起，包括科技部、中国科学技术发展战略研究院一起共同准备打造一个在线的争端解决方案，然后在四五个国家做试点。

刚刚说中国在不断加大改革开放的力度，这种力度包括在贸易直通车、贸易互联互通方面，一直在做大量的努力。这也是“一带一路”互联互通的理念。比如说我们在中国天津开通了基于区块链的海关直通车项目，已经上线。我们现在在第二次峰会结束之后，迅速地落实了几个国家，如巴基斯坦、肯尼亚、阿联酋，此时此刻有一个团队就在肯尼亚进行讨论，很快就会宣布启动，阿联酋也会宣布启动这个项目，这种合作会加速海关通关速度，更重要的是能够减少进出口环节，这个环节减少有利于大大促进沿线国家产品向中国出口，特别是经过信任体系建立以后，用户更敢购买跨国商品。

我们最近也有团队去菲律宾进行讨论，我也希望巴西甚至是伊朗可以一起合作，来做这个诚信体系，这个体系带动了“三流”的互动：物流、资金流和信息流。资金流可能打破现在很多贸易上不便利的地方，用数字化的方法解决诚信问题、速度问题等。我们提出精准大数据解决方案，继续推动建立世界多边、自由、诚信的贸易体系，而且建立去中心化这种开放的平台。这也是表明中国对外开放的姿态，同时也希望我们跟各个国家一起建立这种新的贸易秩序，为全球的经济发展做出贡献。其实，“一带一路”是中国不只为全球的经济提出的解决方案，我认为更深层次地为全球的秩序甚至世界和平提出的解决方案，因为大家发展了就和平了，减少不必要的冲突，所以我们通过数字高速公路，包括地理世情、数字地球，包括综合时空体系概念，都是为了打造“一带一路”互联互通的信息高速公路。在第二次峰会上习近平主席向全世界发表的讲话，其中提到了数字化、网络化、智能化，包括利用新技术、新业态、新模式等，这次的浦江创新论坛也都提到了推动这方面的发展，我们也愿意和各国一道共同打造“一带一路”信息高速公路，共同为“一带一路”国家的发展，为“一带一路”人民生活水平的提高，为整个世界经济的发展和世界的繁荣及人类的和平做出贡献，特别是我们丝路集团愿意和大家一起共同努力。

科技创新和企业家精神增长的新动力

Kitipong Promwong　泰国国家科学技术与创新政策办公室秘书长

泰国政府承诺在未来的五到十年，投入几十亿美金进行基础设施建设，与“一带一路”主要城市互联，这也为这一地区国家合作带来了很大的机会。

大家非常清楚科技创新的重要地位，因为科技创新是经济增长及可持续发展的主要驱动力。今天我与大家分享一些泰国的案例。

泰国经济的规模其实不是很大，但也不是很小。泰国经济发展潜力或者在这一地区的发展潜力是巨大的，我们的经济结构是传统行业和现代行业的组合。泰国的经济中70% 依赖于全球贸易，中国、美国、日本和东南亚邻国都是我们主要的贸易伙伴。

食品行业在泰国规模很大，为泰国带来了很多出口机会，同时也增加了收入。泰国有几百万人从事食品行业方面的工作。最近食品的出口额超过了 2000 亿元人民币，现在我们投入了很多的力量，让食品行业从大众产品转型到高附加值行业，特别是食品行业。所有的转型都需要创新。

虽然和农业、制造业相比，泰国的服务行业规模差不多，但服务行业发展的潜力是巨大的，现在我们的服务行业占到了经济的 50%，但是如果看发达国家，就会发现服务行业将会成为主要行业，占 GDP 的 60% ～ 70%，因此服务行业仍然有巨大的潜力。要让服务业从低附加值向高附加值迈进，这不仅仅涉及旅游业，也需要我们让旅游业产生辐射效应，来推动更多初创企业的产生。

泰国的医疗服务业也快速增长，这就需要很多的创新，这个过程也给企业，尤其是新型的企业带来了很多机会，它们可以通过技术创新为这个行业中的相关方提供服务。

物流在泰国也非常的重要，在过去的十年里，泰国也投入了大量的资金发展基础设施，与“一带一路”相连。在未来的五到十年，泰国政府也承诺投入几十亿美元进行基础设施建设，与“一带一路”主要城市互联，这也为这一地区或国家合作带来了很大的机会。为了发展创新能力，需要进一步推动企业在新经济时代下的发展。

当然在泰国有很多的党派、团体及有很多个人，我们也想支持他们的能力建设，让他们变得更加有竞争力，这也包括农民。我们想要让农民转型，从原来传统的务农活动变成智慧农业的从业者，从而提高他们的生产力及竞争力。

另外，在泰国还有很多中小型企业，这些中小型企业在技术创新方面的能力还非常低，但是我们认为通过制定正确的政策及给予他们支持，可以让他们转型成为智慧型的中小企业。泰国也进口了很多技术，用于制造业的生产。技术的进口非常重要，但是我们认为在未来也可以通过与技术链上的国际合作，从而开发自己的技术。我们需要有高附加值的技术，当然要实现这一点需要人才，所以现在我们也非常关注人才的培养，尤其是高质量人才的培养。最近，我们将科技部和教育部合并为高等教育和科技部，泰国政府通过这一个合并来支持未来高质量人才的培养。

说到技术性的颠覆，我们既面临机会，也面临挑战。这些技术我们都要迎头赶上，并且把它应用到实际的行业中。有一些技术要迎头赶上前沿，还有一些技术希望能够从市场研究中获取。好消息是泰国的私营部门越来越意识到研发的重要性。在过去的五年中私营部门在研发方面的投入越来越大，2018 年研发占 GDP 的 1%，在未来十年我们相信这个数字会提高到 2%。

泰国现在面临的挑战之一，就是我刚才所说的，要把我们的经济结构从传统产业及传统的生产和服务转型成为创新驱动型结构。这样一个方向需要很多的转型，特别是要建立一个有利于创新驱动企业发展的生态系统。我们在包括人才、资金、基础设施、政策环境、文化、社区及需求等方面做了很多的工作。我们要放松监管，即要适当监管，不能监管得太严。我们进行了一些投资，建立了泰国创新生态体系的创新园区，分布在全国的南部、北部、东南部、东北部及中部地区。几年之前，政府给了我一项任务，就是建立泰国的食品创新园，现在我们已经成功建立了该园区，吸引了一些公司进入该园区进行投资和研发，支持整个食品行业的创新。2019 年，我们会把食品创新园扩大到其他的地方，会建立一些分支机构，这些分支机构甚至会分布在泰国主要的大学里。

我们还推出了一项计划，就是建立创新的东部经济走廊，这也是泰国政府推出的一项主要计划，地点在泰国的东部地区。我们现在建设了很多的互联互通的基础设施，能够跟“一带一路”相连，尤其是东乌线，包括中国的深圳、香港、澳门等城市，这也是创新地带。通过这些基础设施建设，我们能够和这些城市相连。这些是我们重点推动的行业。

最后，对泰国而言，初创企业、新企业非常的重要，我们要孵化这些新企业，在过去几年我们也花了很多的精力为初创企业建立生态系统，虽然我们很多的初创企业还处于初期阶段，但是我们相信在不久的将来，我们会让它们发展壮大，我们会看到一些独角兽出现。

抓住机遇，建设“一带一路”合作网络创新

田杰棠　国务院发展研究中心创新发展研究部副部长

未来中国的创新合作方面一定会变得更加开放。

我分享一下对“一带一路”创新合作的一点心得体会。

首先，我觉得创新的全球化趋势实际上是由产业链不断的变革，有一个创新全球化的趋势，是根植在全球网络中。这个例子是当时 iPhone 6s 的案例，这里面有中国大陆、日本、韩国和中国台湾共同合作生产的产品，也意味着在每一个环节上每一个部件都是选择性价比最高的，假如说你以其他的力量破坏这个产业链的行为，实际上对这个产业链中每一个环节都是有伤害的，所以开放创新应该是我们的一个正确选择。

2018 年是中国改革开放 40 周年，大家可以看到中国作为一个发展中国家，我们一直坚持往开放创新的方向发展。从最开始的时候我们引进设备和技术，我们生产高技术产品，到后面逐渐地消化吸收，生产我们自己的产品，包括高技术产品，通过出口，高技术企业走出去，到今天我们用全球视野谋划和推动一个全球开放创新体系的建设。在这个过程中，中国在不断地完善包括知识产权在内的一系列规则。中国对外付出的知识产权的使用费用逐年增加，而且在新兴大国中排名也是比较靠前的。所以习近平主席强调我们要共建一个创新、包容、繁荣的世界经济，这也是未来的一个发展方向。

其次，我认为，中国和“一带一路”国家合作的潜力和空间巨大。实际上这是一个很好的网络体系，其实我希望在很多的行业可以形成我刚才展示的像 iPhone 产品那样，是一个互相依存的产业链和网络，这也是我认为未来国家合作的一个发展方向。

“一带一路”的 60 多个国家在这个体系中的优势各不相同，互补性很强。从对这 60 多个国家的观察来看，每个国家都有自己的发展优势，都有和中国合作的创新点。其中有的国家创新排名超过中国，如新加坡、以色列，他们在全球创新指数排名比中国还靠前，我们可以通过合作向这些国家学习创新经验，包括技术上的合作开发。再如，包括俄罗斯在内东欧国家，实际上它们有很好的机械工业基础，很多东欧国家基础研究的实力比较强，我们可以找到很多的合作机会；俄罗斯的数学，大家都知道有很多好的数学家都出自俄罗斯，还有很多比较突出的经济学家也是俄罗斯裔的；捷克、匈牙利等，捷克每年搞的机械展，我们有很多的企业都去参展，上海大众斯科达这个品牌就是产生于捷克；东南亚现在有很多的合作机会，泰国的食品和生物有很多独特的研究优势，包括马来西亚、印度尼西亚很多国家航空航天工业也有它们自己的优势。马来西亚有非常著名的防务展，我们的企业也去参加展会寻求合作机会。中东欧国家的石油资源比较丰富，他们对石油技术开发也比较重视，我们在这方面有很多的合作机会。大家也可以看到，这两年一些

中东欧国家开始转变发展方式，从过去的收入主要来自石油，慢慢地转变为更加重视创新，像阿联酋、迪拜有专门的互联网城，迪拜有很多的收入已经不是来自于石油，而是来自于创新。他们在创新创业其实有很多的经验，值得我们学习。我们在环境、气候等很多方面与中亚开展合作，互相之间交流经验。另外，在农业领域，以棉花为例，我们在新疆和中亚国家在种子和棉花等领域开展合作。所以“一带一路”如果说创新生态系统，它是一个国际化，有发展前景，未来可能会成为一个大的生态系统。

中国同样作为一个发展中国家，我们在不断发展的过程中也有一些经验可以分享，今天我就分享两点。

第一，对创新的重视。体现为两个方面：一方面，尽管各国都非常重视创新，但与新兴大国相比中国研发投入占 GDP 的比重越来越高；另一方面，中国对很多新技术、新业态采取了包容审慎的态度，当时有的专家也说到了我们数字经济的发展，这离不开中国政府对创新的包容态度。

第二，我们比较重视人力资本。一方面我们理工科的学生，包括工程师总量是比较大的，也说明我们比较重视这方面的教育，包括职业工人。还有我们的科技人员都是非常勤劳的，包括我们的技术工人。与其他国家的工作时间相比，中国工人的工作时间是最长的，当然这是符合劳动法的，如果想创新发展，一是要求我们重视创新，二是需要我们付出大量辛勤的劳动。

我们希望以多种方式继续推进中国和“一带一路”沿线国家的创新合作。随着中国这些年开放创新的向前推进，中国越来越成为世界各国留学生想来的地方。2001 年，世界上排名靠前的留学目的国没有中国，去欧盟国家留学的比较多。2004 年，中国已经成为世界第三的留学目的国，当然这两年的情况可能还会发生变化，可能变得更加有吸引力。2018 年在科技部的努力之下，我们有一个专项创新合作计划，2018 年有“一带一路”500 多名青年科学家来中国从事短期的科研工作，而且我们的技术培训班招收了相关国家超过 1000 多次人员。未来的中国可能是更包容、更适合各种人才交流的场所。

以信息基础设施方面为例。根据 ITO 的数据，“一带一路”国家信息基础设施水平不太一样，相对来说有些国家网速比较低，这方面双方有很多的合作前景，因为中国是比较重视信息速度的，而且我们积累了相关的经验，我们也有很好的企业可以帮助这些国家进行信息基础设施建设，其中丝路集团可能也有这样的计划。中国电信下属的一个海缆船，它们在过去这些年铺设海底电缆，可增加网速。近年来，中国的经济发展速度比较快，也出现了一些阿里巴巴和腾讯这样的企业。我举个在东南亚地区的例子，中国的很多互联网企业在过去的五年里，实际上在东南亚投资了很多企业，把中国相对成功的数字经济发展经验和模式向东南亚地区推广，阿里巴巴的负责人认为中国这种数字经济发展方式，在技术并不是很领先的国家，可以把商业创新和应用做得比较好，“一带一路”沿线国家都可能是未来的数字经济的一个发展方向。当然还有我们和“一带一路”国家双边的技术合作，我们过去几年在科技部的推动下建立了很多的双边技术中心，如中国和埃及可再生能源联合实验室；再如中国和东盟海水养殖技术中心，这个中心在东盟很多国家都建立了分中心。这些方式都是我们继续推进创新合作的途径。

另外，再补充以下两点。

第一，未来中国的创新合作方面一定会变得更加开放。我们会继续加大中国和“一带一路”国家在政府层面，包括科研组织层面国际合作的力度。我们也可能会更加有序的扩大国家科技计划开放水平，吸引更多的外籍人士参与。我们还会继续放宽对很多永久居留权的限制，我相信有很多高科技人员在创新网络中进行交流。我们也支持企业走出去，支持他们实现创新的国际化，同时也鼓励来自外国的外资企业深入融入中国的创新体系。最后，我们要建立一个更加符合国际规则的创新政策体系。

第二，我们要逐步探索建立“一带一路”国家合作创新的治理机制，当然今天的主题是“创新共同体”，从我们研究的角度来说，这个目标需要一步一步地推进。最终达到我们今天讲得要建设创新共同体的终极目标。

共同体和新技术

Mohammed AI Ajmi　阿曼执行项目独立研究员

所有的IT技术，人们最大的担心就是安全，安全性非常重要。

我主要讲共同体和新技术，以及如何打造适应新技术的共同体。

首先给大家看一些数据，这些数据是非常重要的，它是每年发布的一个非常重要的报告，就是研究全球人民使用技术的情况。全球人口70亿。手机用户50亿，上网用户40亿，活跃社交媒体使用者大概35亿，移动社交媒体使用者32亿。我为什么要展示这些数据？因为它向我们展示了全球的人民，他们花了很多的时间在社交媒体、互联网、手机这些新技术上。人们不断地用手机上网，而且用手机上网花得时间很多，其中成年人平均用手机的时间非常的疯狂，每天在手机或上网方面花10～15小时。另一项数据显示，92%的互联网用户在网络上看视频，58%的用户通过因特网看流媒体内容，玩游戏也非常重要，我说非常重要并不是说它是好或者坏，我只是说重要，这部分占30%。其他的如体育流媒体播放占23%。为什么我要给大家看这些数据？就像我刚才所说得，我们要了解人们是怎么样花费时间的，以及在他们用这些技术的时候主要在干些什么。

30年前上述数字还没有出现。当时的人们也不知道如何才能很好地使用计算机。也许在座的各位很聪明，也许很擅长使用电脑，但是在中东，在我们国家，电脑的使用还不是很普及。老一代的人们不会使用电脑和上网。有一些受过高等教育的专业人士也跟不上技术的步伐，有些人通过自学学了一些计算机知识，但是由于他们对新技术的认知缺乏，仍然失去了很多机会。

我们怎么从互联网中获取信息，以及怎样进行沟通和合作，同时怎样创造好的数字内容及安全性，怎样保护自己和隐私，怎样不受黑客的攻击，还有就是问题的解决，这些都是关于数字的认知或者知识。这是一二十年前的认识。现在数字方面的知识和教育已经完全不一样了，我给大家介绍一下阿曼在数字教育和知识方面是怎么做的。

我们很多的项目，都是阿曼信息技术管理局推出的。这个管理局主要是提供电子服务和电子政务。我们建立这个培训中心完全是免费提供给那些老的阿曼社区，教育和帮助这些社区中的人用电子服务、手机上网，以及保护自己，我们不想让任何人不知道怎么样使用这些新的技术，这是十年前的情况。我们推出这个项目大概有五年的时间，在这个项目结束之后，这些知识中心成了培训中心，他们会举办一些培训，当然不是全免费的，所以它们成为有一定营利性的知识培训中心。

另外，我们还有一个项目叫 Sas，"Sas" 在阿拉伯语中的意思是"基础"。我们还创立了一个中心叫虚拟现实基础中心。我这个虚拟现实基础中心也为阿曼社区提供免费课程，让他们体验虚拟现实项目，让他们学习应用用软件，跟市场联系起来，该培训对那些学生和找工作的人而言是完全免费的。为什么我们要提供免费的培训？是因为阿曼的社区和新技术之间存在鸿沟，现在市场正在进行巨大的、革命性的变化，如果社区不做好准备，那么这个鸿沟仍然存在。另外，还有一个项目就是移动应用发展基础中心，它仍然是提供一些免费的培训，有 些培训 3 个月，有一些培训 6 个月，也是为学生、社区、找工作的人提供免费的培训以弥补这个鸿沟。因为研究市场上有巨大的需求，就是我们需要很好的编程人员，但我们对移动软件和应用没有这方面的人员，所以这个中心为阿曼提供相关方面的免费培训服务。

前面我们在讨论老技术和数字知识时，谈到了怎样用手机和电脑，认为只要会使用手机和电脑上网就可以了，但是现在新的东西又出现了，如物联网、区块链、大数据、机器学习等，现在新的技术不断出现，所以社区怎么办？我们的社区有没有准备好？这也是我想问大家的问题。我们有没有做好准备？我不能给出答案，你们要问一下自己有没有做好准备。我个人，我可能做好了部分准备，并不是所有的准备，对一些新技术也不是很了解。例如，物联网、区块链我觉得还不够稳定，尤其是在我所在的地区；大数据，我的国家已经开始谈了；机器学习还不够发达，机器人也如此；我想中国很熟悉这些新技术，但是我说的是普通人、一般社区有没有做好准备。

我刚才问普通人有没有做好准备，为什么要让他们做好准备，这个问题需要回答一下。

接下来我要说技术和网络安全，这之间有关系，而且关系很大。为什么我这么说？所有的 IT 技术，人们最大的担心就是安全，安全性非常重要。而且我们也注意到每一次有新的技术出来，每一次只要有新技术出来就会有问题出现。什么样的问题？就是安全性问题、隐私问题和个人数据问题。有很多人，我说的是普通人，不是那些专业人士，普通人当他们面临新技术带来的问题的时候，他们就会面临个人信息被盗取、被黑客攻击、网络霸凌等。目前，世界发生着很大的技术方面的变化，如果我们的社区没有为这些新技术做好准备，你就会面临很多的问题。在中东地区，我们对其他的国家和地区并不了解，有很多的安全问题就是由这些新技术带来的。当社交媒体出现的时候，因为这些应用、技术的出现会带来很多的问题，每一次都会有很多人找我或者找其他人，说我们遇到了问题，我们被黑客攻击或者是面临社交媒体的霸凌。这些都是由于新技术带来的，或者是对于新技术的失误使用造成的。如果社区没有准备好迎接这些新技术，我们就会面临这些问题，而且国家、社会也会面临这些问题。所有的问题有 10% 是由于这些勒索软件造成的。发生这样的情况大多数都是由于员工的失误造成的，勒索软件给你系统中所有的文件加密，这个时候你要额外地付钱才能解密这些文件，企业的负担非常大。在 2018 年英国有一家医院遭受了勒索软件的攻击，是什么造成的？就是因为有一个员工在不知情的情况下他的电脑系统遭受了黑客的攻击，公司所有的系统都遭受了黑客的攻击，然后就崩溃了。为什么呢？因为这个员工没有这个安全意识，没有人给他做好这方面的准备。

4　互动交流

提问 1：每一个国家在信息化方面有不同的发展状况，怎样协同处于不同信息发展水平的国家，才能得到更好的共同发展的机遇呢？

闫立金：我认为关键就是要分享，大家要一起合作。我们现在讲，要建立人类命运共同体，这实际上就是让大家共享一个未来。很多国家都要求他信息化及人工智能都要积极地发展，并且进行本地化，也就是说要开发适合当地情况的系统及技术，造福当地人民。

Raul Lambino：在浦江创新论坛中，发给我们的相关文件中也提到了风险共担、利益共享。也就是说大家既然从当中获取益处，也必须愿意共享技术和创新当中可能出现的风险。刚才闫总的发言让我很受启发，他讲到了电商、在线争端解决，也就是说用数字化的方式解决争议。我们至少可以通过这种方式，缓解世界范围内的创新及技术风险。菲律宾对于网络游戏一直是非常友好的国家。在亚洲，我们也是网络游戏的主机所在，我们强调在这个方面的管辖，我们一定要严格的控制，相应公司必须在我们的经济特区内运营。对于在经济特区内运营的公司，我们是非常宽容的，我们在经济区外相应的管辖及管理不会干扰到经济特区内宽松的政策。我们在这个方面进行了密切的协调，我们也和中国政府进行密切的协调，并且和相应区域的有关机构进行协调。对于这种企业，我们要加强协调监管并且在经济特区内放开。

Gianna Cardoso Sagazio：在巴西我所在的国家工业联盟代表着所有巴西的产业界，我们进行技术经济各方面的研究，希望能够从中找到产业界真正面临的问题。并且我们意识到这个新的产业革命的发生，也试图理解应该如何支持企业界，如何通过产学研的合作一起支持产业的发展。在调研中，我们采访了1000多家大中小企业，我们做了一张图表，列入了它们发展当中特别是面临新革命的时候所遇到的障碍。通过这样的对话，我们认为需要采取具体的行动来支持公司更好地面对这些创新所带来的影响和挑战，因为它已经对我们的产业界发挥了影响。

Kitipong Promwong：在信息产业，说到企业层面它们已经开始合作，对于技术的发展没有太多的顾虑，因为私人部门可以协同合作，共同发展。但是有一个因素可能阻碍协作，它就是软性的，如涉及隐私、道德等方面的问题。在泰国，我们正在考虑生物信息产业，如大家现在可以做基因组测序，你可以进行个人的基因检测，当我们有了这样的技术和产业之后，我们如何开发出数据分享模式，能够让大家都从中获益，而与此同时又能够消除其中的风险，我们必须要解决相应的问题。在泰国，我们建议政府成立一个所谓的沙盒，也就是说通过沙盒来进行社会试验，进行政策的测试，如果我们能够证明这种新型的共享是可以超越风险，并且风险可控，就可以进一步地推进。

Flavia Schlegel：我觉得这个问题很重要，就是关于数字鸿沟。首先要考虑数字鸿沟的性质是什么，为什么有这种鸿沟，因为数字鸿沟常常和其他的差距相连，如经济、教育、硬件生产能力、软件使用能力上的差距等。当我看数字丝绸之路的时候我觉得这是一个独特的机会能够帮我们弥合数字鸿沟或者是缩小这个差距，这里一个最大的问题就是收益和风险。因此，“一带一路”可以成为一个常设的谈判空间，让所有的国家能够借助这个平台找到共同的办法，一方面保证信息能够超越国界、超越应用、超越提供者进行流动，同时也进行充分的数据保护。刚才大家也说到了对社区的认识，因为大家也需要自己的私密空间，但是这是难题，也是巨大的挑战，这个挑战不仅仅局限于“一带一路”区域，在联合国、欧美、其他的平台上也没有一个清晰的答案。因此，我觉得这是一个机会，把“一带一路”作为一个大的平台和区域，汇聚不同的观点。国际科学理事会正在帮助非洲国家审视数字鸿沟问题，希望在整个大陆上对这个问题进行管理。

田杰棠：中国这两年的数字经济发展的非常快，作为一个后发国家或者是发展中国家，中国怎么样迅速地壮大自己数字经济，这里面有很多的模式，我认为可以与“一带一路”沿线国家分享。现在这些比较大的互联网企业其实都有困扰，与美国同行，如谷歌和亚马逊相比，他们的国际收入占比比较低，一般都在个位数，所以他们现在也有想法和也在继续努力，他们想开拓和“一带一路”沿线国家的合作，这一定是双方共赢的过程，这是企业层面。当然也包括信息基础设施，如5G网络的构建。从政府的合作角度来说，中国政府在发展数字经济的过程中也积累了一些对处理这个行业发展监管的经验，中国国内也出现过一些关于数据垄断等的担忧，包括隐私泄露等。我们也积累了运用沙盒监管模式处理这些问题的经验。当然这些经验还谈不上成熟，我们仍在探索过程中。我们可以和不同国家的政府一块讨论，怎样让所谓数字的丝绸之路从规则构建、产业发展上达到一个互相合作、互相获利的局面和目的。

Mohammed AI Ajmi：我稍微补充一下。要解决数字鸿沟，我们需要一个非常大的全球框架，这个框架必须要覆盖所有的国家，因为也许你们国家的东西不适用于我们国家，每个国家的文化背景都不同，所以我们需要一个定制化的全球框架，然后为各国定制。只有这样，我们才能解决数字鸿沟的问题。现在很多人做了很多工作，他们积累了很多知识，但是由于数字鸿沟他们错失了很多机会，所以我认为全球应该有这样的框架，但是又要因各个国家的不同而有所不同。

提问 2：我是来自于中国南亚技术转移中心的，我们也在"一带一路"倡议之下开展合作，也感觉有旺盛的需求，刚才听了国务院发展研究中心的报告深受启发。2018 年年初也是在今天这个会厂我做了一个报告，当时有一个观点，就是创新合作是全人类共同关注的话题，也是改善民生福祉最有效的手段。但是在 2018 年的工作中我们也注意到一个现象，那就是贸易保护主义抬头、技术壁垒的出现。作为科学界、企业界在这样的大背景之下有不同的做法，在这个问题上科学家的天性是进行交流和合作。田部长的报告中也谈了大量的事实和证明，认为创新合作不会因为形势的变化而发生改变，合作依然很旺盛,需求依旧很旺盛。而且田部长还认为,中国推进"一带一路"的框架更加开放。请问田部长，在创新合作中如何开展更好的全球治理。谢谢!

田杰棠：其实我对这个问题也是提出来进行探索的，也没有一个成熟的答案。但是从现在的情况来看，我们在各方面取得进展：一是政府层次，中国的科技部和很多国家的创新主管部门签订了双边协定，有很多双边合作框架，这可能是推进整个合作网络的第一步。二是从产业界和科研机构我们也可以看到有一个国际科学组织的网络，是多边对话。双边政府推进加上多边社会机构的推进，未来我们可以看到有可能建立多边合作的框架，这种框架不仅仅是政府间，也可以是企业间、机构间的，这是未来的一个发展方向，当然这里面可能涉及很多的问题，包括创新合作网络，创新共同体，它应该采取什么样的运行机制，能够提高效率，我们知道现在很多的科技合作组织的效率比较低，所以我们希望通过相关机制的设计，如果将来"一带一路"合作创新网络有一个好的合作机制，这是一个特别核心的问题，尤其是对于多边机制来说，到现在我还没有特别成熟的想法，但是这是未来的一个努力的方向。

提问 3：今天上午 UNESCO 讲了"共建"这个概念，我也很赞同这一概念。从政策的角度来看，我们今天讲的是"一带一路"创新共同体的建设。这不仅仅是一个项目，它是一个共同体，所谓的"共同体"就是我们要创建或者是制定政策。我的问题就是我们怎样有一个共同的平台，所有的"一带一路"国家如何达成共同的目标，也许是中国或者是刚才其他演讲人提到中国科技部已经和其他国家签订了双边协议，但是作为一个地区，比如说东盟国家有一个战略平台，它制订计划，所有的成员国都会实施这样的战略，请各位演讲人发表对此的观点。

Flavia Schlegel：我想“共建”其实至关重要。前面一个问题的答案也是如此。在“一带一路”的区域内，我们也非常高兴地看到现在我们已经创建的一些新的领域，而这些工作以前双边都没有做过，但是随着中国的推进，我们也看到越来越多的多边协议的形成，我觉得这是非常重要的。我们要有一个共同的愿景和使命。从联合国的角度来看，我们的愿景就是没有人落后。在中国，2030年前确保中国所有的毕业生都有个好工作，他们的孩子可以上学，孩子也可以找到好的工作，这是我们工作的主要动机。对于所有国家的参考就是联合国的发展战略，像联合国《2030年可持续发展议程》，还有《巴黎气候协定》，这是对于全球各国的参照。当然，这里还会牵涉各国之间的谈判，不管是技术转移还是数字鸿沟，因为这种转移不应该仅仅是有技术的国家把技术给其他国家，这个技术的转移要确保没有技术的国家能够进行自己的能力建设，建设自己的能力来开发技术。所以它并不是单向的，而是每一个人都要参与的。但是我现在觉得，现在关于“共建”这个问题，我们还没有答案，我想共建就是共同，这就需要民间社会、国家政府、企业共同坐下来，达成一个共识，也就是说“一带一路”最终的目标应该是怎样的，这个目标和愿景必须要得到所有共建国的认同。

闫立金：关于这个问题我有一个建议。刚才田先生也讲了中国愿意跟全球国家合作，我有一个建议。我认为我们的共同体应该更加的商业化或者是以市场为基础，因为市场有更多创新的力量，那么政府和联合国这样的国际组织要移除所有障碍，现在以美国为首的国家，它们制定或者是施加了许多非关税壁垒，这样的话会造成一种环境，我们需要一个合作的友好环境、创新的友好环境，才能形成这样一个共同体。我们说到了命运共同体的概念或者精神就是共同分享，中国政府努力地在消除所有的非关税壁垒，减少监管，更多的开放，但是我们仍然需要其他政府的努力。

Raul Lambino：我补充一些菲律宾的经验，我们也面临相类似的问题。20多年前在菲律宾有一个热烈讨论的问题，就是宗教。联合国的政策中没有这项议程，就是推动不同的宗教之间的讨论，我觉得这对于全球和平是有推动作用的。在这个推动之下，全球变得越来越和平。另外，我也想说一下政府的政策，我们也推动全球各个政党之间的合作，如在欧洲、亚洲都有亚洲政党的合作机制，现在我们谈到了新的技术和数字经济，也许现在我们需要私营部门的参与，也许它们能够领导所有的国家，也许它们能够形成大部分的国家都能够接受的规则和政策，因为我们说到利益共享、风险共担，政府的政策也应该考虑到这一点，私营部门要做的工作，政府也要接受这样一个现实，现在全球已经跟新技术结合起来，信息技术现在覆盖全世界，我们现在的经济也没有边界。现在也确实看到很多的交易通过区块链或者是其他的技术来开展，政府变得不是那么的重要，我们必须要接受这样一个现实。因此，尽管有数字上的差距，我们必须要缩小数字差距，让我们的世界变得更加美好。

提问 4：我来自中国科学技术发展战略研究院，我的问题是要问来自国外的朋友，在数字化时代，我们需要一个新的法律及监管框架，以保证社会和经济发展，我想问一下在座的各位国外嘉宾国家相应的框架是什么？我们是不是能够在这个方面进行合作？在这个过程中是否有一些共同感兴趣的合作或者项目。

Kitipong Promwong：在泰国，我们和联合国教科文组织开展了合作。联合国教科文组织有一个项目叫作“科学技术道德委员会”，这个委员会主要审视各种技术和创新，来思考它们在社会影响、法律影响及道德上的影响，我们现在就在做这个事。就是要看一看我们是不是也有机会制定某种指南，就这些问题提供指导，而且在合作中，我们邀请来自不同国家的人，一起共同审视这些问题，并且起草相关指南。我们选择了其中一些相关的技术，比如说生物技术，尤其是和基因相关的技术，还有人工智能，我们正在看的也包括和气候变化相关的技术，我们可能要用这样的机制或者平台。

Mohammed AI Ajmi：谢谢你的问题。我介绍一下阿曼的情况。我们有自己的监管机构和相关的规定，我们的框架已经具备了，大家都知道什么是允许的、什么是禁止的，这些 IT 公司怎么做，要走什么程序，它们的界限在哪里，它们可以去哪里，这些都规定得比较清楚。我不知道它是不是属于一个国际性的框架，这是我们阿曼自己制定的一个框架。它并不是一个国际标准，而是阿曼自己的标准。我觉得它现在运转得非常好，就算不是非常完美，但至少也没有问题。我们会根据新技术不断地制定相应的规则及制度，因为技术总是不断发展的，我们要不时更新相应的规则，这个框架及政策都要根据新技术的发展来进行更新。

Raul Lambino：我没有权力代表整个政府发言，谨代表我所代表的经济特区发言。我们经济区和自贸港有一个特殊的地位，我们有自治权，我们在这个区域进行了制度试验，进行制度及技术的尝试。菲律宾国会并没有通过相应法律对类似的企业行为进行管制，央行有相应的公告，如允许数字货币和法定货币之间的转换，但只限于菲律宾境内。我们经济发展区可以说就像是一个实验室。我们通过碰到这些问题来看这种新经济中，这个问题应该如何处理。我们和大学法律中心进行密切合作，并且和相应的教育机构进行合作，而且我们也加入了一系列协议或者是备忘录，包括境内境外。例如，我们和一个韩国公司签订了协议，建立了一个区块链大学，就设在我们的经济发展区当中；我们也和中国、中国台湾、新加坡进行合作，请专家过来分享他们在这个方面的经验。大概现在世界上有三四千万人都在做加密货币交易，当然这个人数和 70 亿人口相比是很小的比例，但是三四千万人也算是一个中等国家的大小，因此我觉得加密货币的市场很大。我们和不同国家相互合作，借鉴经验，我们希望互相增进了解，这个技术也就是在我们试验区正在试行的技术，是不是大家能够接受。

提问 5：我们必须要把科学带给技术，把科学带给工程，我的问题是高科技的私人企业有没有和大学、基础研究部门进行对话，能够把它们的基础研究带到私人部门，大家共同努力，推动经济发展。

Gianna Cardoso Sagazio：我们在巴西有一个成功的经验，这是MEI所搞的活动，也是我们创业及创新组织的活动——它就是企业家和政府、学术界的合作。我们有一个工作组，主要是在工程领域。这个工作组包括一些公司的首席执行官，比如说巴西的大公司，一些大学的校长和院长，他们要制定相关的建议书提供给巴西政府，制定巴西相应的工程指南，这就是我们MEI搞的活动。巴西政府让我们把大学提出的建议作为巴西工业联合会制定相应指南标准的一个基础，大学也会遵循这些指南，因此这是企业家和学术界共同提出的一个建议，因为企业也要吸引工程师。之前也讲到了法律和制度框架，在这个方面，我们也有同样的流程和方法。我们将企业界、政府和学术界汇聚在一起，共同打造法律框架，继续推动它有所改进。目前这个模式还是很成功的，因为它包含了所有的部门。大家合作的比较成功。

5 嘉宾演讲2

中巴经济走廊：面向科技的发展战略

Amer Hashmi 巴基斯坦国际科技大学、全球智库网络

> “一带一路”有6个经济走廊，中巴经济走廊是第1个达成战略协议的，协议的达成将为中国带来价值几百亿的收益，我们欢迎中国来巴基斯坦投资，共享知识成果，让我们在学术界、知识界、思想界都联合在一起。

第一，“一带一路”是一个和平的倡议。巴基斯坦和中国之间的良好关系已持续近70年，而且巴方是中国非常强的盟友。反对中巴经济走廊的声音，很多都在国际，而不在国内，反对的力量来自于外面，因为就地缘政治来说贸易路线的位置很重要。“一带一路”有6个经济走廊，中巴经济走廊是第1个达成战略协议的，这对巴基斯坦来说是非常重要的，而对于中国来说，它也是非常关键，因为这是一条贸易路线。大约70年来，巴基斯坦可以说是中国的全天候伙伴，因为从地缘政治和地缘经济上都可以看到在全球的政治方面出现了更大的协调，所以它是一个聚海陆等多种交通方式于一身的经济走廊。我们应该欢迎中国来巴投资，共享知识成果，让我们在学术界、知识界、思想界都联合在一起。

第二，巴基斯坦对中巴经济走廊的愿景。在巴基斯坦最南面有一些类似于中国的上海、

深圳这样的城市，这里有很多需要向中国学习的地方。巴基斯坦的发展道路要求我们首先要选择一个港口城市，然后才能利用这些知识，但是也有人反对说这个是中国的策略，其实可以看到在两国政府之间有很多人文及其他方面的交流。巴基斯坦的瓜达尔港对于中国而言，处于战略性位置，但是这里既没有相应的科学和技术，也没有经济区，它只是一个很大的城市，城市人口和上海差不多。这个城市在过去的40年一直在扩张，中国帮我们开发了一些房地产，建设了港口和铁路。所以从技术层面来说，这个城市直到两年之前才开始起飞，新的工业园区也建立起来了。

第三，巴基斯坦对中国人和西方投资者而言是十分安全的。中国人比较担心巴基斯坦的安全问题，但是你去巴基斯坦就会发现这些所谓的伊斯兰学者不到5000人，我们总人口约有2亿，当然这些学者是极端主义分子，它是被进口到巴基斯坦来的，是从其他国家出口来的。我们大部分的人还是比较温和的伊斯兰，我们的帽子和胡子其实是被宣传出来的。我们经常被称为伊斯兰国，但是你去巴基斯坦就看不到大胡子和帽子，而且印巴战争结束后已经经历了五代人，对西方人和中国人来说都是非常安全的。

第四，中国对中巴经济走廊的愿景。再看一下为什么对于中国来说中巴经济走廊这么重要。如果有这样一条额外的走廊，中国会节约几百亿的成本。这个战略会打开“一带一路”整体规划，对于中国来说是值得的。从全球的两极来看，为什么美国害怕中国走这条路？从这条路可以快速地走到巴基斯坦，而这里的2亿人对中国非常友好，像美国和欧盟这样的大国肯定不喜欢看到中巴经济走廊以这样的速度发展，这其实也是“一带一路”重要的一个发展前景。

第五，巴基斯坦科技园区致力于将学术界、知识界、思想界联合在一起。我们研究了巴基斯坦过去五年经济特区的发展，以及中国的经验，如深圳、上海一个重要的成功经验就是建立科技园区。因此我们在给巴基斯坦政府的报告和规划署的政策论文中提出，科技园区应该可以吸引公司、学术界、政府形成一个三角，汇聚整个社会的经济、知识、资本，促进社会和国家发展。

第六，建立“一带一路”经济园区。我对浦江创新论坛有一个建议，在“一带一路”创新论坛的概念中加入一个经济园区的概念。如瑞典、芬兰的科技园，中国的清华大学，美国的圣地亚哥大学、斯坦福大学，韩国的16个一级研发机构，这些机构聚集了最佳的学者，产出世界一流的科研成果。企业发展离不开政府支持。我要向大家推荐《五角大楼之脑》这本书，该书于2015年出版，作者做了大量的研究，指出第二次世界大战后美国在科技方面进行大量投资，许多美国著名的企业都有美国政府背景或得到美国政府支持。为什么美国的国防部会允许公布这样的研究？我觉得是因为美国现在已经不在意了，美国的军事研究已经非常先进，所以现在可以把这种信息和大家分享。在世界上有这样一个平衡，所有的国家都要保护它们自身的利益，我认为“一带一路”中巴经济走廊和科学技术联系在一起非常重要。

以科技园引领“一带一路”新经济发展

王德禄 北京市长城企业战略研究所

我们准备用三年建立世界一流的科技园区共同体，搭建一个国际科技园区促进中心，把全球为科技园区服务的机构形成一个联盟，同时让为企业服务、产业服务、园区服务的三类机构都联合起来。

新经济正在成为“一带一路”发展的亮点。美国独角兽企业一旦成功就到中国、欧洲，中国独角兽企业一旦成功就到东南亚、欧洲、中东，而且这个速度非常快，“一带一路”沿线国家经济发展非常快，快到基本上美国和中国的新经济公司独角兽，它们一旦成功，基本上不是过了很多年以后才国际化，而是第二年就开始国际化。中国国家高新区发展有6条经验。一是组织中国设计了火炬中心，专门促进科技园区的发展。二是鼓励创业。三是高端链接，就是高科技园区切忌闷头发展，一定要和最好的园区合作。中国的中关村最早就是和硅谷合作而出现的，现在中国科技园区的发展取得最重要的经验就是高端链接，所以科技园区要做新的事，不能在当地的关系中找动力，一定在高端层找到动力。四是发展新兴产业。科技园区是用来做什么的？不是用来做传统产业，而是用来做新产业的，越新越好，现在中国的科技园区基本上做的是跨界的、人工智能的、大数据的新兴产业。五是科技园区里培育出来新的增长点，和过去的中小企业、小微企业不一样，新经济增长模式就是创业瞪羚，在中国科技园区中出现瞪羚增长数的新模式已经出现。六是打造良好生态环境。科技园区怎么样发展好，就是由各种各样的企业、各种各样的机构在这里进行生态化的合作。我们希望参与到各园区发展中，同时还要吸引更多的资源来发展。生态好了，科技园区才能发展好。

长城所25年来为新经济提供的服务分成了三个阶段：第一个阶段是前十年学习麦肯锡。第二阶段，后20年我们发现他们的这一套工业性的逻辑已经过时了，这个模式就是和客户共同成长，是迭代式的创新，不是给客户写一个大报告就完了，我们是一次一次的迭代创新。第三个阶段也就是我们现在做的，成为创新创业生态的建设者。可以说在中国的各个创新高地都有我们的队伍，这些阶段用了25年时间。

未来十年，我们将在全球的创新高地建立我们的团队。只有成为创新创业生态的建设者之一，你才能引领新经济的发展。现在进入新的发展阶段，我们最近5年发布的《瞪羚报告》《独角兽报告》，中国的瞪羚企业、独角兽企业已经占全世界瞪羚企业、独角兽企业的一半，中国的创业也是全世界一半，中国每年500万创业，也是全世界一半。华人做人工智能的科学家也是全世界人工智能科学家的一半，这些华人科学家其中大部分在中国，还有一些在世界各地，华人做人工智能最顶尖的科学家也是全世界人工智能顶尖科学家的一半。这3个一半说明中美竞争主要是新经济的竞争。

探索建立新经济制度。我认为提高关税是小事，重要的是新经济制度谁能领先？这是下一步。我们中国人和合作伙伴共同探索的是建立新经济制度。可以说产业就出现了这样一个启示，场景创新和硬科技创业成为新一代产业增长的关键。为什么这个事要在科技园区做？因为这个世界太大，根据中国的经验，只有在有限空间之内才能做成一流的创新创业生态，在这里孕育创业，孕育新产业，孕育瞪羚和独角兽，才能取得成功。如果在泰国和巴基斯坦全面开展，无法成功。就和中国一样，必须要有一个中关村，有一个深圳，有一个张江，这个时候新经济才能走出一条成功之路，所以现在的科技园区就是新科学、新经济、新社会的研究中心、创造中心、场景中心，这是中国人对科技园区最新的认识。因为我们在中国做科技园区25年，所以我们下一步希望在“一带一路”上讲中国故事，讲合作创新。

建立国际科技园区促进中心。现在中国科技园区的发展取得最重要的经验就是高端链接，所以科技园区要做新的事，你不能在同层级找动力，一定在高端层找到动力。2019年，我们开始做《“一带一路”科技园区发展报告》。下一步，我们希望做科技园区共同体。最近我们除了研究中国科技园区之外，全球有500个科技园区，我们按照能找到资料、有一定的规模、有产业集聚、有科技源头、有孵化能力、能融入城市化建设这几个标准，找出来了74个科技园区，做了《世界“一带一路”科技园区发展报告》，这份报告第一次全面展示世界科技园区。我们准备用三年的时间在欧洲、非洲共同找到合适的联合单位成立世界一流的科技园区共同体，同时要搭建一个国际科技园区促进中心，把全球为科技园区服务的机构形成一个联盟，同时让为企业服务、产业服务、园区服务的三类机构都联合起来。我就分享到这里，谢谢大家！

高科技亚美尼亚：搭建中亚合作桥梁

Amalya Yeghoyan　亚美尼亚企业孵化基金会

> 我们认为在创新的第一阶段就是要解决人们的生活问题，用创新性的方法解决传统的事情，我们加强了科学、工程之间的联系，而且信息技术使得这个创新的解决方案变得可能。

第一，创新的理解是非常广义的。我们认为在创新的第一阶段就是要解决人们的生活问题，用创新性的方法解决传统的事情，我们加强科学、工程之间的联系，而且信息技术使得这个创新的解决方案变得可能。为了让我们人民的生活更便利，我们不断在创新技术。这对于我们国家来说非常重要，我们国家是以人为本的，我们谈技术、创新，但是对我们国家而言，我们对人非常友好，我们觉得以人为本非常重要。为什么亚美尼亚开发技术？因为我们有非常年轻的具有创新性的人才，他们不断地思考，他们会进行研究，而且针对现有的传统的问题带来新的解决方案。

第二，亚美尼亚的高科技可以分成几个阶段。在苏联时期，我们负责苏联地区 30% 的军用电子产品研究，然后我们的战略发生了变化，世界各地的人到亚美尼亚的非常多，像 IBM 等跨国公司都进来，我们希望他们不仅仅能够带技术到亚美尼亚，而且还希望他们能够帮助我们的年轻人使用，同时建立起高效的技术关系。我们政府改变了战略，我们知道需要有“亚美尼亚制造”这样一个解决方案，而不仅仅是帮外国的企业代工。自 2008 年起，我们就有了自己的创业企业，现在我们在创业企业的生态系统方面进一步的加强，希望能够做到“亚美尼亚制造”。而现在我们更关注高科技。

第三，亚美尼亚有很好的创业环境我们有很多的跨国企业，比如说我们有西斯科、甲骨文等，他们会带来很多的人，我说过我们亚美尼亚最宝贵的资产是人和他们的大脑，这些人和跨国企业不仅在外包，而且也把很多的研发企业放在我们这里，所以这些公司在亚美尼亚做当地化的研发。这些创业企业都是从亚美尼亚起家，从 2 ～ 3 人开始就得到政府的支持。我们在亚美尼亚有很好的创业企业基金，包括创业基金，还有税收优惠，不需要付 23% 的个人税，只要付 10% 的个税，这对于创业来说是非常好的，如果你在亚美尼业注册的企业发展非常好，那不仅会得到政府机构的支持，还有来自国际组织的支持。再如，我们和 ADB 有合作，和亚开行之间的合作，如果创业企业可以达到 12 条可持续发展标准，特别是在气电方面的标准，我们就可以有更多的合作，我们也希望和亚洲市场之间有更多的合作。

第四，我们有很好的创业园区。我们有跨国企业、科技企业，我们还有技术园和卓越中心，这个卓越中心在大学里，因为我们要把研究人员、科学和技术聚在一起，把它和私营部门联系在一起，所以研究者和科学家会在私营部门中找到市场。除此之外，还有技术园区、微软创新中心和培训中心，但是我们需要更多专业人才。我们在高科技里面有 2000 个左右的人才缺口和技术中心，技术中心不仅仅是在首都，还在其他的城市，比如说第二线、第三线城市都有。这对于政府来说，其实高科技也可以进行去中心化，因为在非城市的地方，比如说乡村，减少投资仍然可以有很好的效果。另外，一个非常重要的就是 PPP，公私合营，如产业园、技术园都是 PPP，一方面是政府，另一方面是孵化器，所以我们也建了很多工程城市，我们五个主要的工业实验室，包括 5G、物联网等，这些都会放在工程城市中。

第五，我们期待与中国在内的其他邻国开展合作。我们有一个旗舰工程城，它不仅在亚美尼亚有，而且在其他的地方都有，我们的邻国也有。我们要建立一个很好的合作关系，包括和中国的合作。有一个好消息，我们的总理宣布刚刚结束和中国政府的合作谈判，也就是我们进入到彼此的国家免签，这会让我们进入彼此的国家非常容易。谈到合作伙伴关系在学界、大学和私营部门之间都有发生，比如说有共同的研究、共同的项目，为了达到同样的目标，这是合作的一个非常好的开始。即使我在这边，比如说我在亚美尼亚，它会做一些NPP，或者是有一些产品可以提供给中国的市场，如果要让技术在世界上产生影响，对人们的生活产生影响和变革，从技术中心的角度来说，谁说中心一定要在美国或者是欧洲，只要人们可以创造就可以，这样就可以推动技术的发展。

创新之路建设的形势与途径

陈宝明　中国科学技术发展战略研究院

面对新的形势，一些科技创新合作的新途径是值得关注：第一，国际的创新创业；第二，新技术的集成应用示范；第三，推动科技政策交流；第四，各个国家有必要再进一步加强共建大科学计划和工程合作，在面对科学前沿的问题上能够发挥更多的引领作用。

我的汇报主要是三个部分。一个是“一带一路”建设和创新之路的提出；一个是创新之路的形势和内涵；另一个是深化科技创新合作的新途径。

“一带一路”建设和创新之路的提出。“一带一路”建设六年以来取得了积极的进展，首先就是强调和各国发展战略的对接。所以“一带一路”的建设是和谐的，是共生的，是包容的，而不是对抗的。在经济、贸易、全球经济治理、促进民生福祉改善等方面都做出了巨大的贡献。科技创新合作在“一带一路”建设中发挥了重要的作用，可以说从2016年“一带一路”的国际科技合作规划发布以后展开了一系列的行动，科技创新对于推动“一带一路”建设发挥了重要作用。2017年在第一届高峰论坛上习近平总书记提出要把“一带一路”建设成为创新之路，到2019年又提出要把“一带一路”建设成为“数字丝绸之路”“创新丝绸之路”。

“一带一路”创新之路的形势和内涵。第一个内涵是共同接受并践行创新发展的理念。中国有五大发展理念:创新、协调、绿色、开放、共享。其实这五大理念提出以后，在“一带一路”的建设中得到了深入贯彻。2017年，“一带一路”高峰论坛上习主席说要把“一带一路”建设成为和平、繁荣、开放、创新、文明之路，其中都渗透了我们的新发展理念。习主席也多次强调创新是推动发展的重要力量，“一带一路”建设要向创新要动力，创新就是生产力，企业赖之以强，国家赖之以胜。共同接受创新发展的理念，才能为“一带一路”建设奠定一个基本的前提。创新的本质就是开放、合作，只有共同接受创新发展的理念，也就是接受合作的理念、只有把创新作为当前和未来一定形势下解决问题的根本之策，才能摒弃打压的思维，把科技回归到本源的概念上，而不是作为一个打压敌对的工具，才能更好地开展科技创新的合作。共同接受创新发展的理念，各个国家从各自的起点上能够开展科技创新，形成有利于科技创新的政策环境，通过合作，共同形成全球创新发展的新局面。在这个局面中，发展中国家的创新能力不断攀升，才能形成衔接的局面，避免在狭窄的空间中挤压和对抗，这是创新之路建设的第一个内涵。

第二个内涵是在新技术革命基础之上的合作。“一带一路”的建设肯定是在新技术革命基础之上的建设。当前以新一代信息技术和新材料、新能源、生物、先进制造等技术群体性突破融合为代表的新一轮技术革命和产业变革加速推进，新一代的信息技术对经济社会发展的改造加速推进，这是我们面临的新的技术革命的背景，也为“一带一路”的建设提供了新的手段。习近平主席提出要坚持创新驱动发展，连接成21世纪的数字丝绸之路，要适应第四次工业革命发展的趋势，共同打造数字化、网络化、智能化发展机遇。围绕着在新技术革命基础之上“一带一路”的合作，我想讲几个方面。新技术革命，是全球共同面对的、各国都有运用的新技术革命成果，改善生产和生活方式的权利，任何国家都不能被排除在新技术革命之外。依靠新技术革命突破世界发展的瓶颈制约，才能突破世界围绕着资源、能源的争夺而形成的传统的金字塔的结构，传统的金字塔结构就是少数发达国家占据着高端，多数发展中国家处于金字塔的低端。发展中国家依靠资源、能源这些传统的增长路径想要实现攀升其实是很困难的，只能依靠新技术革命的手段来实现。所以我们既要关注国际产能合作等一些传统的合作方式和诉求，更要着眼于未来，注重以新产能合作带动传统产能改造的提升，这是面对新技术革命我们建设创新之路需要考虑的。

第三个内涵是要增强和发挥科技创新合作的外部效应。第一是辐射带动效应，科技创新是有外溢性的，科技创新的投入、研发投入，科技创新的外延是没有边界的，具有明显的规模经济和范围经济的特征。第二优势互补效应，中国和其他国家通过加强重点领域的优势合作，来共同推动科技创新的发展。第三是支持援助效应。

第四个内涵就是促进科技的交流和合作便利化，通过促进科技的交流与合作便利化形成多主体、多层次、多渠道的科技合作和交流体系。

深化科技创新合作的新途径。2017年第一届高峰论坛上提出要实施“一带一路”科技合作行动计划，主要是通过四个途径推进：推进科技人文交流、共建联合实验室、加强科技园区的合作、技术转移中心的建设。面对新的形势，还有一些科技创新合作的新途径是值得关注的。一是国际创新创业。能够发挥中国的制造业基地的作用，促进国际科技成果双向交流和转化。促进全球创新创业人才的流动，这可能是下一步推进科技合作的一个非常重要的方面。二是新技术的集成应用示范。现在发现一个单向的技术在应用方面存在很多的制约，要以新技术的集成应用改善传统产业、农业和工业的基础，如共享单车集成了很多高新技术的成果，背后也有大量的科技基础设施的建设作为支撑。

三是推动科技政策交流。科技政策交流可能是科技人文交流的一个非常重要的方面，但是科技人文交流过去很强调培训科学家的交流，科技政策的交流对于促进科技理念的认同，对于促进科技人员交流的便利化发挥着重要的作用，所以我提出建议要加强科技智库之间的交流和合作。还有科技创新政策的交流与协同。四是各个国家有必要再进一步加强共建大科学计划和工程合作，这也是，在面对科学前沿的问题上能够发挥更多的引领作用。

推进“一带一路”的科技优势和思路

张春宇　中国社会科学院能源安全中心

中美贸易战是中美关系的一个分支，需要从中看到暴露出的问题，其中一个重要的问题是如何利用我们现有的科技优势，在“一带一路”科技创新合作中更好地引进来和走出去。

中美关系决定着未来整个世界国际关系的走势，也决定着经济和科技领域的走势。中美贸易战仅仅只是中美关系的一个分支，中美贸易战更像是一场台风，破坏性强，持续时间较短，但是影响很大，会把原本看不到的问题暴露出来。我们对比一下中美贸易战的几个特点。第一中美贸易战可预测，2017 年其实所有从事宏观研究和贸易的人都感觉到了；第二中美贸易战影响很大，尤其对中国影响特别大，我猜测在 2018 年年底的时候，所有的人都经历了从震惊到绝望的过程，在 2018 年年底大家都认为这次中美之间的贸易摩擦会给中国带来一个灾难性的结果，但进入 2019 年这种灾难似乎并没有发生，从侧面印证这个影响是有限的；第三中美贸易战让中国很多在政策领域、经济领域大家平时看不到的问题暴露出来，所以现在大家从媒体或者专家口中听到更多的是如何应对中美贸易战——要做更多的改革，我们要更开放，其实背后的意思就是改掉过去我们做错的事情。

中国在推进“一带一路”方面的优势。我们对发展中国家有更多的关注、实践和更多操作的经验。二是中国制造业，我们的制造业在世界上都是独一无二的。三是中国大量的储蓄及由此衍生的大规模对外投资的能力。四是中国科技的优势，总结过去中国几十年的创新是穷人的创新，核心观点就是让一切的成本变得低，变得更低，没有最低，只有更低。

第一是组合创新，把一些关联度比较小的技术整合在一起，更贴合用户的需求，从细分市场入手。例如，海尔进军美国，不是从冰箱、彩电进军，而是从一个普通百姓用的相对比较少的，制造商不大感兴趣，一些民众却因葡萄酒变质而苦恼的酒柜进军。

第二是流程创新，我们善于用相对廉价的劳动力和半自动化的流水线击败价格高昂的流水线。

第三是弯道超车，未来继续推进“一带一路”我们仅靠穷人创新是不够的，未来我们的潜力、优势在哪里？有两点。一点是工程师红利。中国有世界上最大量的工程师，工程师不仅量大，而且成本低，这批工程师来自于1997年东亚金融危机导致的失业潮，廉价到什么程度？20世纪80年代，搞导弹的不如卖茶叶蛋的，一直到21世纪的今天，我们博士生的工资压在保姆的工资线以下，我工作前几年所有的工资都转账给我们家带孩子的保姆，我们都知道创新很少一部分是天才的灵机一动，更多是无数的科研工作者不断的试错、迭代和探索的结果，所以未来中国工程师红利，中国至少还能用10～15年。另一点是市场红利。很多中国的技术研发、应用都是由市场引发的，很多技术只有在中国才能商业化，才能找到商业模式。这种技术应用会倒过来反哺核心技术，倒逼核心技术的进步。中国现在正在出现一个技术应用场景的革命，一提到无人机我们首先说到的是大疆，但是中国有更多的无人机公司在蓬勃发展，新疆采摘棉花原来靠人工，这样一方面采棉的成本无限提高，另一方面导致采棉人的血留在棉花中。现在每年秋天的时候有3万~4万家大型无人机替代人工，上演了一场场高科技助农。类似这种技术场景的革命多数出现在高科技工作者所不注意的边缘地带和交叉地带，而这些地带带来的应用场景的革命将是未来引爆中国科技进步的一大利器。

政策建议：第一个建议，在“一带一路”中，我们不仅要推进科技研发合作，更要推进科技应用合作，而在科技应用合作中已经有很多企业走在了前端，如在非洲一年卖2亿部的手机；再如非洲第一大软件研发都放在了非洲，带动了非洲软件业的前进。第二个建议，“一带一路”科技合作更多关注的是我们走出去，由于我们核心技术相对落后，将来可能要把更多的精力放在引进来。我们怎么样把先进国家先进中小型企业引进来，最怕的就是这些企业主对中国体制的怀疑，如何打消他们的顾虑，还要保证控股权，这是留给各位思考的话题，我们也在做这个方面的探讨，也期待有所突破。

“一带一路”医疗信息化发展的机遇和挑战

李小轩 北京医疗信息化联盟秘书长

医疗信息的发展要遵循实用化和低成本原则，项目运行方式开始可由政府来主导，之后私人部门介入，同时要加强顶层法规设计，注意规避伦理风险。

第一，为什么要做医疗信息方案？“一带一路”有几十个国家，有不同的背景，在发展的时候很多人以为一个规范就可以做到，其实不是这样，有一些是因为经验的原因，有一些是因为每一个国家特殊的原因，一般来说主要还是以传染病的预防为主，在这个方面早筛检测医生也缺乏，医疗技术发展也不平衡，有一些国家相对比较发达，病情不同，有一些国家不太发达，病情也不同。现在中国已经投资了很多的硬件，不单单只是中国“一带一路”项目，美国现在也有投资，欧盟也投了不少项目，原因就是因为医疗信息化可以做到最后一公里，因为很多就算是有医院，有很多边缘地区是走不到的，这个领域成本低，效益大，以后可以做到国与国之间的精准医疗合作。更重要的就是国家正面形象，因为这个很重要，这不单单只是一个生意，也是一个很重要的战略投资，当然有很多潜在的投资机会。这几年中国在“一带一路”国家投资了很多医疗信息化项目。

第二，医疗信息化重点发展方向。“一带一路”中有一些国家发展非常好，有一些国家发展非常低，要按照实用化的方向发展，不要搞高大上的项目，要做到低成本、便携式的医疗设备，因为要去很多农村边缘地区，活检特别重要，主要是为了预防疫情。公共医疗数据平台的分享技术和投资，这些都是非常缺乏，但又非常需要的，还包括医疗会诊等，最后就是非远程医疗教育，这些不但有政策上的建议，实际上已经有一些国家，包括联合国机构、政府机构已经投资在做了。手机当然绝对是最好的工具，大部分国家都是手机就可以用，现在已经不是20年前的情况，就算是条件比较差的国家也有手机，也可以上网，也都有社交平台。我举个简单的例子，世界卫生组织有一个比较好的项目，在“一带一路”国家投资了不少的医疗信息化项目，从朝鲜到阿富汗，这是在孟加拉国的开发，也就是分级信息平台，这个看上去也是很简单的一个东西，它做的不是很复杂，主要就是用手机，当然医生端用的是电脑，但是在患者端用的就是手机，甚至不是APP，主要就是客户短信，有投诉、预约等可以直接发信息，刚才也有演讲嘉宾说很多未必懂得用手机APP，要做到越简单越方便越好，在研究技术的时候要考虑这些因素。

第三，要注意不同国家和地区在语言和文化等方面的差异。不同的国家有不同的发展方向，这个非常重要，因为从南非到俄罗斯我都去过，语言很关键，每一个国家有不同的语言，甚至同一种语言中还有不同的方言，这个很重要，你要发展不能说中文和英文就可以打遍天下，“一带一路”国家有这么多的语言，到每一个国家发展的时候一定要接地气，我今天讲的所有东西都要接地气，要做他们版本的语言，有一些联合国项目需要至少5种语言，我们以后做项目也要做5~10种语言，所以在会刊的实时翻译软件很好，用在这种项目上非常好。还有宗教、风俗等很重要，这是非常敏感的事情。另外，就是经济状况，刚才也说了民族、部落也很重要，不能因为只是懂同一个语言、同一个社区就可以，可能不同的社区、不同的部落之间根本不来往，这种“政治地雷”千万不要踩，要很小心地设计。

第四，建议项目在开始时由政府主导，之后由私人参与。但应该是政府主导甚至是政府招标的项目，我不建议第一天开始就从私人开始做，因为有一些细节无法对接，主动和当地政府沟通、协商、了解之后再开通。有很多朋友问我怎么去这些国家的？其实很简单，我就是去打地铺，我到当地人的家里住和吃饭，就好比我们之前的共产党到群众中去，和老百姓谈话，增加感情，这个很重要。你拿不到信任，就算给他很多好处，他最后还是不相信你的。另外，第三方机构——非营利团体，当地有很多的社会团体，可以请它们作为中介参与其中。可以和当地的NGO合作。

第五，注意规避伦理风险。在医疗上有很多伦理的事情发生，特别是做活检这个问题，在医院里做试验必须要有伦理委员会的批准，和很多国家、社区合作一定要注意到顶层的合作机制、风险评估和伦理分析，一定要做到国与国之间卫生机构的讨论，甚至是“一带一路”以后可以谈到伦理机制是怎么样做的。

第六，中国如何发挥作用？很多地方没有电，所以需要太阳能电池，有一些医疗设备不能充电，所以太阳能设备是一种很好的附带产品。有一些在边缘地区才发现的东西，那些地方就有商机。客户中心，越简单越好。多语言医疗服务绝对有机会，现在中国已经有这样的机构。还有建议如果在当地国家，首先应该可以跟当地国家的网络机构或者是网络设计公司合作，不要由中国去做，他们去做可以更好地接地气。现在华为手机在非洲也流通了，我想可以在技术上支援，硬件上支援，这是很好地做法。我们要一步一步地做，而不能走一大步进去，还有就是要得到当地老百姓的信任，还要一定要做好顶层法规、伦理、技术上的风险规避。

推动“一带一路”合作以及创新共同体的建设

Manaek Simamora　印度尼西亚企业孵化器协会

> “一带一路”非常独特，既不是欧洲，也不是非洲或东盟，而是需要多国多地区共同开展技术研发，人员交流，还需要非常成熟的科学基础设施及区域性合作网络。

“一带一路”主要有五大目标：政策协调、基础设施互联、贸易互联、金融互联和民心相通。我曾经参加过中国社科院举行的一次会议，全面讨论了“一带一路”倡议，我给大家提供一些自己的观点，“三步走”政策工具如下。

第一，“一带一路”未来合作方向。一是联合建设和开发大科学项目。“一带一路”第一年主要是建设港口、高铁，但是说到科技园区，投入不多，如果我们想象15年或者100年以后，我们要对大科学项目进行投资，这是我们可以考虑的一个非常有趣的领域。二是进一步加强人员交流。建立一个创新共同体，这就不仅仅是投资，这是关于人的投资，以及通过人员互通建立长期的关系。我们不能仅仅考虑短期、一年的合作，所以我觉得“一带一路”任务是一种新的趋势。三是开展新技术方面合作。中国“一带一路”前五年侧重基础设施的建设，接下来我们进入了数字、智能和技术创新，因此我们要从以上三点出发进行思考，我希望我们能够推动这方面的合作。

第二，促进区域科技创新合作。一是建立可持续的区域创新生态系统。“一带一路”的发展已有五年，接下来我们进入了第2个五年，第2个五年不仅仅是投资，还包括人才的投资，这样我们才能进行技术创新、金融投资。我们希望能够有一个可持续区域创新生态系统，如果我们能够一步一步这样走，这是非常具有战略意义的。二是建立推动科技家之间的真正协同合作。昨天德国和中国的专家介绍了两国之间的技术合作，张江实验室也介绍了他们在大科学设施方面的巨额投资。从“一带一路”的角度，我们是不是也能够参与共同进行技术创新，因此我们必须要有项目、有计划来实施。因为很多国家没有这样的能力进行大科学基础设施的建设，中国在这方面能够提供大科学方面“一带一路”国家的合作。三是推动创新者和科学家之间的合作。我们要超越本身的投资项目，促进创新界人士的合作。投资项目15年可能会带来投资回报，但是大科学或者科技园区在未来一百年都非常重要，因此我们要跨越本身的商业投资看科技合作。未来我们的这些合作如何能够推动区域创新体系的发展。四是共建科技园区。科技园区就是一个机制或者是一个基础设施，用来实现国家的政策和理念，不仅仅产生技术，而且能够对技术能够进行商业转化。加强区域科技园区合作是一个很重要的领域，不仅能够实现资金流动，也能实现知识、技术、人才的流动，这才是创新的关键，能够吸引人才，实现人才交流我们才能共同的发展。

第三，构建一个跨区域合作网络。“一带一路”在过去的五年起到了非常重要的作用，这只是第一个阶段，未来第二个阶段我们应该更加关注如何促进创新方面的合作。例如非洲、东盟、欧洲等区域性创新网络，但是要有共同的目标。上一次我在中国东盟技术创新会议上提到当我们制定战略的时候，各个相关国家都应该想一想未来5年或10年有什么共同目标，让每个国家都有发言权，“一带一路”创新合作也可以考虑采用这种方式。我希望“一带一路”能够共同创新、共同发展。

第 12 章

国际高水平科研机构研讨会：塑造创新策源力

国家级实验室、顶尖学术研究机构是服务国家科研战略基础研究和核心技术转移为使命的重要平台，是连接学术界和工业界的重要桥梁，是国家创新体系中间最重要的一环，具有不可替代的地位。为此，研讨会邀请到几位国际高水平研究机构的负责人，来分享他们的经验和对未来的设想。

1　研讨会综述

研讨会嘉宾包括：松山湖材料实验室理事长、中国科学院院士王恩哥、中国科学院上海分院院长、中国科学院院士王建宇、德国于利希研究中心副主任 Sebastian M.Schmidt，中国科学院量子信息与量子科技创新研究院院长、中国科技部大学常务副校长、中国科学院院士潘建伟、原欧洲微电子研究中心副总裁、新加坡国立大学工程院电机与电脑工程系教授程文耀、之江实验室主任朱世强。研讨会由中国科学院上海分院副院长张旭主持。

国家级实验室、顶尖学术研究机构以服务国家战略规划、开展前沿基础研究和高新技术转移为使命，是连接学术界和工业界的重要桥梁，在国家创新体系中具有不可替代的战略性地位。会议围绕创新策源能力，通过交流分享学术研究机构管理机制、成果转化和大科学装置建设等方面的经验做法，就塑造创新策源能力的先进经验、提升创新策源能力面临的挑战和机遇、搭建全球创新合作网络等问题展开深入研讨，进一步实现资源共享、合作融合，助力中国打造全球顶尖学术机构标杆。

2 嘉宾演讲

新材料，新未来

王恩哥　中国科学院院士

人类进步的过程，就是不断创造材料使用材料的过程，谁掌握了材料，谁就掌握了未来。很多新技术的发展，无论人工智能还是生命健康，很大程度都依赖材料科技的进步。松山湖实验室重点聚焦四块任务，分别是基础研究、公共平台、建立地方交叉科学中心、以及打造材料博物馆。

过去几年我最深的体会，就是中国建立了若干科学中心，目前已经有北京、上海、合肥等地陆续建立。2019 年年初，国家提出要在粤港澳做一个国际的科学中心。2017 年年底，广东省提出设立一批实验室，重点聚焦在生命健康、信息技术、人工智能和新材料。我现在在做的是聚焦新材料技术的松山湖材料实验室。这个实验室坐落在深圳和东莞的交界上，这个实验室占地 1200 亩，涉及澳门、香港、广州、深圳、东莞等多个城市和地区，这是国际上一个电子信息产业发展非常有活力的地方，也是国际上最好的制造中心，产业链极其完备。

我个人非常喜欢材料科学。人类进步的过程就是不断创造材料使用材料的过程。石器时代、蒸汽时代、硅的时代、未来的时代，我深信谁掌握了材料，谁就掌握了未来。因为无论人工智能也好，生命健康也好，很大程度都依赖材料科技的进步。

现在松山湖材料实验室有 3 家组织机构支持，分别是物理所、高能所、东莞市政府。实验室主要有四大块任务。第一大块任务是基础研究，基础研究的定位是做北京物理所不做的事情。北京物理所主要是做功能材料，松山湖材料实验室将更多关注结构材料，包括化学方面的材料。第二大块任务是公共平台，服务于广东、东莞、深圳，甚至周边地区的中小型企业，也包括华为这样的企业。另外，我们要建一个样板工厂，实际上就是一个中试的车间，包括微加工车间、材料表征车间及超级计算机等设施，从而解决大学里面体制、机制等原因造成的新技术无法从实验室向产业化阶段转化的问题。目前通过两期遴选，已经有 18 个团队在从事相关工作，将他们之前在大学、科学院研究所里面 20 ～ 30 年积累的经验带到这个实验室；第三大块任务是建立地方交叉科学中心。现在我们已经与北京大学、香港大学、华南理工大学、澳门大学等机构联合举办和召开一系列的研讨会。对于地方交叉科学中心我们非常重视，无论从学术研究还是建筑特色，我们希望将来能够给广东省、给国家在南部留下一个值得骄傲的故事。第四大块任务是打造一个材料博物馆。材料博物馆主要是做材料科学的科普工作，我认为以后香港、澳门、广东及全国其他地方的科研工作者和民众都会很喜欢。

现在松山湖材料实验室已经陆续有成果问世，一些人工智能技术发展所需的金属、玻璃等材料可以随意变型，很容易铸化掉。此外，我们还做出来了跟石墨烯完全不同的电子材料，以后有很大的应用空间。

推进国家实验室建设，提升创新能级和水平

王建宇　中国科学院上海分院院长，中国科学院院士

国家实验室是国家创新体系的重要组成部分，也是建设创新型国家的基石。张江实验室对标国际最高审评，立足国家的战略需求，依托一流大科学设施平台，以生命科学和信息技术领域为主要方向，实现重大基础科学突破和关键信心技术发展，希望建成具有广泛国际影响的引领型、突破型、平台型的创新基地。

我今天分享的主题是中科院上海分院推动国家实验室建设的一些经验。国家实验室是国家创新体系的重要组成部分，也是建设创新型国家基石。加快建设具有全球影响力的科技创新中心，推进国家实验室建设，是上海在科创中心建设过程中的必然选择。

在2016年4月，国务院关于印发的《上海系统推进全面创新改革试验，加快建设具有全球影响力科技创新中心方案》里的四大任务之一就是张江综合型国家中心的建设。经过几年时间已经在张江兴起了很多新的科技的新型机构，第一个就是成立张江实验室，这作为主要的推进方向。同时中科院和上海市也在共同谋划其他的实验室建设，如张江药物实验室、量子信息科学国家实验室上海分部等，这几年在同步推进。

张江药物实验室对标国际最高审评，立足国家的战略需求，依托一流大科学设施平台，以生命科学和信息技术领域为主要方向，实现重大基础科学突破和关键信心技术发展，希望建成具有广泛国际影响的引领型、突破型、平台型的创新基地。上海市为新建大科学装置提供了配置资金，部署了一批重大科技专项，支持开展先期研究，最近又出台了“科改25条”，提供制度保障。中科院出台了各种激励政策，特别是打破研究所之间的围墙，打破研究所和大学的围墙，把国家的重大科技设施都往张江实验室集聚。

量子信息科学国家实验室上海分部，也是依托上海量子信息研究的力量。上海市在上海交通大学、复旦大学有很好的量子信息基础，我们把这些队伍组织起来，建立一个分部，方向聚焦在通信、计算、精密测量、材料器件上。张江药物实验室，这也是中科院和上海市另一个合作计划，包括重大课题项目研发、科技平台体系建设、协同网络建设等。目前主要共同策划“药物靶标发现确认”的重大科学项目。通过上海市高峰人才

计划，引进高端人才，也在部署上海市“糖类药物”市级科技重大专项。

张江药物实验室基本框架已经形成，主要有五大部分，一是基础设施部，以蛋白质大科学设施为基础；二是上海光学科学中心；三是微电子研究院，以集成电路为主；四是脑与智能科技研究院；五是管理部。这些架构都已经全部建立。现在各个部已产生很多的科学成果，如基础设施部全年发表SCI论文295篇，101篇的影响因子能够超过10%；上海光源现在服务单位有500多家，2万多的用户，已发表4000多篇论文，多项成果列入了十大科学进展。

最后简单说一下，我对国家实验室建设的思考和建议。

第一，作为人大代表，我在今年人大给国家提了建议，国家实验室的提出和建设确实很鼓舞人心。但是由于种种原因，后续推进速度慢了点。建议国家在有基础、有条件的地方，尽快启动国家实验室部署的建设。通过地方的努力，把创新要素集聚化和最大化，国家实验室以真正要解决国家科技发展过程中的核心技术问题为宗旨。

第二，建议要构建专业性和综合性良性发展、相互支撑的国家实验室体系。经过这几年的努力，我们体会到，专业性的国家实验室建设是非常有效的，它会更快出成果、出效益，但同时，综合性的国家实验室同样重要，有很多学科都是交叉融合的。我们现在筹建的张江药物实验室很明显是一个带有综合效果的实验室，但是瞄准一个科学方案，如类脑工程。我们认为国家实验室应该专业性和综合性要相互补充，良性发展。

第三，要加快探索国家实验室的运行机制。我们建议国家实验室在运行机制上要做进一步的探讨。例如，怎么处理好中央直属和原来已有基础部门之间的关系；我们提的管办分离，是不是由国家来办；日常的运行是还是由原来有基础的部门管理等。呼吁国家实验室在科技发展方向上，也别挫伤原来部门的发展积极性，综合发展也能解决国家发展的问题。

解决全球挑战的一条路径：中德科技合作

Sebastian M.Schmidt　德国于利希研究中心副主任

如果要解决中国和世界所面临的共同挑战，我们必须要从理论到应用对创新链做出相应的调整。开展国际合作，需要有好的科学基础设施，使用多学科、多方法融合的模式，进行跨学科的研究、合作，此外，还需要有国际化的人才团队，这样才能够有最优化的成果。

今天我很高兴来到这里和大家欢聚一堂。有些朋友几年前我们就相识，我们和中国上海在30年前就成立了联合实验室，我也以此为荣，我们于利希的同事也源源不断从德国来到上海的实验室工作，这就是我特别有幸参加这个论坛的原因。

我们这个时代所面临的最大挑战是什么？目前我们面对的有能源的挑战，生命科学和医药方面的挑战，以及信息技术方面的挑战。坦诚地讲，我认为这几大挑战是同源的，如果解决了一个挑战，也会有助于解决其他的挑战。这几大挑战的核心问题，我个人觉得是新材料的研究、材料的设计，以及我们现在更加关注的量子现象。

如果要解决中国和世界所面临的共同挑战，我们必须要从理论到应用对创新链能够做出相应的调整。不管我们研究哪个领域都是一样，从理论到应用，要找到一个面向全社会的解决方案，那就需要综合考虑。例如，现在生命科学跨学科属性越来越强，所以需要采取系统性的解决方式，当然还必须要有卓越的基础设施和设备。

于利希成立于1956年，是第二次世界大战以后的一个核研究中心，现在是一个多研究领域的机构，我们和一些国家级的实验室，都是兄弟实验室。我们的资金90%来源于德国联邦政府、10%来自于地区，我们有11个研究所，每年的收入6.1亿欧元，现在有员工6000人，我觉得这个和中国目前正在建设的国家实验室的规模相当。我们6000名员工中，有差不多1000名左右的访问学者。

我们中心重点聚焦三大重点方向。一个是信息技术，当然对信息技术的研究是一个宽泛的视角，如超级计算、数字管理、量子计算等，还包括医学方面的应用，以及超级大脑、超级计算联系起来的联合研究。另一个是能源，我们把能源的转换和气候的研究相结合，所以大气专家和能源专家之间可以进行交叉研究，这是一个比较独特的方式。还有一个是生物经济研究。

在前面的发言中，多位专家表示必须要结合不同的方法来进行科学研究。我非常认同，于利希就采用了多方法的模式。例如，在电子方面，我们有最先进的显微镜；在中子科学方面，我们有德国和欧洲的反应装置，当然中国的散列源装置是能够产生最强中子的装置，我觉得这个也是双方非常有潜力进行合作的部分；在量子科学方面，于利希已经决定在欧洲第一个研制量子计算机，希望在未来的3～5年，能够真正取得进步，实现突破。

于利希仍然规模比较小，不可能完全靠自己来做所有的研究工作，因此我们寻求世界范围的合作。合作范围当然包括欧洲、北美、中国等，国际合作对我们来说非常重要。在过去15～20年，我从中国也学到了很多，如如何来建设这样大型的研究机构。我们和很多大学之间有很多联合教授席位，和亚琛之间有超过60个联合的教授席位。我们和大学之间研究合作的关系，目前还没有被充分重视。其实这种国家级实验室并不是把自己关在这些围墙的后面独立做研究，必须要和大学的研究人员一起互动、合作，而且这些研究人员也应该去大学任教，这样他们才能够真正地了解最新的研究进展。我们也可以和相关的学生、老师、研究人员做交流，对大学的发展也有好处。

最后，介绍一些和中国合作的例子。我们和中国在西安建立了一个显微镜研究方面联合实验室。在中子研究设施方面，我们也正在和法国、中国进行合作。此外，在功能材料研究、超导、生物电子等不同领域，我们和中国的一些大学开展联合研究。当然，我们希望能够真正地分享资源，不仅仅是资金上的资源，还有知识和知识产权方面的资源。还有一个领域就是空气污染监测，这也是我们和中国长期合作的领域。例如，2008 年北京奥运会，我们对空气污染物进行了测量，使用了中国的飞机，然后把分析和检测设备放在飞机上，飞到欧洲、美国，对大气层当中的空气污染进行测量，这是一个真正的全球性的合作，也得到了中国科技部、中国科学院和德国科技部的大力支持，这就是一个非常成功的合作项目。

最后做一下总结。开展国际合作，首先，我们需要有好的科学基础设施，使用多学科、多方法融合的模式，进行跨学科的研究、合作，无论是自然科学、生命科学，还是工程科学，都没有任何的界限。其次，我们需要覆盖从理论、实验、模拟、再到应用的整个一条创新链条。然后，需要有国际化的人才团队，这样才能够有最优化的成果。此外，为协调解决问题，还需要有比较智能的管理模式和管理架构，找到一个高效的合作方法。

新量子革命

潘建伟　中国科学技术大学常务副校长，中国科学院院士

量子调控的技术发展，目前正在发生着第二次量子革命。国家实验室应该包括综合性实验室和专业性实验室两类。量子信息创新研究院主要的目的就是希望能够把量子领域进行全链条的布局，集成和整合院内的相关优势力量和全国的高校、科研院所、相关企业进行合作。通过学科交叉，协同创新的模式，能够实现从基础到市场的全链条的部署。

20 世纪以量子力学和相对论为代表的一次科学革命，催生了第三次产业变革，是以信息技术为代表的。随着量子调控的技术发展，目前正在发生着第二次量子革命。我们创建中科院量子信息与量子科技创新研究院的目的是希望能够通过协同创新让新量子革命发展得更快一些。

大家都知道，20 世纪量子力学建立，带来的第一次量子革命，在信息科学（晶体管）、能源科学（核能）、材料科学（高温超导巨磁阻）、生命科学（核磁共振）和激光等各个方面都有应用。在原子弹的研发过程中，大量计算的需求催生了现代意义上的通用计算机。将数据传输到世界各地的需求，催生了万维网的雏形。对相对论进行检验，我们用量子

力学构建了非常精密的原子钟，这也为今天的导航奠定了相应的基础。

信息科技发展到今天，又面临新的问题，如网络信息安全受到威胁。为了解决信息安全传输问题，在古希腊，斯巴达人就已经使用了加密术，用加密棒把信息读出来；到凯撒大帝时期，有字符移动的方法，但数学家通过字符出现的频率分析把它破解了；到第二次世界大战，德军用了更加高等的方法，后来被计算机之父图灵破解了；再后来的公钥体系，随着经典计算的能力增加也不行了。如果无人驾驶、自动驾驶互联之后，不能对系统进行控制问题是很大的。

大数据时代的到来，我们对计算能力的需求是无限的。目前的传统信息技术，主要是用被动观测里面所得到的 0、1 做信息处理，到了微观世界有 0+1 之后，新量子革命就诞生了。量子通信可以实现原理上无条件安全的通信方式，量子计算速度非常快。具体来说，量子通信里面有个量子密钥分发，利用量子叠加原理，如果中间有个人窃听，量子本身是不可再分的，就像水分子，不能把它分成两半，不存在 1/2 的水分子，光子也不能分成两半，窃听者窃取信息没法只窃取，要么全拿走，但全拿走就收不到信息了。此外，存在测不准原理，即对叠加态是测不准的，测量工作对它的状态有干扰，不能分又不能测量，就保证了如果中间的过程被别人测过，就会发现。利用这样的方法，就可以在原理上提供安全密钥的分配方式。另外，一个是量子隐形传态，把一个量子形态从一个地方传到另一个地点。有利用量子纠缠，如合肥的这团粒子那团粒子纠缠在一起，做出分析之后把这组纠缠数据通过电台传到上海，上海就可以把这个状态构造出来。微观世界告诉我们，传送几个粒子、几百个粒子、几十万个粒子的状态都是可以的。

量子通信是 1984 年被提出来的，10 年前通信距离慢慢做到 100 公里，目前光纤里面只能做到 400 公里，再做远就不行了。我们做了一个京沪干线，目前正在开展技术验证，而且正在开展工房的测试和应用释放。2012 年我们研究出墨子号量子卫星，这个实验比较顺利，当时我们每秒钟可以送 1000 个密钥。最近一次的结果，我们把设备又改进了一下，又提高了 2 个数量级，现在每秒钟可以送 10 万个密钥。我们还在从事量子计算的研究，可能会在不久的将来，如今年年底能够实现 20 ～ 30 个量子比特的超重，对于某些问题的求解跟目前商用的 CPU 差不多，算 10 万亿次，或者几十万亿次是没问题的，但是跟超级计算机比还是有一定的差距，这是我们目前的研究情况。

在 2017 年的时候，我们在卓越中心的基础之上，成立了量子信息创新研究院，主要的目的就是希望能够在量子领域进行全链条的布局，集成和整合我院的相关优势力量和全国的高校、科研院所、相关企业进行合作，这样的话能够为形成国家实验室的一个专业型国家实验室创造条件，奠定基础。最终的目的是希望通过学科交叉、协同创新的模式，实现从基础研究到市场的全链条的部署。

创新研究院的研究，一方面，欧洲、德国、美国有相应的计划，能够构建通信一体的网络，这大概需要 10 年左右的时间；另一方面，也希望利用量子卫星本身的优越性，能够在高空、在离地面几万千米的地方，除了量子通信之外，能够构建一颗稳定度达到 10^{-12} 特别精确时钟。有了这个技术之后，我们就可以来探测低频的引力波，这是我们地面上做不到的。

我估计 3 年左右，保守一点应该是 3 ～ 5 年，对某些特定问题的求解能够超越目前最快的超级计算机。大概通过 10 年的努力，通过对几百个比特的超重是没有问题的。对特定问题的求解能力就能够达到全世界计算能力总和的 100 万倍。所以我想也许到 20 ～ 30 年之后，量子计算本身会成为高温超导、新材料设计、人工固氮方面一些非常广泛的应用。在将来也可以用于密码分析、大数据分析和机器学习等。

世界上最早的国家实验室是从曼哈顿计划开始建设的，目的是为了研究核武器，最后变成了国家科技协同创新的典范。我觉得那是第一次量子革命的代表。目前也正在发生着第二次量子革命，如果能够以这样一种协同创新的方式，全链条的布局，甚至跟企业合作，能够构建量子信息实验室，可能也会对我们国家的竞争力产生根本影响。

我觉得国家实验室应该有两类：第一类像张江这样综合性的实验室，即做生命科学研究，又做其他研究。目前国际上大多数的实验室都是这样综合型的。第二类像曼哈顿计划最早的时候建立的实验室，它其实还是专业性的实验室，只干一件事，把原子弹先研制出来。对量子信息来说，在新量子革命发生的时候，我觉得我们也非常需要各种学科综合交叉在一起，先把量子信息问题解决了，然后再去做其他的事情。

在技术融合和多元化加速时代的教育、创新和转化

程文耀　新加坡国立大学工程院电机与电脑工程系教授

我们现在进入了技术融合的时代和技术互联性增加的时代，需要适时转化传统教育方式。需要打造一个有利于团体在一起发挥创造力、包容失败的创新场地。同时还要重视灵感、机会和支持这 3 个要素，只有这 3 个要素同时作用才能够支持我们创造力的转化。

前面几位专家的发言介绍了大型的国家实验室，我想谈一谈基础研究创新的相关内容。首先要强调技术融合。我们现在进入技术融合的时代，有两个例子，一个是大家非常熟悉的自动驾驶，它将数据分析、物联网和机器人技术结合起来。另外一个技术融合的领域是生物信息领域，它把数据分析、生物、化学、计算能力结合在一起，可以非常快速地对基因信息进行分析。我们现在正在进入技术融合的时代，这是一个非常重要的发展方向。这些传统技术的领域以前是相对独立的，现在则是进行跨学科的融合。

我们也在进入一个技术互联性增加的时代。彼此间互联的设备基本上是指数级的增长，人机的互联也导致大量数据的产生和交互。现在进入了技术融合时代，这背后的推动力是大数据，所有的东西都关乎信息，如何收集、处理、智能化，这是未来发展的方向。

我谈一下大学比较关心的教育问题，就是传统的技术和科技工程，还有我们的传统STEM的课程，是不是和技术融合相匹配。有一点非常重要，那就是教育要寓教于乐，科学家都是在玩技术、设施，打造新的科技，我们的学校是不是应该鼓励学生和教师这么去做。此外还要能够有灵感、机会和支持，这3个要素同时作用才能够支持我们创造力的转化。

首先我们先来讲一下快速的技术融合和多样性。第一版互联网，大部分人已经忘记那是什么样子。在2001年的时候，有了宽带和无线网络的技术。数据处理的能力也得到了很大的增加，晶体管的成本也大幅降低。之后社交媒体出现，接下来又出现了智能手机，然后就出现了融合，这是第一次智能设备和社交媒体的融合，也就是我们现在所生活的时代。以我儿子为例，他现在16岁，在他还是婴孩的时候，他盯着碗看，现在则是盯着自己的手机屏幕看。他感兴趣的东西并不仅仅是手机本身，而是连接在云上的各种数据和应用，它们这一代人是新一代技术融合的原住民。

接下来讲讲教育的问题，在技术融合的背景下，我们如何来教育孩子和学生呢？这是我们需要去思考的一个问题。我们必须要改变传统教育的方式，在教学过程中把不同的技术结合在一起，尽管这很困难，但非常重要。我们来看STEM，一般关注工程和数学，这是传统的教育方式。未来我们的技术和工程的结合会变得越来越重要，我们有很多是在大学中学习的，现在我们要把它变得更早，对所有的学生进行教学，特别是中小学。

如果相关的教育提早了，那创新要在哪里开始呢？对技术发展最重要的，不仅仅是拥有越来越多的资源，更重要的是创造性。所有的技术全部都来自于人，团体在一起创造力的发挥，同时驱动新技术的发展。因此，我们必须要有新的沙盘，孩子都在沙盘里面玩，做实验，打造东西。首先他们有互动，可以接受失败，任他随便打造什么东西，可能他打造出来的没有用，但是真的有用的东西将会变得非常重要。所以我们需要这样一个地方，可以进行有创造力的实验。

我们所实验的就是真正的跨学科的共创，同时把来自于不同的领域教授结合在一起。我们的大学当中做一个沙盘，来创造不同的产品原型，把不同的学科结合在一起。他们可以进行合作，我们还对学生进行培训，建设一个创客空间，主要做的是纳米技术。现在我们用创客空间打造各种各样的集成电路测试板，用一些新的材料来让他们进行尝试，好的学生会想出一些非常疯狂的点子。

接下来再讲一下灵感、机会和支持。这3个关键词才能打造学生真正的能力。我们有4个研究卓越中心，都在大学，其中有量子技术、机械物理学等。我们还有和产业界越来越多的合作，大学也被鼓励和一些领先的公司进行合作解决他们的问题，同时把他们的实验室共建在我们的大学当中，目前已经建设4个公司的实验室。这给我们的学生提供了很多的灵感。

我们给学生做很多持续的培训，打造他们一些基础技能，如编程，还有一些AI认证的基础技术等。最为关键的就是要把他们打造成数据科学家，还要关注到他们在公司内部和公司外部各种各样所需要的解决问题的能力，这为他们以后创业创新提供了很多的机会。

除了灵感和机会，支持同样重要。这些支持来自于学生和学生之间，学生和老师之间等不同的层面。我们设置相关的课程，主要关注如何应对21世纪最大的挑战，他们想要去解决什么样的问题，以及他们该如何来运营一个生意。也包括领导力的课程，就是要培育战略的思考者和价值的创造者。

我们现在是已经进入了一个不同科学协同驱动的时代，我们希望用跨学科的协同驱动的思维方式来教育我们的学生。大学将会继续推动支持体系的建设，推动多样性的发展，一方面是应用工程的发展，另一方面是创新的发展。我们将会给学生提供更多的机会和支持，因为这些学生最终将会成为未来的拥有者和造就者，他们将会造就我们未来将会运用的技术。

创新机制体制，建设高水平研究机构

朱世强　之江实验室主任

之江实验室建设的基本原则是以原始创新为核心任务，支撑国家战略；以机制体制的改革为根本动力，激发创新的活力；以开放协同为主要手段，汇聚优势力量。我们的目标定位，是以人工智能作为骨干的技术支撑，以智能感知智能计算，以智能网络和智能系统为主要方向，以基础研究和原始创新为核心任务，面向国家安全等一系列重大领域，从事世界领先性的技术创新工作。

非常高兴有机会在这里跟世界一流科研机构的负责人交流、分享各自工作方面的一些做法。前面的这些科学家所做的精彩报告，给了我非常多的很好的启发，我要向大家介绍的是之江实验室。之江实验室是一个全新成立的、独立法人的科研机构，2017年9月6日正式挂牌，依托于浙江大学和阿里巴巴，在浙江省政府强有力的支持之下开展工作。成立的时候，之江实验室是国内首个混合所有制的事业单位性质的新型研发机构。之江实验室主要的目标是瞄准人工智能和未来网络，我从四个方面向大家做汇报和交流。

第一，谈一点关于人工智能发展现状和未来的理解。大概全世界都有一个共识，人工智能是未来一个十分重要的战略领域，是未来发展的战略引擎。人工智能又有一个非常重要的特点，就像网络技术发展到现在一样，会出现大则很大，赢家通吃的一个局面。当然是不是这样？我们还要拭目以待，因为人工智能现在从总体上看还是处于初期阶段。从研究的角度来说，中国的人工智能研究，总体上我们认为还是处在第一方阵，但是我们的强大主要还是在应用领域。基础领域里面跟美国的差距还是比较大的，原始创新不足。另外，我国的人工智能研究力量相对比较分散。

从另外一个角度来说，人工智能是一种涉及面非常广的技术，我们不能在人工智能方面低水平重复投入，所以我觉得国家应该要有一种公益性的、引领性的机构，来支持人工智能的发展。关于人工智能未来发展的方向，这要看我们现在人工智能技术的本质。现在人工智能技术是大数据驱动，依赖于深度学习算法，所以本质上是编程，我把它叫作“人设智能”。跟人工智能发展之初想模拟大脑思考的人工智能是完全两个方向，未来的人工智能要真正有重大突破，还要依赖于生命科学中脑机理进一步的破解，这可能是人工智能未来发展重要的战略方向。

第二，谈一谈浙江省在人工智能智能方面有些什么样的基础和优势。浙江省的人工智能基础科研在全国处于领先地位。浙江大学有 4 个国家重点实验室跟人工智能相关联。我们有一批非常著名人工智能领域的科学家，我们的老校长在国内人工智能领域里面应该是旗杆。我们现任的校长也是人工智能领域的专家，几位院士都是跟人工智能密切的专家。

浙江省拥有国内最强大的算力资源和独一无二的数据资源。阿里巴巴总部在浙江杭州，以它为基础的数据资源是非常丰富的。浙江省拥有全世界最大的数字安防产业，海康威视和华山等在全世界安防领域都是很有名气。政府资源汇聚做得很好，浙江省率先在全国成立了公共数据资源管理区，把分散在各个部门的数据归总起来，进行规划管理。

此外，浙江省的数字经济产业在全球具有很强的影响力。数字安防、网络购物、无现金支付、智慧物流等，这些产业领域都引领全球。数字经济和数字本身就是人工智能非常重要的生产力，也是人工智能技术发展的重要牵引力。还有，浙江在人工智能领域的布局，对未来可能会产生重大的影响。例如，浙江大学在去年启动的双脑计划，以及现在正在深入实施的混合计算结构体系。以阿里巴巴为主的基于大数据为主的城市治理工具——城市大脑，打造人工智能开源平台等。这些领域里面的一些布局，会为我们人工智能的发展奠定很好的基础。

第三，谈一下之江实验室的建设方案。我们要建设成一个世界一流的新型研发机构。实验室建设的基本原则是以原始创新为核心任务，支撑国家战略；以机制体制的改革为根本动力，激发创新的活力；以开放协同为主要手段，汇聚优势力量。我们的目标定位是以人工智能作为骨干的技术支撑，以智能感知智能计算，智能网络和智能系统为主要方向，以基础研究和原始创新为核心任务，面向国家安全等一系列重大领域，从事世界领先性的技术创新工作。

我们的科研布局是以大装置为基础，以核心技术突破为主要的手段，建立一批开放的平台。科研体系架构现在是3个研究院，一批交叉中心。这3个研究院分别是人工智能研究院、未来网络研究院、智能感知研究院。同时围绕人工智能和其他领域里面的一些交叉，我们分别设立了智能机器人研究中心、城市大脑建设中心、网络大数据健康研究中心等一批交叉研究中心。我们未来五年的主要方向是智能感知、智能计算、智能网络、智能系统等。除了这些科研之外，我们在积极谋划一些重大的科学装置，分别是量子精密测量与传感大科学装置、新一代工业控制系统安全科学装置和人工智能的大科学装置。

第四，谈一下之江实验室成立以来的一些具体做法初步的成效。首先，我们探索了市场经济条件下的科技创新的集中精力办大事的机制。其次，我们采取了高校灵活的引才聚才机制，我们的科研人员可以有事业身份，享受事业单位的社会保障，同时我们又接近一线企业的待遇，以此形成最优秀的团队。另外，我们设计了科研造峰，提质增速的有效机制。我们建立了多元化的项目发现机制，顶层设计，主动邀约。我们要求团队80%以上的人员要全身心投入到科研当中，而不是像一般的高校教师一边写文章，一边带学生，一边搞科研，一边还有很多社会活动。此外，我们还探索更符合科学规律的考核评价机制。在之江实验室里面：一方面以创新的质量和实际的贡献作为主要的依据，来设定你的报酬和职称；另一方面定岗定薪，在项目的预算方面采取了预算授权，额度授权制。我们还探索了与顶级科研力量协同攻关的机制。

我自己个人的工作体会，从接手这个平台开始时内心的忐忑，到现在的信心满满，一个根本的原因，我觉得是我们走通了一条新路，那就是市场经济条件下，用集中力量办大事的机制来推动科研创新的改革之路。重要的3个方面：①政府牵头，可以保证服务国家战略的目标不动摇；②多元参与，可以充分吸收各方面的优势；③在制度上的设计克服了高校等科研机构既有的缺点。我们不同主体在战略层面上追求价值认同，在战术层面上追求互利共享。价值层面的认同是要建设高水平的公益性科研平台，服务国家。战术上互惠互利以项目作为单元，商定利益的分享机制。

3 互动交流

互动交流主要围绕四个主题。第一个是如何兼顾创新性和高效性打造具有创新策源力的科研机构；第二个是对全球顶尖科研机构如何开展产学研合作，推进科技成果的转化；第三个是高水平大科学设施如何保持它的先进性，以及它对于服务科研等各方面的中立性，如何推进重大科学创新的协同攻关；第四个是各国顶尖科研机构如何加强合作，协同攻关世界性难题。

蒲慕明：我想对上海科创中心的发展提一些建议和意见。我觉得上海科创中心是基于非常坚强的基础，尤其是大设施的基础，未来的发展重点是个多学科的融合，其中生物领域的，其实在上海是全国的重症，至少半边天，我们有很强的中国科学研就机构在上海，生命科学院有五六个研究所，都是国内生命科学的前沿研究所。我觉得都应该是在国家实验室范畴之内，因为国家实验室现在以生命科学为基础，其中包括基因编辑、基因技术、新的前沿的人工生物合成技术、脑科学研究，都是在生命科学的前沿。

信息科学跟生命科学的结合，是上海张江实验室的一个目标，这个结合的过程也是非常自然的，因为现在生命科学的内涵是大数据，都是与信息处理相关的。目前，我觉得上海张江实验室的架构还应该包含更多基础生命科学的研究所，如细胞生化所、营养科学研究所、神经科学研究所都应该汇集张江实验室，增强实验室的实力。我们希望神经科学研究所能够融入张江实验室整个架构的体系中，这是我的个人建议。

Sebastian M.Schmidt：今天所有演讲嘉宾的内容都给我留下深刻的印象，今天也是很好的机会。技术的融合，如果从战略的角度来说，听上去是很有道理的。但是在现实生活中是可能是完全不同的领域，他们工作的文化完全不一样，有一些医生他们是进行脑的研究，还有一些电子的物理学家，其实我们用一个研讨会要找到一个相同的话题，并不那么容易，要找到共同的项目也并不那么容易，我们在最开始让他们进行合作的时候要小心。再讲到基础设施，我觉得可能从科学研究方面，AI 目前的发展仍然不是特别清楚，我们现在谈论硬件，这只是一方面。更重要的还有神经形态、架构、软件方面的开发等。你如果只做基础研究是不够的，我们要去做到应用，那就需要很强的工程学的能力。我们需要一些技术大学的加入和支持，这可能是非常明智的一种做法。

程文耀：根据我们之前的经验，非常大的科学装置可能是一个很大的挑战，就是你如何把整个流程的稳定性和可控制，以及基于它开展的探索，能够区分开来，这点非常困难。对于大装置、大设施来说，你是需要控制的。因为你要用它来做的是一个非常复杂的架构，复杂的体系需要稳定的流程，但是同时你也需要有能够去做探索的空间，因此要么利用大学做探索，来转化技术。要么你需要有一个在中间的单位，可以把这种技术进行转化，这是我的一个想法。

另外，我要讲现在有很多的关注点都在人工智能，人工智能现在还在软件的层级上。我们现在还是在做神经形态的计算，越来越多的 AI 要进入到我们的硬件当中，我们可以把各种各样的材料纳入我们的系数当中，以及它的多样性。多样性和材料本身是相关，所以我们要把它打造成一个完整的架构体系，我们需要小的团体，我们有做材料和做系统的人进行合作，但是这很难，通常他们说的不是同一种语言，是不进行合作的，这是个难点。我们需要小的学科的团队，也需要他们进行跨学科的合作，这也并不容易。

还有量子技术，这不仅仅是讲到比特或者说它的能量级，同时我们也要看到，如说它的低温电子需求，互动的界面，这又是一个跨学科的对象，我们需要不同背景的人打造小的团队，这是很大的挑战。首先是大装置、大设施如何进行探索、控制，如何让他们有探索的自由度。除此之外打造小的跨学科的团队，他们相互之间本来是从不沟通的。就像我们现在，也需要同声传译帮助我们进行沟通。这是我的一些想法。

赵振堂：我来自大科学装置，是上海光源的负责人，过去20～30年我们做大科学装置。今天听了我们这些报告很有启发，一个方面看到现在我们迈向世界高水平研究机构的势头特别强劲。同时也看到，现在这个研究机构大体还是两类：一类是属于比较专门在某一个领域里面的，无论是人工智能还是材料；另一类是综合性的，服务的研究领域可能更广泛一些。我们正好做这个大科学装置，实际上大家也都在讲，我的理解好像现在做高水平研究机构，一定会有装置，一定会有平台，然后借助于这些平台和装置，来推动前沿的突破。

在这两类研究机构里面，实际上我们看装置也有两类：一类叫平台型的，或者综合型的，这个是服务众多领域的，也许一个装置可以做生命科学，也可以做材料科学；另一类装置是比较专一的，或者专门做人工智能的，专门做材料的。这里有一个很重要的事情，我觉得就是这个装置和科研机构的目标、定位上，怎么能够协同得更好。我们的科研机构，都有自己很明确的目标，它要产出，要投入，这个是很重要的，有投入，希望你的目标是什么。但是综合性的科研机构有很多实验设施，一般来说不是单一的，有综合性的，也有专门化的。这个从设施的角度，一个目的要使得我这个机构有产出，我在生命科学，我在材料科学有产出。但是一个综合性的大科学装置和设施，它也有它的使命和定位，它的定位往往不是使我自己的科研机构有多少产出，它的最重要的目的是使得这个装置，能使得我们国内外的这些科学家能利用得好，能在科学和技术的前沿有突破。这个在整个机制和研究上，还是有一些要特别注意的。

同时这些装置随着时间的推移，五年、十年，一定是要不断升级改造，不断提高。这就是我想讲的大科学装置和大科学设施在整个研究机构里面有一个特殊的效应，这个效应是把我们顶尖的科学家，科学最前沿的科技人员和我们研究装置，研究方法学的，研究实验技术的人员整合起来，这对整个科研机构进一步推动我们的科学发展产出是很有帮助的。同时，实际上在这个过程当中，把全世界，如果在这个领域有非常出色的科学家能够集聚，或者吸引到你这儿来做实验，有科学的交流，对科学文化生态的发展是非常有好处的。

从这几个方面讲，我还是深切地感到，我们机构的发展，将来必定会带动大型的科学装置和科研设施平台的发展。同时，这些发展都是最后集中在科学研究技术突破的这一个前沿方面，还会有一批人才的产出。

朱世强：我做个补充发言，主要想谈一点关于协同的问题。协同从两个层面上来讲：一个是学科的协同，刚才于利希的负责人和程老师都谈到这方面的事情；另一个是区域之间的协同，我觉得学科的协同对未来创新是极其重要的。我们现在在做的过程当中，实际上已经深切地体会到这一点，有很多非常重要的基础研究，如果没有工程技术作为